천국의 사다리

GIOVANNI CLIMACO
LA SCALA DEL PARADISO

Translated with notes by SONG-SOK HO, OSB
Korean translation copyright © 2020 by Benedict Press, Waegwan, Korea.

천국의 사다리

2020년 9월 11일 교회 인가
2020년 12월 17일 초판 1쇄
2024년 3월 28일 초판 2쇄

지은이	요한 클리마쿠스
번역·해제	허성석
펴낸곳	성 베네딕도회 왜관수도원 ⓒ 분도출판사
찍은곳	분도인쇄소

등록	1962년 5월 7일 라15호
주소	04606 서울시 중구 장충단로 188 분도빌딩(분도출판사 편집부)
	39889 경북 칠곡군 왜관읍 관문로 61(분도인쇄소)
전화	02-2266-3605(분도출판사)·054-970-2400(분도인쇄소)
팩스	02-2271-3605(분도출판사)·054-971-0179(분도인쇄소)
홈페이지	www.bundobook.co.kr

ISBN	978-89-419-2013-7　　03230

• 저작권법에 의해 한국 내에서 보호를 받는 저작물이므로 무단 전재와 무단 복제를 금합니다.

천국의 사다리

요한 클리마쿠스

허성석 번역·해제

분도출판사

차례

역자 서문 7

해제 11
    1. 저자 13
    2. 작품 14
    3. 가르침 24

본문 27
    요한의 사다리 29
    담화 1__**세상에 대한 포기** 32
    담화 2__**내적 이탈** 46
    담화 3__**외적 이탈** 52
    담화 4__**순종** 63
    담화 5__**참회** 119
    담화 6__**죽음에 대한 기억** 140
    담화 7__**기쁜 탄식** 147
    담화 8__**분노** 165
    담화 9__**악의** 174
    담화 10__**험담** 178
    담화 11__**수다와 침묵** 182
    담화 12__**거짓** 185

담화 13__**아케디아** 189

담화 14__**탐식** 193

담화 15__**음욕** 203

담화 16__**탐욕1** 228

담화 17__**탐욕2** 230

담화 18__**무감각1** 233

담화 19__**무감각2** 237

담화 20__**무감각3** 240

담화 21__**두려움** 244

담화 22__**헛된 영광** 247

담화 23__**교만** 257

담화 24__**단순성** 268

담화 25__**겸손** 274

담화 26__**식별** 292

담화 26 부록__**올바른 식별에 관하여** 318

1~26 담화 요약 338

담화 27__**헤시키아** 346

담화 27 부록__**여러 종류의 헤시키아** 353

담화 28__**기도** 369

담화 29__**아파테이아** 383

담화 30__**애덕** 389

짧은 권고와 요약 397

스콜라 철학자 요한의 「목자를 위한 설교」 399

인명·지명 색인 431

| 역자 서문 |

『천국의 사다리』는 요한 클리마쿠스Ioannes Climacus(575년경~649년경)의 대표작이다. 그의 이름 또한 이 작품에서 유래한 것으로, 사다리를 뜻하는 그리스어 *Klimakos*에서 왔다. 요한은 시나이에서 은수자로 또 공동체 장상으로 생활했기에 시나이의 요한으로도 불린다. 이 작품은 이전까지의 수도승 영성 전통을 종합한 고전으로서 수도승 영성의 결정체라 할 수 있다. 30개의 담화(단계) 형식으로 금욕생활과 관상생활에 관한 풍부한 가르침을 제시하고 있다.

요한 클리마쿠스란 인물과 이 작품이 아직 한국 가톨릭에는 생소하지만, 동·서방 교회에서 중요한 인물이며 이 작품 또한 중요한 고전으로 여겨지고 있다. 이 작품은 여러 언어로 번역되어 수도자뿐아니라 일반 그리스도인의 영성생활에 큰 영향을 미쳐 왔다. 역자는 영성생활을 위한 주요 안내서와 같은 이 작품을 한국 교회에 소개하려는 마음으로 여러 해 전 무작정 우리말 번역 작업에 착수했다.

역자가 접한 현대어 텍스트는 영역본과 이탈리아어 역본 그리고 프랑스어 역본이었다.¹ 이탈리아어 역본은 이해하기가 쉽지 않았다. 이탈리아어로 번역된 지 오래되었고 저자 자신이 문학적 표현과 비유를 많이 사용해서 그런지 생경한 단어와 문장들이 유독 많았다. 반면 영역본은 의역을 많이 해서 그런지 이해하기 훨씬 쉬웠다. 그런데도 이탈리아어 역본을 택하여 번역을 시작했다. 다음과 같은 이유에서다. 본문이 내용에 따라 장으로 구분되어 번호가 붙어 있고 각 장 앞에 소제목과 해당 내용의 그리스어 원전 출처가 표시되어 있었다. 내용 전달에 도움이 되고 본문을 인용할 때도 수월하다는 장점이 있다. 또한 영역본에 비해 직역되어 있어 그리스어 원본²에 좀 더 가깝다고 여겨졌다.

이탈리아어 역본을 저본으로 삼았지만 의미가 불분명한 부분은 영역본과 프랑스어 역본도 많이 참조하였고, 『그리스 교부 총서』 88권에 실린 라틴어 역본도 부분적으로 참조하였다.

이 작품은 요한에 앞선 여러 세기의 수도승 영성 전통이 종합된 것이기에 본문 내용을 이해하기가 쉽지 않다. 따라서 작품 전반을 이해하는 데 도움이 되고자 본문에 앞서 해제를 수록했다.³

---

1 John Climacus, *The Ladder of Divine Ascent*, by Colm Luibheid and Norman Russell (Paulist Press 1982); Giovanni Climaco, *La Scala del Paradiso*, Intro.,Trad., Note. Calogero Riggi, Collona di testi patristici 80 (Roma: CittàNuova 1996); 1688년 Arnaud d'Andilly가 고대의 그리스어 사본을 최초로 프랑스어로 번역한 본문이 인터넷 사이트에 그리스어-프랑스어 대역본으로 올라와 있다(http://remacle.org/bloodwolf/eglise/climaque/escalier3.htm).

2 『그리스 교부 총서』*Patrologia Graeca* 88, 631-1208쪽에 라틴어 번역 본문과 함께 실려 있다.

미진하지만 우리말로 소개된 『천국의 사다리』가 영성생활의 진보를 이루려는 이들에게 길잡이가 되기를 희망한다. 하느님과의 일치를 갈망하는 모든 이에게 이 책이 그들을 정상으로 이끄는 튼튼하고 안전한 사다리가 되기를 바란다.

2020년 겨울 왜관수도원에서
허성석 로무알도

---

3 본문 번역과 주해를 위해서는 각주 1에 소개한 *La Scala del Paradiso*를 사용했고, 해제는 영역본 *The Ladder of Divine Ascent*, 1-66쪽과 『수도 영성의 기원』 허성석 엮음 (분도출판사 2015) 277-285쪽을 참조했다.

해제

1. 저자

요한 클리마쿠스의 생애는 잘 알려지지 않았다. 동시대인으로 추정되는 라이투Raithu의 다니엘이 쓴 클리마쿠스의 생애에 대한 짧은 문헌이 유일하다. 그나마 단편적 정보만을 제공해 줄 뿐 그의 출생과 초기 생애에 대해서는 전혀 언급이 없다. 다니엘의 증언에 따르면, 요한은 열여섯의 나이에 시나이 수도원의 아빠스 마르티리우스의 제자가 되었다. 스승이 죽은 후, 시나이산 기슭 톨로스Tholós의 한 동굴에서 40년 동안 은수생활을 했다. 이 기간에 한 번 이집트를 방문하여 '참회자들의 공동체'에서 한 달간 머물며 깊은 인상을 받았다. 후에 시나이 수도원의 아빠스가 되어 몇 년간 공동체를 다스렸고, 노년에 장상직을 양도하고 다시 고독 속에 은거하여 649년경 생을 마감했다.

다니엘은 요한을 인격이 출중한 탁월한 영적 사부로 증언하고 있다. 그를 만난 사람은 누구나 그의 인격에 감화되었고, 많은 이가 그에게 와서 영적 조언을 구했다고 한다. 이것은 어떤 사람들의 시기심을 유발했고, 그들은 그의 사목 활동에 대해 거짓 고발과 비난을 퍼부었다. 요한은 시종일관 침묵했고, 고발자들은 결국 그의 겸손과 인내에 탄복했다고 한다. 그 결과 요한은 뜻하지 않게 시나이 수도원의 아빠스로 선출되었던 것 같다. 이 시기에 수도승 영성의 고전이라 할 수 있는 『천국의 사다리』를 저술했을 것으로 추정된다.[1]

---

1 허성석 엮음 『수도 영성의 기원』 (분도출판사 2015) 277-278 참조.

요한 클리마쿠스는 이전까지의 동방 수도승 영성을 종합한 비잔틴교회의 가장 영향력 있는 교부 중 하나다. 트라피스트회 드 랑세 아빠스는 그를 성 바실리우스 이후 가장 훌륭한 은수자이자 가장 위대한 영적 사부로 여겼다. 요한은 율법을 받기 위해 시나이산에 올라 거룩한 구름 속에서 주님을 뵈었던 옛 모세를 모범으로 삼은 금욕적 순례의 최고 스승으로 여겨진다.

2. 작품

『천국의 사다리』는 과거 3세기 동안의 수도승 영성을 종합한 작품이다. 요한은 여기서 수도승생활의 정점이라 할 수 있는 '신적 빛에 의한 인간의 신화神化'에 이르는 길을 제시한다. 이전 수도승 전통과 자신의 개인적 체험을 바탕으로 한 단계씩 따라 그 길을 실천해 갈 수 있도록 그려 낸다.

이 작품에서 요한은 야곱이 본 것(창세 28,12 참조)과 같은 '땅에서 하늘로 세워진 사다리' 이미지를 사용한다. 작품 전체는 이 사다리 이미지를 중심으로 30개의 단계(담화)와 부록과도 같은 「목자를 위한 설교」*Liber ad pastorem*로 이루어져 있다. 요한은 이 사다리의 단계를 밟고 올라가 마침내 하느님과의 일치라는 정상에 오르도록 우리를 초대한다. 여기서 수도승은 하늘을 향해 나아가는 그리스도인, 거룩한 산에서 보이지 않는 분과 친교를 이루는 새로운 모세와도 같다.

1) 청중

이 작품은 수도승생활 대부분을 은수자로 보낸 후 노년에 큰 공동체의 장상으로 봉사했던 인물이 쓴 것이다. 따라서 회수도승을 위해 저술한 은수자의 작품이라 하겠다. 요한이 염두에 두는 청중은 수도승이다. 하지만 그는 인류 전체에 대한 하느님의 애정 어린 돌보심을 분명하게 언급하면서 자신의 담화를 시작하고 있다.

"하느님은 당신이 창조하시기를 원했던 모든 존재, 즉 신앙인과 불신자, 의인과 악인, 경건한 자와 경건하지 못한 자, 욕정의 노예와 욕정에서 해방된 자, 수도승과 세속인, 식자와 문맹자, 건강한 자와 병든 자, 젊은이와 늙은이 모두의 생명이며 구원이십니다. 흘러나오는 빛이시며 영들의 태양이신 하느님은 이들에게 다른 강도로, 그러나 공정하게 당신 빛을 부여하십니다. 하느님께서는 사람을 차별하지 않으시기 때문입니다"(담화 1,2).

요한은 결혼이 구원에 방해되지 않는다고 주장한다. 그는 순수함은 절대 비혼자의 전유물이 아니라고 지적하면서 그 증거로 베드로 사도의 예를 들며 그에 대해 "장모가 있었음에도 순수하여 하늘나라의 열쇠를 받은 이"(담화 15,106)라고 언급한다.

그러나 요한은 이런 식으로 구원하는 하느님 사랑의 보편성을 주장한 후 자신이 특별히 수도승을 위해서 적고 있음을 분명히 하고 있다. 그렇다면 이 작품이 세상에 사는 그리스도인에게는 별로 관심을 끌지 못한다는 것인가? 그렇지 않다. 이 작품은 수도승을 위해서 쓰였음에도 사실상 결혼한 그리스도인들에게도 널리 애독되었다. 저자의 본디 의도가 어떠했든 이는 전혀 놀라운 일이 아니다. 성 바실리우스가 진술하는 바처럼 수도승생활은 '복음에 따른 삶' 외에 그 무엇도 아니다. 수도승이든 기혼자든, 세례 받은 모든 이가 같은 복음의 부르심에 응답하는 것이다. 겉으로 드러나는 응답 방식은 각자 다양할 수 있지만, 그 길은 본질에서 하나다.[2]

2) 목적

성 요한 클리마쿠스는 후대의 신新 신학자 성 시메온(949년~1022년)과 성 그레고리우스 팔라마스(1296년~1350년)처럼 개인적 체험의 필요성에 중점을 둔다. 그가 아는 한, 그리스도교는 교리와 규범의 외적 수용 그 이상의 것이다. 요한에게 그리스도인의 삶은 직접적 체험이 중요하다. 그는, 영적 스승은 다른 사람들이 말한 것을 단순히 반복하는 것으로는 충분하지 않다고 주장한다. 과거에서 물려받은 바를 각자 스스로 다시 체험해야 한다는 것이다. 아무도 간접적으로 참된 그리스도인이 될 수 없다. 자기가 직접 알고, 보고, 경험하는 인격적 만남이 있어야 한다. 이것은 무엇보다도 다른 사람들을 가르치는 사람에게 해당한다. 그는 말한다.

"참된 스승은 하느님 그분의 손가락으로부터 받은 책, 즉 그분의 빛으로 영적 식탁 위에 기록된 책 외에 다른 책이 필요 없는 사람입니다. 모사만 하는 화가는 형편없듯이 근저에서 나오는 것을 위에서 퍼 올리지 않고 오로지 다른 이들이 쓴 것만을 가르치는 스승도 그러할 것입니다"(「목자를 위한 설교」1).

---

2 *The Ladder of Divine Ascent*, 6-7 참조.

참된 스승이 개인적 체험을 한 사람이라면 그가 가르치는 목적은 자기 제자가 스스로 보고 체험하게 하는 것이다. 이것이 바로 스승의 역할이다. 요한은 아무도 안내자 없이 내적 여정을 시작해서는 안 된다고 주장하면서 영적 스승의 역할에 큰 중요성을 부여한다. 스승은 바로 우리에게 이렇게 말하는 사람이다. '눈을 뜨고 직접 보고 경험하라.' 그래서 요한은 다른 사람의 가르침을 듣는 것으로는 충분하지 않고 각자가 직접 체험해야 한다고 주장한다.

이러한 실존적 자세에 충실하면서 요한은 『천국의 사다리』에서 어떤 음식을 어떻게 얼마나 언제 먹을지, 수면 시간과 매일의 손노동 계획 같은 세부 지침을 삼간다. 기도에 관해 이야기할 때도 마찬가지다. 그는 영성체를 위한 준비나 그것의 빈도에 대해 권고하지 않으며, 개인 기도의 방법, 양식, 몸의 자세, 호흡법과 같은 것에 대해서도 특별한 가르침을 주지 않는다. 의도적인 것이 분명하다. 요한의 관심은 외적인 것보다도 내적인 것에 있다. 그에게 중요한 것은 물리적 금욕이 아니라 겸손과 마음의 순결이다.

요한은 기교나 형식이 아니라 삶의 방식을, 규율이 아니라 지도하는 방향을 제시한다. 이 작품의 목적은 생생한 개인적 체험을 전하는 것이기 때문에 요한은 종종 의도적으로 수수께끼같이 말한다. 주님께서 비유를 사용하시고 선사들이 공안을 사용하듯, 요한은 너무 쉽게 자신의 결론을 상세히 설명하려 하지 않는다. 이는 독자 스스로 해답을 찾기를 바라기 때문이다. 요한이 자기 예들의 핵심을 불분명하게 남겨 두거나 한 생각에서 다른 생각으로 제멋대로 건너뛰는 것처럼 보일 경우, 이는 대개 그의 부주의나 무능 때문이 아니라 어떤 의도가 있어서다. 요한은 사목적인 목적으로 이렇듯 수수께끼를 제시한다. 즉, 대답을 유도하고 독자를 신앙에 나아가도록 이끌며, 개인적 체험을 하도록 하기 위함이다.³

3) 문체

이러한 목적을 염두에 두고 요한 클리마쿠스는 『천국의 사다리』에 특별한 문학 양식을 도입했다. 첫눈에 이 작품의 그리스어는 퉁명스럽고 거칠지만, 사실 이 책은 대체로 시에 가까운 운율적 산문체로 섬세하고 정교한 방식으로 구성되어 있다. 요한은 짧고 명확한 문장, 함축적인 정의, 역설적 경구를 선호하는데, 이는 독자를 일깨우기 위해서다. 그는 세기를 거듭하여 청중을 웃음 짓게 한 수도승들의 유머 감각이 담긴 독특한 예를 드는 데 뛰어나다. 일례로, "손을 사용하지 않고 수영하려는 사람과 비슷합니다"(담화 6,59) 같은 것이다.

앞서 언급했듯이, 야곱이 본 땅에서 하늘로 세워진 사다리의(창세 28,12) 이미지가 이 작품의 기본 이미지다. 4세기 나지안주스의 성 그레고리우스와 성 요한 크리소스토무스 그리고 5세기 키루스의 테오도레투스와 같은 초기 저술가들이 이미 영성생활을 하느님의 은총으로 우리가 한 단계씩 올라가야 하는 사다리에 비유한 바 있다. 하지만 성 요한 클리마쿠스는 사다리의 비유를 더욱 발전시켰다. 그의 사다리는 서른 단계로 되어 있다. 단계 하나는 세례를 받기 전, 즉 공생활 이전의 그리스도의 삶 한 해를 나타낸다. 요한이 사용한 독창적

---

3 같은 책, 7-10 참조.

인 사다리 이미지는 작품 전체에 독특한 멋과 통일성을 더하면서 곧장 독자의 주의를 사로잡는다. 그의 상징적 사다리는 머지않아 동방 그리스도교의 영적 상상력의 한 요소로 자리 잡았고, 자주 성화와 공동 식당의 벽화 그리고 채색 필사본들에서 표현되었다. 이러한 그림들에서 요한은 대개 사다리 아래 한쪽 편에 서서 두루마리를 들고 사다리를 가리키고 있다. 수도승들은 사다리를 올라가려 애쓰고 있고, 정상에서 그리스도께서 손을 뻗어 등정을 완수한 이들을 맞이하고 있다. 사다리 왼쪽에는 천사들이 등정하는 수도승들을 격려하고 있고, 오른쪽에는 악령들이 수도승들을 끌어당겨 넘어뜨리려 하고 있으며, 아래에는 무저갱의 용이 입을 벌린 채 기다리고 있다.

『천국의 사다리』 서른 단계의 보충으로 요한은 「목자를 위한 설교」도 썼다. 여기서는 장상 혹은 영적 사부의 임무를 묘사한다. 종종 서른한 번째 단계로 여겨지는 이 글도 라이투의 요한에게 준 권고다.

『천국의 사다리』가 엄격한 의미에서 체계적인 작품은 아니더라도 요한이 세밀한 계획에 따라 단계들을 주의 깊게 배열했다는 점은 분명하다. 요한은 최초의 돌아섬(회개)으로 시작하여 덕과 악에 대한 상세한 분석을 거쳐 신비적 일치로 끝맺으면서 영성생활 전체를 아우르고 있다.[4]

4) 원전

『천국의 사다리』의 주된 원전은 성경이다. 요한은 성경 본문을 폭

---

4 같은 책, 10-12 참조.

넓게 인용한다. 그러나 본문을 새로운 상황에 적용하고 또 어떤 말들을 첨삭하면서 매우 자유롭게 인용하고 있다. 그는 성경 본문을 금욕적으로 해석하여 수도승이나 그리스도인에게 적용한다. 요한이 가장 많이 인용한 성경 본문은 시편과 지혜서, 마태오 복음서, 루카 복음서, 요한 복음서, 바오로 서간들이다.

직접 인용하지는 않지만, 요한은 바실리우스, 요한 크리소스토무스 그리고 나지안주스의 그레고리우스의 작품을 읽었을 것이다. 특별히 하느님 관상, 욕정, 신화神化의 주제와 관련하여 니사의 그레고리우스의 작품도 읽었다. 어떤 면에서 그는 오리게네스와 에바그리우스에게 깊이 의존해 있지만, 그들을 비판적으로 인용하고 있다.

그 외 성 안토니우스 그리고 사막 교부들도 종종 인용한다. 카시아누스의 작품과 은수자 마르쿠스(5세기), 디아도쿠스(5세기)의 작품도 인용했다. 그리고 '영적 사부'라는 주제와 관련해서는 무엇보다 팔레스티나 가자 교부들의 영향을 받았다.[5]

5) 중요성

『천국의 사다리』가 중요한 이유는 변이와 통합의 시대가 낳은 산물이기 때문이다. 당시는 아랍의 침입으로 인해 동방 수도승생활의 중심이 그리스의 아토스산으로 옮겨졌던 시대였다. 이러한 변화의 시기에 요한은 이 작품에서 이집트 사막 교부들과 가자의 교부들, 그리고 요한 카시아누스와 같은 자기 선조들의 가르침을 통합했다. 그

---

5 『수도 영성의 기원』 280-281 참조.

래서 이 작품은 이전 수도승 전통의 충실한 반향이라 할 수 있다.

요한은 수도승생활의 정점, 곧 신적 빛에 의한 인간의 신화神化를 체험했고 거기에 이르는 길도 알았던 수도승이다. 그는 자신의 수도승들이 이 길을 따를 수 있도록 실천적인 단계로 표현하고 있다. 이처럼 우리는 이 여정을 먼저 체험했고 마침내 신적 빛에 도달했던 한 수도승이 전해 준 작품 앞에 있는 것이다.

비잔틴 전통에 있는 교회는 그들의 금욕 전통 가운데 이 작품을 매우 중요하게 여겼고, 이런 이유로 사순 제4주일에 특별히 그를 기념하고 있다.[6]

6) 영향

동방교회에서 『천국의 사다리』의 영향은 무엇보다 헤시카즘 운동의 발전과 연결되어 있다. 특히 신新 신학자 성 시메온의 눈물의 은사에 관한 가르침과 『고백에 관한 담화』에서 그가 제시하는 영적 사부의 모습에서 이 작품의 영향을 잘 볼 수 있다. 12세기 다마스쿠스의 성 베드로는 『천국의 사다리』를 적어도 열세 번 인용했다. 14세기 헤시카스트들도 이 작품에 많이 의지했다. 특히 시나이의 성 그레고리우스는 『천국의 사다리』에서 열세 구절을 인용하였고, 수도승들의 독서를 위해 자신이 승인한 저술가 목록에 요한 클리마쿠스의 이름을 첫 줄에 올려놓았다. 그레고리우스 팔라마스는 『거룩한 헤시카스트들을 위한 변증』에서 이 작품을 스물다섯 번 인용했고, 크산토폴

---

6 같은 책, 278-280 참조.

로스의 칼리스투스와 이그나티우스의 『헤시카스트들에게 준 가르침 100가지』에는 이 작품이 서른 번 이상 인용되었다. 또한 15세기 러시아에서 수도승생활 개혁 운동을 주도했던 대표적인 두 거장, 닐 소르스키(1433년~1508년)와 그의 적대자 요지프 볼로콜람스크(1439년 ~1515년)에게서 이 작품의 영향을 볼 수 있다. 19세기 중엽 익명의 러시아 순례자 또한 이 작품을 잘 알고 있었다. 그리고 14세기 라틴 영성가들에게도 영향을 주었다. 동방교회 영성에서 요한 클리마쿠스가 중요한 위치를 차지하며 금욕주의 교부들 가운데서도 위대한 스승으로 여겨지는 이유는 탁월한 식별의 은사에 결합한 그의 풍요로운 가르침 때문이다.[7]

7) 구조[8]

이 작품은 30개의 담화(단계)와 부록과도 같은 「목자를 위한 설교」로 이루어져 있다. 본문은 크게 세상과의 결별(담화 1-3), 근본 덕행(담화 4-7), 욕정과의 싸움(담화 8-23), 수행생활의 완성(담화 24-26), 하느님과의 일치(담화 27-30) 이렇게 다섯 부분으로 구분할 수 있다. 첫 부분은 하느님을 향한 영적 등정에 착수하기 위해 전제되어야 할 세상과의 결별에 관한 내용이고 마지막 부분은 관상생활에 관한 것이다. 처음과 마지막을 제외한 중간의 세 부분(담화 4-26)은 수행생활에 관한 것으로 요한은 상대적으로 수행생활에 훨씬 많은 부분을 할애하고 있다. 「목자를 위한 설교」는 수도원의 장상을 위한 권고인데, 그리스도

---

7 참조: 『수도 영성의 기원』 281-282; *The Ladder of Divine Ascent*, 66-68.

8 『수도 영성의 기원』 282-285 참조.

를 유일한 목자로 삼으며 장상들이 본받아야 할 모범으로 제시하고 있다. 전체 구조는 다음과 같다.

1. 세상과의 결별
    담화 1: 포기
    담화 2: 내적 이탈
    담화 3: 외적 이탈
2. 수행생활
   1) 근본 덕행
    담화 4: 순종
    담화 5: 참회
    담화 6: 죽음에 대한 기억
    담화 7: 탄식
   2) 욕정과의 싸움
    담화 8-13: 분노에서 아케디아로(비非육체적 욕정들)
    담화 14-17: 탐식, 음욕, 탐욕(육체적·물질적 욕정들)
    담화 18-23: 무감각에서 교만으로(비非육체적 욕정들)
   3) 수행생활의 완성
    담화 24: 온유, 단순성, 정직
    담화 25: 겸손
    담화 26: 식별
3. 하느님과의 일치(관상생활)
    담화 27: 헤시키아

담화 28: 기도

담화 29: 아파테이아

담화 30: 사랑

「목자를 위한 설교」

3. 가르침[9]

요한 클리마쿠스는 『천국의 사다리』를 통해 수도승생활 신학을 제시하기보다는 수도승생활에 대해서 이야기한다. 수도승생활이란 악습을 거스르는 싸움(수행)을 통해 성삼위에 대한 관상(신학)과 사랑에 도달하는 여정이다. 즉, 자기 정화를 통해 하느님과의 일치에 이르는 상승 여정이다. 사다리는 인간 아담이 하느님께 되돌아가는 이 상승 여정을 잘 표현해 준다.

이 여정은 세상과의 결별(담화 1-3)로 시작된다. 이 결별은 세상에 대한 포기, 내적 이탈 그리고 수도원 입회를 뜻하는 외적 이탈로 이어진다. 그런 다음 본격적으로 수행생활(담화 4-26)로 나아간다. 요한은 수행생활의 핵심 내용이라 할 수 있는 악습과의 싸움에 앞서 먼저 순종, 참회, 죽음에 대한 기억, 탄식(*penthos*)을 네 가지 근본 덕행으로 제시한다. 순종은 신앙 행위로서(담화 4,9) 겸손과 아파테이아*apatheia*[10]로

---

[9] 같은 책, 286-299 참조.

[10] 말 그대로는 '욕정의 부재不在'로, 욕정들의 공격에 더는 동요되지 않는 '내적 평정' 혹은 '평정심'으로 이해할 수 있다.

인도하기에 중요하며, 장상에 대한 신뢰가 순종의 기초라고 말한다(담화 4,60). 특별히 그가 '기쁜 탄식'이라 부르는 펜토스는 충분한 사랑을 하지 못한 데서 오는 슬픔(담화 7,45)이지만 동시에 사랑의 눈물이기도 하다. 요한은 탄식이 우리를 겸손으로 이끈다고 말한다.

그다음은 이 작품의 핵심을 이루는 악습과의 싸움이다(담화 8-23). 요한은 각각의 악습에 관해 묘사하고 분석하면서 그 해결책을 제시한다. 먼저 분노에서 아케디아 $akedia$[11]로 나아가는 여섯 단계가 제시된다(담화 8-13). 기도의 가장 큰 장애물인 분노는 원한, 악의, 악담, 위선을 낳는데, 이런 악습들의 치료제로 혀와 생각과 마음의 침묵이 제시된다. 또 이런 악습들은 수도승을 아케디아로 이끈다. 요한은 아케디아를 '모든 악습 중 가장 고약한 녀석'이라 부르며 효과적 치료제로 공동생활을 제시한다. 이어서 탐식과 음욕과 탐욕이 나오고, 그 치료제로 위胃의 절제, 정결, 가난이 제시된다(담화 14-17). 특히 정결에 많은 부분을 할애하고 있는데, 정결은 인간적 사랑을 신적 사랑으로 변화시키면서 육체의 변형과 성화를 목표로 한다고 강조한다. 끝으로 무감각에서 헛된 영광과 교만까지 여섯 단계가 제시되고 있다(담화 18-23). 사람들의 인정을 받으려는 헛된 영광과 사람들을 무시하는 교만의 치료제는 각각 '자기를 드러내지 않음'과 '겸손'이다.

악습과의 싸움은 온유, 단순성, 정직, 겸손, 식별이라는 열매를 낳는다(담화 24-26). 이 열매들과 함께 수행생활은 완성되고, 통합된 영

---

[11] 영적 무기력, 태만, 게으름, 지루함 등을 뜻하는데, 수도승이 덕을 얻으려는 노력을 게을리할 때 찾아오는 악령이다. 아케디아는 목적의식의 상실로 시작되어 절망과 영적 죽음으로 끝난다.

혼은 이제 하느님과의 일치, 즉 관상으로 나아간다. 이 마지막 단계들에서 요한은 헤시키아*hesychia*,[12] 기도, 아파테이아, 사랑이라는 상호 대체 가능한 용어로 관상을 묘사하고 있다(담화 27-30).

요한이 제시하는 영적 여정은 결국 수행을 통해 관상으로 나아가는 여정이다. 이것은 수도 교부들의 전통적 가르침이기도 하다. 요한은 사다리의 이미지를 사용하여 서른 단계로 이 여정을 제시하고 있다. 그는 복음을 진지하게 받아들이는 수도승생활이 모두에게 모범이 된다고 믿었고, 수도승들의 모범을 통해 모든 그리스도인을 이 여정으로 초대하고 있다. 요한은 수도승의 역할을 이렇게 요약한다. "천사는 수도승을 위한 빛이며, 수도승생활은 모든 이를 위한 빛입니다. 그러므로 수도승은 자신의 언행으로 절대 물의를 일으키지 말고 모두에게 성덕의 모범이 되려고 노력해야 합니다. 빛이 어둠이 된다면 세상은 얼마나 어둡고 모든 이에게 암흑이겠습니까?"(담화 26,152).

---

[12] 고독, 고요, 침묵, 정적을 의미한다.

본문

요한의 사다리

시나이산 수도승들의 장상 요한 아빠스의 금욕적 담화.
라이투[1]의 장상 요한 아빠스의 요청으로 이 적요를 보내다.

[영성생활의 단계에 관한 작품 서언: PG 88,632 B-C][2]

1. 하느님의 종들에게 이야기하면서 우리의 선이시며 지고하신 절대 선이신 분으로부터 시작하는 것이 좋겠습니다. 하느님이 창조하시고 이성을 부여하신 모든 존재는 온전한 자유로 자기 처신을 결정하는 고귀한 특권을 하느님께 받았습니다. 즉, 그분의 벗이자 참된 종이 될지, 온전히 그분께 속하지 못하는 무익한 이방인이 될지,

---

1 라이토Raito 혹은 라이투Raithu는 성 카타리나 수도원 근처에 있는 수도원으로 '거룩한 영혼'이자 '겸손의 모범'인 라이투의 요한이 설립하고 다스렸던 곳이다. 그는 자기 수도승들이 천국 문까지 이르는 사다리의 단계들을 밟고 올라갈 수 있도록 클리마쿠스에게 이 적요를 요청했다.

2 첫 장의 제목은 그리스어 본문에 따른 것이다. 나머지 사각 괄호 안의 제목은 저본으로 삼은 이탈리아어 역본에 따랐다. 다만 이탈리아어 역본은 Pietro Trevisan의 *Scala Paradisi* (Torino 1941)를 더 참조했다고 밝히고 있다. 미뉴Migne의 그리스어 본문은 제목이나 단락 구분이 없지만, 인용이 편하도록 구분했다.

(이탈리아어 역본에는 'PG 632 B-C'로 표기되어 있다. PG 632권으로 오해할 여지가 있어 처음에만 권수를 표기했다 – 역자 주)

아니면 그분의 무능한 적대자가 될지를 결정하는 것입니다. 존경하는 벗이여, 참으로 하느님과 우정으로 결속된 존재인 우리에게는 그분을 에워싼 형체 없는 이성적 존재를 이해할 능력이 부족하다고 생각합니다.[3] 그분께 대한 봉사에 준비된 존재는 즉각적이고 중단 없이 그 뜻을 완수하는 사람입니다.[4] 무익한 종은 세례에 합당하게 되었지만 자신이 서약한 (세례 때의) 약속을 지키지 않는 자입니다.[5] 다음으로 하느님에게서 멀어진 이와 그분의 적대자인 하느님과 겨루는 불신자와 이단자를 판단합시다. 그분의 원수들은 주님 율법의 멍에를 본성적으로 거부하며 벗어던질 뿐 아니라 온갖 짓을 행하며, 그것을 지키는 이와 싸웁니다.[6]

각 부류를 별도로 다루어야겠지만 우리같이 무지한 사람에게는 당장 그렇게 하는 것이 유익하지 않을 것입니다. 따라서 권고에 설

---

[3] 그리스도교 플라톤 사상을 바탕으로 한 교부들의 신학적 해석에 따르면, 인간의 본보기는 천사다. 무엇보다도 이집트에서 벗어난 모세처럼 세상을 떠난 수도승은 천사를 모방하는 자다. 수도승은 거룩한 무관심의 길을 통해 창조된 사물들에 대한 근심 걱정에서 해방된다.

[4] 여기서 마태 25,26(게으른 종에 대항함)과 로마 12,11(열성에 있어 게으름을 거부함)을 염두에 두고 있다. 하느님의 활동을 본받고자 이 삶을 선택한 수도승은 항상 주님의 일에 진력한다. 하느님께서 수도승에게 은총을 풍부하게 주시어 그가 선행을 넘치도록 함으로써(2코린 9,8 참조) 그 선행이 사람들 앞을 비출 수 있게 하신다는 것이 분명하기 때문이다(마태 5,16 참조).

[5] 클리마쿠스는 수도승이 세례 받은 자의 모범이 되길 바란다. 그리스도인은 신분과 관계없이 순결한 사랑으로 욕정의 불을 끄고, 세상을 사막처럼 여기고, 죄의 용서를 뜻하는 예루살렘에 도달하기 위한 순례의 길에 들어서도록 부름 받았으며, 악령들이 접근할 수 없는 성전과 대사제로서 왕의 사제직에 불림을 받았기 때문이다. 세례 때 모두에게 수호천사가 주어졌고, 그들은 양심을 일깨운다. 그리스도교 입문성사는 모두에게 지상에서 악령이 아닌 천사가 될 수 있는 은총을 부여하기 때문이다.

득력 있는 하느님의 종들이 신성한 권한으로 우리에게 자애로이 제안한 주제들에 관해 설명하도록 합시다. 우리는 오로지 순종의 힘으로 무능한 우리 손을 안심하고 그들에게 맡길 수 있을 뿐입니다.[7] 우리는 그들의 지혜에서 영감을 얻으며 펜을 잡을 것입니다. 그들의 순결한 마음속에 있는 엄격하고 유쾌한 겸손으로 그 펜을 적시고,[8] 종이보다는 영적 서판에 의지하면서 이야기를 써 내려갈 것입니다.[9]

---

6 클리마쿠스는 그분 존재를 부정하는 무신앙에 빠지지는 않고 뻔뻔스러운 생활을 하면서도 그분을 부인하지는 않는 신앙 부족이나 어중간한 신앙을 이단으로 여기며 하느님을 적대하는 쪽에 둔다. 하느님의 법을 박해하는 적의보다 적극적으로 거부하는 적의가 더 심각하다.

7 클리마쿠스에게 금욕생활의 토대는 모든 덕의 어머니인 순종이다. 그는 신적 빛으로 깨달은 자기 장상 라이투의 요한 앞에 머리를 숙이며 순종하여 적고 있다. 그는 자신을 펜으로밖에 설명할 수 없는 무능한 종이라고 항변하지만, 사실 그는 적합한 색과 명암으로 수도승적·그리스도교적 이상을 거의 완벽하게 스케치하는 탁월한 화가다.

8 겸손은 영적 사부(수도원에서는 아빠스)에 대한 순종으로 표현된다. 클리마쿠스에게 순종은 따지지 않는 것이다. 하지만 이는 비판하지 않는 것이라기보다 과도하게 따지지 않는 것을 말한다. 이미 첫 단계는 영적 사부(1,6)의 안내(1,3)를 요구한다. 둘째 단계는 자기 뜻을 거부하도록 권고한다(2,9). 서른 개의 장이 금욕생활의 토대를 다루고 있다(4,15-45). 처음부터 영혼의 힘(1,4)과 영의 열정(1,6), 자아의 죽음(2,8-9) 그리고 겸손한 신뢰(3,12)를 요구하는 모든 물질적·영적 순례의 포기다.

9 참조: "돌에다 문자로 새겨 넣은 죽음의 봉사직"(2코린 3,7); "돌들 위에 이 율법의 모든 말씀을 분명하게 써야 한다"(신명 27,8). 라이투의 수도승들은 사부이자 스승인 클리마쿠스에게 도움을 청했다. 그들에게 클리마쿠스는 하느님의 손가락으로 영적으로 기록된 새로운 율법판을 받고, 선택된 하느님 백성을 영감에 찬 언어로 이끄는 은사를 받은 새로운 모세와 같았다. 클리마쿠스에게 금욕적 순례의 목적지는 오로지 천상 예루살렘이다. 하지만 클리마쿠스는 수도승들이 수도원 밖으로 순례하는 것을 원하지 않고 또 다른 형태의 순례, 즉 이집트를 탈출해 파라오에게서 벗어나고 아말렉인들(욕정들)과의 싸움에서 승리한 새로운 모세와 같은 영적 안내자인 장상을 받아들이기를 원한다.

담화 1

세상에 대한 포기

[하느님과 인간의 다양한 관계: PG 633 A-C]

2. 하느님은 당신이 창조하시기를 원했던 모든 존재, 즉 신앙인과 불신자, 의인과 악인, 경건한 자와 경건하지 못한 자, 욕정의 노예와 욕정에서 해방된 자, 수도승과 세속인, 식자와 문맹자, 건강한 자와 병든 자, 젊은이와 늙은이 모두의 생명이며 구원이십니다. 흘러나오는 빛이시며 영들의 태양이신 하느님은 이들에게 다른 강도로, 그러나 공정하게 당신 빛을 비추십니다. 하느님께서는 사람을 차별하지 않으시기 때문입니다.[1] 불경한 자는 필멸할 존재이며 이성적 본성을 지닌 자입니다. 그는 영원하신 자기 주님의 실재를 부정하고, 자발적으로 생명을 거부합니다. 또한 무법자는 하느님의 율법이 아니라 자

---

1 참조: 로마 2,11; 에페 6,9. 수도승은 성직 위계의 범주에 속해 있지는 않지만 하느님께 사랑받는 그리스도인으로서 가능한 한 인간적으로 하느님의 아들을 통해서 승화된 금욕생활을 하면서 하느님께 사랑을 되돌려 드린다.

신의 악한 뜻을 삶의 규칙으로 삼아 하느님께 반대되는 것을 선택하면서 스스로 충실하다고 기만하며 법을 무시하는 자입니다.[2] 그리스도인은 올바르고 완전하게 성삼위에 대한 신앙에 충실하면서 생각과 말과 행동으로 그리스도를 힘껏 모방합니다. 하느님께 사랑받는 그는 본성에 합당한 선으로 다른 이들과의 친교에 참여하고 자신 안에 있는 선을 행하는 데 소홀히 하지 않을 것입니다.[3] 우리는 마침내 유혹과 올가미, 소음에서 벗어난 사람을 본받으려 힘껏 노력하는 사람을 자제력 있는 자라 말합니다. 그리고 여전히 물질적인 비천한 육신 안에 살더라도 영적 존재의 무리나 대열에 든 사람을 수도승이라 말합니다.[4] 그는 어디서 무엇을 하든 오롯이 그분과 함께하며 모든 상황에서 하느님의 율법을 따라 생활하기 때문에 수도승입니다. 그는 부단히 본성과 싸우며 확고하게 감각들을 감시하고, 자기 육체를 거룩하게, 자기 입을 순수하게, 자기 영을 밝게 합니다. 그리고 잠잘 때나 철야를 할 때나 항상 탄식하는 마음으로 죽음에 대한 기억을 늘 생생하게 유지하는 데 주의를 기울입니다. 은둔 혹은 세상에서의 분리는 우상화된 물질에 저항하는 열의와 본성을 초월하는 것을 얻기 위해 본성을 부정하는 것을 통해 이루어집니다.

---

[2] 하느님의 법을 거부하는 불경한 자는 심판 때 견디지 못할 것이며, 의인 무리에 속하지 못하는 죄인처럼 파멸할 것이다(시편 11,5 참조).

[3] 원전 주석가에 따르면, 여기서 클리마쿠스는 본성적인 선을 따르고 이웃에게 선을 행함으로써 하느님 사랑에 빠진 성인이 될 수 있다고 단언한다[J. Gribomont, La Scala Paradisi, Jean de Rïthou et Ange Clareno, in *StudMon*2(1960) 345-358 참조].

[4] 만일 수도승이 숭고한 정신으로뿐 아니라 정화된 몸으로 하느님과의 일치를 지향한다면, 육체를 위한 것들을 포기하는 것은 가치를 지닌다.

[세상에서 분리된 사람에게는 하나의 목표, 한 안내자 그리고 많은 고행이 필요하다: PG 633C-636C]

3. 누가 기꺼이 이 세상 것들을 포기⁵했다면, 그 동기는 세 가지 중 하나가 분명합니다. 즉, 장차 올 왕국을 위해서, 범한 죄들을 참회하기 위해서, 아니면 하느님을 사랑하기 때문입니다. 이 중 하나가 아니라면 은둔은 이치에 맞지 않습니다. 우리의 심판관⁶께서는 우리가 어떤 동기로 그것을 하든지 받아들이십니다.

자기 죄의 짐을 덜려고 세상을 떠난 이는 도시 밖 무덤 앞에 앉아 있는 사람을 모방합니다. 그는 줄곧 뜨겁고 강렬한 눈물을 흘리며 마음에서 말없이 탄식을 쏟아냅니다. 예수님이 새로운 라자로와 같은 그에게 나타나시지 않는 한 그는 계속 그리할 것입니다. 예수님은 당신 종인 천사들에게 "그를 욕정의 사슬에서 풀어 주어 복된 아파테이아로 나아가게 하여라"⁷ 하고 명령하시면서 그러한 욕정들을 일으키는 바위를 마음에서 치우고 죄악의 붕대에서 우리의 이 라자로의 영혼을 자유롭게 하러 오십니다.

---

5 요한 클리마쿠스에게 '이 세상이나 세상 것들을 포기한다'라는 표현은 '수도승생활로 들어섰다'는 것을 뜻한다 – 역자 주.

6 아고노테타 *agonoteta* 혹은 아틀로테타 *atloteta*는 경기와 싸움의 주최자, 상을 얻기 위해 운동장에서 겨루었던 운동선수들의 심판 혹은 주심이었다(1코린 9,24-26 참조).

7 요한 11,44 참조. 죄의 죽음과 악습에서 돌아선 이들을 위한 길은 깊은 탄식의 길이다. 눈물의 원천은 악습의 사슬에서 해방하는 죽음에 관한 생각이다. 요한 클리마쿠스에게 아파테이아는 '욕정들에 대한 거부'다. 금욕수행을 통해 단순히 부정否定하는 방식으로만이 아니라 영혼과 육체의 충동들을 적절한 방향으로 돌림으로써 욕정을 거부하는 것이다.

우리가 진정 이집트에서 탈출하여 파라오에게서 벗어나고 싶다면 우리에게는 하느님과 우리의 중재자이자 그분의 충실한 종 모세가 필요합니다. 그는 자신이 인도하는 사람들이 죄의 바다를 건널 수 있게 하고, 욕정의 아말렉을 물리치려고 하느님을 향해 계속 손을 치켜들고 활동(금욕수행)과 관상 사이에서 우리를 중재합니다.[8]

누구도 필요 없다고 믿으며 자기 재능에 기대는 자는 잘못하는 것입니다. 이집트에서 탈출한 이들에게는 인도자 모세가 있었고, 소돔에서 탈출한 이들에게는 천사가 있었습니다(창세 19,1-26 참조). 이집트에서 탈출한 전자의 사람들은 의학적 치료를 통해 질병에서 치유되는 이와 같습니다. 자신들을 도우러 달려오는 천사나 천사 같은 사람이 필요했던 후자의 사람들은 비참한 육체의 타락에서 해방되기를 바라는 이와 비슷합니다. 사실 우리의 타락으로 생긴 부패한 상처 때문에도 우리에게는 반드시 유능한 의사가 필요합니다.

육체에 머물러 있더라도 천국을 향한 등정에 착수한 이는 참으로 지속적인 폭행(마태 11,12 참조)을 당할 것입니다. 무엇보다도 세상 포기 초기에 그리고 확고하게 하느님 사랑과 순결한 삶으로 돌아설 때까지 그들의 쾌락을 좇는 행위와 무딘 마음은 통렬한 탄식의 길을 거쳐야 할 것입니다. 특히 게으른 생활에 젖은 자에게는 마음 깊은 곳에서 끊임없이 이어지는 비통한 탄식이 동반된 참되고 적절한 고통이 필요합니다. 푸줏간을 어슬렁거리는 게걸스러운 개처럼[9] 탐욕스

---

8 죄에서 해방되기 위해 인도되어야 하는 사람들에게는 낯선 나라에서의 노예살이와 거기서 부과되는 노역에서의 해방에 대한 관상(묵상)과 금욕수행이 필수불가결하다.

9 개는 호색과 뻔뻔스러움을 상징한다. 개는 일반적으로 악령으로 묘사되었다.

러운 정신을 단순함과 깊은 온유를 통해 순수함과 애정 어린 순종을 사랑하게 하는 데 어떻게든 전념하게 해야 합니다. 하지만 여전히 욕정의 지배를 받더라도 용기를 잃지 맙시다. 우리는 비록 무력하지만, 우리에게는 그리스도께 대한 확고한 신앙이 있습니다. 우리 손을 그분 오른손에 두며 우리의 연약함과 영적 무능력을 그분께 맡깁시다. 우리가 이런 깊은 겸손을 계속 유지한다면 분명 우리 수고 이상의 도움을 받게 될 것입니다. 아름답지만 힘들고, 갑갑하지만 너그러운 이 경기를 시작하는 사람은 이를 알게 될 것입니다. 그들은 또 다른 불, 즉 영적 불이 자신 안에 거주하게 하려고 불을 향해 뛰어들듯 열성적으로 경기에 나갑니다.

[수도승은 큰 용기와 힘과 열정을 가져야 한다: PC 636C-637C]

4. 각 사람은 경기에 들어가기 전 시험을 받습니다.[10] 단죄받지 않기 위해서는 쓴 나물을 섞은 빵을 받아먹고 눈물의 잔을 받아 마신 후에야 들어가게 됩니다. 세례 받은 모든 이가 그 자체로 구원받은

---

10 이 단락은, 금욕생활로의 부르심이 하느님 사랑의 불을 받으려는 힘든 투쟁으로의 초대임을 숙고하라는 앞의 권고와 연결된다. 옹기장이의 불가마 속에서처럼(집회 27,5 참조) 금과 은을 서서히 녹일 불에 대한 언급이 이어질 것이다(잠언 17,3 참조). 따라서 금욕생활을 시작하기 전 시험이 필요하다. 이는 "무엇이 하느님의 뜻인지, 무엇이 선하고 맞갖고 완전한 것인지를 분간"(로마 12,2)하기 위해서다. 이 시험은 1코린 11,28에서 다시 나온다. "각 사람은 먼저 자신을 살펴보고 그다음에야 이 빵을 먹고 이 잔을 마시도록 하시오." 주님의 식탁은 말씀의 양식, 어린양의 살, 누룩 없는 빵과 쓴 나물에 관한 구약과 신약 성경의 또 다른 성찰들을 암시하고 있다.

것이 아니라면 나머지는 말할 필요도 없습니다.[11] 훌륭한 기초를 놓으려면 초심자는 모든 것을 포기하고, 모든 것을 경멸하고 비웃고, 모든 것에서 벗어나야 합니다. 이렇게 삼중으로 이루어진 훌륭한 기초 위에서 무구함, 단식, 절제라는 세 가지 기둥이 솟아오릅니다.[12] 그리스도 안에서 어린 시절의 무구함을 사는 이는 무엇보다도 실제 어린 시절의 특성을 모범으로 삼을 것입니다. 어린아이에게는 악한 구석이 없습니다. 그에게선 어떤 거짓이나 만족을 모르는 탐욕이나 탐식, 불타는 욕망도 전혀 볼 수 없습니다. 그러나 그들도 나이가 들어가면서 아마도 이 욕정을 마주할 것입니다.[13]

경기자가 경기 초반에 벌써 피곤함을 보이고 기권하려는 인상을 준다면, 참으로 얄밉고 전혀 신뢰할 수 없게 됩니다.[14] 초기의 촘촘한 공격에 매우 견고해진 사람은 이어지는 고단한 순간에도 처음의 열정적인 반격에 대한 기억에 힘을 얻어 우위를 점할 것입니다. 그렇게 고무된 어떤 이들은 힘과 날개를 얻곤 했습니다. 영혼이 배신하여 스

---

11 뻔한 사실로서 생략된 말은 다음과 같다. 즉, 모든 금욕가가 구원받는다고는 볼 수 없는데, 이는 세례가 그러하듯이 금욕이 구원의 보증은 아니기 때문이다.

12 소우주인 인간은 세 요소로 구성되어 있고, 인간 영혼 자체는 세 부분으로 이루어져 있다. 따라서 땅으로서 인간은 지진이 일 때 하느님이 흔드는 기둥들 위에 세워져 있다(욥 9,6 참조). 클리마쿠스는 숫자 3을 선호한다.

13 1코린 3,1(그리스도 안의 어린아이); 1베드 2,2(갓난아이처럼); 마태 6,31(내일 걱정); 18,4(하늘나라에서 가장 큰 사람); 야고 3,6(지옥 불을 끌어당겨 삶을 더럽히는 불)을 암시하고 있다.

14 기쁘게 경기에 들어간 영혼이 시련으로 인해 기쁨을 잊게 된다. 그때 깊은 겸손과 열렬한 하느님 기억으로 새로운 활력을 회복하게 된다. 경기장에 들어가는 순간부터 약해지는 선수는 모순되고 한심하다. 이는 패배의 징조다.

스로 지폈던 거룩한 열정을 잃었을 때, 즉시 그러한 상실의 이유가 무엇인지 찾아 초기의 갈망과 열성을 되찾아야 합니다. 초기의 열정은 그것이 빠져나갔던 문으로 되돌아와야 하기 때문입니다.

두려움 때문에 순종을 받아들인 사람[15]은 처음에는 좋은 향을 내지만 끝에는 눈에 따가운 연기를 내는 불타는 향처럼 행동합니다.[16] 그다음, 오로지 보상 때문에 순종을 받아들인 사람은 항상 같은 축을 도는 방앗간의 맷돌처럼 돌아갑니다.[17] 끝으로 하느님께 대한 사랑 때문에 은수생활을 하는 사람은 숲에 붙은 불처럼 스스로 열성을 내어 곧장 눈에 띄게 큰불로 타오릅니다. 다른 한편, 바위 위에 벽돌을 쌓아 집을 짓는 사람, 무른 땅에 기둥을 올리는 사람, 처음에 얼마 동안 걸어서 신경과 근육이 더워지면 더 빠른 걸음으로 나아가는 사람도 있습니다. 현명하게 그 의미를 이해해야 합니다.[18]

우리 임금이신 하느님께 부르심을 받은 우리는 열심히 달려갑시다. 우리 인생은 짧으니 열매 맺지 못하여 무익한 자가 되거나 굶주

---

15 '세상을 포기한 사람'이란 표현은 통상 '수도승'을 뜻하고, '순종을 받아들인 사람'이란 표현은 수도승 가운데 수도원에서 한 장상과 규칙 밑에서 순종하며 사는 '회수도승'을 뜻한다 – 역자 주.

16 원전 주석가에 따르면, 두려움 때문에 움직인 사람은 두려움의 탄식(compunctio timoris)에 이른다. 이 탄식이 사랑의 탄식(compunctio dilectionis)으로 지탱될 때 효력을 갖게 된다.

17 "그대 뜻을 따르기로 내 마음 정하였사오니 그것이 영원한 보상입니다"(시편 119, 112 공동번역 참조).

18 원전 주석가에 따르면, 초심자는 주인의 채찍이 무서워 벽돌을 만들었던 이집트 노예처럼 집을 짓는다. 은수생활을 시작한 사람은 흔들리는 바위 위에 영적 집을 짓는 것처럼 아직 불안정하다. 반면 완덕의 사다리를 고결하게 오르는 사람은 등반가에 비교할 만하다.

려 죽음으로써 죽음의 날을 맞지 않기 위함입니다. 군인이 자기 임금에게 하듯이 주님을 기쁘게 해 드립시다. 사실, 병역을 치러야 그에 대한 평가서를 받을 자격을 갖추게 됩니다. 야수를 두려워하는 사람을 본보기로 삼아 주님께 대한 두려움으로 훈련에 임하도록 합시다. 실제로 나는 하느님 두려운 줄 모르고 약탈하러 갔다가 개 짖는 소리에 놀라 곧장 거기서 도망쳐 나오는 자들을 보았습니다. 짐승에 대한 공포가 하느님께 대한 두려움이 이룰 수 없었던 바를 이룬 것입니다. 벗을 존경하듯이 주님을 사랑합시다. 나는 하느님을 슬프게 하고서도 염려하지 않는 사람을 여럿 보았습니다. 하지만 이들은 자기 벗과 약간 사이가 틀어진 것을 걱정합니다. 압력을 가하기도 하고, 개인적으로 용서를 청하기도 하고, 다른 벗이나 선물을 통하여 옛 우정을 회복하려 온갖 수단과 방법을 궁리하는 것을 보았습니다.[19]

[부름에 즉각적으로 따름은 하느님께 쉽게 응답하게 해 준다: PG 637C-641A]

5. 수도승생활 초기에 우리는 온갖 시련과 고통을 감수하며 열심히 덕을 닦아야 합니다. 우리는 점차 진보하면서 별 수고 없이 덕스러운 생활을 하게 될 것입니다.[20]▶ 사멸할 우리 육체의 감각이 회복

---

[19] 디아도쿠스에 따르면, 초심자는 두려움을 정화의 약처럼 느끼고, 정화의 길을 통해 이미 정화되었거나 진보한 이는 사랑하거나 율법의 완성인 사랑으로 나아간다. 사랑의 정도는 하느님이 야곱에게 보여 주신 사다리에 올라간 단계에 비례한다. 즉, 하느님 사랑을 통하여 두려움에서 해방된 정도에 비례한다.

되어 생기 가득할 때, 우리는 하느님 사랑의 불에 사로잡혀 충만한 기쁨으로 열심히 덕을 실천하게 될 것입니다.[21]

처음부터 하느님이 명령하시는 바를 기쁘고 열성적으로 실행하는 이는 칭찬받아 마땅합니다. 오랫동안 금욕생활을 했음에도 그 멍에를 지고 가긴 하지만 여전히 힘들게 계속 질질 끌고 가는 이는 동정받아야 합니다. 우연히 또는 심지어 강제로 시작한 포기를 비난하거나 단죄하려는 것은 아닙니다. 도망자가 도피 중에 만난 왕을 마지못해 따르고 그를 추종하다가 그와 함께 왕국으로 들어가 연회에 참석하는 경우도 있습니다(마태 8,11 참조). 어떤 사람의 포기는 이와 같습니다. 또 우연히 땅에 떨어져 훗날 훌륭하고 풍성한 열매를 맺는 씨앗들을 나는 실제로 보았습니다. 물론 그 반대 경우도 보았습니다. 별난 질병이나 다른 이유로 병원에 입원한 사람이 있었습니다. 그는 의사의 세심한 치료로 자신의 시야를 가렸던 어둠에서 치유되었고 기대했던 것보다 더 확고하고 확실한 성과를 얻었습니다.

누구도 자기 죄가 크고 무겁다고, 부름을 받은 금욕생활에 부적합하다고 생각해서는 안 됩니다. 나약하여 죄 중에도 여전히 더 죄를 지으려고 구실을 찾는 자를 비난하지 마십시오. 부패가 심할수록 고

◂20 『베네딕도 규칙』 머리말 참조. 베네딕도는 머리말에서 "이제 잠에서 깨어나야 할 시간"(8), "오늘 그분의 목소리를 듣게 되면 너희는 마음을 완고하게 하지 마라"(10)는 등의 성경 구절로 세상에서의 이탈을 권고한 후, 지체하지 말고 즉시 거룩한 순종의 바위 위에 집을 지어야 한다고 말하고 있다. 그리고 다음을 덧붙이고 있다. "우리가 수도승생활과 신앙에 나아갈 때, 우리는 말할 수 없는 사랑의 감미로 마음이 넓어져 하느님 계명 길을 달려가게 될 것이다"(49).

21 마지막 단계, 즉 썩을 몸에서 벗어남에 대해서 말하고 있는 1코린 15,54를 염두에 둔 것이다. 이 벗어남 다음에 부활하여 슬픔도 눈물도 없이 부패하지 않게 될 것이다.

름을 짜내기 위해 의사의 적극적인 개입이 더욱 필요합니다. 건강한 사람은 병원에 자주 가지 않습니다.[22]

지상의 왕이 신하들을 불러 앞에 나아가 싸우라고 할 때, 신하들은 지체하거나 구실을 찾지 않고 왕을 따르기 위해 기꺼이 모든 것을 포기합니다. 왕들의 왕, 주님들의 주님, 신들의 신께서[23] 우리를 당신 군대로 부르실 때, 어리석음과 부주의함으로 인해 대법정에서 변명도 못 하고 거부당하지 않도록 각별히 주의합시다. 세상사에 쇠사슬로 묶인 이는 몸을 움직이기가 어렵다는 것을 알 것입니다. 발에 쇠사슬을 차고 걸으면서 자주 넘어지고 계속 상처를 입는 사람과 같습니다. 세상에 사는 비혼자는 세상사의 사슬에 묶여 있더라도 손만 묶여 있는 사람과 비슷합니다. 그래서 그가 수도승생활을 하고자 한다면 방해될 것이 전혀 없습니다. 하지만 기혼자는 손발이 묶여 있는 사람과 같습니다.

괴로움 없이 세상을 사는 어떤 이들이 나에게 이렇게 질문했습니다. "저희가 결혼생활을 하고 세상 걱정 속에 있으면서도 수도승생활의 선에 어떻게 참여할 수 있을까요?"[24] 나는 이렇게 대답했습니다. "여러분이 할 수 있는 모든 것을 하십시오. 즉, 절대 그 누구에 대해서

---

22 "의사는 건장한 사람들에게 필요한 것이 아니라 앓는 사람들에게 필요합니다"(참조: 마태 9,12; 루카 5,31).

23 참조: "신들의 신이시고 주님들의 주님"(신명 10,17); "신들의 신, 주님께서 말씀하신다"(시편 50,1 불가타); "오직 한 분의 주권자, 왕들의 왕, 주인들의 주인이시로다"(1티모 6,15).

24 2티모 2,4 참조. 이 질문은 군대에 소집되어 복무 중인 그리스도의 군사들에게 세상사에 얽매이지 말라고 요구하고 있는 듯하다.

도 악담하지 마십시오. 도둑질하지 마십시오. 거짓말을 하지 마십시오. 누구를 모욕하거나 미워하지 마십시오. 공동전례[25] 참석을 게을리하지 마십시오. 빈궁한 자들에게 동정심을 가지십시오. 누구에게도 걸림돌이 되지 마십시오. 배우자의 권리를 존중하십시오. 여러분의 아내가 여러분에게 주는 것에 만족하십시오. 여러분이 이렇게 한다면 하늘나라가 멀리 있지 않을 것입니다"(마르 12,34 참조).

[순종 안에서 기쁨과 경외로 고귀한 경기장으로 달려가자: PG 641A-644A]

6. 우리 적들을 두려워하지 말고 기쁨과 경외로 고귀한 경기장으로 달려갑시다.[26] 우리는 그들을 보지 못하지만, 그들은 우리 동정을 살핍니다. 우리가 모습을 드러내자마자 그들은 우리 영혼을 공격합니다. 우리가 겁에 질린 모습을 보면 그들은 즉시 우리를 맹렬히 공격합니다. 그들은 교활하고 우리가 공포에 사로잡히는 순간을 알 수 있기 때문입니다. 그러니 우리도 용기 있게 무장하여 그들과 싸웁시

---

25 그리스어로 톤 쉬낙세온 *ton synaxeon*. 쉬낙시스 *synaxis*는 성무일도나 성찬례를 위한 교회 집회였다. 여기서 우리는 평신도들이 매주 한 번 있던 성찬례에 빠져서는 안 된다는 말을 듣게 된다.

26 2코린 13,9; 필리 3,1; 4,4; 로마 12,12; 2코린 6,10; 7,4; 8,2에 비추어 볼 때 그리스도교는 기쁨의 메시지다. 클리마쿠스는 무엇보다도 루카 10,17("일흔두 제자들이 기뻐하며 돌아와서는 '주님, 귀신들조차 주님의 이름으로 말미암아 우리에게 순종합니다' 하고 말씀 드렸다")을 염두에 두고 있다. 그는 거룩한 경외로 가득 찬 마음으로 회개하라고 권고하는 토빗 13,6 또한 염두에 둔다. 게다가 경외는 하느님을 섬기는 고결한 영혼의 기쁨과 연결된다(참조: 시편 2,11; 루카 1,74; 로마 8,15).

다. 용감하게 싸울 준비를 하는 자와 대적하고 싶은 자는 분명 없을 것입니다.

게다가 주님은 당신 섭리로 갓 단련된 초심자들이 벌이는 첫 싸움은 덜 치열하도록 안배하셨습니다. 그분은 싸움의 수위를 낮춰 주셨는데, 이는 그들이 수도승생활을 시작하고는 금방 세상으로 되돌아가는 일이 없게 하려는 것입니다. 그러므로 주님의 종들인 여러분은 주님 안에서 항상 기뻐하십시오. 여러분이 부름을 받은 것은 여러분을 향한 주님 사랑의 첫 번째 표지임을 아십시오. 우리는 종종 주님이 우리 안에서 활동하시는 방식을 통해서 그분을 알 수 있습니다. 하느님은 처음부터 싸움을 허락하십니다. 우리가 좀 더 빨리 승리의 월계관을 얻기 바라시기 때문입니다. 하지만 용기 있는 영혼을 보실 때만 그렇게 하십니다. 주님은 세상 사람들에게는 ─ 나중에 어려움 없이 해소되는 ─ 경기장의 고됨을 감추십니다. 그들이 그 고됨을 안다면, 누구도 절대 세상을 포기하려 들지 않을 것입니다.

그러나 그대는 젊은 날의 노고를 기꺼이 그리스도께 봉헌하십시오. 그러면 나이 들었을 때 성덕을 쌓으며 행했던 것을 기뻐할 것입니다.[27] 젊은 날 뿌린 씨앗은 노년의 쇠약한 이들을 먹이고 기운을 북돋우는 곡식을 생산합니다. 그러니 젊을 때부터 열심히 일하고 단식의 경기장을 달립시다. 죽음이 언제 닥칠지 모르기 때문입니다. 우리에게는 참으로 나쁘고 위험하며, 간교하고 사악한 원수들이 있습니다. 탐욕스러운 그들은 손에 불을 쥐고 하느님 성전[28]▶에서 그 불꽃

---

[27] "젊은 시절에 멍에를 메는 것이 사나이에게 좋다네"(애가 3,27) 참조.

으로 성전을 자극합니다. 그들은 강력하고, 잠을 자지도 않으며, 형체가 없어 눈에 보이지 않습니다.

원수들이 "병들지 않고 약해지지 않기 위해 네 육체를 소모하지 마라"라고 말할 때, 그들의 말에 귀 기울이는 젊은이는 아무도 없습니다. 풍성하고 맛있는 음식을 절제할 용의는 있다고 해도, 특히 우리 시대에 육체의 고행을 선택하는 이를 발견하기란 쉽지 않은 것이 사실입니다(로마 8,13 참조). 이 악령의 목표는 바로 경기장에 들어가는 우리를 무르고 태만하게 만드는 것입니다. 그 결과 악령은 목표를 완벽하게 달성할 수 있을 것입니다.

하느님의 참된 종은 무엇보다도 영적 사부에게 도움을 구해 거주할 장소, 생활 방식, 정착할 암자, 자기에게 적합한 규율을 찾으려 노력해야 합니다. 거기에 각자의 성향도 고려해야 합니다. 과민한 사람에게는 회수도승생활이 어울리지 않고, 화를 잘 내는 사람에게는 독수도승생활이 적합하지 않기 때문입니다. 각자 어떤 삶에 적합한지 검토해야 합니다.[29] 일반적으로 수도승생활 제도는 크게 다음 세 가지 생활양식으로 구분됩니다. 사막에서 홀로 싸우는 자의 생활양식,

---

◀28 참조: "하느님의 성전은 거룩하기 때문입니다"(1코린 3,17); "우리는 살아 계신 하느님의 성전입니다"(2코린 6,16).

29 요한 클리마쿠스는 수도원(coenobium)을 좀 더 안전한 장소로 여긴다. 지속적인 하느님 기억을 도와주고 분노를 극복하고 겸손을 배우는 기회를 제공하기 때문이다(1,3; 25,139.144; 26,170). 교만의 악령은 은수자에게 주교직이나 장상직 혹은 교사직을 제시하며 세상으로 돌아가 세상을 구원하라고 유혹한다(22,123). 암자는 신랑이신 그리스도와 영혼이 결합하는 신방이다. 클리마쿠스는 회수도승생활과 독수승생활 가운데 처음에는 전자를 더욱 유익한 것으로 선택하기를 원한다. 공동체에서 애덕으로 단련된다는 점에서 그렇다.

다른 한두 사람과 평화로이 사는 자의 생활양식, 공동체 안에 머무르면서 인내를 실천하는 자의 생활양식입니다. 잠언은 말합니다. '오른쪽으로도 왼쪽으로도 기울지 마십시오. 왕도를 걸어가십시오.'[30] 이 중도中道는 많은 이에게 적합한 길입니다. 코헬렛은 '외톨이는 불행하도다. 아케디아나 잠이나 절망에 빠지면 그를 일으켜 줄 사람이 아무도 없다'(코헬 4,9-10 참조)라고 말하고 있습니다. 자, 이것이 주님께서 말씀하시는 바입니다. "사실 둘이나 셋이 내 이름으로 모여 있는 거기 그들 가운데 나도 있습니다"(마태 18,20). 하지만 열정의 불이 꺼지지 않게 돌보는 충실하고 슬기로운 수도승은 누구겠습니까?(마태 24,45 참조). 죽을 때까지 매일 불에 불을, 열정에 열정을, 열의에 열의를, 갈망에 갈망을 더하기를 절대 멈추지 않는 사람입니다. 첫 단계에 도달한 사람은 뒤돌아보지 않습니다(루카 9,62 참조).

---

[30] 잠언 4,27 참조. 클리마쿠스는 수도승이 이교의 극단주의와는 거리가 먼 스승의 길인 고전적·성경적 중용(mediocritas)의 길을 따르기를 바란다. 그렇지만 비정상적인 성화聖化의 모습을 보이는 금욕가들에게 때때로 호의를 보이기도 한다.

담화 2

내적 이탈

욕정과 근심에서 벗어남

[모든 사람과 모든 것에서 이탈: PG 653B-656B]

7. 진정 주님 사랑에 자신을 바친 사람은 진실로 장차 올 왕국을 찾아 얻으려 노력하고, 최후 심판과 형벌을 기억합니다. 그는 죽음의 두려움을 늘 상기하며 재물이나 소유, 수입, 부모, 세상의 명예, 벗이나 형제 같은 세상의 어떤 것도 갈망하거나 생각하거나 걱정하지 않을 것입니다.[1] 오히려 그 모든 것에서 벗어나 그러한 행동들과 온갖 걱정, 심지어 자기 육체까지 혐오할 것입니다. 이렇게 모든 것

---

1 거룩한 무관심(*amerimnía*)의 첫 단계는 소유에서 벗어남, 하느님 섭리에 맡김, 내일을 걱정하지 않음["내일 걱정은 내일이 할 것"(마태 6,34)]이다. 걱정들(*mérimnai*)은 말씀의 씨앗을 질식시켜 버리는 가시덤불과도 같다(루카 8,14). 가족에게 마땅히 필요한 것에 대한 걱정과 우리가 돌봐야 하는 이들(1티모 5,8)에 대한 걱정도 '하느님 가족'(에페 2,19)이 되는 것을 방해한다면 부모나 벗들은 원수가 된다(마태 10,36)는 점을 기억해야 한다. 이런 벗어남은 루카 14,26에서 역설적 형태로 표현된다. "누가 내게로 오면서, 제 아버지와 어머니, 아내와 자녀, 형제와 자매, 심지어 제 목숨까지도 미워하지 않는다면 내 제자가 될 수 없습니다."

을 벗어던진 채로 그는 어떤 걱정이나 주저함 없이 그리스도를 따를 수 있을 것입니다.[2] 그는 시선을 늘 하늘로 향하며 하늘에 도움을 구합니다. 시편 저자가 "제 영혼이 당신께 매달리나이다"(시편 63,9)라고 말하는 바처럼, 혹은 또 다른 저자가 특별한 표현으로 이렇게 확언하는 바와 같습니다. '주님, 저는 당신을 따르는 데 절대 지치지 않았고, 사람들의 평가와 그들의 위로도 찾지 않았나이다'(예레 17,16 참조).

가장 큰 수치는 당신 — 우리를 부르신 분은 사람이 아닙니다 — 을 따르라는 부르심을 저버리는 것입니다. 죽음을 맞을 때 전혀 유익하지 않고 꼭 필요하지 않은 것을 염려하는 일 또한 수치입니다. 주님의 가르침은 바로 하늘나라에 부당한 자가 되지 않도록 뒤를 돌아보지 말라는 것입니다.

주님께서는 우리가 초기에는 세상사에 연루되어 — 우리가 세상 한가운데 살고 있든 그런 일에 우연히 부딪히든 — 쉽게 세상으로 되돌아갈 수 있다는 점을 잘 아십니다. 그래서 아버지 장례를 지내게 허락해 달라는 이에게 말씀하셨습니다. "죽은 자들이 자기네 죽은 자들의 장사를 지내도록 내버려 두시오"(루카 9,60). 우리가 세상을 포기한 후에도 악령들은 계속 우리를 유혹합니다. 세상 속에서 비참한 생활을 하더라도 가진 것을 나누는 이를 복되다 부르라 합니다. 우리 적대자의 목적은 우리를 거짓 겸손에 떨어지게 하는 것인데, 거짓 겸손은 우리를 세상으로 되돌아가게 하거나 수도승으로 남아 있으면서 절망에 빠지게 합니다.

---

2 "내 도움은 어디서 오리오? 내 도움은 주님에게서 오리니 하늘과 땅을 만드신 분이시다"(시편 121,1-2) 참조.

실로 교만 때문에 세속인을 경멸할 수 있지만, 절망을 피하고 희망을 얻으려는 우리의 열의 때문에도 그렇게 할 수 있습니다.[3] 그러므로 자신이 모든 계명을 지켰다고 대답한 젊은이에게 주님께서 하셨던 말씀에 주목합시다. "당신이 완전해지려고 하면 가서 당신이 소유하고 있는 것을 팔아 가난한 사람들에게 주시오"(마태 19,21). 예수님은 자선을 받아야 할 정도로 궁핍해지라고 그 청년에게 강하게 요구하셨습니다. 그러므로 주의와 열정으로 주님의 길을 따르려는 우리는 주님께서 세상에 머물러 있는 모든 이를 죽은 자로 선고하셨다는 점도 생각해야 합니다.[4] 주님께서는 그 젊은이에게 이렇게 말씀하려 하셨습니다. '영으로 죽은 세속인이 육으로 죽은 이를 장사 지내도록 내버려 두어라'(마태 8,22 참조). 하지만 재산은 세례에서 이루어지는 친교를 막지 못했습니다. 그래서 세례를 받으려면 막대한 재산을 팔라고 주님께서 그에게 요구하셨다는 주장은 잘못된 것입니다.[5] 우리는 이것으로 만족합니다. 우리는 우리의 소명에 따라오는 무한히 큰 영광을 충분히 이해할 수 있기 때문입니다.

---

[3] 수도승이 받는 두 가지 유혹은 자기 신분이나 세속 신분에 대한 과대평가다. 후자는 금욕생활을 통해서 세속에 있는 사람이 도달하는 완전함에 이르지 못한다는 절망에 빠지게 할 수 있다. 클리마쿠스는 두 신분 모두 과대평가해서는 안 된다고 말한다. 세상에서 신앙생활을 하는 사람을 둘째 등급의 그리스도인으로 판단해서도 안 된다. 거룩한 세속인은 금욕가를 영적으로 더욱 긴장하게 하는 자극제가 되어야 한다. 사실 세속인은 헛된 영광과 방종에 빠질 위험에 노출되어 있지만, 금욕가의 신분은 영적 은사들을 통해 완전함을 향하게 해 준다. 하지만 하느님은 모두에게 구원의 은총을 부여하신다.

[4] 죽은 이는 생명을 잃고 죽음의 어둠 속에 있다. 참조: "죄지은 자만 죽는다"(에제 18,4); "모두 죄를 지었기 때문에 죽음이 모든 사람에게 뚫고 들어왔습니다"(로마 5,12).

[세상의 넓은 길과 수도원의 좁은 길: PG 656B-657A]

8. 이제 우리는, 세속에 머물며 철야와 단식을 하고, 수고와 고통을 겪으며 사는 이가[6] 세상에서 검증과 시험의 장소로, 다시 말해 수도승생활로 넘어갈 때, 어째서 자신이 받아들였던 금욕수행을 더는 항구하게 행하지 않는지 이해하려고 노력해야 합니다. 그들은 그것을 오히려 그릇되고 거짓된 것으로 생각합니다. 그렇게 나는 그들이 심은 많은 덕이 땅에 심겼으나 헛된 영광의 시궁창에서 물을 공급받고 칭찬으로 자양분을 얻은 묘목처럼 끝나는 것을 보게 되었습니다. 그들은 세속의 유혹이 닿기 어려운 황량한 땅으로 와서 구정물이 끊기자마자 곧장 시들어 말라 죽습니다. 수생식물은 본성상 마른땅에서 열매 맺을 수 없기 때문입니다.

세상에 대한 환멸로 세상 고뇌에서 도망친 사람이 여전히 온갖 감각적인 것에 집착하고 있다면, 그는 실제론 자신에게 소중한 것을 잃은 슬픔에서 벗어나지 못할 것입니다.

모든 일에 세심한 주의가 필요합니다. 무엇보다도 다음 사실에 주목해야 합니다. 우리가 확인했듯이, 많은 이가 세상에 살면서 어떤

---

5 이 문제는 이미 알렉산드리아의 클레멘스 시대에 제기되었다. 모든 사람이 신앙으로 불리었다. 신앙의 첫 단계(세례)는 지상 재물에 대한 실제적 포기다. 부자 청년과 예수님이 만난 순간 사도들이 부르심을 받았던 둘째 단계는 금욕적 포기다. 그러나 구원은 모두를 위한 것이다.

6 이 구절은 세속인의 덕이 어떤 점에서 수도승의 덕과 구분되는지 분명히 하면서 다시 앞 문단에 밀접히 연결된다. 진흙이 식물에 양분을 공급하듯 수도승은 겸손을 통한 순종으로 진보하게 된다.

근심, 생각, 부담, 불면으로 인해 자기 육체가 직면하는 무절제를 피할 수 있습니다. 반면 수도승생활을 통해서 완전히 고뇌를 벗어난 이가 육체의 행위로 더럽혀질 수도 있습니다. 그러니 우리가 좁고 험한 길을 걷는다고 공언하면서 그 길에서 벗어나 계속 넓고 편한 길 위에 있지 않도록 스스로 주의합시다(마태 7,14 참조). 좁은 길은 바로 이러한 것들입니다. 식욕의 절제, 철야 때의 올바른 품행, 일정량의 물을 마심, 소량의 빵만 먹음, 모욕과 야유와 조롱 혹은 조소의 쓴 잔을 마심, 자기 뜻의 포기, 성가시게 하는 행위를 견딤, 모멸감을 느껴도 불평하지 않음, 자신에 대한 악담에 유감을 표명하지 않음, 자신이 전혀 존중되지 않는다고 화내지 않음, 자기를 비난하는 자에게 겸손을 드러냄 등입니다.

[*세 가지 포기: 세상, 자기 뜻, 헛된 영광: PG 657A-657D*]

9. 넓은 길이 아니라 이 좁은 길을 따르려고 선택한 이들은 복됩니다. 하늘나라가 그들의 것이기 때문입니다(마태 5,10 참조). 세 가지 포기 없이 누구도 하늘나라의 혼인 잔치에 참여할 영광을 누리지 못할 것입니다. 첫째, 온갖 세속적 관심사, 사람들 심지어 부모까지 포기해야 합니다. 둘째, 자기 뜻의 포기입니다. 셋째, 헛된 영광의 포기입니다. 이는 순종의 열매로 얻을 수 있습니다.

주님께서는 말씀하셨습니다. '그들 가운데에서 나와 떨어져 있어라. 세상의 부정한 것에 손대지 마라'(이사 52,11 참조). 바깥세상에 있는 이들 중 누가 기적을 행했고, 죽은 이를 일으켰으며, 악령을 몰아냈습니까? 아무도 없습니다. 이 모든 것은 수도승에게 상급으로 주어졌습니다.[7] 세상에 사는 이는 이런 일을 행할 수 없습니다. 그들이 그런 일을 할 수 있다면 금욕과 은둔생활을 할 이유가 없을 것입니다. 우리가 세상을 포기한 후 악령들이 우리 마음에 부모와 형제에 대한 기억과 향수를 불러일으키면, 기도라는 무기에 의지합시다. 지옥 불을 생각하며 성가신 마음의 유혹을 몰아냅시다.

누군가 이제 어떤 것에도 초연하다고 느끼면서 그것을 잃자마자 괴로워한다면 자기 자신을 속이는 것일 뿐입니다. 젊은이는 육체적 사랑과 쾌락에 훨씬 쉽게 빠집니다. 그래서 진실로 수도승생활을 시작하고 싶다면 깨어서 온갖 악한 쾌락을 멀리하며 단식과 기도 수행을 멈추지 말아야 합니다(마르 9,29 참조). 그렇게 하면 그의 상태는 처음보다 더 악화하진 않을 것입니다.[8] 잘 아는 바와 같이 생명의 바다를 항해하는 이에게 최종 도착지인 항구가 구원이 될 수도 있고 파멸이 될 수도 있습니다. 계속 비유를 들어 말하자면, 우리는 광활한 바다의 거센 파도에서 벗어난 선원들이 항구[9]에서 좌초되는 것을 보면 참으로 끔찍할 것입니다.

자, 이것이 두 번째 단계입니다. 탈출하고 싶은 사람은 롯의 아내가 아니라 롯을 본받아[10] 서둘러 이 단계를 오르십시오.

---

7 사도 20,24; 히브 11,37; 로마 1,22-24; 마태 5,39-42에 따라 사도들은 금욕생활의 모범으로 여겨졌다.

8 참조: 마태 12,45; 2베드 2,20.

9 항구는 보통 구원을 상징하지만, 욕정의 위험한 단계를 극복했다고 믿고 소홀하여 패배하는 자가 빠지는 위험의 표지일 수 있다.

10 참조: 창세 19,12 이하; 루카 17,28-32.

담화 3

외적 이탈

유배

[자유로운 결단으로 금욕적 순례를 시작하다: PG 664B-664D]

10. 금욕적 고립을 택한 사람의 포기에 주목하십시오. 그는 거룩함을 추구하는 데 방해가 되기에 고향에 남겨 두었던 것들을 뒤돌아보지 않습니다. 그것은 유배와 같습니다. 이 유배는 신비로운 지혜에서 우러나온 순종의 자세, 군중에게서 볼 수 없는 현명함, 보이지 않는 목표를 향한 은둔, 비천한 것을 갈구하는 마음의 내밀한 묵상, 하느님만을 향한 영혼이 당하는 모욕, 사랑의 충만함, 깊은 침묵 그리고 헛된 영광의 거부를 요구합니다.

처음에는 이런 영적 자세가 쉽지 않을 것입니다. 주님을 따르는 이가 꺼지지 않는 강렬한 신적 사랑의 불로 타올랐더라도 그의 친척들에게서 분리되었기 때문입니다. 그러한 분리는 굴욕과 슬픔을 일으킵니다. 하지만 사랑에 빠진 이에게는 이런 자세가 더욱 요구됩니다. 유배가 위대하고 찬양할 만한 영혼의 표지가 되면 될수록 그만큼 영적 식별이 요구됩니다. 열성으로 받아들인 고립 그 자체가 모두 좋은 것은 아니기 때문입니다. 주님의 말씀대로 모든 예언자가 자기 고향에서 존경받지 못하는 것은 사실입니다(마태 13,57 참조). 하지만 우리는 그 고립이 헛된 영광에서 비롯된 것은 아닌지 관찰해야 합니다.

사실 금욕적 유배는 전적인 분리를 받아들이는 것입니다. 그대의 아주 사소한 생각도 하느님에게 굳게 매어 두기 위해서입니다. 이 유배는 탄식을 향한 끝없는 열망을 불러일으키고 탄식을 실천하기 위한 수단을 제시합니다. 유배자는 자신과 다른 이들의 온갖 세속적 행위를 피합니다.[1] 그러므로 도피하십시오. 그리고 기다리지 마십시오. 세상에 묶여 있는 다른 영혼 때문에 고립을 받아들이기를 주저하지 마십시오. 도둑은 예기치 못할 때 오기 때문입니다(루카 12,39 참조). 많은 이가 게으른 이나 우유부단한 이를 구원으로 인도하려 애쓰면서 끝내 그들과 함께 파멸합니다. 불은 결국 꺼지기 때문입니다. 그대는 불빛을 감지하자마자 단호히 끊어 버리십시오. 언제 그 불이 꺼져 그대를 어둠 속에 버려둘지 그대는 모르기 때문입니다(요한 12,35 참조). 모두가 다른 이를 구원하라고 부르심을 받은 것은 아닙니다. 거룩한 사도께서 말씀하십니다. "우리 각자는 [하느님 앞에서] 자기 일을 낱낱이 보고하게 될 것입니다"(로마 14,12). 또한 "남을 가르치면서 왜 그대 자신을 가르치려고는 하지 않습니까?"(로마 2,21)

---

1 유배는 도피(*phugē*)이고, 수도승은 자기 고향 밖으로 유배된 사람(*phugópatris*)이다. 수도원 은신처에서는 철야를 하고 욕정의 불을 끄고 악한 생각을 물리치기가 좀 더 수월하다.

라고 말씀하십니다. 이렇게 사도는, 모두가 적어도 자기 자신에 대해서, 어쩌면 다른 이들에 대해서도 해명해야 한다는 것을 말하는 듯합니다.

[세상으로 되돌아가는 것은 위험하다: PG 664D-665C]

11. 유배 중인 그대는 배회하는 쾌락의 악령에게서 자신을 지키십시오.² 고립은 악령에게 그대를 죽일 기회가 되기 때문입니다. 욕정에서의 자유는 훌륭한 것입니다. 그러나 그 자유의 어머니는 고독입니다. 주님을 위해 금욕적 고립을 사는 이가 욕정에서 벗어나고 싶다면 어떤 것에도 속박되어서는 안 됩니다. 그대가 세상을 버렸다면 세속과 접촉하려 해서는 안 됩니다(콜로 2,21 참조). 본성상 욕정들은 당신에게 돌아올 준비가 늘 되어 있기 때문입니다. 하와는 원하지 않았음에도 낙원에서 쫓겨났지만, 수도승은 자유의지로 자기 고향을 떠났습니다. 낙원에서 하와는 불순종의 나무를 갈망했고, 고향에서 수도승은 친척에게 순종하는 심각한 위험에 빠질 수 있습니다. 고향에서 그대를 넘어뜨리는 자극을 피하십시오. 열매가 눈에 띄지 않으면, 그것을 맛보려는 충동을 크게 느끼지 않을 것입니다.

강도들이 행하는 교활한 방식에 주의해야 합니다. 그들은 세상에서 분리되지 말라고 하면서 우리가 여인 앞에서 초연하다면 보상을

---

2 "어둠 속에 돌아다니는 흑사병도 한낮에 창궐하는 괴질도"(시편 91,6) 참조. 이것은 독수도승을 집중 공격하는 정오의 악령이다. 이 악령의 공격으로 우리가 고독, 지상의 낙원, 영적 자유의 고향을 단념해서는 안 된다.

받을 것이라고 제안합니다. 그때는 그들의 말에 현혹되지 말고 정반대로 해야 합니다. 우리가 얼마 동안 친척들을 떠나 마침내 신심을 키우고 탄식이나 극기를 실천할 수 있게 되면, 고향으로 되돌아갈 어리석은 생각에 사로잡히게 됩니다. 이전에 우리를 죄인으로 알고 있던 이들에게 유익한 모범이 되어 많은 사람을 감화시킬 수 있다는 구실을 대면서 말입니다. 후에 우리가 언변에 능하고 박식해지면, 악령들은 우리를 부추겨 영혼들의 구원자이자 스승으로 세상 한가운데로 뛰어들게 합니다. 이는 항구에 잘 간직하고 있던 보물들을 바다로 흩어 버리는 것입니다. 그러니 롯의 아내가 아닌 롯을 본받아야 합니다!(창세 19,26 참조). 영혼은 자신이 떠났던 장소로 되돌아가면 지혜의 소금을 잃을 것이며(마태 5,13 참조), 결국 선을 향해서 한 발짝도 움직이지 못할 것입니다.

 이집트에서 탈출하십시오. 그리고 절대 뒤를 돌아보지 마십시오. 마음이 이집트를 향해 있는 자는 아파테이아의 땅 예루살렘을 보지 못할 것입니다. 어린아이의 단순성으로 모든 것을 포기하고 금욕생활을 시작하여 정화된 후 다른 이들을 구원하러 다시 세상으로 되돌아가는 것이 좋다고 여기는 이들이 있습니다. 그렇지만 하느님을 뵙는 은사를 받았던 위대한 모세조차도 백성을 구원하도록 파견되었을 때, 이 세상을 상징하는 이집트에서 많은 위험과 정신적 고뇌에 직면했습니다. 하느님이 아닌 부모를 슬프게 하는 것이 낫습니다. 하느님은 그대의 창조주이시자 구세주이시지만, 부모는 종종 자신이 사랑하는 이를 형벌의 위험에 처하게 하며 그를 파멸로 이끌기 때문입니다.

[유배 중에 사랑하는 벗과 형제들을 만나게 된다: PG 665C-668B]

12. 유배자는 그 지방 언어에 낯선 사람으로, 다른 언어를 쓰는 사람들 가운데 거주합니다. 게다가 우리와 가까운 사람들이 미워서가 아니라 ― 절대 그렇지 않습니다 ―, 우리에게 해로운 것을 피하려고 우리는 고향을 떠나 고립되는 것입니다.[3] 우리가 고독한 삶을 선택했다면, 늘 그렇듯이 이 점에서도 그리스도는 우리의 스승이십니다. 그분은 육의 부모를 떠난 모습을 자주 보여 주셨습니다. "선생님의 어머님과 형제분들이 밖에 서서 선생님을 만나고자 합니다"(루카 8,20)[4]라는 말을 들으셨을 때도 그렇게 하셨습니다. 좋으신 우리 주님이자 스승이시며 아파테이아의 모범이신 분은 즉시 "하늘에 계신 내 아버지의 뜻을 받들어 행하는 그런 사람이 내 형제요, 자매요, 어머니입니다"(마태 12,50)라고 대답하시며 당신의 비정함을 감추지 않으십니다.

죄의 짐을 지는 데서 그대와 함께 아픔을 나누는 동반자가 될 수 있고 또 그러기를 원하는 자를 그대의 아버지로 삼으십시오. 그대의 부정을 씻을 수 있는 탄식을 그대의 어머니로 삼으십시오. 하늘을 향해 달리는 경주에서 그대와 함께 수고하고 싸우는 자를 그대의 형제로 삼으십시오. 죽음에 대한 부단한 기억을 그대 삶의 동반자로 삼으십시오. 마음의 탄식을 그대의 사랑하는 아들로 삼으십시오. 육

---

3 세상에서뿐 아니라 사랑하는 사람에게서 떠남으로써 수도승이 되는 것이다. 이 떠남은 타국에서 영적 순례자가 되기 위한 조건이다.

4 참조: 마태 12,47; 마르 3,32.

체를 종으로, 거룩한 천사들을 벗으로 삼으십시오. 천사들이 벗이 된다면 그대가 임종할 때 그대를 도울 수 있을 것입니다. "이들이 그분을 찾는 이들의 세대라네"(시편 24,6). 하느님에 대한 갈망은 부모에 대한 갈망을 끊습니다. 두 가지 갈망을 갖는다고 말하는 사람은 거짓말쟁이입니다. "아무도 두 주인을 섬길 수 없습니다"(마태 6,24)라고 하신 분의 말씀을 경청하십시오. 주님의 다음 말씀도 경청하십시오. '나는 부모와 자녀들의 평화, 나를 섬기기 위해 선택된 형제들 간에 평화를 주러 세상에 온 것이 아니다. 오히려 하느님 사랑에 빠진 이를 세상을 사랑하는 자에게서, 영적 인간을 물질적 인간에게서, 마음이 겸손한 이를 헛된 영광에 사로잡힌 자에게서 갈라놓으려 전쟁과 칼을 주러 왔다'(마태 10,34 참조). 주님은 당신께 대한 사랑으로 하는 이 전투를 기뻐하십니다.

그대가 사랑하는 이들 때문에 제대로 못 보는 일이 없도록 잘 경계하고 주의하십시오. 말하자면, 그대의 밭에 물이 들이닥치기 시작할 때 이 싸움의 홍수에 그대가 휩쓸려 가지 않게 하려는 것입니다. 부모와 벗들의 눈물이 그대에게 영향을 주어서는 안 됩니다. 그렇지 않으면 그들의 눈물이 영원히 그대의 눈물을 자아낼 것입니다. 아마도 그들은 꿀벌이나 말벌처럼 그대 주위를 맴돌며 각자의 슬픔을 터뜨릴 것입니다. 그때 절대 주저하지 말고 즉시 그대의 죽음을 생각하고 영혼의 눈을 늘 바라보던 곳을 향해 보십시오. 그렇게 하면 고뇌를 고뇌로 극복할 수 있을 것입니다. 우리 가족과 벗들은[5] 모든 것

---

[5] "아들이 아버지를 경멸하고 딸이 어머니에게, 며느리가 시어머니에게 대든다. 집안 식구가 바로 원수가 된다"(미카 7,6) 참조.

이 잘 될 거라고 보장하며 우리에게 제안할 것입니다. 하지만 그들의 목적은 더 좋은 선을 향한 경주를 방해하는 것이기에 그들은 우리를 속일 것입니다. 그런 방법으로 결국 그들이 뜻하는 대로 우리를 잡아당기기 위함입니다.

[모범인 아브라함과 하늘에서 유배된 그리스도에 대한 기억: PG 668B-669A]

13. 세상에서 분리됨으로써 더 불편하며 더 누추하고 척박한 땅에서 유배될 수 있습니다. 그렇지 않으면 우리는 욕정들과 함께 여기저기 배회하게 될 것입니다. 따라서 다른 이에게 그대의 고귀한 혈통을 감추십시오. 표정과 행동으로 다른 이에게 그대의 영예를 뽐내지 마십시오.

"네 고향과 친족과 아버지의 집을 떠나라"(창세 12,1)⁶는 말씀을 들은 저 위대한 인물(아브라함)만큼 유배를 전적으로 갈망했던 이는 어디에도 없습니다. 하지만 그는 다른 언어를 사용하는 미지의 땅으로 불림을 받았습니다. 사실 주님께서는 때때로 이 위대한 유배자의 발자취를 따르는 사람을 영광스럽게 하십니다. 그러나 하느님이 그러한 영광을 주셨더라도 그것을 무시하고 우리를 겸손의 바위 위에 두는 것이 좋습니다. 우리가 선택한 고립의 유배를 삶의 위대한 이상이라며 악령들이나 사람들이 아낌없이 찬사를 보낼 때, 우리를 사랑

---

6 이 전형적인 성경 비유는 '지상 순례'라는 일반적 개념을 의미했다.

하시어 하늘에서 땅으로 유배되신 분을 기억합시다. 그러면 우리가 결코 그 모범을 완전하게 따를 수 없음을 보고 겸손해질 것입니다.

친척이든 낯선 사람이든 누군가를 향한 애정은 달갑지 않을 수 있습니다. 우리를 점점 세상으로 잡아당겨 탄식의 불을 완전히 꺼뜨릴 수 있기 때문입니다. 한 눈으로는 하늘을 보면서 다른 눈으로 땅을 보는 것은 불가능합니다. 마찬가지로 친척이든 낯선 사람이든 모두에게서 유배되어 내적·외적으로 고립되지 않은 이가 자기 영혼을 위험에 빠뜨리지 않을 수 있다고 생각하는 것은 이치에 맞지 않습니다. 우리가 고뇌하고 괴로워할 때, 우리 품행은 개선되면서 확고하게 성덕을 향하게 됩니다. 그러나 우리 품행이 거의 완벽에 이르렀다 하더라도 많은 고뇌를 겪으면 그 품행은 한순간에 파괴될 수 있습니다. 세속인이나 세상을 포기한 이와 부적절하게 교제하는 것은 기록된 바와 같이 좋은 품행을 파괴합니다.[7]

그러므로 세상을 포기하고서도 세상으로 되돌아가거나 세상에 가까이 가는 이는 그 올가미에 걸릴 것입니다. 그가 더럽혀지지 않더라도 타락한 사람들을 단죄하면서 그 역시 더럽혀질 것입니다.

유배 중인 초심자들의 꿈에 관하여[8]

[PG 669B-672B]

---

7 참조: 지혜 2,6; 1코린 15,35.

8 이 부분은 담화 3의 부록인데, 이러한 제목이 붙어 있다('유배 중인 초심자'라는 표현은 '세속을 떠나 수도승생활을 시작한 초심자'를 뜻한다 - 역자 주).

14. 실제로 인식의 원천인 우리 정신은 절대 종착지에 도달하지 못합니다. 이는 부인할 수 없는 사실입니다. 오히려 정신은 온갖 종류의 무지로 가득 차 있습니다. 우리가 미각을 통해서 음식을 감별하고, 청각을 통해서 개념을 구별하며, 태양을 통해서 시력의 약함을 보듯이 말은 영혼의 무지를 드러냅니다.[9] 하지만 사랑의 법은 우리 능력을 초월하라고 우리에게 요구합니다. 그러므로 나는 유배에 관한 담화를 마친 후에나, 아니면 담화 중간에 꿈에 관해 언급하는 것이 좋겠다고 생각합니다. 우리를 속이는 자들의 이 속임수에 관해 몰라서는 안 되기 때문입니다.[10]

꿈은 육체가 쉴 때 일어나는 정신의 동요입니다. 환상은 정신이 졸 때 눈이 인식한 것을 왜곡시킵니다. 따라서 육체는 깨어 있지만 정신이 배회할 때 환상이 일어납니다. 환상이 일으키는 것은 실체 없는 환영입니다. 우리가 꿈에 관해 이야기하는 이유는 이 주제가 당연히 우리 논의의 일부이기 때문입니다. 주님 때문에 집과 친척을 포기하고 하느님을 사랑하여 유배로 고립된 후, 악령들은 꿈으로 우리를 속이고 유혹하면서 우리를 괴롭힙니다. 그들은 죽음이 임박한 친척들, 우리 때문에 고통받고 슬퍼하는 이들을 우리에게 보여 줍니다. 자, 꿈에 대해 말하고 싶었던 이유는 이것입니다. 즉, 꿈을 믿는 자는 그림자를 잡으려고 자기 그림자를 뒤쫓는 자와 같습니다.

---

9 "네 무지를 부끄러워하여라"(집회 4,25) 참조. 여기서 클리마쿠스는 육적 인간의 무지와 어리석음에 반대되는 영지와 로고스로 초대하기 시작한다.

10 꿈은 자주 불결함에 사로잡히는 영혼의 악마적 환상이다[디아도쿠스『영적 완성에 관해 발췌 합성한 시 단상 100편』(이하『시 단상 100편』)*Diadoco, Cent.* 38].

헛된 영광의 악령은 꿈에서 예언을 합니다. 매우 교활하게 미래를 예견하며 알려 줍니다. 그 예견이 현실이 될 때 우리가 놀라워하고 마침내 예언의 은사를 받았다고 믿게 하여 오만해지게 합니다.

악령을 신뢰하는 이에게 악령은 예언자고, 그의 제안을 무시하는 이에게는 거짓말쟁이일 뿐입니다.[11] 악령은 영적 존재이기 때문에 세상에서 일어나는 일을 더 쉽게 알 수 있습니다. 곧 죽음이 닥칠 사람을 예상할 수 있고 잘 속는 사람에게 꿈에서 그의 운명을 예언할 수도 있습니다. 그러나 그가 예언적 예지를 통해 미래를 아는 것은 아닙니다. 사실 의사도 죽음을 예측할 수 있지 않습니까!

악령은 종종 빛의 천사의 모습을 하거나(2코린 11,14 참조), 순교자의 탈을 쓰고 나타납니다. 꿈에서 악령들이 이런 모습으로 나타나면, 우리는 천사나 순교자에게 다가간다고 믿게 됩니다. 그렇게 해서 우리가 잠에서 깨어났을 때, 그들은 우리를 불경한 기쁨과 오만에 빠지게 합니다.[12] 이것은 그대에게 그들이 사기꾼임을 알게 해 주는 표지가 될 것입니다. 천사들은 꿈에서 형벌과 심판, 하느님에게서 분리되는 모습을 보여 주기에 잠에서 깨면 우리는 두려워하고 탄식합니다. 꿈속의 악령들에게 주의를 기울이기 시작하면, 깨어 있을 때도 우리는 계속 속게 됩니다. 꿈을 믿는 이는 자신의 미숙함을 드러내는 것입니다. 온갖 꿈을 불신하는 이는 매우 현명합니다. 형벌과 심판을 예시하며 그대를 경고하는 꿈만을 신뢰하십시오. 하지만 가

---

11 "그가 거짓말을 할 때에는 자기 근성대로 말합니다. 그는 거짓말쟁이이며 사실 거짓말의 아비이기 때문입니다"(요한 8,44) 참조.

12 사탄은 대개 거짓 감미로움으로 영혼을 위로한다.

장 심각한 걸림돌인 절망 또한 악령에게서 옵니다.

자, 이것이 삼위의 숫자인 세 번째 단계입니다. 이 단계에 오른 사람은 다시는 오른쪽도 왼쪽도 바라보지 않습니다.[13]

---

13 클리마쿠스는 부정적 의미(죄와 욕정, 생각과 행위, 순간과 단계, 형이하학과 형이상학)에서든 긍정적 의미(금욕과 덕의 형태, 적과 싸우는 무기, 영성생활의 단계, 원인과 결과, 삼중 영혼의 부분과 특성)에서든 항상 3의 의미에 주목한다.

주요 악습에 반대되는 덕의 사다리(담화 4-26)에 따른 안내를 준비하는 여기 제1부의 결론에서 클리마쿠스는 성경의 중도를 권고하고 있다.

담화 4

순종

[수도원의 경기자와 그의 무기: PG 677C-680A]

15. 이제 경기에 선발된 투사인 그리스도의 경기자에 대해 이야기하려 합니다. 항상 꽃이 열매를 앞서듯이 외적·내적 고립의 유배가 순종에 앞서 오는 것이 논리적 순서일 것입니다.[1] 사실 이 두 덕행은 황금 날개로서, 성덕에 바쳐진 영혼은 이 날개를 달고 안전하게 하늘로 오릅니다. 성령의 감도를 받은 성경 저자는 이에 대해 노래했습니다. '누가 나에게 비둘기의 날개를 주어 수행으로 날고 겸손한 관상으로 쉬게 할 수 있겠는가?'(시편 55,7 참조).

우리는 이 선수들의 행동 하나하나를 살펴보는 데 소홀해서는 안 됩니다. 말하자면 불충실과 배신을 부추기는[2▶] 온갖 생각을 물리치

---

1 운동경기에 나가려면 체력 강화 훈련이 필요하듯 영적 전투에 임하려면 적을 격퇴할 수 있는 영혼의 적절한 훈련이 필요하다. 훈련의 스승인 영적 지도자에게 종속되어 주저 없이 순종해야 한다. 이것이 모든 영적 건물의 토대다.

기 위해 그들이 하느님과 그분의 조교(paidotriba)³를 향한 신앙의 방패를 어떻게 잡는지, 불순종을 자아내는 내적 욕망을 잘라 내기 위해 영의 검(에페 6,17 참조)을 어떻게 늘 들고 있는지, 이웃에게 온갖 폭력과 분노나 공격을 가하지 않기 위해 어떻게 온유와 인내라는 덕의 갑옷(에페 6,14 참조)으로 갈아입는지 말입니다. 장상의 기도인 구원의 투구로 잘 보호된 그들은 발을 모으고 있지만 태만하지 않습니다.⁴ 한 발은 봉사를 위해, 다른 발은 부단한 기도를 위해 움직일 준비가 되어 있기 때문입니다.⁵

[순종은 무엇인가? 현명하게 영적 지도자를 선택해야 한다: PG 680A-680C]

16. 순종은 사실 자기 생명을 완전히 포기하는 것입니다. 영혼과 육체가 함께 순종을 증명해야 합니다. 어떤 의미에서 순종은 한 인격이 그의 지성은 살아 있지만 지체들은 죽어 있는 것이라 할 수 있습니다. 순종은 기꺼이 죽음을 선택하고 어떤 걱정도 없이 위험을 받아들이는 것이며, 단순한 생활을 유지하는 것입니다. 하느님 보호

◂2 참조: 카시아누스 『담화집』 18,7; 히에로니무스 「서간」 22,34; 『성규』 1장.

3 신체 훈련사. 영적 의미로는 영혼에 인내와 희망을 훈련하는 사람을 뜻한다.

4 수행과 관상을 균형 있게 조화시키는 것은 카파도키아 교부들 및 에바그리우스와 카시아누스의 가르침을 반영한다.

5 수도승은 모든 것을 하느님과 그 중개자인 아빠스에게 맡긴다. 아빠스는 활동과 관상, 육체와 정신, 금욕생활의 시작과 진보를 조율할 줄 아는 현명한 중개자다. 이렇게 순종의 규율로 넘어간다.

에 온전히 위탁하는 이는 자기방어에 신경 쓰지 않기 때문입니다. 그래서 그는 위험을 마다하지 않고 항해할 것이고, 평온하게 잠자듯이 여행할 것입니다.

순종하는 자는 겸손을 부활시키려 자기 의지를 매장하는 사람입니다. 그가 반응이 없다고 죽은 것이 아닙니다. 사실 그는 좋거나 나쁘게 보이는 것을 구분하지 않습니다. 깊은 신앙으로 이 영적 죽음을 실천하는 이는 자신을 공동체 판단의 대리자에게 맡깁니다. 대리자가 그의 모든 행위에 대해 변명할 것입니다. 그러한 죽음에는 세 단계가 있습니다. 초기 단계는 내적·외적 의지로 뭔가를 하는 것입니다. 중간 단계는 때때로 노력이 필요하고 때때론 그렇지 않습니다. 마지막 단계는 마침내 완전한 초연함과 아파테이아가 지배하는 단계입니다. 살아 있으면서도 죽어 있는 거룩한 수도승은 자기 뜻대로 행하려는 것을 깨달을 때 고통스러워하고 고뇌합니다. 그러면 자기 판단에 대한 무거운 책임을 두려워합니다.

여러분은 그리스도의 법을 멍에(마태 11,29 참조)로 메고 경기장에 들어서려고 이미 의복을 벗고 영적 인간의 증거적 삶을 살기 시작했습니다. 이 순간부터 여러분은 자신의 짐을 다른 이에게 지우려고 노력합니다(시편 55,23 참조).[6] 또 여러분의 자유를 팔아 이 계약에 서명하고 광대한 바닷물 속으로 들어가 다른 이들의 팔로 건져지기를 바랍니다. 여러분은 스스로 좁고 어려운 길로 들어섰다는 것을 아십시오. 이 길은 일탈의 위험 한 가지를 안고 있는데, 곧 자신을 위해 사

---

6 아빠스는 그리스도의 대리자다. 그에게 우리의 모든 괴로움을 맡겨야 한다. 하느님은 분명 의인을 흔들리지 않게 하실 것이다.

는 이디오리트미아idioritmia[7]입니다. 모든 일과 모든 것에서 이 위험을 피하는 이는 여정 초기에 이미 하느님께서 사랑하시는 거룩하고 영적인 사람의 목표에 도달할 것입니다. 남의 말을 경청하는 이는 온갖 좋은 일을 하더라도 죽을 때까지 자신을 신뢰하지 않습니다.

[현명하게 선택한 영적 사부에 대한 신뢰: PG 680C-681A]

17. 우리가 구원을 향한 참된 갈망으로 겸손히 머리를 숙이고(마태 11,29-30 참조),[8] 주님 안에서 우리 자신을 다른 사람에게 맡기기로 한다면, 승선하기 전에 해야 할 일이 있습니다. 우리가 선장으로 삼고자 하는 이의 자질을 신중하고 엄격하게 검토해야 합니다. 그가 선장으로 불릴 만한지 아니면 단순한 탑승객인지, 의사인지 아니면 환자인지, 아파테이아에 도달한 사람인지 아니면 욕정의 희생자인지 말입니다. 그렇게 해야 항구에 도착하지 못하고 바다 한가운데서 조난당하는 일이 없을 것입니다. 하지만 경건한 삶과 순종의 경기장에 들어선 후에는 심판관의 어떤 점이 만족스럽지 않다고 해서 그를 비판하지 맙시다. 모든 사람에게 있는 것처럼 그에게서 약간의 흠을 보더라도 말입니다. 그렇지 않고 그를 비판한다면 우리는 순종에서 어떤 유익도 얻지 못할 것입니다.

---

7 자기 리듬에 따라, 다시 말해 제멋대로 사는 것을 뜻한다. 이것은 당시 개인에게 더 많은 자유를 부여한 금욕생활의 한 형태가 되어 무질서를 일으켰다.

8 성경에 기록된 예수의 '가벼운 멍에'는 불순종의 악에서 인류를 해방하기 위해 십자가에 죽기까지 성부께 순종하신 주님의 순종을 상기시킨다.

모든 일에서 지도자에게 한결같이 충실하려면 완덕에 대한 그의 가르침을 반드시 마음속에 간직해야 합니다. 그리하여 악령이 우리 마음 안에 지도자에 대한 불신을 심으려고 할 때 그 기억을 생생하게 불러내 악령의 제안을 물리쳐야 합니다. 사실 육체의 봉사[9]에 더 열심일수록 영혼의 신뢰도 더 크게 자랍니다. 불신의 암초에 부딪히는 자는 넘어집니다. 좋은 "믿음에서 나오지 않은 것은 무엇이든지 다 죄"(로마 14,23)이기 때문입니다. 만일 그대의 이성이 장상을 판단하거나 단죄한다면, 간음의 유혹에서 달아나듯이 그 유혹에서 달아나십시오. 절대 그런 악령에게 기회를 주지 말고, 접근할 구실과 여지도 주지 마십시오. 그 용(악령)에게 이렇게 소리치십시오. "사기꾼아, 내 임무는 장상을 판단하는 것이 아니다. 오히려 내 심판관이 되는 것이 그에게 맡겨진 임무다. 나를 판단하는 것은 그이지, 내가 그를 판단하는 것이 아니다."

[순종하는 수도승의 무기: 시편 낭송, 기도, 신앙고백: PG 681A-B]

18. 교부들은 시편 낭송을 무기로, 기도를 성벽으로, 진실한 눈물을 세례의 물로 생각했습니다. 그들은 거룩한 순종을 신앙고백의 증거라고 판단했습니다. 순종 없이 욕정에 희생된 이는 누구도 절대 하느님을 볼 수 없을 것입니다. 순종하는 이는 자신에 대한 판결을 말소합니다. 겉으로가 아니라 실제로 주님을 위한 완전한 순종은 심

---

[9] 수도승 공동체에 대한 봉사를 말한다.

판에서 완전히 자유롭게 해 줍니다. 자기 뜻을 행하는 자의 가식적 순종은 죄의 짐에서 벗어나지 못하게 합니다. 장상이 그를 꾸준히 견책한다면 좋아질 것입니다. 하지만 장상이 입을 다문다면 그에게 어떤 일이 일어날지 모릅니다.

단순한 마음으로 주님께 순종하는 사람은 완덕의 길을 갑니다. 그는 철저한 순종을 방해하려는 악령들의 사악한 반응을 불러일으키지 않습니다. 무엇보다도 오로지 우리의 거룩한 심판관께만 우리를 드러냅시다.[10] 하지만 그분이 모두에게도 드러내라고 명령하실 수 있으니, 공개적으로 드러낸 상처는 악화되지 않고 치유될 것이기 때문입니다.

[놀라운 공적 고백: PG 681B-684D]

19. 나는 온몸이 떨리는 재판에 참석한 적이 있었습니다. 목자이자 거룩한 심판관이 다스리는 어느 수도원에서였습니다.[11]

---

10 엑사고레우시스*exagóreusis*, 즉 장상이나 그 대리자에게 자기 생각을 드러내 보임은 공동생활에서 또 전례 공동체에 참가하는 은수자들과의 주기적 만남에서 있었다. 훗날 성사적 고백으로 이어지는 이 관습은 다양한 방식으로 존재했다. 어떤 수도원들에서는 매일 저녁 이것이 행해졌다. 후에 고백자는 아침기도와 끝기도 때 혹은 다른 때 일종의 고백으로 죄를 용서받게 된다. 영적 사부의 임무는 참회자를 위해 기도하고, 사랑으로 그 짐을 지고, 악령과의 싸움에서 그를 도와주는 것이었다. 영적 사부는 치유의 벌을 줌으로써(1베드 2,14) 다소 책임감을 느끼게 하며(야고 2,12) 형제들을 위해 목숨을 내어줄 준비가 되어 있다(1요한 3,16).

11 여기서 클리마쿠스는 순종과 참회의 삶과 관련된 모범적 일화들을 소개한다. 첫 이야기는 타노보Tanobo 수도원에 관한 것이다.

나는 우연히 그곳에 머무르고 있었습니다. 수도공동체의 일원이 되려고 입회를 원하는 자가 출두했는데, 그는 강도였습니다. 탁월한 목자이자 영적 의사는 그곳의 생활양식을 알게 하려고 일단 일주일 동안 조용히 지내 보라고 했습니다. 일주일이 지난 후, 목자는 그를 개인적으로 불러 공동생활이 좋았는지 물어보았습니다. 목자는 그에게 이 삶에 대한 확신이 있는 것을 보고서 그가 세상에서 범한 잘못이 있는지 물었습니다. 그가 기꺼이 모든 것을 고백할 준비가 되어 있는 것을 보자 그를 더 시험하기 위해 그에게 "나는 그대가 모든 형제 앞에서 죄를 고백하기 바라오"라고 말하였습니다. 그는 정말 자신의 모든 죄를 혐오했기에 온갖 수치심을 극복하며 즉시 "그렇게 하기를 원하신다면 알렉산드리아 시내 한가운데서 하겠습니다"라며 그것을 약속했습니다.

목자는 정말로 자기 양 떼 230명을 성당에 소집했습니다. 주일미사 거행 중 복음 낭독이 끝난 후 그를 무고한 죄인이라 명명하며 앞으로 불러냈습니다. 그는 매를 맞았고, 두 손이 뒤로 묶인 채 몇몇 형제에 의해 끌려 나왔습니다. 고행복을 입고 있었고 머리에는 재가 뿌려져 있었습니다. 그 광경에 모두가 놀랐고 울음을 터뜨리는 이도 있었습니다. 무슨 일이 일어나고 있는지 몰랐기 때문입니다. 그가 성당 입구에 다다르자 그토록 온화하고 거룩한 장상이 큰 소리로 외쳤습니다. "멈추시오. 그대는 이곳에 들어올 자격이 없소." 신성한 장소에서 목자가 그렇게 소리치자 놀란 그는 완전히 질겁하여 공포에 사로잡힌 채 즉시 땅에 엎드렸습니다. 그는 후에 그 목소리는 인간의 음성이 아니라 천둥소리였다고 우리에게 말했습니다. 그는 한 동안 바닥을 눈물로 적시며 엎드려 있었습니다. 이때 그는 이 놀라운 의사가 모두 앞에서 그가 범한 잘못을 상세히 밝히라고 명령하는 소리를 들었습니다. 그를 구원하고 모두에게 진실한 겸손의 구원적 모범을 보여 주기 위해 이 의사는 항상 최선을 다했습니다.

실제로 그는 모든 것을 솔직하게 고백했습니다. 모두가 그것을 듣고는 놀랐습니다. 사람이나 짐승들에게 범한 — 본성에 따랐거나 그렇지 않은 — 육체의 죄들, 심지어 독살과 살인 그리고 듣기에도 글로 적기에도 민망한 극악무도한 행위였습니다. 고백을 마치자 그에게 삭발례가 행해졌고, 그는 형제들의 무리에 받아들여졌습니다.

이 거룩한 목자의 지혜에 탄복한 나는 그에게 어째서 그와 같은 방법을 사용하는 것이 좋다고 생각했는지 조용히 물어보았습니다. 그 의사는 나에게 이렇게 대답했습니다. "첫째, 현재의 고백을 통해 그를 미래의 수치에서 구원하기 위해서였습니다. 요한 형제, 그 순간 그는 완전히 용서받았기에 이 목적을 달성했습니다. 그것을 의심하지 마십시오. 거기 있던 형제 중 하나가 그것을 보증했기 때문입니다. 땅에 엎드린 강도가 죄를 고백할 때마다 무시무시한 얼굴이 명부에서 펜으로 하나씩 지우는 것을 보았다고 그 형제가 나에게 말했습니다. 사실 이렇게 기록되어 있습니다. '나는 말했네. 나는 내 죄를 주님께 고백하리라. 그러자 그대는 내 마음의 사악함을 없애 주셨나이다'(시편 32,5 참조). 둘째, 형제들 가운데 자기 죄를 고백하지 않은 이들이 있습니다. 이 일로 그들이 고백하기를 바랐습니다. 고백 없이 아무도 용서받지 못하기 때문입니다."

잊을 수 없는 그 목자와 그의 양 떼 옆에서 나는 정말 놀랍고 인상적인 것들을 많이 보았습니다. 그 가운데 대표적인 것 몇 가지를 여러분에게 말하고자 합니다. 나는 그들이 땅의 사람이면서 어떻게 하늘의 거주자를 본받을 수 있는지 그들의 생활 방식에 매우 탄복했습니다. 수도승들의 발자취를 따르기 위해 적지 않은 시간을 그와 함께 머물고 싶었습니다.[12]

[사랑의 생활과 형제를 바로잡는 일: PG 685A-688A]

20. 그들은 끊을 수 없는 사슬, 곧 경망스럽고 무익한 말에서 멀어지는 놀라운 사랑으로 묶여 있었습니다. 무엇보다도 그들은 결코 형제의 양심을 공격하지 않으려고 노력했습니다.[13] 만에 하나 누군가가 다른 이에 대해 반감을 드러내면, 목자는 그를 죄인처럼 수도원에서 멀리 떨어진 곳으로 추방했습니다. 한번은 어떤 형제가 이웃을 험담했는데 그 거룩한 이가 즉시 그를 수도원에서 추방했습니다. 그는 공동체 안에 두 악마, 즉 보이는 악마와 보이지 않는 악마를 둘 수 없다고 말했습니다. 나는 이 거룩한 사람들에게서 교훈적이고 감탄할 만한 행동과 한마음으로 주님 안에서 활동과 관상을 결합하여 사는 형제애밖에 보지 못했습니다.

그들은 거룩한 이상에 도달하기 위해 분투하고 있었으므로 사실 더는 장상의 질책이 거의 필요 없었습니다. 그리고 서로에 대한 선의가 각 사람을 거룩한 철야로 나아가도록 자극했습니다. 그들에게

---

12 두 달 정도 머물렀던 것 같다.
13 참조: 콜로 3,14; 로마 14,15; 1코린 8,13.

는 잘 제정된 시간경들이 있었고, 매번 할 수 있는 한 가장 거룩하게 수행해야 했습니다. 만약 장상이 없을 때 그들 가운데 한 사람이 불평하고 비판하거나 무익한 말을 하면, 다른 형제가 그에게 험담하지 말 것을 상기시키며 조용히 눈치를 주며 권고했습니다. 하지만 그 형제가 유의하지 않고 계속하면, 그에게 권고했던 형제가 그 앞에서 엎드리며 참회[14]하고는 가 버렸습니다. 그들이 나누는 대화는 오직 죽음에 대한 기억이나 영원한 심판에 관한 생각뿐이었습니다.

그 공동체 주방장의 놀라운 공적에 대해서도 반드시 이야기해야겠습니다. 나는 그가 늘 자신의 봉사에 대해 골몰하고, 그러면서도 동시에 부단히 눈물을 흘리는 것을 보고 어떻게 그러한 은사를 얻었는지 알려 달라고 청했습니다. 내가 집요하게 묻자 그가 말했습니다. "나는 사람에게 봉사한다고 생각하지 않고 하느님께 봉사한다고 생각합니다. 관상을 위한 모든 수단이 내게는 어울리지 않는다고 생각했습니다. 이 불을 보며 모든 것을 사를 불을 떠올립니다. 그러면서 이 불의 환시를 관상하는 습관이 들었지요."

또 다른 완전함의 역설을 들어 봅시다. 그들은 식탁에서도 영의 활동을 중단하지 않았습니다. 그 복된 이들은 은밀한 신호와 몸짓으로 서로에게 마음의 기도를 상기시켜 줍니다. 그들은 가끔 그렇게 하는 것이 아니라 만나거나 모일 때마다 그렇게 했습니다. 한 사람이 잘못을 범하면 모든 형제가 그에게 동의를 구하고 그 문제를 장

---

[14] 자신의 참회를 증명하거나 하느님께 경배드리려 땅에 엎드리는 것은 수도승에게 전통적 동작이었다. 엎드리는 것은 장상에 대한 순종과 전적인 종속을 드러내기 위한 것이기도 했다.

상에게 말하여 책임을 지고 벌을 받게 했습니다. 위대한 영혼을 지닌 이 장상은 제자들이 이렇게 행동하는 것을 보고 결국 더욱 가벼운 벌을 주었습니다. 그는 사실 벌을 받은 그 형제가 무고하다는 것을 잘 알았고, 정말 잘못한 형제가 누구인지 알려고 조사하지 않았습니다. 그들 사이에서 어떻게 무익한 대화가 이루어지고 음란한 기억이 떠올려지겠습니까?

누가 오해하여 자기 이웃에게 실수하면, 제삼의 형제가 그 이웃에게 고개 숙여 용서를 청하며 화를 풀게 했습니다. 만일 그 제삼의 형제가 다툰 두 이웃 사이에 어떤 식으로든 악감정이 계속 남아 있다는 것을 알게 되면, 그는 장상 다음으로 권한을 가진 이(둘째 장상)에게 그 사실을 알려 해가 지기 전에 화해시키려(에페 4,26 참조) 했습니다. 그들이 복종하지 않고 완고하게 행동한다면 그 직권자는 호되게 꾸짖으며 그들이 화해하기 전에 음식을 먹을 수 없거나 수도원에서 쫓겨날 것이라고 경고했습니다. 참으로 칭찬할 만한 이런 엄격함은 무익하지 않았고, 오히려 확실하고 풍부한 열매를 맺었습니다.

[어린아이처럼 단순한 원로들: PG 688B-688D]

21. 실제로 이들 중 많은 이가 수행생활과 관상생활, 식별과 겸손의 전문가가 되었습니다. 그들 가운데 천사의 삶을 살았던 이들이 있습니다. 존경받는 백발의 노인이었지만 어린아이처럼 순종적인 이들의 모습은 인상적이고 경탄을 자아냈습니다. 그들의 가장 큰 영예는 겸손이었습니다. 나는 거기서 50년 동안 온전히 순종하며 살았

던 사람들을 보았습니다. 나는 그들에게 그렇듯 큰 노고를 통해 어떤 위로를 받았는지 말해 달라고 청했습니다. 그러자 어떤 이는 깊은 겸손에 이르렀을 때 온갖 공격을 물리칠 수 있었다고 했습니다. 또 어떤 이는 감각에서 완전히 자유로워졌고 온갖 중상모략에도 평화를 얻었다고 했습니다. 나는 천사의 백발[15]을 지닌 잊을 수 없는 또 다른 사람들을 보았습니다. 그들은 심지어 완전한 무구함에 도달한 것처럼 보였는데, 그것은 하느님의 계획에 대한 순응과 위탁을 통하여 얻은 지혜이기도 합니다. 사실 단순성은 이중성과 반대되고 단일성과 같습니다.[16] 반면 악은 인간을 둘로 나누는데, 곧 보이는 외적 인간과 보이지 않는 내적 인간입니다.

거기에 있는 누구도 헛소리하거나, 우리가 흔히 노망들었다고 말하는 세속 노인처럼 판단력이 없거나 어리석지 않았습니다(집회 25,4 참조). 오히려 그곳의 모든 이는 언행이 참으로 매우 점잖고 유순하며 솔직하고 순수하고 자연스러워 보였습니다. 우리가 흔히 보지 못하는 모습입니다. 그들은 내면으로 하느님과 그들의 인도자 안에서 쉽니다. 그들은 악령과 욕정에 맞서는 데 두려움 없고, 굳건한 마음의 눈을 가진 어린아이와 같습니다. 거룩한 사부여, 그리고 하느님께 소중한 이 공동체 형제들이여, 천상 거주자의 덕행에 비견되는 이 성인들의 덕행에 대해 여러분에게 말할 시간이 충분하지 않습니다.

---

15 백발은 종종 천사와 연결된다. 수도승생활은 세상에서 천사처럼 사는 삶으로 묘사되곤 했다. 하느님과 사람들의 종인 천사는 죄와 물질적 목적에서 자유로웠기에 참된 수도승생활을 하는 사람은 천사처럼 여겨졌다.

16 이 개념은 둘이 하나 된 일치로 주님께 속한다는 단순성 개념이다.

내가 평생을 말해도 부족할 것입니다. 그렇지만 침묵하기보다 하느님께 충실한 이들의 열정을 찬양해야겠습니다. 어떤 식으로든 그렇듯 훌륭하고 수고스러운 그들의 참회 중 일부라도 여러분에게 설명하는 것이 낫다고 생각합니다. 이들의 하느님을 기쁘게 하는 열정이 여러분을 자극할 것입니다. 이처럼 보잘것없는 설명이 실제보다 과장될 수 있다는 것은 이론의 여지가 없습니다. 그렇다고 내가 꾸민 이야기를 한다고 생각하지 마시길 바랍니다. 믿음을 저버리는 그러한 의심은 유익하지 않을 것입니다. 이제 다시 주제로 돌아갑시다.

[수도승 이시도루스: PG 689A-689D]

22. 이 수도원에 알렉산드리아의 영향력 있는 고관이었던 이시도루스라는 사람이 찾아왔습니다. 그곳에서 나도 그를 만났습니다. 우리의 거룩한 목자께서 그를 맞이했지만, 그가 악하고 잔인하며 거만하고 무례하다는 것을 확인하고서는 악령들의 교활한 술책을 피하려고 인간적 논증에 의지하는 것이 현명하다고 생각했습니다. 그는 이시도루스에게 이런 말로 시작했습니다. "그대가 스스로 그리스도의 멍에를 메려 한다면 우선 순종을 배우기를 바랍니다." 이시도루스가 대답했습니다. "위대한 성인이시여, 저는 대장장이의 손에 놓인 쇠처럼 당신께 대한 순종에 저를 내어놓습니다." 이 비유에 흡족해한 성인은 이시도루스라는 쇠를 잡고 그에게 이렇게 말하며 그를 제련하기 시작했습니다. "형제여, 그대에게 명령하니, 수도원 문 앞에 서서 드나드는 모든 이에게 무릎을 꿇고 '사부님, 저는 뇌전증을

앓고 있으니 저를 위해 기도해 주십시오'라고 말하십시오."

실제로 그는 천사가 주님의 말을 듣듯이 그 성인의 말을 들었습니다. 그는 그 명령을 이행하며 거기서 7년을 보냈습니다. 마침내 그는 깊은 겸손에 이르렀고 탄식의 은사도 받았습니다. 7년[17]이 지나고 우리가 찬양하는 목자는 그에게서 비범한 인내를 보고는 그를 받아들이기로 했습니다. 그를 형제들 가운데 받아들이고 또 그에게 사제 서품을 주기에 합당하다고 판단했기 때문입니다. 하지만 이시도루스는 다른 이들을 통해 또 나의 보잘것없는 중재를 통해 목자에게 거기서 그렇게 끝까지 있게 해 달라고 거듭 청했습니다. 그는 '끝'이란 말로 자기 죽음이 가까웠다는 것을 암시했습니다. 실제로 그렇게 되었습니다. 스승은 그에게 그곳에 머물도록 허락했습니다. 열흘 후, 그는 엄청난 모욕을 당하고서 영광 중에 주님께 건너갔습니다.

그가 죽고 나서 7일 후에 그는 수도원의 문지기도 주님께 데려갔습니다. 죽기 전에 복된 이시도루스는 그에게 "주님께서 허락하신다면, 당신을 곧 저세상에서도 함께하는 내 동료가 되게 하겠소"라고 말했습니다. 정말로 이런 일이 일어난 것은 그가 전혀 부끄러워하지 않았던 순종과 하느님을 모방했던 겸손의 증거였습니다.

이시도루스가 살아 있을 때, 나는 이 위대한 사람에게 문 앞에 서 있는 동안 무슨 생각을 했느냐고 물었습니다. 잊지 못할 이 사람은 나에게 도움을 주려 했기에 솔직하게 말했습니다. "처음에 저는 제

---

[17] 어떤 수도 규칙도 7년의 시험기를 규정하고 있지 않다. 간음에 대한 사도적 규정이 7년의 고행을 요구했다. '불순종의 간음'에 대한 마케도니우스 부제의 언급 때문에 아마도 장상은 이시도루스의 오만을 간음처럼 다루었을 것이다.

가 죄 때문에 경매에 나온 노예 같다는 생각이 들었습니다. 그래서 마지막 피를 흘릴 때까지 고되고 엄격하게 참회를 했습니다. 1년이 지나자 마음이 괴로움에서 벗어나기 시작했고 인내에 대한 하느님의 상급을 기다렸습니다. 또 1년이 지났습니다. 마음속으로 사부들과 살며 그들을 보는 것에 기뻐할 자격이 없다고 생각했습니다. 또 그들과 함께 신비들에 참여[18]하고 그들에게서 본 어떤 관상적 기쁨을 누리기에는 제가 합당하지 않다고 여겨졌습니다. 따라서 저는 눈을 항상 아래로 향하고 감정을 더욱 낮추면서, 드나드는 이들에게 저를 위해 기도해 달라고 진심으로 청했습니다."

[지혜가 충만한 원로 라우렌티우스: PG 692A-692C]

23. 어느 날 나는 그 위대한 장상과 함께 식탁에 앉아 있었습니다. 그때 그는 몸을 구부려 내 귀에다 대고 이렇게 말했습니다. "매우 연로한 이가 어떤 거룩한 생각을 하는지 알고 싶지 않소?" 내가 알고 싶다고 하자 그는 옆 식탁에서 라우렌티우스라는 사람을 불렀습니다. 수도원에서 48년 동안 지낸 그는 수도원의 둘째 사제[19]였습니다. 그가 강복을 받으려고 장상 앞에 무릎을 꿇자 장상은 그를 쳐다보지도 않고 한마디 말도 하지 않았습니다. 장상은 그에게 음식을 들게 하지도 않고 식탁 앞에 서 있게 했습니다. 점심 식사가 시작될 무렵

---

18 회수도승, 라우라 수도승, 은수자 들의 전례 모임 참석 방식은 달랐다.

19 고대 수도원에는 사제들이 많지 않았다. 사제는 기껏해야 한두 명이었고, 그들의 역할은 성사 집전과 강복 등 사제직과 관련된 것이었다 – 역자 주.

이었습니다. 장상은 한 시간 내내, 아마도 두 시간 동안 그를 그렇게 꼼짝없이 서 있게 했습니다. 그렇게 서 있는 하느님의 종을 쳐다보았을 때 나는 몹시 민망했습니다. 그는 완전히 백발이었고 이미 여든 살[20]이었습니다. 그는 우리가 식사를 마칠 때까지 그렇게 서 있었습니다. 우리가 일어섰을 때, 장상은 그를 위대한 이시도루스에게 보내며 시편 40편의 첫 구절[21]을 그에게 암송해 주라고 했습니다.

짓궂은 나는 기회를 놓치지 않고 그를 성가시게 했습니다. 원로에게 다가가 식탁 앞에 서 있으면서 무슨 생각을 했느냐고 물었습니다. 그러자 그가 말했습니다. "나는 장상을 그리스도의 형상이라고 생각합니다. 그래서 나에게 내려진 명령이 그에게서가 아니라 하느님에게서 오는 것으로 생각했습니다. 요한 신부님, 나는 사람의 식탁 아닌 하느님의 제단 앞에서 기도하며 서 있다고 여겼습니다. 나는 그 목자를 신뢰하고 사랑했기에 그에게 어떤 나쁜 생각도 품지 않았습니다. '사랑은 억울한 일을 따지지 않습니다'(1코린 13,5)라고 기록되어 있습니다. 신부님, 단순한 삶에 전념하고 성덕을 열심히 닦는다면 더는 악마에게 (공격의) 빌미를 주지 않습니다."

[뛰어난 영적 지도법: PG 692C-693B]

24. 하느님 친히 자신의 인간 양 떼를 구원하려는 이 장상 대리와

---

20 이미 영혼의 스승인 원로이다.
21 "주님께 바라고 바랐더니 나에게 몸을 굽히시고 내 외치는 소리를 들으시어"(시편 40,2).

똑 닮은 사람을 공동체에 당가當家²²로 보내셨습니다. 그는 매우 지혜롭고 온유하고 의로운 사람이었습니다. 한번은 원로가 아무 이유 없이 그를 반대하여 개입했습니다. 원로는 정말 이상한 방법으로 그를 성당에서 쫓아내기까지 했습니다. 하지만 그것은 모두의 선을 위한 것이었습니다. 나는 따로 원로와 이야기하며 그를 변호했습니다. 나는 원로가 고발했던 그 사람이 결백하다는 것을 알았습니다. 그러나 원로는 내게 지혜롭게 말했습니다. "신부님, 나도 그것을 잘 알고 있습니다. 하지만 장상은 배고픈 어린아이에게서 빵을 빼앗으려는 사람처럼 행동해서는 안 됩니다. 영혼들이 월계관을 얻도록 애쓰지 않는다면 장상의 행동은 자신과 형제들 모두에게 부당하고 통탄스러운 것입니다. 장상은 그들이 월계관을 얻으려고 매 순간 부당과 모욕, 굴욕과 조롱 가운데서 싸운다는 것을 압니다. 장상은 세 가지 심각한 잘못을 범할 수 있습니다. 첫째는 고발을 견딜 때 얻게 되는 상급을 그 형제에게서 앗아 가는 것입니다. 둘째는 그 형제의 모범으로 다른 형제들이 유익을 얻을 수 있었음에도 그것을 막는 것입니다. 셋째는 최악의 경우인데, 매우 덕스럽게 된 후 관대하고 인내심 있게 보이던 사람도 장상의 돌봄과 견책을 받지 않으면 시간이 지나면서 온유와 인내를 잃게 되는 것입니다. 토양이 아주 비옥하고 풍요롭더라도 멸시라는 물을 주지 않으면 황폐해집니다. 거기에서 허영과 음욕과 오만이라는 가시덤불이 자랄 수 있습니다. 그것을 아신 위대한 바오로 사도께서는 티모테오에게 '기회가 좋든지 나쁘든지

---

22 수도원 살림을 맡은 수도자이다. '창고' 혹은 '방'을 뜻하는 라틴어 cella에서 유래한 당가(cellarius)는 '창고지기'란 뜻이다 – 역자 주.

꿋꿋이 … 꾸짖고 나무라고 훈계하시오'(2티모 4,2)라고 하셨습니다."

내가 그 참된 인도자에게 우리 인간성은 연약하니, 견책이 옳든 그르든 많은 이가 무리에서 떨어져 나가는 나쁜 반응을 불러일으킬 수 있다고 애써 반론을 제기했습니다. 그러자 그 지혜의 자리[23]께서 이렇게 말했습니다. "그리스도 안에 사랑과 신앙의 유대로 자기 목자에게 예속된 영혼은 피를 흘릴지라도 그에게서 떨어지지 않습니다. 목자에게 축복을 받고 치유를 받았더라도 떠나가지 않습니다. '천사도 권세도, 권능도 어떤 다른 피조물도 그리스도께 대한 사랑에서 우리를 갈라놓을 수 없습니다'(로마 8,38-39 참조)라는 말을 기억하고 있기 때문입니다. 그가 풀 수 없는 사슬로 이렇게 묶여 있지 않았다면 여기에 있는 것이 아주 이상할 것입니다. 그가 위선적이고 거짓된 순종에 묶여 있다는 뜻이기 때문입니다."

[충동적인 압바키루스와 그의 정화: PG 693C-694A]

25. 그 거룩한 이가 정말 옳았습니다. 그의 권위는 이론의 여지가 없었습니다. 그는 양들에게 완전함에 이르는 길을 제시하고 그들을 완전함으로 이끌었으며, 양들을 그리스도께 흠 없는 희생 제물로 바쳤습니다. 하느님 말씀을 경청하고 질그릇 속에 담긴 지혜에 경탄합시다(2코린 4,7 참조). 그곳에 머무르는 동안 나는 경탄을 멈추지 못했습니다. 어떤 수련자들은 신앙과 인내와 불굴의 용기로 장상과 자기

---

[23] 지혜가 그 안에 자리를 잡은 사람을 뜻함.

보다 서열이 한참 낮은 형제들의 비판을 받아들였습니다. 나는 감화를 얻으려고 형제 중 한 사람에게 몇 가지를 물었습니다. 압바키루스라고 불렸던 그 형제는 15년 동안 수도원에서 생활했는데, 아마 모든 이 가운데 가장 나쁜 취급을 받았을 것입니다. 그가 충동적이었기 때문에 식사 시간에 식탁 봉사자들이 그를 쫓아내는 것을 나는 종종 보았습니다. 천성적으로 말을 자제하지 못하는 이 형제에게 내가 물었습니다. "압바키루스 형제, 그대는 거의 매일 식탁에서 쫓겨나 저녁 식사를 못하고 잠자리에 드는데, 어째서 그럽니까?" 그러자 그가 말했습니다. "신부님, 저를 믿으십시오. 사부들은 제가 수도승으로 처신하는지 보려고 그렇게 하는 것입니다. 그분들이 진심으로 그러는 것이 아닙니다. 장상이나 다른 형제들이 그렇게 하는 이유를 알기 때문에 저는 어떤 부담도 느끼지 않고 모든 것을 견딥니다. 이것이 그 이유입니다. 15년 전에 제가 수도원에 들어왔을 때부터 그분들이 저에게 한 말이 있습니다. 제자를 다루는 이 방법은 30년 동안 해야 한다는 말입니다. 요한 신부님, 금은 제련되지 않으면 완전한 순금이 되지 못합니다(집회 2,5 참조)."

　이 관대한 압바키루스는 내가 이 수도원을 떠난 후 2년을 더 참고 견뎠습니다. 그러다 임종 직전에 자기 사부들에게 이렇게 말하며 주님께 날아갔습니다. "저는 여러분에게 감사합니다. 주님과 여러분에게 감사드립니다. 여러분은 제 구원을 위해 제가 시험을 받게 해 주셨습니다. 그리하여 저는 17년 동안 악령의 유혹에 넘어가지 않고 살았습니다." 의로운 심판관인 목자는 그를 끝까지 신앙을 고백한 사람으로 인정하며 성인들이 묻힌 곳에 매장하라고 명했습니다.

[부제직을 박탈당한 수석 부제 마케도니우스: PG 696B-697A]

26. 수도원의 수석 부제 마케도니우스의 뛰어난 덕행과 투쟁을 침묵의 무덤 속에 묻어 둔다면, 성덕에 대한 사랑에 불타는 모든 이에게 잘못을 범하는 일일 것입니다. 항상 주님께 마음을 쓰는 그는 주님 공현 축일[24] 이틀 전 수도원 일로 알렉산드리아 방문을 허락해 달하고 청했습니다. 그는 도시에 갔다가 곧바로 돌아올 것을 약속했습니다. 그 축일을 앞두고 준비해야 했기 때문입니다. 하지만 항상 그렇듯이 선을 미워하는 악마가 장상의 허락을 받고 갔던 수석 부제에게 걸림돌을 놓았습니다. 그래서 그는 수도원의 거룩한 축일에 맞춰 돌아오지 못하고 하루 늦게 돌아왔습니다. 장상은 그에게서 부제직을 박탈했고, 가장 낮은 자리로 강등시켰습니다. 이 거룩한 인내의 부제, 충실한 수석 부제는 징계받은 사람이 자신이 아닌 다른 사람인 듯 전혀 개의치 않고 사부의 처분에 따랐습니다.

이런 상태로 40일[25]이 지났습니다. 그러자 장상은 현명하게 그를 자기 자리로 돌아가게 했습니다. 하지만 다음 날 그는 장상에게 자신을 징계 상태로 되돌려 달라고 청했습니다. "도시에서 제게 일어났던 일 때문에 저는 용서받을 수 없습니다." 거룩한 장상은 그가 사실을 말한 것이 아니라 단지 낮아지려고 했다는 것을 알고 있었습니

---

24 클리마쿠스 시대에 동방교회의 공현은 빛의 축일, 삼왕 축일, 예수의 세례 축일이었다.

25 40일의 참회는 40일의 사순시기 단식을 연상시킨다. 시나이산에서 모세와 엘리야가 40일을 단식했듯이 예수님은 사막에서 40일을 단식하셨다(마태 4,2 참조).

다. 하지만 하느님 종의 거룩한 열망을 들어주었습니다.

그 후 존경할 만한 백발 원로는 초심자로 지내면서 모두에게 자신을 위해 기도해 달라고 진심으로 청했습니다. 그는 이렇게 반복했습니다. "기도해 주십시오. 저는 불순종의 간음에 떨어졌습니다."[26] 그 위대한 마케도니우스는 보잘것없는 나에게도 기도를 부탁했습니다. 우리는 자발적으로 이러한 겸손의 길에 들어섰기에 그는 나를 신뢰하며 이렇게 말했습니다. "나는 지금처럼 이 싸움의 무게가 가볍게 느껴진 적이 없습니다. 하느님께서 내게 비추어 주신 광채가 이렇게 매혹적이라는 것을 처음 알았습니다. 어떤 이들은 천사가 타락하지 않는다고 합니다. 이제 그 말이 옳다는 것을 알았습니다. 천사들이 타락하는 것은 불가능하기 때문입니다. 반면 인간은 타락할 수 있지만 곧바로 다시 일어설 수 있습니다. 악령만이 한 번 타락하면 절대 다시 일어나지 못합니다."

수도원 전체를 돌보았던 당가도 나를 신뢰했기에 내게 이렇게 말했습니다. "젊었을 때 동물들[27]을 돌보았는데, 중대한 죄를 범했습니다. 하지만 나는 마음의 굴속에 있는 뱀을 감추지 않는 습관이 있었기에 영혼의 의사에게 그것을 고백하면서, 즉 방금 범한 잘못을 고발하면서 그 녀석의 꼬리를 잡을 수 있었습니다. 이것은 내가 그 행위를 멈추었다는 것을 의미합니다. 그는 부드럽게 내 뺨을 어루만지면서 미소를 지으며 내게 말했습니다. '아들아, 가서 하던 일을 계속

---

26 불순종은 우리를 하느님에게서 멀어지게 하기에 악마와의 불결한 결합이요 하느님께 간음의 죄를 범하는 것이다.

27 수도원의 짐 나르는 짐승들을 말한다.

하여라. 앞날을 전혀 두려워하지 마라.' 며칠 뒤 나는 완전한 치유에 이르렀고 기쁨과 떨림으로 이 여정을 계속 달려가면서 그를 깊이 신뢰했습니다."

[멘나의 무덤에서 난 순종의 향기: PG 697B-700A]

27. 어떤 이들이 말하는 바처럼, 모든 피조물은 종種마다 다른 특징을 지니고 있습니다. 형제들의 모임에서도 영적으로 형성되고 성장하는 모습이 저마다 다릅니다. 어쩌다 바깥세상에 있는 이가 수도원을 방문할 경우, 영적 의사는 이를 방문객 앞에서 자기를 과시하려는 자를 적발하는 기회로 삼았습니다. 의사는 거친 언사로 그에게 비천한 일을 하게 함으로써 그를 시험했습니다. 그가 공동체에 있는 세속인을 보고서 즉시 물러가게 하려는 것이었습니다. 결국 자기 본성을 이기는 기이한 현상을 볼 수 있었습니다. 사람들의 시선에서 자신을 감추며, 자신에게 숨어 있는 허영심을 스스로 쫓아내는 것이었습니다.

주님께서는 나를 이 세상에서 거룩한 삶을 살았던 한 신부의 추모식에 참석하게 하셨습니다. 내가 그 거룩한 곳을 떠나기 일주일 전이었습니다. 그는 장상 다음의 둘째 사제로서 훌륭한 사람이었습니다. 멘나Menna라고 불렸던 그는 그 수도원에서 59년을 살며 모든 성무에 봉사했습니다. 그가 죽은 지 사흘째 되던 날, 관습대로 위령 성무를 거행하고 있는데 갑자기 그 거룩한 이가 묻힌 땅이 감미로운 향내로 가득 찼습니다. 장상은 그가 안치된 관을 열게 하여 우리에게 보여 주었습니다. 관을 열자 샘에서 흘러나오는 향유처럼 그의 고귀한 두 발에서 향유의 향기가 흘러나오는 것을 모두가 보았습니다. 스승은 돌아서서 모두에게 말했습니다. "보십시오. 엄청난 그의 노고와 고통이 향유의 향기처럼 하느님께 전달되었소"(민수 15,10 이하 참조). 정말 그랬습니다.

그곳 신부들은 이 거룩한 멘나에 관해 다른 많은 일화도 말해 주었습니다. 한번은 그가 통상적인 축복을 청하러 장상에게 가서 저녁 메타니아metania(부복)를 하며 몸을 구부렸습니다.[28] 그러자 그의 순종의 은사를 시험하려 했던 장상이 기도 시간까지 그를 땅에 엎드려 있게 했습니다. 마침내 장상은 그를 축복하고 일어서게 하면서도, 그가 자기 과시를 하고 인내심 없는 자라며 꾸짖었습니다. 장상은 그 거룩한 이가 그것을 관대히 견딜 것이라는 사실을 잘 알고 있었습니다. 그는 다른 모든 이를 감화하기 위해 그렇게 했던 것입니다. 거룩한 멘나의 제자 한 사람이 장상이 그렇게 한 이유를 우리에게 충분히 설명해 주었습니다. "장상은 그가 자기 앞에 그렇게 무릎 꿇고 있는 동안 잠에 떨어진 것인지, 아니면 시편 전체를 머릿속으로 암송하고 있는지 보려고 그를 막 다루었던 것입니다." 화관의 보석과도 같은 이 이야기를 내 담화에 꼭 덧붙이고 싶었습니다.

[사랑의 실천에서 은수처보다 수도원이 선호된다: *PG 700B-701B*]

---

28 여기서 공경의 몸짓은 절로 나타난다.

28. 한번은 내가 저 관대하고 강건한 원로들 가운데 어떤 분들에게 헤시키아(내적 고독과 침묵)에 관해 물었습니다. 그들은 환히 웃으며 친절히 대답했습니다. "요한 신부님, 우리는 육적인 존재입니다. 그래서 우리는 육적인 생활을 하지요. 자신의 나약함의 정도에 따라 육적인 생활에 맞서 싸우는 것을 우선으로 둔다고 해도 우리는 육적인 생활을 합니다. 항상 격노하는 무장한 악령에 맞서 싸우기보다는 때론 잔혹하고 때론 동정심을 지닌 사람과 싸우는 것이 더 낫다고 생각합니다." 잊을 수 없는 이분들 가운데 한 분이 다정하게 자기 생각을 다음과 같이 말씀해 주셨습니다. 그분 말씀에서 이제 우리가 주님 안에 특별한 우정을 느끼며 허물없이 대화하는 사이가 되었다는 것을 알 수 있었습니다. "참으로 현명한 분이시여, 그대가 그리스도 안에서 '내게 힘을 주시는 분을 통해서 나는 모든 일을 해낼 수 있습니다'(필리 4,13)라고 하신 분의 영혼의 힘을 지니고 있다면, 성령께서 순결한 이슬처럼 동정녀에게 내려오셨듯이 우리 하느님이신 그리스도를 그대 안에 육화시키시려고 그대에게 내려오신다면, 지극히 높으신 분의 권능이 그분의 인내로 그대를 감싼다면(루카 1,35 참조), 당신은 그리스도처럼 순종의 수건으로 허리를 동여매고는(루카 12,37 참조) 헤시키아의 식탁에서 일어나 그대의 부서진 영의 눈물로 형제들의 발을 씻어 주십시오.²⁹ 아니면 겸손한 마음으로 형제들의 발아래 조아리십시오. 그대 마음의 문에 엄격하고 깨어 있는 파수꾼을 두십시오(시편 141,3 참조). 방탕한 육체 속에서 헤맬 때 걷잡을 수

---

29 참조: 요한 13,4; 시편 51,19.

없는 정신을 일치시키십시오. 항상 움직이며 동요하는 지체들 때문에 정신이 분산되는 중에도 가만히 헤시키아 수행을 하십시오."

그는 역설 중의 역설을 강조하며 말을 이어 갔습니다. "소란 속에서도 그 무엇도 그대 정신을 방해하지 않게 하십시오. 혀를 억제하여 어리석은 논쟁에 빠져들지 마십시오. 하루에 일흔일곱 번(마태 18, 22 참조) 이 폭군(혀)에 맞서 계속 싸우십시오. 십자 나무와도 같은 그대 영혼의 나무에 그대 정신을 모루 위에서 망치질하듯 못 박으십시오. 조롱, 모욕, 비웃음, 불의에 정신을 노출하십시오. 그러나 정신이 절대 물러지거나 부러지게 해서는 안 됩니다. 정신을 고요하고 흔들리지 않게 해야 합니다. 그러니 그대의 의지를 벗어 버리고 최초의 수치심을 입으십시오. 그렇게 자신을 벗어 버리고 신앙의 갑옷으로 갈아입고(1테살 5,8 참조) 경기장으로 들어가십시오. 당신을 훈련시킨 분에 대한 불신 때문에 상처받기 쉽습니다. 촉감이 음란한 공격을 가해 올 때 반드시 절제의 고삐로 억제하십시오. 육신의 위대함과 아름다움을 바라보려는 눈은 죽음을 기억함으로써 억제하십시오. 다른 이에게만 관심을 두면서 형제를 단죄하느라 바쁜 정신을 확실하고 완전하게 이웃에 대한 사랑과 이해로 가득 채우십시오. 친애하는 신부님, 이렇게 하신다면 신부님이 그리스도의 참된 제자임을 모두가 알게 될 것입니다. 우리 공동체도 다른 이에 대한 사랑이 넘쳐난다면, 그런 일이 일어날 것입니다(요한 13,35 참조)."

그런 다음 그 친애하는 벗이 이렇게 주장했습니다. "그대는 여기, 오로지 여기 이 공동체에 머무르십시오. 조롱을 생명의 물(요한 4,10 참조)인 듯 계속 마셔야 합니다. 하늘 아래 온갖 즐거움을 추구했지만 결국 아무것도 발견하지 못하고 '형제들이 함께 사는 것 외에 아름답고 감미로운 다른 어떤 것이 있던가?'(시편 133,1 참조)라고 부르짖었던 다윗처럼 말입니다. 그처럼 인내와 순종의 선을 소유할 자격을 갖추십시오. 우리가 우리의 약함을 인정하고 수도원이라는 경기장에서 멀리 떨어진 고독으로 들어간다면, 운동선수들(금욕가들)이 싸움에서 인내할 수 있도록 멀리서 기도하며 그들의 삶을 찬양하는 것이 최선일 것입니다." 이 훌륭한 사부이자 최고의 스승은 천사요 예언자처럼 싸우면서 그렇게 전투에서 승리했습니다(창세 32,23-31 참조). 우리 두 사람은 거룩한 순종이 가장 영예로운 것이라는 데 기꺼이 동의했습니다. 이제 이 교부들이 오직 거룩하게 여기는 덕의 낙원에서 나와 지상적[30]이지만 역시 유익한 주제들로 돌아가겠습니다.

[작은 과실과 심한 징벌: PG 701B-704A]

29. 우리는 종종 함께 기도했습니다. 그때 그 복된 목자가 잡담하는 사람들을 보고서 참회의 표시로 일주일 동안 성당 앞에서 드나드는 모든 이에게 용서를 구하게 한 일이 있었습니다. 놀라운 것은 그들이 성직자, 곧 사제였다는 것입니다. 나는 거기서 시편 낭송에 참여한 형제들 가운데 한 형제가 눈에 띄었습니다. 찬가의 후렴을 노래하고 있을 때, 그는 다른 이들보다 마음의 열렬한 감정을 특히 몸짓으로 표현하고 있었습니다. 그는 누군가와 대화하는 것 같았고 대

---

30 클리마쿠스는 창세 3,18을 암시하면서 '아름답지 않고 가시로 가득한' 주제들이라고 말한다.

화하는 이들과 완전히 일치를 이루는 듯했습니다. 나는 그에게 그 행동의 의미를 물어보았습니다. 그러자 그 의미를 잘 알고 있던 그는 나에게 도움이 되고자 숨기지 않고 말했습니다. "요한 신부님, 처음부터 내 생각과 정신과 영혼을 모으고 '자, 우리 하느님이요 왕이신 그리스도께 엎드려 경배드리자'(시편 95,6 참조)라고 모두에게 외치며 그들을 초대합니다."

한번은 식탁을 준비하는 형제에게서 놀라운 모습을 보았습니다. 그는 일하는 내내 허리띠에 작은 판을 매달고 있었는데, 거기에 온종일 자신을 유혹했던 생각들을[31] 적었다는 것을 나는 나중에 알게 되었습니다. 이는 목자에게 모든 생각을 보여 주기 위해서였습니다. 곧 나는 그 형제만이 아니라 다른 형제들도 그렇게 한다는 것을 알게 되었습니다. 그것은 장상의 명령에 따른 것이었습니다.[32]

한번은 한 형제가 이웃이 말을 함부로 한다며 수다쟁이라고 고발했습니다. 이웃을 발고한 형제는 쫓겨났고, 그는 수도원 문 앞에서 일주일 내내 다시 받아들여 달라고 간청했습니다. 영혼들을 사랑하는 그분이 그것을 알았습니다. 그 형제가 엿새 동안 아무것도 먹지 않았다는 것을 듣고는 그에게 말했습니다. "그대가 정말 이 수도원에 머무르기를 원한다면, 그대를 참회자들 무리에 두겠소." 그는 참

---

31 이 생각들(*logismoi*)은 단순한 생각들이 아니라 내적 자극들인데, 그중 어떤 것은 악령에게서 온 것일 수 있다. 장상은 어느 생각이 도움이 되고 어느 생각이 도움이 되지 않는지 식별할 수 있다.

32 이레네 하우저에 따르면, "이 관습은 일반적이지 않았고 그렇게 흔한 것도 아니었다. 요한 클리마쿠스는 그 수도원을 방문하기 전 이 관습을 몰랐다. 그는 이 관습을 더는 권고하지 않는다"[I. Hausherr, *Direction spirituelle en orient autrefois* (Roma 1955) 214].

회자가 되는 것을 기꺼이 받아들였습니다. 목자는 그를 자기 죄에 대해 울어야 하는 이들의 구역으로 데리고 가라고 명령했습니다.

[이집트 형무소의 혹독함을 상기시키는 증언: PG 704A-704D]

30. 이제 수도원의 이 구역에 관해 이야기해야겠습니다. 내가 이 곳에 대해 간단히 언급했는데 조금 더 해야겠습니다. 그곳은 수도원에서 1마일 떨어져 있었는데, 감옥이라 불렸고 매우 거친 곳이었습니다.

그곳에서는 주방의 연기가 전혀 보이지 않았고, 식사를 위한 기름이나 포도주도 보이지 않았습니다. 오로지 빵과 약간의 채소만 제공되었습니다. 이 감옥에는 수도 성소를 저버린 이들이 족쇄를 찬 채 갇혀 있었습니다. 그들에게 그곳을 나갈 희망은 없었습니다. 그들은 한곳에 있지 않고 혼자나 둘씩 격리되어 있었습니다. 주님께서 그들 각자에 대한 어떤 확신을 장상에게 주실 때까지 거기 머물렀습니다. 장상은 자기 대리로 공동체를 이끌었던 이사악이란 사람에게 감옥 책임을 맡겼습니다.[33] 이 사람은 그들에게 중단 없이 기도하라고 요구했습니다. 수도승들은 노동하고 영적 태만을 피하기 위해 종려나무 잎을 많이 가지고 있었습니다.[34]

이것이 그들의 생활이었습니다. 야곱의 하느님 앞에서 살았던 이들의 행위를 규정하는 관습이 이러했습니다. 이 거룩한 이들의 노고

---

33 장상의 주 대리자로 그 속죄의 감옥이 그에게 맡겨졌다.

34 종려나무 잎은 바구니나 돗자리를 짜기 위한 것이었다.

에 감탄하는 것은 좋은 일입니다. 각자의 행실을 모방하는 것은 불가능하더라도 그들을 본받는 것은 구원을 가져다줄 것입니다.

주님께서 우리가 열심히 고행하는 것을 보시고 우리 죄를 사해 주실 때까지, 자책으로 갈가리 찢긴 마음의 고통을 기쁨으로 바꾸어 주실 때까지 우리 죄를 고발하며 반성합시다. 이렇게 쓰여 있습니다. "제 속에 수많은 걱정이 쌓여 갈 제, 당신의 위로가 제 영혼을 기쁘게 하였습니다"(시편 94,19). 적절할 때 주님께 다음과 같이 아뢴 사람의 말을 잊지 맙시다. "당신께서는 저에게 많은 곤경과 불행을 겪게 하셨지만 저를 다시 살리셨습니다. 땅속 깊은 물에서 저를 다시 끌어 올리셨습니다"(시편 71,20).

매일 하느님이 허락하시는 꾸짖음과 모욕의 길을 통해 극기하는 이는 복됩니다. 그는 순교자들의 합창대에서 노래할 것이고, 천사들의 자유에 참여할 것입니다. 항상 온갖 종류의 경멸과 모욕을 받을 만하다고 생각하는 수도승은 복됩니다. 자기 뜻을 완전히 죽이며 주님 안에서 스승에게 삶을 맡기는 수도승은 복됩니다. 그는 십자가에 못 박히신 분의 오른편에 놓일 것입니다.

[자기 장상과 형제들의 말에 대한 애정 어린 경청: PG 705A-705B]

31. 반면 합당하든 그렇지 않든 질책을 거부하는 자는 자신의 구원을 포기하는 사람입니다. 힘들게 또는 순순히 질책을 받아들이는 이는 즉시 죄를 용서받을 것입니다. 영적 사부를 신뢰하고 사랑하고 있음을 하느님 앞에 솔직하게 드러내십시오. 하느님께서는 사부를

향한 그대의 마음을 그가 충분히 알도록 하실 것입니다. 그리하여 그대도 모르게 그를 그대의 벗이 되게 하실 것입니다.[35] 뱀의 간계를 모조리 고발하는 것은 사부를 신뢰하고 있다는 증거입니다. 반면 사부에게 그것을 감추는 자는 이리저리 배회하다 길이 없는 곳을 갈 것입니다.

형제의 타락을 보고 탄식의 눈물이 흐르고, 그의 영적 진보와 은사에 기쁨의 눈물이 흐를 때 형제에 대한 참된 사랑이 드러납니다. 올바른 의견일지라도 자기 의견을 관철하려고 우기는 자는 악마의 흉한 질병인 시기심에 사로잡혔다는 것을 알아야 합니다. 그가 동료와 대화할 때 그렇게 한다면, 장상의 견책이 그를 치유할 것입니다. 하지만 그가 자기보다 월등하고 지혜로운 이에게도 그렇게 처신한다면, 인간적 수단으로는 치유할 수 없습니다.

말로 순종하지 않은 자는 분명 행동에서도 그럴 것입니다. 작은 일에 불충한 자는(루카 16,10 참조) 사실 절대 복종하지 않을 것이기 때문입니다. 그가 고통을 인내하고 처벌을 받지 않더라도 거룩한 순종 없이는 헛될 것입니다. 반대로 그가 사부에게 순종함으로써 순수하고 섬세한 양심을 얻었다면, 죽음을 잠처럼 기다리며 세상을 떠나는 순간에 두려움 없이 생애를 보낼 것입니다.[36] 장상이 자신에 대해 해명할 것임을 확신하기 때문입니다.

주님 안에서 전적으로 자유로이 자기 영적 사부에게 봉사 직무를

---

[35] 제자는 자기 뜻을 부정해야 하고, 예술가가 다루기 쉬운 재료가 되어야 한다. 제자는 마치 혼이 없는 육체와도 같아서 예술가는 거기에 자신이 원하는 영을 불어넣을 수 있다. 사부는 재료를 가지고 자기 예술을 표현하는 예술가와도 같다.

받은 이는 그것을 행하는 중에 예상치 못한 걸림돌을 만나 피해를 보더라도 그 무기를 준 사람이 아니라 그것을 잡은 자신에게 그 책임을 돌려야 합니다. 적과 싸우기 위한 무기를 받았지만 그것으로 자기 마음을 찔렀기 때문입니다. 반대로 하느님의 이름으로 자신에게 직무를 맡긴 이에게 자신의 무능력을 설명했음에도 어쩔 수 없이 맡게 되었다면 두려워하지 말아야 합니다. 그가 실수하더라도 치명적인 죽음은 당하지 않기 때문입니다.[37]

[형제들의 모욕과 장상의 명령을 겸손하게 듣다: PG 705B-708A]

32. 친애하는 여러분, 특별한 형태의 순종에 대해서 좀 더 이야기해야겠습니다. 무척 맛있는 영적 양식을 식탁에 올리는 것을 깜박했습니다. 그곳에서 나는 주님 안에서 내적으로 쇠진하기까지 복종하고 스스로 상처를 입히던 이들을 보았습니다. 그들은 예측하기 어려운 외적 공격에 맞서 용기를 얻기 위해 하느님 앞에서 모욕을 당하

---

36 가자의 바르사누피우스는 「서간」 285에서 이렇게 말하고 있다. "그대는 명령이 부당해 보이더라도 전적으로 순종해야 합니다. 그대에게 명령하는 장상이 그것에 대한 책임을 질 것입니다." 수도 전통 안에서 이처럼 맹목적인 순종이 강조되고 있는데, 그 이유는 순종의 중요성 때문이다. 순종은 우리를 다시 하느님께 되돌아가게 하는 유일무이한 수단으로 여겨진다(『베네딕도 규칙』 머리말 2-3 참조). 하지만 성 베네딕도는 이런 맹목적 순종에서 자발적·의지적·전인적 순종으로 나아가라고 촉구하고 있다.

37 다소 이해하기 어려운 구절이다. 봉사 직무를 자유로이 받아들인 사람과 억지로 받아들인 사람을 비교하면서 오히려 후자를 더 긍정적으로 이야기하고 있는 듯하다. 전자의 경우는 적과 싸우기 위한 무기를 제대로 사용하지 못한 점을 비판하고 있고, 후자의 경우는 본인이 원하지는 않았지만 순종으로 받아들였다는 점을 긍정적으로 평가하고 있는 듯하다.

며 극기했습니다. 자기 잘못을 고백하는 영혼은 고삐를 발견합니다.[38] 반면 겁 없이 잘못을 고백할 필요가 없다고 여기는 영혼은 어둠 속에 머물며 계속 잘못을 범하는 자와 같습니다. 또 장상이 없을 때도[39] 그가 실제로 가까이 있다고 생각하고 그의 모습을 상상하십시오. 우리가 모임, 담화, 음식, 잠처럼 장상의 마음에 들지 않는 모든 행위를 피하지 않으면 참된 순종을 거부하는 것이 무엇인지 경험하게 될 것입니다. 스승이 없을 때 거짓 자녀는 득을 본 듯 기뻐하지만 참된 자녀는 괴로워합니다.

한번은 훨씬 탁월한 이에게 겸손을 얻는 데 순종이 어떻게 유익한지 물었습니다. 그는 이렇게 말했습니다. "현명하게 순종하는 이는 자신이 죽은 이를 살리고, 눈물의 은사를 얻고, 더 이상 내적 싸움을 하지 않더라도, 이 모든 것을 영적 사부의 기도 덕으로 돌릴 것입니다. 그래서 자신이 교만의 광기와는 관계가 없다고 확신합니다. 자기 노고가 아닌 다른 이의 도움으로 이룬 행업이라고 말하는 이가 어찌 교만할 수 있겠습니까? 은수생활을 하면서 앞에서 언급한 행업을 완수했다고 여기는 이는 실로 사부의 덕으로 돌릴 줄 모릅니다. 그의 교만이 그 모든 거룩한 행업은 자기 노력의 결과요 자신의 성취라고 속삭입니다. 그러나 순종하며 사는 이는 적어도 자기를 위협하는 두 적을 이미 피했다고 말할 수 있습니다. 그는 항상 권위에

---

38 시편 32편 참조. 항상 자기 양심을 영적 지도자에게 드러내야 한다고 생각하는 수도승은 자신을 보는 마음의 눈을 갖게 될 것이다. 그는 이성이 없는 말이나 노새처럼 되지 않을 것이다. 말이나 노새의 사나움은 재갈과 고삐로 제어된다.

39 우리는 하느님 현존 앞에 머물러야 한다. 장상은 하느님 심판의 대리자로서 하느님을 구체적으로 대리한다.

순종하고 그리스도의 유일한 종으로 남아 있습니다."⁴⁰

[악령은 고독을 불러일으켜 수도원을 떠나게 한다: PG 708B-709A]

33. 악령은 두 개의 올가미를 놓으며 순종하며 사는 이와 싸웁니다. 처음에는 육체를 더럽히고, 때로는 마음을 무디게 하여 그를 평상시보다 더 심하게 동요시킵니다. 때로는 반대로 기도 중에 그를 무미건조하고 게으르게 하며, 졸리고 멍하게 만듭니다. 그리고 금욕적 경청(순종)에서 어떤 유익도 얻지 못했고, 진보하지 않고 퇴보했다고 생각하게 하여 순종을 포기하게 만듭니다. 하느님은 은사로 보이는 것을 일부러 빼앗아 가실 수 있습니다. 악령은 이것이 우리를 겸손하게 해 줄 수 있다고 생각하지 못하게 합니다.⁴¹ 이 사기꾼이 종종 어떤 이들의 인내로 인해 패배하면, 두 번째 악령이 그를 대체합니다. 두 번째 악령은 우리가 그 사기꾼에 사로잡혀 있을 때부터 개입하면서 다른 방법으로 우리를 속여 유혹합니다.

나는 영적 사부의 지도로 열정적이었다가 악령에게 속아 넘어간 수도승들을 보았습니다. 그들은 처음에는 순종적이었고 깊이 탄식했으며, 온유하고 자제력이 있었고, 열성적이고 더는 동요되지 않았

---

40 1티모 2,5 참조. 원전 주석가에 따르면, 클리마쿠스가 암시하는 두 적은 '헛된 영광'과 '교만'일 것이다. 이어지는 단락은 서로 다른 두 적을 분명하게 알려 주고 있다. 즉, 견딜 수 없는 '낙담'과 그 결과로 따라오는 은수생활을 위한 '공동체 생활의 포기'다.

41 교육상 무미건조함은 하느님을 두려워하게 하며 겸손으로 이끈다. 반면 실의는 교만의 열매요 하느님을 두려워하지 않게 한다. 실의에 빠진 성급한 수도승은 형제들과 장상의 도움 없이는 패배할 그곳에서 평화를 희망하며 고독한 삶을 위해 공동체를 포기한다.

습니다. 그런데 악령이 그들에게 이런 생각을 불어넣었습니다. 그들은 이제 은수생활을 할 능력이 있으며, 이미 헤시키아의 길(은수생활)로 들어섰으며 아파테이아의 삶으로 나아갈 수 있다는 것이었습니다. 이렇게 속아 넘어간 자들은 항해사 없이 항구를 떠나 바다로 나아갔고, 더럽고 짠⁴² 바닷물 속에서 참혹한 위험에 처하게 됩니다. 바다는 파도의 동요로 거칠게 휘저어져야 합니다. 바닷물이 나무와 잡초 그리고 욕정의 강들이 거기로 흘려보낸 온갖 타락을 다시 육지에 퍼붓기 때문입니다. 바다에서 일어나는 일에 주목합시다. 심한 폭풍우 뒤에 고요가 옵니다.

어떤 때는 사부의 말을 경청하고 어떤 때는 경청하지 않는 자는, 어떤 때는 자기 눈에 안약을 넣고 어떤 때는 생석회를 넣는 사람과 비슷합니다. 이렇게 기록되어 있습니다. '한 사람은 짓고 또 한 사람은 허무니 고생만 할 뿐 무슨 소용이 있느냐?'(집회 34,28 참조). 주님의 말씀을 경청하는 아들이여, 교만의 영에 속아 넘어가지 마십시오. 다른 사람의 잘못을 이야기하듯 그대의 잘못을 스승에게 드러내십시오. 수치심을 경험하지 않고서는 수치심에서 벗어날 수 없기 때문입니다. 의사에게 썩은 부분을 드러내십시오. 그리고 부끄러워 말고 그에게 이렇게 말하십시오. "사부님, 저는 상처를 입었습니다. 제 상처는 다른 이에게서 온 것이 아니라 제 방종의 결과입니다. 다른 누구나 영도 아니고, 어떤 육체적인 것이나 다른 것이 아니라 제 태만이 그 원인이었습니다." 고백할 때 단죄받는 자의 자세와 말투를 취

---

42 원전 주석가에 따르면, 더러움은 육욕을 상징하고 짠 것은 교만을 상징한다.

하고, 머리를 땅을 향해 숙이고, 할 수 있으면 그리스도의 발인 듯 심판관이신 스승의 발을 눈물로 적시십시오. 악령들의 습성을 조심하십시오. 그들은 종종 그대에게 고백하지 말라고 유혹하거나 그 죄가 마치 다른 사람의 죄인 양 고백하게 하거나 이웃에게 우리 죄의 원인을 돌리도록 유혹합니다.

[의사요 항해사인 영적 지도자를 바꾸지 마라: PG 709B-712A]

34. 모든 일이 습관에 따라 하게 되는 것이라면, 덕과 관련해서는 더더욱 그러합니다. 그리고 여기서 하느님은 가장 큰 협조자이십니다. 그대가 처음부터 온 마음으로 굴욕을 감내한다면, 복된 평화를 얻으려고 탄식하며 여러 해를 보낼 필요가 없을 것입니다. 더욱이 하느님이 사람 안에 계시듯이 그대를 도와주는 이에게 행한 겸손한 고백을 굴욕이라 여기지 마십시오. 실제로 나는 단죄받은 이가 진실한 고백과 기도로 심판관의 분노를 자비로 바꾸며 그의 완고함을 누그러뜨리는 것을 보았습니다. 세례자 요한도 세례를 베풀기 전에 죄 고백을 요구했습니다.[43] 자기에게 몰려든 사람들의 죄를 알려는 것이 아니라, 그들의 구원을 이루기 위해서였습니다.

죄를 고백한 후에도 공격이 계속된다고 동요해서는 안 됩니다. 교만과 싸우기보다는 악한 생각과 싸우는 편이 낫습니다. 헤시카스트 교부들과 은수자들의 공적을 들으며 자신을 그들의 수준에 올리지

---

43 참조: 마태 3,6; 마르 1,5.

마십시오. 한 번에 너무 높이 오를 수는 없습니다. 그대는 첫 순교자의 겸손한 군대의 일원이기 때문입니다.⁴⁴ 그 군대에서 죄짓는 자는 싸움에서 물러나지 않습니다. 우리가 실제 죄를 짓는다면, 무엇보다도 의사가 필요합니다(루카 5,31 참조). 도움을 받으면서도 돌에 걸려 넘어지는 이는 도움을 받지 못하면 걸려 넘어질 뿐만 아니라 죽을 수도 있습니다. 우리가 악령들의 공격에 넘어지면 그들은 재빨리 덤벼듭니다. 그들은 사실이 아닌 그럴듯한 구실의 올가미로 우리를 걸어 은수생활로 나아가라고 집요하게 부추깁니다. 하지만 그들은 적의를 갖고 우리가 계속 넘어지고 상처받기를 바랍니다.

우리 의사께서 우리를 치료할 수 없다고 선언할 때만 다른 의사를 찾아가야 합니다. 의사의 돌봄 없이 치료되는 사람은 거의 없음을 생각해야 합니다. 누가 이 주장에 이의를 제기할 수 있겠습니까? 노련한 항해사가 운전한 배도 조난당한다면, 항해사가 없는 배는 분명히 길을 잃을 것입니다. 어떠한 경우든 순종은 겸손을 낳고, 겸손은 아파테이아를 낳습니다. 다음과 같이 기록된 바와 같습니다. "우리가 비천할 때 우리를 기억하셨다. … 원수들에게서 우리를 해방시키셨다"(시편 136,23-24). 그렇다면, 순종은 겸손을 낳고, 겸손은 아파테이아를 낳는다고 우리가 단언하는 것을 아무도 막지 않을 것입니다. 순종의 딸인 겸손은 아파테이아를 통해 목표인 완전에 이르게 합니다. 율법이 모세와 더불어 시작되었듯이 겸손은 순종과 더불어 시작됩니다. 마리아가 회당을 완전하게 했듯이 딸은 어머니를 완전하게

---

44 그리스도는 제자 공동체와 함께 악령과 싸우셨고 사도들에게 그 사명을 부여하셨다(마태 10,8 참조).

합니다.[45] 영적 환자가 자기 건강에 이롭다는 생각으로 의사의 돌봄을 받고서는 완전히 치유되기도 전에 그를 떠나 다른 의사에게 간다면, 그는 하느님께 온갖 처벌을 받아 마땅합니다. 그대를 주님께 데려왔던 사람의 손에서 달아나지 마십시오. 그대는 그를 공경한 만큼 살면서 다른 이를 공경하지 못할 것입니다.

경험이 없는 미숙한 병사가 전투에 참여하는 것은 매우 위험합니다. 이처럼 내적 욕정과의 싸움에 훈련되지 않은 견습 수도승이 은수생활로 나아가는 것은 위험합니다. 전자가 육신의 생명을 위태롭게 한다면, 후자는 영혼의 생명을 위태롭게 합니다. 성경은 혼자보다 둘이 낫다고 말합니다(코헬 4,9 참조). 이는 악한 성향과 싸우기 위해서 아들은 아버지와 결합하는 것이 좋으며, 그 둘은 성령의 도움을 받을 것이라는 뜻입니다. 소경에게서 안내자를, 양 떼에게서 목자를, 여행자에게서 마부를, 아이에게서 아버지를, 환자에게서 의사를, 배에게서 항해사를 빼앗는 사람은 모두를 위험에 처하게 합니다. 어떠한 도움 없이 악한 영들과 싸우려는 자는 죽을 것입니다.

[장상을 존경하고 형제들을 향한 겸손한 태도: PG 712B-713A]

35. 처음 의사에게 가는 사람은 그에게 증세를 보여 줍니다. 순종

---

[45] 마리아에 대한 유일한 언급으로, 마리아는 전체 교회에서 공경을 받았다. 특히 시나이에서 테오토코스*Theotókos*, 즉 '하느님의 어머니'로 공경을 받았다. 초기 은수자들은 불타는 떨기나무 덤불 경당을 마리아에게 봉헌했다. 초기 그리스도인들은 모세가 보았던 떨기나무 덤불에서 마리아의 순결한 모성의 원형을 보았다[에게리아『에게리아의 순례기』Egeria, *Pellegrinaggio in terra santa*, trad. P. Siniscalco-L.Scarampi (Roma 1985) 146].

의 삶으로 들어서는 이는 온갖 겸손으로 자신을 개방합니다. 전자에게는 고통이 줄어드는 것이 건강 회복의 신호이지만, 후자에게는 늘어나는 자기비판이 건강하다는 확실한 징후입니다. 실제로 이보다 더 확실한 표지는 없습니다. 그대 양심의 거울을 바라보십시오.[46] 거기서 그대의 순종이 비추어지거든 다른 것을 찾지 마십시오. 은수생활을 하면서도 자기 사부에게 종속된 사람에게 적은 악령뿐입니다. 반면 공동체 생활을 하는 이는 악령과 사람 모두와 싸웁니다. 전자는 늘 스승의 감독 아래 있기에 스승의 명령을 매우 엄격하게 지키지만, 후자는 스승의 부재로 인해 자주 명령을 소홀히 합니다. 그러나 그들은 다른 이들과 충돌하여 실수를 저지르더라도 부지런하고 노고를 마다하지 않음으로써 인내로이 보상하며, 두 배의 화관을 얻습니다. 여하튼 항상 경계하며 모든 주의를 기울입시다. 항구에 배가 가득하면 서로 부딪치기 마련입니다. 특히 정신의 좁은 우울증에 빠진 배들이 더 쉽게 부딪칩니다.

장상 앞에서 겸손과 완전한 침묵을 실천합시다. 침묵하는 사람은 철학의[47] 아들로서 모든 면에서 인식을 얻기 때문입니다.[48] 나는 침묵하며 장상에게 순종한 어떤 형제를 지켜보았는데, 그의 순종이 겸손이 아닌 교만의 열매인 것을 보고 실망했습니다. 나는 그가 그러한 순종에서 어떤 이득도 얻을 수 없었다는 것을 보았기 때문입니

---

[46] 참조: 요한 카시아누스 『담화집』 I,20; 1코린 11,28.

[47] 고대에 '철학'은 사변 학문이라기보다는 진리를 추구하는 '삶의 양식'으로서 '금욕' 혹은 '수행'을 의미했다 – 역자 주.

[48] 영성적 의미로 인식과 학문은 단순하고 순수한 영혼의 경험과 윤리적 수행이다.

다. 자신을 완전하게 지배하며 깨어 있읍시다.[49] 갑자기 공격당하지 않도록 경계합시다. 언제 어떻게 봉사를 기도에 앞세워야 하는지 주의 깊게 관찰하십시오. 항상 모든 것을 할 수는 없기 때문입니다.

형제들과 함께 있을 때 그대 자신에게 주의를 기울이십시오.[50] 일상에서든 특별한 경우든 그들보다 더 거룩하게 보이려 하지 마십시오. 그러면 두 가지 잘못을 범하는 것입니다. 즉, 그대의 아니꼬운 열성으로 다른 사람의 기분을 상하게 하고, 주제넘은 행동은 그대 안에 자만심을 불러일으킵니다. 그대 영혼을 돌보십시오. 몸짓이나 말 또는 암시로 거룩함을 밖으로 드러내지 마십시오. 그대가 진정 이웃을 경멸하지 않는다면 그렇게 행동하십시오. 이웃을 업신여기고 있다면 형제들과 같게 되려고 노력하십시오. 오로지 교만하지 않은 점에서만 그들과 구별되십시오.[51] 한번은 스승의 덕행을 떠벌리는 미숙한 제자를 보았습니다. 그는 다른 사람이 수확한 것으로 자신이 영예를 얻는다고 믿었지만, 모두에게서 비난을 받았습니다. 모두가 그에게 이렇게 물었습니다. "그렇게 아름다운 나무에 어찌 열매 없는 가지들이 있을 수 있소?"

[어떤 경우에도 모두를 인내하다: PG 713A-716A]

36. 사부의 질책을 지극히 평화롭게 받아들일 때가 아니라, 다른

---

49 참조: 2티모 4,5; 2코린 5,13; 1베드 5,8.
50 참조: 루카 17,3; 1티모 4,16.
51 마태 23장(바리사이들의 위선과 허영심을 거슬러) 참조.

모든 사람의 모욕과 구타를 완전히 참을 때 진정 인내심이 큰 자로 여겨질 것입니다. 사실 우리는 사부를 존경하고, 그에게 감사해야 합니다. 그대는 어떤 사람이 주는 모욕이든 그대를 육욕에서 정화하려고 주어진 생명의 물[52]인 양 기쁜 마음으로 마셔야 합니다. 그렇게 할 때 그대는 진정 순수함으로 빛나기 시작할 것입니다. 그대 마음 안에서 그 순수함이 하느님의 빛을 널리 퍼뜨릴 것입니다. 하지만 공동체 형제들이 자신의 평화를 공유하는 것을 보고 마음으로 자만해선 안 됩니다. 도둑은 항상 주변에 있기 때문입니다. 다음 말씀을 늘 명심하십시오. "여러분도 지시받은 일을 모두 하고 나서도 '저희는 쓸모없는 종입니다. 저희는 당연히 해야 할 일을 했습니다' 하시오"(루카 17,10). 우리는 죽는 순간에 우리 노고에 대해 어떤 심판이 내려질지 알게 될 것입니다.

수도원은 지상의 천국입니다. 그러므로 주님의 천사들이 거행하는 전례에 우리 마음을 둡시다. 수도원이라는 이 천국에서 이따금 누군가는 마음이 돌같이 무뎌지는 것을[53] 느낄 수 있습니다. 그러면 양심의 가책을 느껴 탄식으로 교만을 피하고, 자신의 슬픔에 대한 위로를 받습니다. 작은 불이 큰 밀랍 덩어리를 녹입니다. 우리가 우연히 당한 사소한 모욕이 거친 마음을 부드럽게 하여 메마른 감각들에 달콤함을 느끼게 하고, 완고한 태도를 사라지게 할 수 있습니다. 이와 관련하여 언젠가 두 사람을 본 기억이 납니다. 그들은 금욕가들이 눈물을 흘리고 고행하는 모습을 몰래 숨어서 보고 살피고 있었

---

52 참조: 요한 4,10; 7,38.
53 참조: 에제 11,19; 36,23.

습니다. 그중 한 사람은 금욕가들을 본받기 위해서였지만, 다른 사람은 그 거룩한 수행을 신랄하게 고발하고 그들을 방해할 기회를 잡기 위해서였습니다.

무분별한 침묵으로 타인을 당혹하게 하거나 환멸을 느끼게 하지 마십시오. 서두르라는 말을 들으면 그대의 행동과 속도를 늦추지 마십시오. 이는 미친 사람이나 난폭한 사람보다 더 나쁘게 행하지 않기 위해서입니다. 욥이 말하듯이(욥 13,1 참조) 나는 천성적으로 느린 습관 때문에 더디 행동했던 이들이 자주 그렇게 행동하는 것을 보았습니다. 또 어떤 이들은 마음의 탄식을 경험하려는 열성 때문에 그렇게 행동하는 것을 보았습니다. 나는 다양한 모습으로 악에 물드는 것을 보고 놀랐습니다. 사람들과 함께 있는 이는 시편을 노래하기보다 암송하여 더 유익을 얻을 수 있습니다. 사실 시편을 노래하다 보면, 목소리들이 섞이지 않고 말마디가 그 의미를 잃게 됩니다.

마음으로 부단히 기도하며, 산만해지기 쉬운 정신을 집중하며 싸우십시오. 하느님께서는 순종하며 사는 이에게 분심과 싸우는 기도를 요구하시기 때문입니다. 기도 중에 방심하더라도 낙담하지 마십시오. 마음을 빼앗기지 말고 끊임없이 다시 정신을 집중하십시오. 숨을 다할 때까지 항상 싸워야 한다고 믿는 사람은 죽음이라는 엄청난 대가를 치르더라도 육적·영적 싸움에서 절대 이탈하지 않고, 우리가 언급했던 유혹들을 쉽게 극복할 것입니다. 특히 자신이 속한 곳에 늘 만족하지 못하는 마음의 불안[54]이라는 유혹을 극복할 것입

---

[54] 불안은 현재에 만족하지 못하고 미래를 두려워하는 사람의 감정 상태다.

니다. 그러한 불안은 반드시 더욱 커지고 항상 심각한 피해를 일으킵니다.

[수도원을 옮겨 가는 자의 변덕을 거슬러: PG 716A-716B]

37. 이 수도원 저 수도원으로 옮겨 다니는 자는 비난받아 마땅합니다. 장소의 불안정만큼 선업의 완수를 방해하는 것은 없습니다. 완전히 낯선 병원에 의사를 보러 왔다면 아무것도 모른 척 나그네처럼 행동하십시오. 거기서 무엇을 경험할 수 있는지 확인하기 위해서입니다. 하지만 그대가 그곳 의사와 봉사자들이 그대의 질병, 특히 그대가 찾아 헤매던 영혼의 종양을 치료할 수 있다는 것을 알게 되면 당장 거기로 들어가 봉사의 계약서에 순종으로 서명하며 큰돈을 주고 겸손을 사십시오. 천사들 앞에서 약속하고, 그대의 자유의사를 적어 놓은 증명서를 완전히 찢어 버리십시오. 그대의 불안정은 그리스도께서 그대의 속량을 위해 치르신 값을 무가치하게 하는 것입니다. 그러므로 그대가 사는 곳이 그대가 매장될 때까지 그대의 무덤이 되게 하십시오. 실제로 마지막 부활 때까지 무덤을 떠날 수 없듯이 수도원을 떠나는 것에 특별히 주의해야 합니다. 많은 이가 수도원을 떠나 멸망합니다. 그들과 같은 운명에 처하지 않도록 주님께 간청합시다.

[게으름과 탐식, 허튼소리와 경솔이라는 찌꺼기에서 정제된 순은 같은 순종: PG 716C-717B]

38. 열정이 식어 순종을 버거워하는 이는 기도를 우선해야 한다는 핑계를 댑니다. 반대로 순종을 버거워하지 않는다면 그는 불을 피하듯이 기도에서 달아납니다. 그래서 어떤 직책을 맡은 사람이 거기서 벗어나려고, 또는 무기력이나 허영심 때문에, 때로는 거짓 열정 때문에 자기에게 그 직책을 요청한 형제에게 떠넘기는 일이 있습니다. 그대가 수도서원에 묶인 후 거기서 그대 영혼의 유익을 얻지 못한다는 생각이 들더라도 서원을 저버리지 마십시오. 한 장소에서 훌륭히 인내하는 사람은 어디에서도 그렇게 합니다.

세상에서는 중상모략이 어떤 장소를 포기하고 다른 장소로 가게 합니다. 수도공동체에서는 다른 무엇보다도 탐식이 탈선에 빠지게 합니다. 일단 그대가 탐식을 억제할 수 있다면, 모든 거처에서 아파테이아를 유지할 것입니다. 하지만 그대가 탐식의 지배를 받는다면, 어디서든 이 세상의 온갖 불행을 만나게 될 것입니다. 스승이 덕행으로 빛난다면, 하느님의 빛이 순종하며 사는 이의 눈을 비출 것입니다. 반대로 스승에게 덕행이 부족하다면, 그는 제자의 눈을 어둡게 할 것입니다. 선을 미워하는 자는 빛의 원수와도 같습니다. 그러니 사랑하는 형제들이여, 완전한 순종의 표상은 수은입니다. 수은은 다른 물질들과 뒤섞여도 그것들의 온갖 찌꺼기에서 항상 순수하게 남아 있습니다. 어쨌든 열심한 이는 나태한 이를 판단하지 말고 자신이 더 큰 단죄를 받지 않도록 주의해야 합니다.

나는 롯이 이웃을 공개적으로 비난하지 않았기에 의로운 이로 인정받았다고 생각합니다(창세 19장 참조). 특히 우리는 찬미가를 부를 때 동요하지 말고 고요함을 유지해야 합니다. 악령들은 기도를 망치려고 우리를 동요시킵니다. 사람들 가운데서 몸으로 봉사하는 동안에도 하늘을 두드리며 정신으로 계속 기도합시다. 순종하며 사는 이에게는 심한 모욕이나 경멸이 쓴 쑥과 같을 것입니다. 반대로 찬양, 영예, 칭송은 쾌락을 사랑하는 자에게는 달콤한 꿀과 같을 것입니다. 사물의 다양한 본성을 주의 깊게 살펴봅시다. 쓴 것은 육체의 온갖 불순함을 정화하고, 달콤한 것은 담즙을 증가시키기 때문입니다. 주님 안에 우리를 인도할 책임을 맡은 이들에게 우리를 온전히 맡깁시다. 그들이 우리 구원을 위해 투여하는 약들이 해롭게 보이더라도 말입니다. 그때 권위에 대한 우리의 신뢰가 겸손의 불가마에서처럼 검증되기 때문입니다. 우리는 그들이 처방한 약이 우리가 바랐던 것과 반대 효과를 낸다는 것을 확실히 깨닫게 될 때, 이 도가니에서 우리 신앙의 높은 차원을 경험할 것입니다.

[*진실하고 충실한 순종: PG 717B-720A*]

39. 우리가 이미 말한 바와 같이 순종에서 겸손이, 겸손에서 식별이 나옵니다. 위대한 카시아누스는 식별에 대한 글에서 참으로 탁월하고 매우 정확하게 말하고 있습니다. 그는 어떻게 식별에서 분명한 지각이 나오고, 이 지각에서 선견이 나오는지 명시하고 있습니다.[55] 그러므로 하느님께서 이 위대한 덕행의 끝에 마련해 두신 선善들을 보고 순종의 경주를 하고 싶지 않은 자가 누가 있겠습니까? 시편 저

---

55 카시아누스『담화집』2,10: "참된 식별은 오직 참된 겸손으로 얻게 된다."『담화집』4,9; 5,19도 참조.

자가 다음과 같이 노래하는 바와 같습니다. '오, 저의 하느님, 당신은 당신 선으로 가련하고 순종하는 종의 마음 안에 당신 현존을 준비하고자 하셨습니다'(시편 68,11 참조). 18년 동안 육신의 귀로 장상이 "구원되기를 바라오!" 하고 말했던 목소리 외에 다른 어떤 소리도 듣지 않은 사람이 있습니다. 그러나 마음의 귀로는 매일 "너는 구원되었다"라고 안심시켜 주는 주님의 목소리를 들었습니다. 이 위대한 경기자를 절대 잊지 마십시오. "구원되기를 바라오!"는 불확실한 바람이 아니라, 이미 "구원받았다!"는 분명하고 확실한 사실을 표현한 말이었습니다.

순종하며 사는 이는 때때로 장상이 융통성 있고 관대하다는 것을 알아차리고선 자기 뜻대로 해 달라고 청합니다. 자기 뜻대로 함으로써 그는 자기 뜻의 포기 서약으로 얻으려 했던 승리의 월계관을 잃게 된다는 것을 알아야 합니다. 순종은 자기 욕망을 충족시키려는 위선과는 전혀 다릅니다. 순종에 관한 다른 논점도 있습니다. 어떤 이는 장상의 명령이 결국 장상의 의도에 반反하기에 그가 좋아하지 않을 것을 알아차립니다. 그래서 그 명령을 이행하지 않고 중간에 포기합니다. 또 어떤 이는 그것을 알아차리고 절대적으로 확신하더라도 명령을 계속 이행합니다.[56] 두 사람 중 누가 더 수도 정신으로 행동하는지 살펴보아야 합니다. 마음속에 자리를 잡은 악마는 자기 뜻과 반대로 행동할 수 없기 때문입니다. 혼자서든 공동체 안에서든

---

[56] 크레타의 엘리야는, 첫 번째 행위가 식별을 훈련해 온 수도승의 행위이고, 두 번째 행위는 더욱 확실한 맹목적 순종이 필요한 초심자의 행위라면, 두 행위 모두 칭찬할 만하다고 말한다.

게으른 생활을 하는 자를 보면 이것을 이해할 것입니다. 우리가 머무르고자 하는 곳을 떠나라고 열심히 부추기는 그들은 우리가 다른 장소에서 얻을 수 있는 큰 이점을 제시할 것입니다. 이때 동요한다는 것은 우리가 싸우고 있다는 표지입니다.

[인내로운 순종의 모범, 아카키우스: PG 720A-721A]

40. 나는 여러분에게 털어놓아야 마땅한 사건에 대해 침묵하지 않으렵니다. 부당한 은폐나 편협한 인색으로 나를 더럽히고 싶지 않기 때문입니다. 성 사바[57] 수도원의 요한이 내게 해 준 이야기입니다. 거룩한 그대 역시 개인적 경험을 통해 아파테이아의 영웅이 온갖 위선을 극복하고 말과 행동에서 진실했다는 것을 압니다. 자, 이것이 그가 나에게 이야기했던 바입니다.

"아시아[58]에 있는 내 수도원에서 온 거룩한 이가 말했습니다, 그곳에는 매우 태만하고 무질서한 원로 한 사람이 살았습니다. 그를 비판하려는 것이 아니라 오직 진실을 사랑하기에 말하는 것이지요. 어떻게 해서 그렇게 된 것인지는 모르겠지만, 그는 젊은 형제 한 명을

---

[57] 사바는 라우라의 창설자로 532년에 사망했다. 성지들을 순례하려는 갈망에 사로잡힌 그는 수도승적 이상에 매혹되었다. 5년 동안 은수생활을 한 후, 팔레스티나에 여러 수도원과 라우라를 설립했다.

헤시카스트 요한 혹은 사바의 요한은 아르메니아 니코폴리스에서 태어났다. 그는 주교였고, 후에 성 사바의 라우라 혹은 대大라우라에서 수도승이 되었다. 그는 556년 104세의 나이로 생을 마감했다.

[58] 소아시아 교구는 헬레스폰투스, 프리기아, 피시디아, 리카오니아, 리디아의 주州들과 실제로 말하는 아시아의 주들을 포함하고 있었다.

제자로 삼았습니다. 아카키우스라는 이름의 그 형제는 순수하고, 말에 신중했지요. 이 형제는 어느 누구도 믿을 수 없을 만큼 엄청난 학대를 견디며 지냈습니다. 원로가 박해와 모욕뿐만 아니라 매일 구타하며 그를 힘들게 했습니다. 그의 인내가 맹목적인 것은 아니었습니다. 다음의 사건들이 이를 보여 줍니다.

그는 시장에서 팔려 온 노예처럼 매일 심하게 학대당했습니다. 가끔 그를 만나면 그에게 물었습니다. '아카키우스 형제, 잘되어 갑니까? 오늘은 어떻습니까?' 그러면 그는 때론 멍든 눈을, 때론 상처 난 목이나 머리를 제게 보여 주었습니다. 하지만 나는 하느님의 종으로서 해야 할 일이었다는 것을 알고 그에게 이렇게 말하곤 했습니다. '매우 좋습니다. 항상 견디십시오. 그러면 하느님께서 그대에게 이에 대한 상급을 주실 것입니다.' 그는 그렇게 무자비한 원로 밑에서 9년을 보내고 주님께 갔습니다. 그의 육신은 사부들의 공동묘지에 안장되었습니다. 닷새 후에야 아카키우스의 사부는 거기 살던 원로들 가운데 한 사람에게 가서 말했지요. '사부, 아카키우스 형제가 죽었소.' 그러자 그 원로가 말했습니다. '확신하건대, 나는 당신 말을 믿을 수가 없소.' 그러자 다른 원로가 응수했지요. '와서 보시오.' 그 원로는 즉시 일어나 복된 금욕가의 사부와 함께 공동묘지로 갔지요. 죽었지만 진실로 살아 있는 제자에게 스승은 그가 여전히 살아 있는 것처럼 크게 소리쳤지요. '아카키우스 형제, 당신 죽었소?'

그 순종의 고귀한 모범은 죽은 후에도 순종하며 사부에게 대답했습니다. '사부님, 항상 순종으로 봉사했던 사람이 어떻게 죽을 수 있겠습니까?' 그러자 그의 사부였던 원로는 두려움에 사로잡혀 그 앞에서 엎드려 눈물을 흘렸습니다. 후에 아카키우스의 사부는 아빠스에게 무덤 옆 라우라[59]의 독방 하나를 청하여 거기서 여생을 거룩하게 살았습니다. 그는 교부들에게 '내가 살인을 범했습니다'라고 끝없이 반복했습니다."

요한 신부님, 그런데 그 죽은 이에게 말한 이가 바로 성 사바 수도원의 위대한 요한 자신이었던 것 같습니다. 그는 자기 이야기를 마치 그 거룩한 인물의 이야기인 듯 내게 말했습니다. 후에 나는 정말 그였다는 것을 알 수 있었습니다.

[안티오쿠스 혹은 요한의 모범: PG 721A-721D]

41. 성 사바 수도원의 요한이 나에게 했던 이야기가 또 하나 있습니다. "아시아에 있는 같은 수도원의 또 다른 수도승에 관한 이야기입니다. 그는 반대로 온화하고 자비로운 수도승의 제자였습니다. 그는 사부가 자기를 인정하고 존중하는 것을 보고서 위험하다고 판단하고 떠나게 해 달라고 간청했습니다. 그는 생각을 잘했습니다. 많은 이에게도 그러할 것이기 때문입니다. 사부에게는 또 다른 제자가 있었으므로 그 간청이 곤혹스러운 것은 아니었습니다. 그래서 사부는 제자에게 폰투스[60]의 수도원들 가운데 한 곳에 추천서를 써 주며 제자를 보냈습니다. 그 수도승은 자기 장상을 떠나 새로운 수도원에 도착한 첫날 밤 꿈에서 어떤 이들이 자기를 시험하는 것을 보았습니

---

59 라우라는 느슨한 은수자 공동체(coenobium)다. 하지만 이 라우라는 아빠스(higoumenos)의 권한 아래 있었다.

다. 그들은 무시무시한 셈을 하고는, 그에게 황금 백 파운드[61] 빚을 진 채무자라고 했습니다.[62] 꿈에서 깨어난 그는 그 꿈을 해석하려 애쓰며 말했습니다. '가련한 안티오쿠스, ― 이것이 그의 이름이었습니다 ― 참으로 나에겐 갚아야 할 막대한 빚이 있구나.'

그래서 그는 모든 이에게서 모욕과 고통을 당하면서도 맹목적으로 순종하며 3년 동안 수도원에 머물렀습니다. 그는 그곳 수도승들과 아무 관계가 없는 이방인 같았습니다. 그는 다시 꿈을 꾸었습니다. 꿈에서 그는 자신의 10파운드 빚을 탕감한다고 말하는 사람을 보았습니다. 그가 이렇게 말했다고 하더군요. '깨어나서 내가 보았던 바를 이해하고, 이렇게 생각했습니다. 지금까지 10파운드를 갚았는데, 언제 빚을 다 갚을까? 가여운 안티오쿠스, 더 많은 고통과 모욕이 필요하구나. 그 순간부터 모든 임무를 완수하며 계속 수고하면서 바보[63]처럼 지냈습니다. 내게 열성이 있는 것을 본 사부들은 매정하게 수도원의 더욱 비천한 온갖 일을 맡겼습니다. 그렇게 나는 다시 13년을 보냈습니다. 그러고는 꿈에서 전에 보았던 징수원들이 나타나 빚에서 완전히 해방되었다는 증서를 내게 보여 주었습니다. 사

---

60 폰투스 교구는 비티니아, 갈라티아, 파플라고니아, 카파도키아 I, 카파도키아 II, 헬레노폰투스, 폰투스 폴레모니아쿠스, 아르메니아 I과 아르메니아 II(4세기 말)를 포괄했다. 소아시아 북부 지역인 폰투스는 유명한 그리스 로마 왕국이었다. 폰투스는 처음부터 그리스도교화되었다.

61 대략 45.36Kg.

62 고대인들은 꿈을 신의 계시로 여겼다. 그리스도인들은 이교의 점술을 반대했지만, 성경에는 많은 해몽가가 있었다. 스키토폴리스의 키릴루스는 이에 대해 많은 이야기를 한다. 꿈에 대한 해석은 영에 대한 식별의 일부였다.

63 여기서 사용된 그리스어 살로스*Salós*는 겸손을 사랑하는 수도승을 말한다.

실 나는 내 빚을 늘 생각하고 있었기에 수도원에서 겪은 온갖 고뇌를 너그럽게 견뎠습니다.'"

친애하는 요한 신부님, 이는 모두 지극히 지혜로운 요한이 자기 일을 안티오쿠스의 일인 것처럼 이야기했던 바입니다. 인내로써 관대하게 자기 빚 문서를 찢어 버린 이가 바로 그입니다(콜로 2,14 참조).

[겸손과 온유, 항구함과 깨어 있음의 스승 요한: *PG 724A-725A*]

42. 이제 그가 완전한 순종 안에서 경청하면서 어떻게 식별의 성인이 되었는지 들어 보십시오. 그가 성 사바 수도원에 살았을 때, 그의 제자가 되려고 세 젊은이가 찾아왔습니다. 그는 그들을 기꺼이 맞아들였고, 여행의 피로에서 원기를 회복시켜 주려 노력했습니다. 하지만 사흘 후, 원로는 그들에게 말했습니다. "형제들이여, 나의 타고난 남색의 성향 때문에 여러분을 받아들일 수 없소." 하지만 그들은 그가 하느님의 종임을 알았기에 이 말에 충격을 받지 않았습니다. 그들은 계속 간청했지만 그의 마음은 바뀌지 않았습니다. 그러자 그 앞에 엎드려 그곳 어디서라도 그의 규칙에 따라 살게 해 달라고 간청했습니다. 결국 원로는 그 간청을 이기지 못했습니다. 원로는 그들이 겸손하게 자기 말을 경청하리라는 것을 알고 세 사람 중 한 사람에게 말했습니다. "아들이여, 주님은 그대가 한 영적 사부 밑에서 고독한 생활을 하기를 바라시오." 두 번째 사람에게는 "가시오. 그대의 뜻을 하느님께 내어 맡기고 형제들의 공동체에 정주하여 살면서 그분의 십자가를 지시오(마태 10,38 참조). 그러면 분명 하늘나라

에서 보화를 얻을 것이오(마태 19,21 참조)"라고 말했고, 세 번째 사람에게는 이렇게 말했습니다. "'끝까지 참고 견디는 사람이야말로 구원받을 것입니다'(마태 10,22)라는 거룩한 말씀을 떼어 놓을 수 없는 그대 영의 동반자처럼 지니고 다니시오. 그러니 가시오. 사부가 그리스도 안의 영적 안내자에게 어울리지 않을 정도로 가혹하게 질책하고 엄격하다 하더라도 절대 그를 떠나지 마십시오. 모욕과 멸시를 꿀과 우유인 양 매일 즐겨 마시십시오." 그 형제는 위대한 요한에게 반문했습니다. "사부님, 그 사람이 태만하여 자기 의무를 지키지 않으면 어떻게 합니까?" 그러자 원로가 말했습니다. "그가 음란한 행위를 하는 것을 보더라도 절대 그를 떠나지 말고, 스스로에게 '벗이여, 무엇을 위해 여기 있는가?'라고 반복하시오. 그러면 그대에게서 커지는 교만과 타락의 불이 사라지는 것을 보게 될 것이오."[64]

진정 주님을 두려워하려는 우리는 덕행의 경기장에 악의와 악행, 폭력과 비열한 행위, 원한과 분노를 들고 오지 말아야 합니다. 적어도 이러한 것에 반대되는 덕들을 얻기 위해 온 힘을 다해 싸웁시다. 그런 일은 가능한 일이므로 놀라운 것은 아닙니다. 사실 사람이 바다나 땅에서 어부나 농사꾼으로 일할 때는 왕의 적들이 그에 맞서기 위해 무장하지 않습니다. 하지만 그가 왕의 휘장을 받고, 방패와 창과 검으로 무장하고, 군복을 입는 것을 보면, 적들은 이를 드러내며 그를 완전히 처치할 순간이 왔다고 생각합니다.

공동체에서는 나태해질 수 없습니다. 유순하고 착한 아이들이 유

---

[64] 참조: 1코린 13,4("사랑은 교만하지 않습니다"); 야고 3,6("혀는 불과 같습니다").

익한 사람이 되려고 지혜와 교양을 쌓는 학교에 왔지만, 다른 학생들과 만남으로써 전혀 다른 교육을 받아 폭력과 부정밖에 얻지 못하는 것을 나는 보았습니다. 현명한 사람은 이 말을 이해할 것입니다. 게다가 어떤 기술을 배우는 데 전념하는 사람은 나날이 진보할 수밖에 없습니다. 하지만 소수만이 스스로 그 진보에 대해서 알 뿐 하느님의 섭리로 다른 이들은 그것을 모릅니다. 훌륭한 은행가는 매일 저녁 그날의 손익을 계산합니다. 하지만 그가 매시간 장부에 기록해 두지 않으면 전체를 알 수 없을 것입니다. 그날 하루 동안의 세세한 기록을 통해서 전체 계산이 이루어지기 때문입니다.

그렇듯 수도승이 질책과 책벌을 피하려고 반박하는 것이 좋다고 생각하는 것은 어리석습니다. 겸손에서 우러나온 것이 아니라 일단 비난하는 사람을 진정시키려고 그에게 용서를 청하는 것 또한 어리석습니다. 그러니 그대를 공격한 사람 앞에서 침묵하십시오.[65] 오히려 정신을 소작하고 정화하는 달구어진 소작기처럼 받아들이십시오. 의사가 이 소작기로 그대를 치료한 후에 그에게 용서를 청하십시오. 그가 화나 있으면 그대의 사과를 받아들이지 않을 것입니다.

[악령은 수도원을 떠나 은수처로 가게 한다: PG 725B-725D]

43. 특별히 공동생활을 하는 우리는 공동체 생활 자체에서 오는 다음과 같은 욕정들에 맞서 항상 싸워야 합니다. 한편으론 배의 욕

---

65 이것은 교부들이 매우 강조한 복음의 원칙이다. 즉, 폭력이나 법정에 상소함으로써 응답하지 말라는 것이다(마태 5,39 참조).

구를 충족시키려는 무절제한 탐식과 다른 한편으론 온갖 불쾌함을 쉽게 토로하려는 충동입니다. 악마는 순종하며 사는 사람에게 불가능한 덕행에 대한 갈망을 불러일으켜 유혹하고, 고독한 생활을 하는 사람에게 불합리한 제안으로 유혹합니다. 그대가 순종하며 사는 미숙한 초심자의 생각을 살펴본다면 그것들이 상반된다는 것을 발견할 것입니다. 그들은 단식과 중단 없는 기도, 헛된 영광의 근절, 죽음에 대한 항구한 기억, 지속적인 탄식의 눈물, 분노에서의 완전한 해방, 마음의 깊은 침묵, 사람들을 향한 불가능한 사랑과 같은 이상적인 금욕수행들을 갈망합니다. 하지만 하느님의 섭리는 공동생활 초기에 그들에게 이러한 갈망들을 허락하지 않았습니다. 그들이 속아서 금방 되돌아가야 한다고 믿을 수 있기 때문이 아니겠습니까? 원수는 그들이 그 이상들을 성급히 추구하도록 부추기는데, 이는 그들이 수도원에서 그것들을 실현하지 못하게 하려는 것입니다.

게다가 그 악한 사기꾼은 순종하며 사는 사람의 환대, 형제애, 지속적인 대화와 병자 방문을 찬양하면서 독수도승을 유혹합니다. 이는 그들 모두를 인내하지 못하게 하려는 것입니다. 고독 속에서 생활할 수 있는 이는 극소수입니다. 정말 그렇습니다. 참으로 하느님께 용기를 얻어 수고하고 그분의 도움으로 싸우는 사람만이 고독 속에 살 수 있습니다.

욕정의 본성과 순종의 본성을 식별해야 합니다. 그러한 식별을 통해 우리 지도자를 선택하도록 합시다. 만일 음욕이 그대의 문제라면, 누구든 환대하고 모든 이에게 식탁을 준비해 주고, 기적을 행하는 사람보다는 음식 규제에 엄격한 안내자를 영적 운동경기의 개인

교사로 삼으십시오. 만일 그대 안에서 교만한 근성을 본다면, 인정 많고 이해심 있는 사람보다는 거칠고 완고한 사람을 선택하십시오. 우리를 알기도 전에 우리를 판단하고 예측하는 오만한 의사를[66] 찾아가서는 안 됩니다. 누구보다도 겸손하고 참으로 우리의 질병을 치료할 수 있는 성격과 습관을 지닌 사람을 찾아가야 합니다.

[반응해야 한다면 장상을 공격하지 마라: PG 725D-728A]

44. 우리가 앞서 말한 그 거룩한 사람 압바키루스[67]를 모범으로 삼으십시오. 장상이 항상 그대 옆에서 보고 있다 생각하고 모든 일에 순종하는 좋은 습관을 들이십시오. 그렇게 한다면 절대 잘못을 범하지 않을 것입니다. 그대가 끊임없는 장상의 질책 앞에서 오히려 그에 대한 큰 믿음과 사랑을 가질 수 있다면, 그것은 성령께서 그대의 영혼 안에 보이지 않게 거처를 취하셨고(로마 8,11 참조), 지극히 높으신 분의 권능이 그대를 휘감았음을(루카 1,35 참조) 뜻합니다. 하지만 교만해서는 안 됩니다. 모욕과 경멸을 관대하게 견디는 기쁨 외에 다른 어떤 기쁨도 맛보려 하지 마십시오. 오히려 그를 자극하여 그의 마음 안에 폭력과 화를 불러일으킨 것에 울어야 합니다.

내가 하려는 말에 놀라지 마십시오. 내 편에는 모세가 있기 때문입니다(민수 16장 참조). 결국, 우리 사부에게 불충하기보다 오히려 하

---

66 의사는 단지 하느님의 중개자일 뿐이므로 머리를 치켜들고 무분별하게 행동해서는 안 된다(집회 38,1-4 참조).

67 『천국의 사다리』 4,25 참조.

느님을 소홀히 하는 편이 낫습니다. 우리가 하느님을 화나게 하면, 영적 안내자가 하느님과 우리를 화해시킬 수 있습니다. 반면 영적 사부가 화나면, 우리에게 하느님의 자비를 빌어 줄 사람이 더는 없습니다. 어쨌든 나는 이 두 잘못 모두 단죄받을 죄라고 생각합니다. 하지만 분별력 있게 절제하며 행동하십시오. 어떤 때는 장상이 우리를 질책하면 그에게 보상을 받은 듯이 조용히 있는 편이 나을 것입니다. 또 어떤 때는 매우 솔직하게 반응하는 것이 좋을 것입니다. 특히 우리가 모욕을 당할 때는 첫 번째 경우처럼 침묵하는 것이 좋다고 생각합니다. 거기서 유익을 얻을 수 있기 때문입니다. 반면, 모욕이 다른 이들을 다치게 할 때는 사랑과 평화의 유대를 위해 방어하는 것이 좋을 것입니다. 그렇지 않으면 그 유대가 깨질 것입니다.

[*서둘러 고독으로 나아가지 마라: PG 728B-728D*]

45. 순종에서 벗어난 사람이 순종이 얼마나 유익한지 우리에게 말해 줄 것입니다. 벗어난 후에야 처음에 그가 있었던 천국을 이해하기 때문입니다. 그때서야 거룩한 아파테이아로 인도하는 길의 참된 가치를 인정하고 모욕을 받지 않은 날을 큰 손실로 여길 것입니다. 순종하며 사는 이는 영의 확고한 힘을 얻습니다. 나무가 강풍에 흔들리면 더 깊이 뿌리를 내리는 것과 같습니다. 고독 속에 사는 수도승이 자신의 약함과 눈멂을 인정하면서 순종의 길로 들어선다면, 그 역시 어려움 없이 그리스도를 바라볼 수 있을 것입니다.

형제들이여, 다시 한번 말합니다. 경기를 포기하지 않는 경기자처럼 굳건하고 확고하게 머무르십시오. 여러분에게 다음과 같이 말하는 현자의 목소리를 경청하십시오. "불로 금을 제련하시는 주님은[68] 당신 가슴에 받아들일 번제물(민수 15,24 참조)처럼 여러분을 환영하시며 여러분이 수도원에 머무르는 것이 더 낫다고 판단하셨습니다." 시작도 없으신 성부와 같은 흠숭을 받으실 성령과 더불어 그분께 영광과 영원한 권능이 있기를 빕니다. 아멘(묵시 1,6 참조).

자, 이것이 네 번째 복음 사가처럼 네 번째 단계입니다. 여기서부터 경기자는 두려움 없이 경기에 임합니다. 요한이 베드로보다 앞서 달려갔듯이 말입니다(요한 20,4 참조). 그 순서는 이제 순종 뒤에 참회가 온다는 것을 의미합니다. 순종을 받아들인 이가 참회의 상징이 된 이를 소개했기 때문입니다.

---

68 참조: 지혜 3,6; 1베드 1,7.

담화 5

참회

자신의 죄스러운 삶을 고백하는 거룩한 이들의
고되고 진실한 참회와 그들이 처한 감옥에 대하여

[참회의 본성과 효과: PG 764B-764C]

46. 참회는 세례에 다시 생명을 불어넣습니다. 참회는 하느님과 새롭게 맺은 생명의 계약이며, 겸손은 참회에서 비롯됩니다. 참회는 육체의 유혹에 대한 부단한 의심, 내밀한 자기비판, 확실한 자기 경계를 뜻하기도 합니다. 참회는 희망의 딸이며 절망을 거부합니다. 참회하는 사람은 처벌을 받지만 부끄러워하지 않습니다. 참회가 죄스러운 행위와 완전히 반대되는 거룩한 행위를 통하여 주님과 화해시키기 때문입니다. 참회는 양심을 정화하고 온갖 고통을 자발적으로 인내로이 수용합니다. 참회하는 사람은 자기 자신의 처벌자로 행동하기를 원하기 때문입니다. 따라서 참회는 자기 위胃에 폭력을 가하고 예민하게 자기 영혼을 채찍질하는 것을 의미하기도 합니다.

달려오십시오. 하느님을 진노케 한 여러분에게 내가 하는 말을 들으십시오. 한데 모여 하느님께서 여러분을 감화시키려 나에게 계시하신 바에 주의를 기울이십시오. 먼저 비웃음의 대상이 된 하느님의 영예로운 종들을 존경하며 기억합시다. 우리는 비난받을 범죄를 저질러 쓴 경험을 한 바 있기에 그들의 가르침을 경청하고 마음에 간직하고 행동으로 실천합시다. 죄로 인해 쓰러진 여러분은 일어나십시오. 형제들이여, 내 말에 주의를 기울이십시오. 참된 회개로 하느님과 화해하기를 원하는 여러분, 내 말을 경청하십시오.

[타노보 수도원에서 참회하기. 절망과 희망 사이]: PG 764D-765C]

47. 가엾은 나는 어떤 이들의 고되고 특별한 생활 방식에 관한 이야기를 들었습니다. 그들은 감옥[1]이라고 불린 별도의 외딴곳에서 굴욕적인 생활을 했습니다. 그 감옥은 탁월한 금욕가의 권한 아래 있었습니다. 그래서 거기에 머무르는 동안 나는 그 거룩한 이에게 그곳을 방문하게 해 달라고 간청했습니다. 나를 실망시키고 싶지 않았던 그는 그것을 허락했습니다. 나는 그 참되고 고유한 탄식의 장소[2]인 참회자들의 거처로 갔습니다. 그곳에서 나는 정말로, 이렇게 말하는 것이 과하지 않다면, 방심한 자의 눈으로는 결코 보지 못하고, 부주의한 자의 귀로는 결코 듣지도 못하며, 주저하는 자의 마음으로

---

1 여기서 사용된 그리스말 풀라케*phulaké*는 감옥이자 보호소이기도 하다. 이곳은 연옥보다도 더 열악했다. 그렇듯 엄하고 가혹하고 무시무시하고 소름이 끼치는 장소이지만, 자비와 참회의 장소이기도 했다.

2 참회와 탄식의 장소는 세례의 물로 여길 수 있는 눈물의 정화를 상기시킨다. 나지안주스의 그레고리우스는 그 눈물을 모세의 세례, 세례자 요한의 세례, 결혼의 세례, 성사의 세례에 이어 다섯 번째 세례라 부르고 있다[『연설 39』(거룩한 빛) 17 참조].

는 감히 상상할 수 없는 일들을 보았습니다(1코린 2,9 참조). 하느님께 조르는 행동과 말(루카 24,19 참조)을 보았습니다. 이는 하느님께서 자비를 베푸실 수밖에 없는 수행과 생활 방식이었습니다.

나는 무고하지만 고발당한 사람들을 보았습니다. 그들은 밖에서 밤새 서 있었고, 수면 욕구를 치열한 노력으로 억압했으며, 휴식을 취하지 않고 거칠고 가혹하게 잠을 쫓았습니다. 어떤 이들은 하늘을 바라보며 신음과 탄식으로 도움을 청했습니다. 또 어떤 이들은 죄수처럼 손을 등 뒤로 묶고 슬픔으로 침울한 얼굴을 하고 하늘을 향해 눈을 들어 하느님께 말하거나 소리를 질렀습니다. 기도하기에 부당하다고 생각하면서 땅을 향한 채 기도하는 이들도 있었습니다. 그들은 죄에 대한 생각과 양심에 짓눌려서 하느님께 말하거나 기도할 수 없었습니다. 심지어 기도를 시작하지도 못한 이들도 있었습니다. 그들은 혼미한 정신과 마음속 생각만을 하느님께 바치며 혼돈과 절망에 사로잡혔습니다. 얼굴을 무릎 사이에 파묻고 이마로 땅을 치며 비탄에 잠겨 있는 이들도 보았습니다. 또 자기 영혼의 상태와 삶을 되돌아보며 계속해서 가슴을 치는 이들도 보았습니다.

이들 가운데 어떤 이는 눈물로 바닥을 적셨고, 눈물조차 흘릴 수 없는 이는 자신을 때렸습니다. 어떤 이는 자기 영혼의 상태 때문에 가슴속 고통을 억누르지 못하고 부르짖었습니다. 또 어떤 이는 마음속으로 울면서 목 안으로 비탄의 소리를 억눌렀지만, 더는 견딜 수 없어 이따금 갑자기 오열을 쏟아내기도 했습니다. 나는 그때, 마치 지혜에서 나온 듯한 생각과 처신을 했던 사람을 보았습니다. 삶의 온갖 필요에 거의 무감각하고 과묵했던 그는 겸손의 심연으로 떨어졌고, 그가 눈물로 드러냈던 고뇌로 인해 마음속 깊이 부서져 버렸습니다. 땅에 시선을 고정하고 깊은 생각에 잠겨 계속 고개를 움직이고 있던 사람도 보았습니다. 그는 내면 깊은 곳에서 사자처럼 으르렁거리며 신음했습니다.

[참회자와 낮추어진 자, 부르짖음과 탄원 사이: PG 765D-768B]

48. 어떤 이는 죄를 용서받을 수 있다는 희망에 가득 차 기도했습니다. 어떤 이는 형언할 수 없는 겸손으로 자신이 용서받기에 부당하다고 비난했습니다. 그는 자신을 단죄하면서 자신을 변호할 어떤 구실도 찾지 못하여 울부짖었습니다. 주님께 이승에서는 벌을 주시고 저승에서는 자비를 베풀어 달라고 간청하는 이도 있었습니다. 심한 양심의 가책 때문에 어떤 이는 자신은 하늘나라의 상급을 받기에 부당할 뿐 아니라 벌로써 개선되기에도 부당하다고 말했습니다. 모두가 '주님, 저희를 지켜 주소서'라고 기도했습니다. 내가 본 고통의 무게에 짓눌린 그 탄식하는 겸손한 영혼들은(시편 51,19 참조) 돌들도 탄식하게 만들 정도였습니다. 그들은 크게 부르짖으며 하느님께 탄원을 드렸습니다. 그들은 땅을 쳐다보며 말했습니다. "예, 저희는 압니다. 저희에게 마땅한 것은 벌과 고통뿐이라는 것을. 저희에게는 벌과 고통이 마땅합니다. 저희가 얼마나 많은 죄를 지었는지 되돌아볼 때나 저희와 함께 울어 달라고 온 세상에 청할 때 저희는 부당하기 때문입니다. 저희가 오로지 당신께 기도하고 간청하며 탄원하는 바는 이것이니, 당신 진노로 저희를 벌하지 마시고 당신 분노로 저

희를 처벌하지 말아 달라는 것입니다(시편 6,2 참조). 또 당신의 큰 위협에서 저희를 아끼시고 지켜 주시며, 당신 정의의 신비 속에 휩싸인 헤아릴 수 없는 심판[3]에서 저희를 구원해 달라는 것입니다. 저희는 감히 당신께 완전한 용서를 청하지 않습니다. 저희는 저희가 발한 서원에 따라 흠 없이 보호되지 않았고, 오히려 이미 당신 자비와 용서를 받은 후에도 많은 죄로 더럽혀졌기 때문입니다."

[꺾이고 무너진 이들이 떠돌아다닙니다: PG 768B-769B]

49. 거기서 나는 죽음에 이르기까지 무너지고 꺾인 이들을 두고 다윗이 했던 말(시편 38,7 참조)을 묵상할 수 있었습니다. 그들은 육체의 상처가 썩어 악취가 나도 내버려 둔 채 온종일 슬피 울며 떠돌아다닙니다. 그들은 눈물 섞인 물을 마시고 빵 대신 먼지와 재를 먹습니다(시편 102,5.10 참조). 그렇게 그들의 뼈는 건초처럼 메마른 살가죽에 붙어 있습니다(시편 102,12 참조). 그들에게서 "앙화로다, 앙화로다! 슬프도다, 슬프도다! 맞습니다, 맞습니다! 주님 용서하십시오, 용서하십시오!"라는 말 외에는 어떤 말도 듣지 못했습니다. 어떤 이는 "자비를 베푸소서, 자비를 베푸소서!"라고 부르짖었고, 어떤 이는 정말로 자비를 불러일으키며 "주님, 자비하시니 불쌍히 여기소서!"(바룩 3,2 참조)라고 반복했습니다.

그대는 이런 광경을 볼 수 있었을 겁니다. 어떤 이는 개처럼 마른

---

[3] "그분의 판단은 헤아려 짐작할 수도 없도다"(로마 11,33) 참조.

혀를 입 밖으로 내밀었고, 어떤 이는 작열하는 태양 빛에 자신을 노출하며 학대했습니다. 어떤 이는 갈증으로 죽지 않을 정도로 소량의 물만 섭취했고, 또 어떤 이는 빵을 조금 떼어 먹고 그것을 즉시 멀리 던져 버리며 짐승처럼 행동한 자신이 사람처럼 빵을 먹는 것은 부당하다고 말했습니다.

그곳에는 웃음이 없었고, 한가한 말이나 격하고 분노하는 말도 들리지 않았습니다. 사람 안에 분노가 있는지 더는 알지 못했던 곳이었습니다. 완전한 탄식은 온갖 분노를 없애기 때문입니다.[4] 거기에는 다툼이나 거친 언사도 없었고 연회도 없었습니다. 육체를 돌보거나 허영심을 드러내는 이도, 여전히 편안하기를 바라며 안락을 추구하는 이도 없었습니다. 도대체 누가 포도주를 마시거나 과일을 맛볼 생각을 했겠습니까? 누가 냄비 앞에서 기뻐하거나 목구멍을 만족시킬 생각을 했겠습니까?[5] 사실 그 사람들은 마침내 이런 세속적 만족에 대한 갈망을 잠재웠습니다. 아무도 그러한 것들을 신경 쓰지 않았습니다. 그런데도 아무도 이에 대해 다른 사람을 심판하지는 않았습니다.[6] 그곳에서는 누구에게도 비판하는 것이 허락되지 않았습니다. 그들은 주님께 큰 소리로 말씀드리는 것 외에 아무것도 하지 않았습니다. 어떤 이는 천국 문 앞인 양 가슴을 치며 주님께 간청했습

---

4 눈물이 더욱더 높은 관상의 서곡인 내적 평화로 이끈다면, 참회는 이웃과의 평화를 위한 노력을 요구한다.

5 참조: 안키라의 닐루스 『금욕적 담화』 59: "호사스러운 식탁은 덕들을 파괴하는 원인이다."

6 참조: 마태 7,1; 야고 4,11.

니다. "저희에게 문을 열어 주십시오. 오, 선하신 심판관이여, 저희에게 열어 주십시오. 저희 죄로 인해 닫힌 문을 열어 주십시오"(마태 25,11 참조). 또 어떤 이는 단지 이렇게 기도했습니다. "저희에게 당신 얼굴을 보여 주소서. 그러면 저희가 구원되리이다"(시편 80,20 참조). 한 사람은 "어둠과 죽음의 그늘 밑에 앉아 있는 저희에게 당신을 드러내소서"(루카 1,79 참조)라고 말했고, 또 다른 이는 "주님, 당신 자비가 어서 저희에게 미치게 하소서. 용서할 수 없는 저희의 결점들로 인해 절망이 저희를 사로잡았나이다"(시편 79,8 참조) 하고 말했습니다. 어떤 이는 "주님께서 마침내 우리를 찾아오실까?"(루카 1,68.78 참조) 하고 자문했습니다. 또 다른 이는 이렇게 자문했습니다. "우리 영혼이 넘을 수 없는 지점을 건너갔을까? 주님께서 결국 우리를 위로하실까? 헤어날 수 없는 난국에 처한 우리에게 '용서받아라', 그리고 고통의 심연에 잠겨 있는 우리에게 '나오너라' 하고 알리는 주님의 목소리를 듣게 될까? 주님께서 우리의 부르짖음을 들으셨을까?"

[공포와 희망: PG 768B-772A]

50. 모두가 항상 죽음을 눈앞에 두었습니다. 그들은 이렇게 자문했습니다. "우리는 어떤 운명을 맞이할까? 우리는 어떤 심판을 받을까? 우리 인생은 어떻게 끝날까? 주님께서 우리를 당신께 부르실까? 어둠 속에 휩싸이고(루카 1,79 참조) 비참하게 단죄받은 우리가 죄

---

7 참조: 시편 124,5; 이사 52,11; 루카 1,79.

를 용서받을까? 우리 기도가 주님께 이를 수 있을까?(시편 88,2 참조) 아니면 당연히 거절당하고 모욕을 당하고 웃음거리가 될까? 만일 우리 기도가 그분에게 이른다면 얼마나 그분을 달랠 수 있을까? 우리 기도로 무엇을 얻는가? 기도는 얼마나 유용하고, 얼마나 강력할까? 확실히 불결한 입과 육체에서 나온 기도는 별로 힘이 없지 않은가? 우리 기도가 심판관과 우리를 완전하게, 아니면 부분적으로라도 화해시켰을까? 우리 상처가 너무 심해서 많은 탄식과 고통이 필요했기에 기도가 우리 상처를 반 정도는 치료하지 않았을까? 수호천사들은 이미 우리 가까이 있을까, 아니면 여전히 우리에게서 멀리 있을까? 그들이 우리를 도와주지 않는다면 우리의 탄식은 무익하고 헛될 것이다. 우리의 기도 자체는 우리를 하느님의 자녀로 순결의 날개 위로 들어 높일 힘이 없다. 그러므로 수호천사들이 우리 가까이에서 우리의 기도를 주님께 전해 드린다"(토빗 12,12 참조).

어떤 이들은 서로 자신의 고뇌를 털어놓았습니다. "형제들이여, 우리는 어디쯤 있을까요? 주님께서 우리 기도를 들어주실까요? 늘 그러셨듯이 한 번 더 우리를 받아들이시고, 우리에게 다시 문을 열어 주실까요?" 그러면 다른 이들은 이렇게 대답했습니다. "우리 형제들인 니네베 사람들이 말했듯이, 하느님께서 생각을 바꾸실지 누가 알겠습니까? 하지만 우리에게 무서운 벌을 주시면서 우리를 구원하시더라도 우리는 무언가를 해야겠지요. 그분이 우리에게 문을 열어 주신다면, 우리는 복됩니다. 그렇지 않으신다고 해도, 공정하게 우리에게 문을 닫으신 주 하느님을 찬미합시다. 우리가 살아 있는 한 끊임없이 문을 두드립시다. 그러면 그분을 귀찮게 하여 우리에게 문을 열어 주실지도 모릅니다"(루카 11,8 참조).

그들은 서로 격려했습니다. "달려갑시다. 형제들이여, 달려갑시다. 이 공동체는 이미 여정[8] 중에 있으니 그 거룩한 경기를 따라잡기 위해 쉬지 말고 달려갑시다. 순종하며 살았던 성인들의 모범을 따릅시다. 육신이 우리를 죽였듯이 육신을 죽이면서, 불순하고 비참한 이 육신을 아끼지 말고 달립시다." 그들의 모습이 어땠을까요? 무릎은 오랜 장궤로 굳은살이 박이고, 뺨은 뜨거운 눈물에 닳았고, 눈은 움푹 패고 눈썹과 속눈썹은 다 빠져 있었습니다. 그 모습은 시체와 별반 다르지 않았습니다. 얼굴은 창백하고 초췌했고, 가슴은 구타로 상처투성이였고 핏자국이 선명했습니다.

[참회의 장소에서 죽기 전후의 침통한 태도: PG 772A-772C]

51. 거기에는 몸을 뻗을 침대도, 깨끗한 옷도 없었습니다. 그들은 벌레가 숨어 사는 해지고 더러운 옷을 걸쳤습니다.[9] 하지만 그들은 귀신 들린 사람이나 죽은 사람을 애도하는 자, 유배당한 자나 처벌받은 살인자처럼 행동하지는 않았습니다. 이들에게 내려진 형벌은 우리의 자발적 형벌과 비교할 수 없습니다. 그러니 형제들이여, 꾸며 낸 이야기라고 생각하지 마십시오. 그들은 목자이자 천사로서[10]▶ 그 수도원을 다스리던 위대한 심판관께 자주 이렇게 간청했습니다.

---

8 클리마쿠스가 여기서 말하는 여정(*sunodía*)은 우의적으로 천상 도성을 향한 영적 순례를 의미한다. 반면, 대중 신심은 이스라엘 성지순례를 확산시켰다.

9 참조: 마태 11,21; 루카 10,13; 에스 4,3.

그들이 무덤에 묻히는 순간이나 그 이후까지 이 참회의 장소에서 벗어나지 못하도록 죄수에게 하듯이 손목과 목에 쇠사슬을 감고 발에 차꼬를 채워 달라는 것이었습니다.[11]

나는 거룩한 이들의 공적을 여러분에게 감추고 싶지 않습니다. 그렇게 할 수도 없습니다. 이 거룩한 이들은 놀라운 굴욕을 감수했고, 정신은 사랑으로 불타올랐으며, 하느님 앞에서 참회했습니다.[12] 그들이 영혼을 주님께 돌려드리고 지극히 공의로운 그분 법정에 출두할 때가 되면, 이 거룩한 참회의 땅의 시민들이 마침내 자기 죽음이 임박했음을 느끼면 모든 이 앞에서 자기 책임자를 통해 장상에게 청합니다. 인간에게 합당한 장례가 아니라 짐승에게 합당한 장례를 치러 달라고 청했습니다. 자기 시신을 흐르는 강에 던지거나 들판에 내놓아 야수들의 먹이가 되게 해 달라고 간청했습니다. 종종 장상은 탁월한 식별로 그 간청을 허락하여 시편 낭송이나 존경의 표시도 하지 말고 장례를 치르라고 명령했습니다.

◀10 지혜의 목자이자 스승으로서 집회서 저자는 발은 차꼬로 묶고 목에는 쇠사슬을 감고, 어깨는 낮추고 보호막이 될 사슬을 업신여기지 말도록 아들에게 권고하고 있다(집회 6,24-30 참조).

11 세라피온이라 불린 수도승의 육신이 이집트에서 발견되었는데, 목줄, 벨트, 철수갑과 차꼬 등을 차고 있었다. 이러한 관습이 초기 시리아 수도승생활에서는 흔했더라도 이집트에서는 일상적인 것이 아니었다.

12 레온티우스는 자기 맨몸을 채찍질하는 가죽끈을 지니고 있었는데, 거기에는 못이 붙어 있어 살점이 떨어져 나갔다. 이 고행은 '십자가를 통해 빛으로 나아감'이라는 금욕적 사다리 등정을 위한 일종의 참회 형태였다. 사랑과 참회는 희망이 없는 그리스도교적 또는 인간적 염세주의를 불어넣지 않는다. 아르세니우스는 천사의 얼굴을 했고, 안토니우스는 은총과 기쁨으로 빛난 얼굴을 했다.

[심판의 공포와 임종자를 도와주는 특별한 방식: PG 772C-773B]

52. 그들의 최후 순간은 몹시 두렵고 연민을 자아내는 광경이었습니다. 그 참회자들은 자기들 가운데 한 사람이 앞서 저세상으로 가고 있다는 소식을 들으면 그가 아직 정신이 있을 때 그의 주위로 모였습니다. 눈물에 대한 갈증으로 메말라 버린 그들은 머리를 흔들며 지극한 동정심과 깊은 슬픔을 표현할 수밖에 없었습니다. 그리고 자신들을 속태웠던 고통을 드러내며 임종자에게 간청했습니다. "형제이자 참회의 동료여, 느낌이 어떻습니까? 우리에게 무슨 말을 하렵니까? 어떻게 생각합니까? 그대 소망이 실현될 것 같습니까? 그대가 그렇듯 큰 노고로 이르고자 했던 바에 도달했습니까? 아니면 거기에 이르지 못했습니까? 그대에게 그 문이 열렸습니까? 아니면 여전히 그대의 공과에 대해 셈을 바치고 있습니까? 그 문에 이르렀습니까? 아직 이르지 못했습니까? 그에 대해 더욱 분명히 확신하고 있습니까? 아니면 헛된 희망을 품고 있습니까? 그대는 자유를 얻었습니까? 아니면 여전히 어둠과 의심이 그대 생각을 사로잡고 있습니까? 그대 마음은 조명을 받았습니까? 아니면 아직 어둠과 수치 속에 있습니까? '이제 너는 치유되었다'(요한 5,14 참조), '네 죄는 용서받았다'(마태 9,2 참조), '네 믿음이 너를 구원하였다'(루카 18,42 참조) 하고 말하는 내면의 소리를 들었습니까? 아니면 그대에게 다음과 같이 말하는 또 다른 소리를 듣는 것입니까? '죄인들은 지옥으로 가야 한다(시편 9,18 참조). 그의 손발을 묶어(마태 22,13 참조) 그 악한 자를 여기서 던져 버려 주님의 영광을 보지 못하게 하라(시편 23,4 참조).' 형제여,

그것을 우리에게 분명하게 말해 주십시오. 그래서 우리가 그것을 알아 그대를 위해 기도하게 해 주십시오. 우리 역시 우리를 기다리는 최후를 알기 때문이오. 그대는 경기를 끝냈으니 거기서 더는 유익함을 얻을 수 없을 것입니다(묵시 10,6 참조).”

임종자 중 몇몇은 이러한 질문을 받고 "내 기도를 물리치지 않으시고 내게서 당신 자애를 거두지 않으신 하느님은 찬미받으소서"(시편 66,20)라고 응답했습니다. 어떤 이들은 "우리를 저들의 이빨의 먹이로 내주지 않으신 주님은 찬미받으소서"(시편 124,6)라고 응답했습니다. 하지만 또 어떤 이들은 여전히 고통스러워하며 이전처럼 간청했습니다. "우리 영혼이 건널 수 없는 창공의 영들의 급류를 건너갈 수 있을 것인가?"(시편 124,3 참조). 그들은 우리가 죽은 후에 해야 할 셈을 생각하며 의혹으로 가득 찼습니다. 거기에는 여전히 더 걱정하며 그 의문에 다음과 같이 대답했던 이들이 있었습니다. "그 소명을 충실히 따르지 못한 자에게 화가 있을 것이다! 그때에야 그에게 유보된 벌을 알게 될 것이다."[13]

[그 참회는 죄수에게나 어울리는 것처럼 보였다: PG 773B-776B]

53. 내가 이 모든 것을 보고 들었을 때, 나는 절망에 사로잡히기 시작했습니다.[14] 매우 어둡고 악취 나며, 몹시 불결하고 비참한 그곳

---

13 주님의 부르심을 배신하며(이사 30,1 참조) 나태하고 무능하여 환난의 순간을 견디지 못하고 인내심을 잃은 자들에 대한 위협의 외침이다(집회 14-16장 참조). 이는 카인의 길을 따라 걷다 발라암의 오류에 빠진 자에 대해 말하는 유다 1,11에서 되풀이된다.

에서 살겠다고 선택한 그들을 보고서 그들의 고행 정신과 비교해 나의 냉담을 확인했기 때문입니다. 그곳은 진정한 참회의 땅, 탄식을 가르치는 곳이었기에 감옥이나 형무소라 부르는 것이 마땅했습니다. 하지만 어떤 이들에게는 어렵고 견딜 수 없는 그 삶이 영적으로 덕행의 풍요로움에서 멀어진 고결한 이들에게는 쉽고 즐거운 듯이 보였습니다.

사실 하느님 자녀의 자유를 지닌 영혼은 종종 아파테이아에 도달할 희망을 잃어버립니다. 그는 동정童貞의 봉인을 파손하고 풍부한 은사를 낭비하면서 신적 위로에서 멀어집니다. 그는 주님과 맺은 계약을 어기고 영적 눈물의 거룩한 불이 꺼져 좌절해 있습니다. 고통으로 찔린 상처는 탄식을 잉태합니다. 그 영혼은 우리가 말했던 고통을 온 힘을 다해 받아들일 뿐만 아니라 금욕수행으로 경건하게 소멸하려고 온갖 수단을 씁니다. 그렇게 해서 자신 안에 다시 주님께 대한 사랑과 두려움의 불을 붙입니다. 그 복된 이들은 그렇게 했습니다. 어떤 이들은 이 모든 것을 기억하고 그들이 추락한 저 높은 곳(묵시 2,5 참조)을 상기하며 이렇게 말했습니다. "우리는 우리가 주의 깊게 보살펴 그 불이 살아 있던 날들을 기억합니다."[15] 또 어떤 이들은 주님께 이렇게 부르짖었습니다. "오, 주님, 옛날 우리 영혼에 맹세하신 당신 말씀에 따른 자비가 어디 있나이까? 당신 종들의 모욕과 노고를 기억하소서"(시편 89,50-51 참조). 또 다른 이들은 "하느님께서 나를 지켜 주셨고, 당신 빛의 광채가 내 마음을 비추었을 때의 날들

---

14 하지만 그곳 죄수들은 구원을 희망했다.

15 참조: 시편 143,5; 히브 10,32.

로 누가 나를 다시 데려다줄 수 있겠는가?"(욥 29,1-3 참조) 하고 부르짖었습니다.

그들은 감정을 표현할 줄 모르는 어린아이처럼 울면서 초기의 거룩한 삶을 상기했습니다. 그들은 이렇게 불평했습니다. "순수한 기도와 확신에 찬 자유, 지금처럼 쓰지 않고 달콤한 눈물, 온전한 순결이나 정화에 대한 희망, 복된 아파테이아에 대한 기다림, 목자에 대한 온전한 신뢰 그리고 우리를 위한 목자의 기도가 가져다주는 유익은 어디로 갔단 말인가? 모든 것은 끝났고 사라졌으며, 존재하지 않았던 것처럼 끝나 버렸네!" 그렇게 울며 불평하며 어떤 이는 귀신 들린 사람처럼 악마를 불렀고, 어떤 이는 뇌전증에 걸린 사람처럼 주님께 호소했습니다. 또 어떤 이는 시력을 잃고 비참한 모습을 했고, 어떤 이는 저승에서 고통을 당하지 않으려고 이승에서 힘없고 고통받기를 원했습니다. 친애하는 형제들이여, 나는 이 탄식의 장소에 머물며 나도 어쩔 수 없이 온 정신을 그들에게 빼앗겨 나에 대해 잊어버렸습니다. 다른 주제로 넘어갈 때입니다.

[유익한 고백의 모범: PG 776B-777A]

54. 그 감옥에서 한 달을 지낸 후, 성급한 나는 그곳을 떠나 위대한 목자가 있는 대大수도원으로 돌아갔습니다. 그 목자는 내가 넋이 빠져 있는 것을 보았습니다. 현명한 분이었기에 그는 내가 왜 그렇게 정신이 없는지 알고는 이렇게 물었습니다. "요한 신부님, 그곳에 무엇이 있었습니까? 그들이 극한에 이르기까지 어떻게 싸우는지 보

셨습니까?" 내가 말했습니다. "그것을 보았을 뿐만 아니라 놀라 정신이 나갔었습니다. 죄짓지 않아 탄식하지 않는 자보다 죄지은 이 참회자들을 마음으로 훨씬 더 칭찬했습니다. 그들은 넘어짐으로써 더욱 높이 올라 넘어질 위험에서 안전하게 되었습니다." 그는 내게 "정말 그렇지요!"라고 말했습니다. 그는 내게 이렇게 설명했습니다.

"약 10년 전, 여기 형제들 가운데 고행 생활에 전념했던 형제가 있었습니다. 나는 이런 경우를 보지 못했습니다. 그렇듯 열성적이었기에 나는 속으로 악마가 그를 질투할 것을 우려했습니다. 너무 빨리 달려 그의 발이 돌에 걸려 넘어질까 염려했던 것이지요(시편 91,12 참조). 실제로 급히 내닫는 누구에게나 있을 수 있는 일입니다. 그에게도 마찬가지였습니다. 어느 날 오후 늦게 그가 내게 와서 온갖 상처를 보여 주었습니다. 몹시 놀란 그는 내게 치료를 부탁했습니다. 의사는 그가 정말 동정을 받을 만했기에 절대 대수술을 하려 하지 않았습니다. 그는 이를 알고서 즉시 땅에 엎드려 의사의 발을 잡고 눈물로 그 발을 적시며 당신이 보았던 그 감옥에 보내 달라고 청했습니다. 그가 절규하며 소리쳐서 그를 거기로 보내지 않을 수가 없었습니다. 그리고 그는 나에게 동정심 많은 의사 대신 냉정한 외과 의사가 되어 달라고 간청했습니다. 정말 이상한 일이 병자들에게 일어납니다. 그는 서둘러 그 참회자들에 합류했고 그들과 함께 같은 고통을 나누었습니다. 하느님 사랑에서 오는 고통이 칼처럼 그의 마음을 찔렀습니다. 여드레가 되는 날 그는 자기를 매장하지 말라고 청하면서 주님께 떠나갔습니다. 하지만 나는 그의 시신을 이곳으로 옮겨 와 우리 사부들과 함께 안장했습니다. 그것이 마땅한 일이었으니까요. 단 일주일간의 고행 생활 후, 여드레째 그는 자유를 얻었습니다. 그가 나의 천하고 불결한 발에서 일어서기도 전에 하느님께서 당신 자비를 베푸셨다는 것을 누군가 확실히 알게 되었습니다. 그가 실제 복음의 죄 많은 여자(루카 7,37 참조)와 똑같은 믿음을 지녔고, 그녀와 동일한 깊은 신뢰로 나의 보잘것없는 발을 눈물로 적셨던 그 순간부터 그것은 놀랄 일이 아니었습니다. 주님께서 말씀하셨듯이 믿는 이에게는 모든 것이 가능하기 때문입니다(마르 9,23 참조). 게다가 나는 육적인 사랑을 미친 듯이 갈구했던 불순한 영혼들이 육적인 사랑에서 참회의 동기를 끌어내는 것을 보았습니다. 그들은 육적인 사랑에서 온갖 두려움을 초월하는 주님께 대한 사랑으로 건너갔고, 끝없이 하느님의 사랑을 갈망하게 되었습니다. 이 때문에 주님은 큰 두려움 없이 오히려 사랑을 많이 했던(루카 7,47 참조), 그래서 또 다른 사랑으로 사랑을 몰아낼 수 있었던 그 죄 많은 여자에 대해 말씀하신 것입니다."

[참회자와 참회하지 않는 자, 거룩한 이의 겸손: PG 777A-777D]

55. 지극히 존경하는 형제들이여, 내가 말한 이야기들이 어떤 이에게는 믿을 수 없는 일이고, 어떤 이에게는 실현 불가능한 것이고, 또 어떤 이에게는 당혹스러운 일이라는 것을 잘 알고 있습니다. 하지만 마음이 대범한 이에게는 분명 자극이 될 것입니다. 이 이야기들은 그에게 사랑의 불과 그들의 길을 모방하려는 열망을 타오르게 할 것입니다. 이 행동에서 벗어나 양심의 가책을 느껴 마침내 자신

의 약함을 인정하고 겸손하게 받아들이는 사람은 제일 앞서간 이의 뒤를 바짝 쫓는다고 말할 수 있습니다. 이미 그를 추월했을지도 모릅니다. 그러나 부주의한 자는 이러한 이상에 다가가지 않습니다. 자포자기하여 이미 시작한 일마저 그만두거나, '수고하지 않는 자에게는 그가 가졌다고 믿는 것도 빼앗길 것이다'(마태 25,29 참조)라고 주님이 말씀하신 자가 되지 않으려는 것입니다.

한 번 부정不淨의 호수에 빠진 우리는 참회자들이 사는 겸손의 심연에 잠기지 않고서는 절대 거기서 빠져나올 수 없습니다. 참회자의 슬픈 겸손과 악을 의식하면서 계속 악을 행하는 자의 가책은 다른 것입니다. 그리고 하느님이 완전한 자에게 아낌없이 주시는 겸손이라는 복된 보물은 또 다른 것입니다. 이 세 번째 종류의 겸손에 적합한 말을 찾으려고 서둘러서는 안 됩니다. 그렇게 한다면 우리의 노력이 헛될 것입니다. 두 번째 종류의 겸손은 모욕에 대한 완전한 인내로 나타납니다. 탄식하는 자도 종종 성향의 지배를 받지만, 이것은 놀라운 일이 아닙니다.

하느님께서 우리의 선택과 잘못을 어떻게 심판하시는지 인간 이성으로는 절대 이해할 수 없습니다(1코린 4,4 참조). 우리가 소홀하여 범한 죄가 어떤 것인지, 자발적인 일탈로 범한 죄는 어떤 것인지, 하느님께서 도움을 거두시어 범한 죄는 어떤 것인지 우리는 모릅니다. 하지만 어떤 이가 내게 이 마지막 경우를 설명해 주었습니다. 그의 말에 따르면, 주님께서 허락하신 잘못은 곧 용서받는데, 이는 그 잘못을 참아 주신 분께서 악령이 우리를 오래 괴롭히도록 허락하시지 않기 때문입니다. 우리는 넘어질 때마다 악령을 거슬러 싸워야 합니다. 악령은 우리가 기도할 때 계속해서 우리가 잃어버린 하느님 자녀의 자유를 상기시키며 기도를 흩뜨려 놓습니다. 그러므로 그대가 매일 넘어지더라도(잠언 24,16 참조) 동요하지 말고 절대 기도를 멈추지 마십시오. 더욱 열렬히 기도하십시오. 그러면 그대의 수호천사가 그대의 항구함에 분명 감탄할 것입니다.

[거룩한 희망의 원천인 참회: PG 777D-780B]

56. 새로 난 상처는 쉽게 치료될 수 있지만, 오랫동안 방치되고 잘못 봉합된 상처는 치유될 수 없습니다. 그런 상처는 많은 탄식을 요구합니다. 즉, 불에 뜨겁게 달군 칼로 상처를 지져서 치료해야 합니다. 물론 하느님은 모든 상처를 낫게 하실 수 있지만(마태 19,26 참조), 많은 상처가 시간이 지나면서 치료할 수 없게 될 것입니다.

하느님은 우리가 죄짓기 전에는 자비하시지만 죄지은 후에는 엄격하시다고 악령들은 말합니다. 하지만 작은 죄를 범한 그대에게 다음과 같이 말하는 악령의 소리는 귀담아듣지 마십시오. "그런 죄를 범하지 않았을 수도 있었지. 이것은 그것과 비교하면 아무것도 아니니까!" 작은 선물로도 종종 심판관의 진노를 가라앉힐 수 있습니다. 한편, 자신의 하루를 진정으로 해명하려는 자는 그날에 선을 행했더라도 탄식이 적었음을 뉘우칩니다.

게다가 이승에서 자기 죄에 대해 우는 이들 누구도 죽는 순간에 완전한 확실성을 기대하지 않습니다. 오늘 불분명한 것은 죽는 순간에도 여전히 불확실하기 때문입니다. 내가 확실한 희망의 위로로 죽게 해 주십시오. 불확실하게 이 세상을 떠나지 않게 해 주십시오!(시편 39,14 참조). 하지만 주님의 영이 다스리는 곳에는 충만한 자유가 있고, 무엇과도 견줄 수 없는 겸손의 덕이 자리한 곳에는 온갖 속박이 제거됩니다(시편 124,7 참조). 주님의 영과 겸손 없이 잘못을 범하는 자는 묶여 있습니다. 세상에 사는 이들은 완전한 확실성의 이 두 원천, 특히 겸손에 무관심하고 불충실합니다. 세상에서 열심히 자선을 베풀더라도 죽는 순간에 보상을 얻지 못하는 이들도 있을 것입니다. 게다가 이 세상에서 탄식하는 이는 자신과 마찬가지로 울거나 죄짓는 다른 이에게 관심을 두지도 않고, 그를 비난하지도 않을 것입니다. 한 번 맹수에게 물려 본 개는 그 상처의 고통 때문에 맹수에 맞서 더욱 맹렬히 저항할 것입니다. 우리는 우리의 결백한 상태를 주의할 것이 아니라 다른 이들을 고발하려는 우리의 죄스러운 양심을 끝없이 성찰하는 데 주의합시다. 우리 죄를 용서받았다는 증거는 우리가 하느님께 채무자임을 항상 생각하는 것입니다. 하느님의 자비와 동등하거나 그 위대함을 능가하는 것은 아무것도 없습니다.[16]

[죄짓고 겸손하고 하느님 기억에 사로잡힌 성인들은 우리의 모범이다: PG 780B-781B]

57. 그러니 절망하지 맙시다. 절망하는 자는 자신을 죽이는 것입니다. 고통스러운 참회의 표지는 눈에 보이거나 보이지 않는 환난,

---

16 참조: 시편 33,5; 108,5.

또는 그보다 더 나쁜 것을 당연한 것으로 여기는 것입니다. 모세는 떨기나무 속에서 하느님을 뵙고 이집트로 돌아갔습니다. 이집트는 그가 파라오의 벽돌을 만들었던 깊은 어둠의 장소였습니다. 그는 떨기나무와 그 산으로 돌아가기 위해 이집트로 다시 간 것입니다. 그 깊은 의미를 이해하는 사람은 결코 절망에 빠지지 않을 것입니다. 위대한 욥은 완전히 빈털터리가 되었지만, 후에 두 배 더 부유하게 되었습니다.

태만한 이들에게 수도승생활을 시작한 이후의 타락은 끔찍합니다. 그것은 아파테이아에 이르는 희망을 약화하고, 죄의 심연에서 일어나는 자가 다시 넘어질 수 있음에도 그를 복되다고 여기게 하기 때문입니다. 하지만 우리는 절대 우리가 벗어났던 그 길로 되돌아가지 않고 오히려 다른 지름길로 되돌아간다는 사실을 깊이 명심하십시오. 나는 주님을 향해 같은 길을 가던 두 사람을 보았습니다. 한 사람은 연로했고 엄격함으로 유명했으며, 다른 사람은 그의 제자였습니다. 이 제자는 원로보다 더 빨리 달려 먼저 결승점에 도달했습니다(요한 20,4 참조).

우리 모두, 하지만 특별히 죄지은 이들은 사악한 오리게네스의 광기가 마음속 생각으로 퍼져 나가지 않도록 각별히 주의해야 합니다. 그 광기는 사실상 하느님 자비를 구실 삼아 쾌락으로 기울게 하고, 기꺼이 쾌락을 받아들인 영들을 오염시킵니다.[17] 성경에 '내 묵상 중에 불이 붙으리라'(시편 39,4 참조)라고 기록되어 있습니다. 그러나 마음의 대화 중에 기도의 불이 물질적인 모든 것을 태우리라는 것을 알아야 할 것입니다. 우리가 이야기한 이 거룩한 죄수들을 그대가 본받을 참회, 규칙, 모범, 전형과 이상으로 생각하십시오. 그러면 그대의 온 삶에서 다른 어떤 책도 필요하지 않을 것입니다. 그리고 마침내 그분 아들 그리스도께서 그대를 비추어 그대의 부활한 몸에서 그리스도의 빛이 빛날 것입니다. 아멘.

  참회를 통해 이제 그대는 다섯 번째 단계에 올랐습니다. 그대는 참회로 오감을 정화했습니다. 그대의 자발적인 선택으로 그대는 원하지 않지만 당해야 할 벌을 피했습니다.

---

17 클리마쿠스 시대에 오리게네스주의는 단죄받은 지 얼마 되지 않았지만(543년, 553년), 사실상 이 위대한 알렉산드리아인의 이름 아래 그의 사상을 왜곡했던 사람들이 단죄받았다. 『천국의 사다리』의 신비신학은 나지안주스의 그레고리우스, 니사의 그레고리우스, 은수자 마르쿠스, 포티케의 디아도쿠스를 통해 전해진 오리게네스의 신비신학에 의존해 있다. 팔레스티나 라우라들은 오리게네스주의에 맞선 싸움에 말려들었다. 대大라우라의 오리게네스 수도승들은 새 라우라로 물러났고, 유스티아누스 정통 교의에 충실한 교부들에 대한 분노로 가득했다.

담화 6

죽음에 대한 기억

[죽음에 대한 공포가 아닌 두려움: PG 793B-793D]

58. 말보다 생각이 먼저입니다. 마찬가지로 죽음과 죄에 대한 기억이 눈물과 탄식보다 먼저입니다. 이 단계에서는 이 순서를 따르면서 죽음에 관해 이야기하고자 합니다.[1]

매일 죽음을 기억하는 것은 매일 죽는 것을 의미합니다.[2] 죽음에 대한 기억은 죽음에 대한 끊임없는 비탄을 뜻합니다. 죽음에 대한 두려움은 불순종이 자행된 이래 본성의 특성입니다. 하지만 죽음에 대한 공포는 죄스러운 삶에서 돌아서지 않았다는 표지입니다. 그리스도께서는 죽음 앞에서 두려워하셨지만, 공포를 느끼지는 않으셨

---

[1] 사실상 클리마쿠스는 그렇게 체계적이지 않지만, 전승 자료들을 편집하는 데는 무질서하지 않다. 그는 죽음에 관한 생각(기쁨의 원천인 눈물의 주된 동기)을 통해 진보한다는 금욕적 가르침과 독창적으로 만나고 있다.

[2] 참조: 1코린 15,31; 『사막 교부들의 금언』 사라 6; 루푸스 1.

습니다(마르 14,33-34 참조). 두 본성의 특성을 분명하게 밝히시기 위해서였습니다. 모든 음식 가운데 가장 필요한 것이 빵이듯, 죽음에 관한 생각은 우리의 모든 활동에 필요한 자양분입니다.

죽음에 대한 기억은 공동체 생활을 하는 이들에게 힘든 노동과 경건한 묵상의 자극제입니다. 무엇보다도 모욕에 감미로움을 느끼게 합니다. 소란함에서 벗어나 생활하는 이에게 죽음에 대한 기억은 모든 걱정을 거부하고, 끊임없이 기도하는 습관을 들게 하고, 마음을 돌보게 합니다. 이런 것들은 죽음에 관한 생각에서 나오는 자매 덕들입니다.

양철 거울과 은거울은 비슷하게 빛을 반사하는 것 같지만 그 차이는 분명합니다. 이처럼 분별력 있는 사람은 죽음에 대한 자연적인 두려움과 그렇지 않은 공포를 구별할 줄 압니다. 자기 존재의 중심에 죽음에 대한 기억을 간직하고 있는 사람은 확실히 다릅니다. 그는 모든 피조물에 대해 자발적으로 무감각해지며 자기 뜻을 온전히 포기합니다. 매일 죽음을 기다리며 사는 이는 지혜로운 사람이며, 매 순간 마음의 온갖 열정으로 죽음을 기다리는 이는 성인입니다. 그러나 죽음에 대한 갈망이 다 좋은 것은 아닙니다. 어떤 이들은 습관적으로 죄를 범하면서 겸손의 정신으로 계속 죽음을 갈망합니다. 회개를 거부하면서 절망하며 죽음을 희구하는 이들도 있습니다. 또 어떤 이들은 아파테이아에 이르렀다 자만하면서 죽음을 두려워하는 것을 우습게 여깁니다. 소수만이 살아 있으면서 성령의 감화를 받아 자기 죽음을 열망합니다.

[불확실한 죽음의 순간: PG 793D-796C]

59. 어떤 이들에게는 죽음에 대한 기억이 매우 유익합니다. 우리가 언제 죽을지와 우리에 대한 당신 계획을 하느님께서 왜 감추셨는지 그 이유를 묻는 이들이 있습니다. 하지만 그들은 그 문제를 풀 수 없습니다. 그들은 하느님께서 우리 구원을 위하여 놀라우신 섭리로 역사하신다는 사실을 깨닫지 못합니다. 오래전에 자기가 죽을 때를 알았다면, 아무도 세례와 수도승생활을 받아들이지 않았을 것입니다. 그는 하느님의 계명 준수를 소홀히 하면서 평생을 보낼 것입니다. 그러다 죽는 순간에 회개하고 세례를 받을 것입니다. 탄식하는 그대가 깊은 절망에 빠지지 않은 한, 누군가 그대에게 하느님의 자비를 보증한다며 호언장담했다고 내게 와서 말하지 마십시오.[3] 그는 공포를 몰아내는 하느님께 대한 두려움과 탄식을 그대에게서 앗아 갈 준비를 하고 있기 때문입니다.

죽음과 하느님 심판에 대한 기억을 항상 마음속에 간직하기를 바라면서 동시에 세상 걱정을 하고 분심分心에 빠지는 자는 손을 사용하지 않고 수영하려는 사람과 같습니다. 죽음에 대한 생생한 기억은 먹는 것에 대한 기억을 앗아 갑니다. 그대가 겸손하게 음식의 양을 줄인다면, 그에 비례해 욕정도 줄어들 것입니다. 고통에 무감각한 마음이 정신을 무디게 하듯이 풍성한 음식은 눈물샘을 마르게 합니다. 갈증과 철야는 마음을 괴롭히지만, 괴로운 마음에서 풍부한 눈

---

3 실의와 절망에 빠졌을 때 하느님 자비를 생각하는 것은 유익할 수 있다.

물이 솟아납니다. 배의 노예(탐식에 빠진 자)에게 이것은 힘들고, 노는 데 몰두하는 자는 그것을 믿을 수 없습니다. 하지만 금욕수행에 전념하는 이는 그것을 기꺼이 자신의 목표로 삼을 것이며, 그 경험을 하고서 결국 웃게 될 것입니다. 반면, 그것을 바라기만 하는 자는 실망하고 슬퍼할 것입니다.

교부들은 완전한 사랑을 마르지 않는 평화의 샘이라고 했습니다. 이렇듯 나도 죽음을 생각하는 완전한 방법은 어떤 두려움도 허락하지 않는 것이라고 생각합니다. 금욕수행에 열성적인 정신은 여러 방법으로 활동합니다. 하느님에 대한 사랑을 생각하면서, 죽음에 관한 기억을 일깨우면서, 하느님 현존에 관한 기억을 유지하면서, 하느님 나라를 기억하면서, 순교자들의 성덕을 본받으면서, '나는 하느님 앞에서 늘 하느님을 뵈었다'(시편 16,8 참조)라고 기록된 대로 하느님 현존을 새롭게 체험하면서, 거룩하고 영적인 능력들을 인정하면서, 죽음과 하느님과 만남에 대해 기억하면서 그리고 처벌과 심판을 기억하면서 활동합니다. 나는 우리를 타락에서 멀어지게 하는 생각들로 끝내려고 가장 숭고한 생각들로 시작했습니다.

[회개와 헤시키아와 아파테이아의 수단인 죽음에 관한 생각: PG 796C-797A]

60. 언젠가 한 이집트 수도승[4]이 내게 말했습니다. "죽음에 관한 기억이 내 마음 안에 굳게 자리 잡았습니다. 그래서 가끔 나의 이 가련한 육신을 위로하고 싶었지만, 이 기억으로 인해 그럴 수 없었습

니다. 아직도 정말 이상한데, 나는 정말 그러고 싶었습니다. 하지만 머리에서 그 생각을 떨쳐 버리지 못했습니다."

우리가 톨로스[5]라 부르는 곳에서 살았던 또 다른 수도승은 죽음에 관한 생각 때문에 여러 차례 기절했습니다. 그를 발견한 형제들은 그가 거의 숨을 쉬지 못하고 있는 것을 보았습니다. 그들은 그가 기력이 빠졌거나, 아니면 뇌전증이 도져서 그랬다고 믿으며 그를 옮겼습니다.

나는 호렙[6]의 헤시카스트에 대해 침묵하고 싶지 않습니다. 그에 대해 다음과 같은 이야기가 전해집니다. 그는 자기 영혼을 전혀 돌보지 않고 살다가 마침내 돌보게 되었습니다. 중병에 걸리자 그는 독방 문을 잠그고 그 안에서 열두 달을 머물며 모든 이와 관계를 끊었습니다. 그는 누구와도 전혀 말을 하지 않았고, 빵이나 물도 받지 않았습니다. 현실의 자신에게서 벗어나 자기 밖에서 보았던 황홀경에 관해서만 고요히 생각하며 그곳에 머물렀습니다. 주님과의 일치에 관해서는 절대 입을 열지 않았습니다. 대신 황홀경 중에 있듯이 탄식 없이 계속 뜨거운 눈물만 흘렸습니다. 마침내 죽음이 임박하자 우리는 문을 부수고 들어갔습니다. 그에게 많은 것을 물었지만 그는 다음과 같은 말만 했습니다. "나를 용서해 주십시오. 하지만 죽음에

---

[4] 성 안토니우스의 은수생활 후예들인 위대한 초기 금욕가들은 이집트에서 살았다. 여기서 아마도 클리마쿠스는 니트리아 사막이나 스케티스 사막에서 했던 자신의 개인적 체험으로 거슬러 올라가고 있는 듯하다.

[5] '어두운', '진흙투성이의'를 뜻하는 *tholós*란 이름은 아마도 그 장소의 특징을 가리키는 것 같다. 이에 대해 클리마쿠스는 어떤 정보도 주지 않는다.

[6] 회수도원을 떠난 수도승을 맞이하는(*choréo* = 환영하다) 시나이의 한 작은 마을.

관한 기억이 의미하는 바를 진정으로 아는 이는 (여러분의 질문에 답하지 않는다고) 결코 나를 탓할 수 없을 것입니다." 우리는 그렇게 태만했던 자가 놀라운 회개를 통해 완전히 다른 사람으로 변화된 것을 일찍이 본 적이 없습니다. 그 후 우리는 그를 카스트로 근처의 공동묘지에 경건하게 매장했습니다. 다음 날 우리가 그 거룩한 유해를 다시 찾으려 했지만, 그것은 헛일이었습니다. 주님께서는 태만하게 살았더라도 자기 길을 바로잡으려는 사람의 절실하고 훌륭한 회개에 대해 그렇듯 확실히 보상해 주십니다.

[죽음에 대한 두려움과 하느님에 대한 두려움: PG 797B-800A]

61. 어떤 이들이 끝없는 심연이라 부르는 지옥은 무한하다고 말하듯이, 나는 정결과 온갖 영적 활력을 낳는 죽음에 관한 생각이 모든 허물에서 지켜 준다고 말하고 싶습니다(마태 5,48 참조). 우리가 이야기하는 그 거룩한 분이 이것을 증명해 주었습니다. 하느님께 대한 두려움으로 죽음에 대한 두려움을 극복하려고 부단히 노력하면서 기운이 다할 때까지 그렇게 생활하는 이들이 그것을 확증합니다. 이는 또한 하느님의 은사입니다. 하느님은 당신의 모든 선을 우리에게 아끼지 않으십니다. 이것을 확신합시다. 종종 있는 일이지만 건조하고 차가운 눈으로 공동묘지에 남아 있는 일이 없도록 무엇보다도 탄식하도록 합시다. 모든 것에 대해 죽은 이는 죽음을 기억하지 않을 수 없습니다. 반대로 육에 따라 사는 이는 자신을 함정에 빠뜨릴 뿐입니다.

그대는 말로써 모든 이에 대한 사랑을 증명하려 하지 마십시오. 오히려 말없이 그들에게 사랑이 드러날 수 있도록 하느님께 청하십시오. 그렇지 않으면 탄식하고 사랑의 몸짓을 표현할 시간이 그대에게 충분하지 않을 것입니다. 어리석은 일꾼이여, 그대가 지금 해야 할 바를 나중에 할 수 있다고 착각하지 마십시오. 부단히 노력하더라도 주님께 진 빚을 갚기에는 시간이 많지 않습니다. 오늘을 자기 생애의 마지막 날로 생각하지 않는다면 경건하게 살기란 불가능합니다. 이교도들도 철학을 죽음에 대한 묵상으로 정의했다는 것은 정말 놀랍습니다.

자, 이것이 여섯 번째 단계입니다. 이 단계를 오르면 더는 죄를 지을 수 없을 것입니다. '너의 마지막 때를 기억하라. 그러면 결코 죄를 짓지 않으리라'(집회 7,36 참조).

담화 7

기쁜 탄식

[탄식의 정의, 회개에 이르는 길: PG 801C-804A]

62. 하느님에게서 오는 탄식은 근심하는 영혼의 슬픔입니다. 갈망하는 바를 열정적으로 추구하며, 갈망하는 바를 얻지 못하면 슬퍼하고 부르짖으며 온갖 노력으로 그것을 추구하는 영적 태도입니다. 다른 말로, 탄식은 영혼의 강한 자극제입니다. 즉, 탄식은 온갖 집착과 구속에서 벗어나게 하며 거룩한 고통에서 마음을 보호하기 위해 영혼 안에 심겼습니다.[1]

양심의 번민인 탄식의 상처는 내적 고백을 통해서 불붙은 마음을 식힙니다. 죄의 고백[2]으로 빵을 먹는 일도 망각하는 것처럼 죄 고백

---

1 클리마쿠스는 펜토스*pénthos*를 하느님에게서 오는 슬픔으로 정의한다. 그런 다음 참회와 어떻게 구분되는지 말한다.

2 내적 고백으로, 회개 혹은 마음의 탄식에 필요한 양심의 가책을 의미한다. 이를 통해 타락한 본성은 세 단계, 즉 진보하는 이의 단계, 진보한 이의 단계, 마음이 겸손하고 온유한 이의 단계를 통해 항구한 탄식으로 나아가게 될 것이다.

은 본성을 극복하게 합니다(시편 102,5 참조). 회개나 탄식은 온갖 물질적 위로를 기꺼이 포기하는 것입니다. 거룩한 탄식으로 나아가는 이의 특성은 온유와 혀의 침묵이고, 이미 진보한 이의 특성은 분노의 극복과 자신이 당한 공격에 대한 망각입니다. 완전에 도달한 이의 특성은 겸손과 모욕에 대한 갈증, 갑작스러운 환난에 대한 굶주림, 절대 죄인을 심판하지 않고 오히려 과도하게 그의 슬픔에 동참하고 싶어 하는 것입니다(로마 12,15 참조). 첫째 부류의 사람은 받아들이고, 둘째 부류의 사람은 칭찬해야 하며, 환난에 굶주리고 모욕에 갈증을 느끼는 이는 복된 이라고 불러야 합니다. 그는 절대 물리지 않는 음식으로 배부르게 될 것입니다(마태 5,6 참조).

[탄식을 얻기 위한 수단: PC 804A-804D]

63. 그대가 탄식을 얻었다면 온 힘을 다해 그것을 지키십시오. 탄식은 그 본성상 너무 쉽게 잃을 수 있고, 초가 불에 녹듯이 소음, 세상 걱정, 쾌락, 특히 수다와 방탕을 통해서 금방 사라져 버릴 수 있기 때문입니다.

이렇게 말하는 것이 경솔할지 몰라도 세례 후의 눈물은 세례 자체보다 더 가치가 있습니다. 세례는 세례 이전의 잘못에서 우리를 정화하고, 탄식은 세례 이후에 범한 잘못에서 우리를 씻어 줍니다. 유아 때 받은 세례 이후 우리는 오염되었지만, 탄식은 그 후에 범한 잘못에서 우리를 깨끗하게 해 줍니다. 자비의 하느님께서 인간에게 탄식을 허락하지 않으셨다면, 실제 구원된 이는 극히 소수일 것입니다.³ 탄식과 슬픔은 주님께 부르짖습니다. 탄식하여 흘리는 눈물은 주님 옆에 있는 우리의 중개자입니다. 거룩한 사랑의 탄식으로 흐르는 눈물은 그 탄원이 그분께 받아들여졌다는 것을 보여 줍니다.

탄식만큼 겸손에 부합하는 것이 없다면,⁴ 웃음만큼 겸손에 반대되는 것은 없습니다.⁵ 거룩한 탄식의 기쁘고 복된 슬픔을 온갖 주의를 기울여 간직하십시오. 그리고 이 세상 허물에서 정화된 모습으로 그리스도께 바쳐질 때까지 탄식 수행을 중단하지 마십시오. 어두운 지옥 불,⁶ 지옥의 잔혹한 형리들, 무자비하고 매정한 심판관, 끝없는 지옥 불의 혼돈, 무시무시한 지하의 장소들, 심연의 좁은 절벽들을 쉬지 말고 상상하고 묵상하십시오. 이러한 장소들의 모습을 떠올리십시오. 그러면 엄청난 공포로 인해 우리 영혼의 본성적인 음탕함이 억제되고, 썩지 않는 정결로 영혼은 어떠한 불보다도 더 찬란한 영

---

3 다른 교부들처럼 클리마쿠스도 항구한 탄식의 눈물이 세례의 정화수만큼 가치가 있다고 여겼다. 이 참회의 물로 씻는 것이 고해성사에서 참회를 통한 사죄보다 더 가치가 있다. 니케타스 펙토라투스Nicetas Pectoratus는 탄식의 눈물은 약한 비에, 참회의 눈물은 격렬한 강에 비유하면서 이 둘을 구분했다. 그는 전자가 인식의 식물을 자라게 하기에 더 거룩한 것이고, 후자는 급류의 형태로 은총을 넘쳐흐르게 하기에 더 정화하는 것이라고 말한다.

4 참조:『천국의 사다리』7,62; 5,55.

5 에프렘(=아가톤)은 웃음을 금하는 설교에서 다음과 같이 말하고 있다. "웃음은 성령을 슬프게 하고, 영혼에 전혀 유익하지 않으며, 육체를 부패시킵니다. 웃음은 덕들을 몰아내고, 죽음에 대한 기억이나 형벌에 대한 묵상을 자극하지 않습니다. 주님, 이 웃음에서 저를 벗어나게 해 주시고, 당신께서 제게 원하시는 탄식과 눈물을 주소서"(*Sermo de non ridendo*, ed. Rom, I, 254). 이 설교는 루카 6,21의 참행복에 바탕을 두고 있지만, 바람직하지 않은 심리 상태다.

6 지옥의 화염은 빛이 없이 타오릅니다(바실리우스「시편 33편 강해」8: PG 29,372A 참조).

적 빛을 받게 될 것입니다. 기도할 때 심판관 앞에 선 죄인처럼 두려움에 싸여 서 있으십시오. 그대의 외적 모습과 내적 태도로 공의로운 심판관의 진노를 잠재울 수 있을 것입니다. 사실상 그분은 슬픔에 가득 차 당신 앞에 서서 재판관을 괴롭히는 과부의 영혼을 외면하지 않으실 것입니다(루카 18,5 참조).

[눈물을 자극하는 궁극적 수단: PG 804D-805C]

64. 영적 눈물의 은사를 받은 이는 어디서나 탄식할 수 있을 것입니다. 반면, 겉으로만 우는 이는 끊임없이 장소와 방법을 따집니다. 숨겨진 보물이 광장에 드러난 보물보다 더 안전하듯이 탄식의 경우도 마찬가지라고 생각합시다. 죽은 이를 매장하고 그를 애도하다가 돌아서서 금방 만취하는 자처럼 행동하지 마십시오. 오히려 광산에서 시시각각 감독자에게 채찍질당하는 죄수처럼 처신하십시오. 방금 탄식하고서 금세 기뻐하며 웃는 사람은 탐욕스러운 개에게 돌과 빵을 동시에 던지는 사람과 같습니다. 이는 겉으론 그 개를 쫓으려는 것 같지만 실제론 가까이 있도록 유도하는 것입니다. 매우 신중하십시오. 자기과시를 피하십시오. 그대의 마음과 대화하십시오. 악령은 도둑이 개를 두려워하듯이 명상을 두려워하기 때문입니다. 친애하는 형제들이여, 우리는 혼인 잔치에 초대받은 것이 아닙니다. 절대 그렇지 않습니다. 우리 자신에 대해 탄식하라고 우리는 이곳에 부름을 받았습니다.

맹목적인 눈물은 비이성적 존재에게만 어울립니다. 눈물을 쏟아내는 동안 온갖 생각을 억누르려고 애쓰는 사람이 있습니다. 눈물은 사실 생각의 산물이며, 이성적 생각의 근원은 정신입니다. 침대에 누워 있는 것을 무덤에 누워 있는 것으로 생각하십시오. 그러면 잠에 덜 빠질 것입니다. 또 식탁에서 식사할 때, 벌레가 우글거리는 음식을 기억하십시오. 그러면 너무 사치스러운 생활을 하지 않을 것입니다. 갈증을 해소해 주는 물을 마시면서 불 속에서 겪게 될 고통스러운 갈증을 잊지 마십시오. 그러면 본성을 억제하는 데 분명 성공할 것입니다.

장상에게서 합당한 책망과 처벌을 받을 때, 심판관의 무시무시한 판결로 받게 될 벌(마태 25,41 참조)을 생각합시다. 그러면 온유와 인내라는 양날의 검으로 비이성적 근심과 쓰디쓴 분노를 완전하게 잘라 낼 것입니다. 바다가 욥에게 시간에 따라 다양한 모습을 드러내듯이(욥 14,11 참조) 내가 이야기한 것들도 시간과 인내에 따라 우리 안에서 점차 획득되고 완전해집니다.

저녁에 영원한 지옥 불을 생각하며 잠자리로 가고, 아침에도 그 생각과 함께 일어나십시오. 그러면 시편 낭송 때 게으름이 그대를 삼킬 수 없을 것입니다. 그대 안에서 탄식의 고통에 대한 열의를 불러일으키는 옷을 입으십시오. 죽음을 애도하는 이는 모두 검은 옷을 입습니다. 아무것도 그대 마음을 찌르지 않는다면, 그 사실에 대해 탄식하십시오. 이미 탄식하고 있다면, 더 많은 눈물을 흘리십시오. 그대가 고통을 피하는 자의 상태에서 자기 죄로 인해 고통을 서약하는 자의 상태로 자발적으로 건너갔기 때문입니다. 우리 심판관은 당신의 선과 정의로 판결을 내리십니다. 특히 눈물로 자기감정을 표현하는 자연적 능력에 관해서도 그러합니다. 나는 실제로 참된 고통으로 탄식하는 이에게서 핏방울 같은 작은 눈물방울이 흐르는 것을 보았습니다. 그리고 고통 없이 우는 이의 눈에서 눈물이 솟아나는 것도 보았습니다. 하지만 나는 눈물보다 고통으로 소진된 사람을 높게 평가했습니다. 나는 하느님도 그렇게 하시리라 믿습니다.

[탄식의 조건, 겸손한 침묵: PG 805C-808B]

65. 눈물의 탄식은 하느님에 대해 말하는 사람의 신분에는 적합하지 않습니다. 그 신분은 본성상 탄식을 배제하기 때문입니다. 사실 주교직을 맡은 사람은 가르치는 직분을 맡은 사람과 비슷합니다.[7] 반면, 탄식하는 자는 똥 더미 위에서 누더기를 걸치고 생애를 보내는 사람과 비슷합니다(욥 2,8 참조). 나는 이것이 다윗이 그렇게 대답했던 이유라고 생각합니다. 다윗은 스승이요 현자였지만 왜 울고 있느냐는 질문을 받자 이렇게 말했습니다. '내가 어찌 이 낯선 땅, 즉 욕정의 땅에서 주님의 노래를 부를 수 있으랴?'(시편 137,4 참조).

탄식의 영역에서처럼 창조의 영역에도 스스로 움직이는 것이 아닌 다른 동인에 의해 움직여지는 것이 있습니다.[8] 영혼이 눈물로 녹

---

7 클리마쿠스는 사도 직무에 전념하는 삶이 눈물의 탄식에 방해가 된다고 보았다.

8 전자는 내적 생활을, 후자는 외적 생활을 암시한다. 하나가 존재의 중심인 하느님을 향하고, 다른 하나가 이질적인 세상을 향하는 이 두 움직임은 존재와 비존재로 혼합된 피조물 안에 자연스럽게 섞여 있다. 클리마쿠스에게 낯설지 않았던 철학과 문화는 창조의 신비를 이렇게 설명했다.

고 눈물로 적셔져 부드러워지면, 그때 우리는 영혼을 돌본다고 말하거나 분투하지 않고 달려갈 수 있습니다(시편 119,32 참조). 주님께서 불시에 오셔서 하느님 사랑이 가득한 슬픔의 해면(스폰지)과 경건한 눈물의 탄식이라는 물을 우리에게 주시기 때문입니다. 그것으로써 주님은 우리 죄의 기록을 지워 주십니다. 이 탄식이 사라질 때까지 눈동자처럼(시편 17,8 참조) 탄식을 유지하십시오. 탄식은 우리의 노력과 재능에서 오는 어떤 것보다 더 큰 힘을 지니고 있기 때문입니다. 자기가 원할 때가 아니라 하느님이 원하실 때 탄식하는 이는 탄식의 참된 아름다움을 얻을 것입니다.

종종 하느님을 기쁘게 해 드리는 탄식에 허영심이라는 추한 눈물이 섞입니다. 탄식하면서도 악행을 저지르는 자신을 볼 때 우리 안에서 그것을 정확하게 식별할 수 있을 것입니다. 참되고 고유한 탄식은 절대 줄어들지 않는 영혼의 영원한 고통입니다. 영혼은 시시각각 자기 죽음만을 생각하고, 냉수와도 같은 하느님의 위로를 기다립니다. 하느님은 겸손한 수도승을 당신께 부르실 것입니다. 마음의 탄식에 도달한 사람은 자기 생명조차 혐오하고 자기 육체를 원수처럼 적대합니다. 하느님 앞에 탄식하는 것처럼 보이는 사람에게서 분노와 교만을 보게 되면, 그러한 눈물을 거짓된 것으로 여겨야 할 것입니다. "빛이 어둠과 무슨 사귐이 있겠습니까?"(2코린 6,14). 그런 거짓 탄식은 교만을 낳지만, 참된 탄식은 위로를 가져옵니다. 불이 짚단을 태워 버리듯 순수한 눈물은 육체와 영혼의 온갖 허물을 씻어 줍니다.

[회심자와 진보한 자를 위한 눈물의 다양한 근원: PG 808B-809A]

66. 교부들의 눈물에 관한 담화는 때로 특히 수련자들에게 매우 모호하고 어렵습니다. 교부들은 눈물이 매우 다양한 방식으로 발생한다고 말합니다. 자연이나 하느님에게서, 스스로 선택하지 않은 고통이나 찬양받을 가치가 있는 고통에서, 헛된 영광이나 음욕에서, 사랑 혹은 죽음에 대한 기억에서, 그리고 다른 많은 이유에서 눈물이 생겨난다는 말씀입니다. 하느님께 대한 두려움으로 움직인 우리는 이 모든 눈물의 근원에 대해 논의하고 우리를 구원하는 순수하고 참된 눈물을 얻읍시다.

참된 눈물에는 거짓과 교만이 끼어들지 못합니다. 참된 눈물과 함께 순수와 하느님 사랑이 자라납니다. 참된 눈물은 죄를 씻어 주고 욕정들을 몰아내기 때문입니다. 탄식이 좋은 눈물로 시작하여 그릇된 눈물로 끝나는 것은 전혀 놀라운 일이 아닙니다. 하지만 그 반대만이 찬양받습니다. 육체적 탄식이 영적 탄식으로 바뀌는 것입니다. 헛된 영광에 기우는 성향을 지닌 자는 이것을 잘 알게 될 것입니다.

영혼이 아직 완전히 정화되지 않았다면, 그대 눈물의 기원을 의심하십시오. 압착기에서 곧바로 짜낸 포도주는 믿을 수 없기 때문입니다. 하느님을 기쁘게 해 드리는 눈물이 유익하다는 것을 부정할 사람은 없을 것입니다. 우리는 죽을 때 비로소 그런 눈물에서 나오는 유익함을 알게 될 것입니다. 하느님을 기쁘게 해 드리는 끊임없는 탄식의 길을 걷는 이에게는 하루하루가 축제와 같을 것입니다. 하지만 그렇지 않은 사람에게는 영원한 눈물이 기다리고 있을 것입니다. 감옥에 갇힌 이를 위한 영광은 없습니다. 참된 수도승을 위한 축제도 이 세상에는 없습니다. 아마도 그래서 거룩한 탄식의 모범인 시편 저자가 비탄 중에 다음과 같이 말했을 것입니다. '형언할 수 없는 그대 빛에 기뻐할 수 있도록 제 영혼을 감옥에서 빼내 주소서'(시편 142,8 참조). 마음으로 겸손하면서 높은 옥좌에 왕처럼 앉아 있으십시오. 왕이 웃음에게 '가라' 하면 가고, 달콤한 울음에게 '오라' 하면 옵니다. 우리 종이자 폭군인 육체에게 '이것을 하라' 하면 그것을 합니다(마태 8,9 참조).

[기쁨의 원천인 울음은 주님을 자비로 이끈다: PG 809A-809B]

67. 하느님께서 기뻐하시는 거룩한 탄식의 혼인 예복(마태 22,11 참조)으로 갈아입은 영혼은 영적 웃음을 압니다. 하지만 같은 날은 두 번 오지 않는다는 생각에서(지혜 2,3 참조) 수도승생활을 거룩하게 하면서 하루, 한 시간 혹은 단 한 순간도 낭비하지 않고 주님을 위해 온전히 시간을 보내는 사람이 누가 있겠습니까?

영혼의 눈을 들어 천상 능력을 볼 수 있는 수도승은 복됩니다. 하지만 늘 죄와 죽음을 기억하면서 육체의 눈에서 흐르는 뜨거운 눈물로 뺨을 적시는 사람은 결코 죄를 짓지 않습니다. 나는 눈물로 뺨을 적시지 않는 사람이 천상 능력을 보는 것은 불가능하다고 생각합니다. 나는 가식적인 말로 쉽게 왕의 동정심을 구하는 염치없는 탄원자를 보았습니다. 또 덕이 부족하고 보잘것없는 이가 조심스럽지만 끊임없이 하늘의 임금을 부르며 온 힘을 다해 끈질기게 자비를 구하는 것도 보았습니다. 가식적인 말로가 아니라 겸손하고 모호하고 고뇌에 찬 절망적인 마음에서 나온 말로 자비를 요청할 수 있습니다.

[꿀처럼 달콤한 영혼의 미소와 겸손한 눈물: PG 809B-812A]

68. 자기 눈물에 교만한 사람, 마음으로 울지 않는 사람을 비난하는 사람은 왕에게 적과 싸울 무기를 청하고서는 그것으로 자기 자신을 찌르는 자와 같습니다. 친애하는 형제들이여, 하느님은 사람이 육체의 눈에서 흐르는 눈물로 마음의 탄식을 표현하고 자신에게 그것을 보여 주기를 바라시는 게 아닙니다. 오히려 영혼의 미소로 그대가 드러내는 사랑을 기뻐하시고 즐거워하십니다. 죄를 벗어 버리십시오. 그러면 슬픔에서 나오는 눈물은 불필요할 것입니다. 상처가 없다면 붕대를 감을 필요가 없습니다.

아담은 죄를 짓기 전에는 울지 않았습니다. 부활 때 죄가 씻기고, 고통과 슬픔과 비탄이 사라진 이후에는 눈물이 없을 것입니다(묵시 21,4 참조). 나는 탄식하는 이들을 보았고, 또 탄식할 수 없어 슬퍼하는 이들을 보았습니다. 그들에게 탄식할 능력이 있더라도 그들은 자신이 탄식하지 않은 것처럼 행동하기 때문입니다. 그처럼 훌륭한 무지를 통해 그들은 더럽혀지지 않습니다. 성경은 이들에 대해 말합니다. "주님께서는 눈먼 이들의 눈을 열어 주신다"(시편 146,8).

눈물에서도 자주 교만해지는 가식적인 이들이 있습니다. 바로 이 때문에 그들은 눈물의 은사를 받지 못합니다. 그들은 눈물의 은사를 얻으려고 자신을 불운하고 심지어 죄인이라 말하며 한탄하고, 눈을 내리깔고, 마음속 깊이 괴로워하며 깊은 근심과 슬픔에 빠집니다. 이러한 행위들이 눈물을 대체해 주는 듯이 말입니다. 그렇게 하는 것이 전혀 유익하지 않다고 확신하더라도 그들은 그렇게 합니다. 그런 것들을 잘 관찰하면 악령이 우리에게 잔인한 계략을 꾸민다는 것을 확인하게 될 것입니다. 우리 배가 가득 차면 악령은 우리에게 죄의식을 느끼게 합니다. 우리가 단식하면 눈물샘을 마르게 합니다. 그 결과 거짓 눈물로 유혹당한 우리는 식사 때 다른 모든 욕정을 낳는 탐식에 우리를 내어 주게 됩니다. 악령의 제안에 귀를 기울이지 말고 그것과 완전히 반대로 해야 합니다. 참된 탄식의 본성에 관해 숙고할 때, 그것이 어떤지는 모르지만, 우리가 말하는 비탄과 탄식 속에는 벌집 속의 꿀에 비교할 만한 기쁨과 행복이 감추어져 있습니다. 우리는 여기서 어떤 결론을 끌어낼 수 있겠습니까? 그러한 탄식은 참으로 주님의 선물임을 알아야 합니다. 하느님은 마음으로 탄식하는 이를 은밀히 위로하시므로, 괴로움 없이 영적 감미로움은 불가능합니다(시편 51,19 참조).

[심판을 두려워하지 않고서 참된 탄식은 없다. 독수도승 스테파노: PG 812A-812D]

69. 매우 슬프지만 영혼에 유익한 일화를 들어 보십시오. 이 일화는 가장 소중한 비탄과 눈물을 자아낼 것입니다. 내가 머물렀던 이 수도원에는 스테파노라는 수도승이 있었습니다. 그는 수도승생활

을 위한 이 수행의 장소에서 여러 해 동안 생활하며 단식과 무엇보다도 탄식으로 훌륭히 수련을 쌓았고 온갖 선행에 월등히 진보했습니다. 그리고 마침내 하느님을 본 거룩한 엘리야가 물러났던 거룩한 산기슭(2열왕 2장 참조)에 암자 하나를 얻었습니다. 그는 유명해졌고, 후에 훨씬 더 효과적이고 금욕적이며 엄격한 고행 생활을 하려고 결심했습니다. 그래서 시팀이라 불리는 독수도승들의 사막으로 물러나 거기서 매우 엄격하고 규칙적인 금욕수행을 하며 몇 년을 보냈습니다. 그곳은 사람들의 거주지에서 70마일 떨어져 있었는데, 그곳에는 어떤 인간적 위안도 없었고 사람이 거의 접근할 수도 없었습니다. 그렇게 그 원로는 성덕의 절정에 이르며 자기 암자에서 생애 말년을 맞이했습니다. 원로의 암자 옆에는 흠잡을 데 없는 삶을 살았던 제자 두 명이 있었는데, 그들은 며칠 후 원로가 병에 걸려 생을 마감할 때까지 그를 돌보았습니다.

임종하기 하루 전날, 원로는 넋이 나가 눈을 떴습니다.[9] 그는 침대 양편에 있는 어떤 이들을 보았고 그들과 대화를 나누었습니다. 곁에 있는 이들이 그의 말을 들을 수 있었습니다. 원로가 말했습니다. "예, 맞아요. 하지만 이 때문에 나는 여러 해 단식을 했습니다." 또 "아니요, 이건 전혀 맞지 않습니다. 나는 그런 잘못을 범하지 않았습니다". 그런 다음 반대로 "예, 맞아요. 그것을 부인하진 않겠습니다. 하지만 이 때문에 나는 눈물을 흘렸고 선행으로 형제들을 섬겼습니다". 또 "아니, 이것은 중상입니다". 때때로 그는 누군가에게 이렇게

---

9 참조: 2코린 12,2-4; 묵시 21,10.

대답했습니다. "예, 정말 그래요. 거기에는 이의를 제기하지 못하겠습니다. 하지만 하느님은 자비로우십니다."

공포로 가득한 무시무시한 광경이었고 보이지 않는 가혹한 심문이었습니다. 그가 범하지 않은 것에 대해서도 고발당했다는 사실이 가장 끔찍했습니다. 헤시카스트인 그 독수도승은 몇 가지 죄에 대한 고발에는 "그것에 뭐라고 대답해야 할지 모르겠습니다"라고 말해야 했습니다. 그는 거의 40년 동안 탄식하는 수도승으로 살아왔습니다. 그 순간 그는 에제키엘이 변호했던 말을 외쳐야 했을 것입니다. '나는 네 안에서 발견하는 악행에 대해 너를 심판하리라. 주님의 말씀이시다'(에제 7,8 참조). 그러나 그는 그 비슷한 말로도 호소하지 않았습니다. 나는 그 이유를 모르겠습니다. 홀로 모든 것을 아시는 주님께 영광이 있기를! 어떤 이는 주님을 증인으로 내세우며 주님이 그를 은수처로 인도하여 맨손으로 표범[10]과 맞서 싸우게 하셨다고 내게 이야기했습니다. 이 심문 끝에 어떤 결정과 판결이 났는지는 말하지 않은 채 심판을 받던 중에 그는 사멸할 육체를 떠났습니다.

[하느님의 과부가 된 영혼의 침묵 속 비탄에는 어떤 쉼도 없다: PG 813A-813D]

---

10 여기서 표범은 악령을 의미할 수 있다. 이 표현은 악령이 이제는 삼켜 버릴 수 없는(1베드 5,8 참조) 그 은수처의 천상의 상태를 언급하는 것처럼 보인다. 금욕가는 다윗처럼 온유한 천사와 놀듯이 사자와 함께 놀 수 있다(집회 47,3 참조). 축성생활은 장차 올 시대를 앞당겨 살면서 이사야가 예언한 평화(이사 65,25 참조)를 누릴 수 있기 때문이다.

70. 남편을 잃은 후 주님의 은총으로 얻은 외아들이 유일한 위안인 과부처럼, 임종의 순간에, 죄를 범한 후 탐욕에 속죄하는 눈물의 탄식만이 영혼에 유일한 위안입니다. 그 영혼은 마음 깊은 곳에서 노래하고 찬양할 수 없습니다. 노래와 찬양이 탄식을 중단시킬 것이기 때문입니다. 그대가 노래하고 찬양하면서 탄식할 수 있다고 생각한다면[11] 기대하는 효과는 없을 것입니다. 탄식은 불타는 영혼의 끊임없는 고통이기 때문입니다. 탄식은 복된 아파테이아의 전조입니다. 죄스러운 것을 물리치면서 구체적으로 탄식을 실천하며 목표를 향하면 아파테이아에 이를 것입니다. 이런 일에 경험 많은 사람이 내게 설명했습니다. "내가 종종 헛된 영광, 분노, 탐식의 유혹을 받을 때면, 마음속에서 비탄에 대한 생각이 내게 이렇게 항의합니다. '네가 헛된 영광에 빠지면, 내가 너를 버릴 것이다.' 다른 사악한 유혹들 앞에서처럼 나는 이렇게 대응했습니다. '네가 나를 그리스도께 데려갈 때까지 나는 절대 네 말을 듣지 않을 것이다.'"

깊은 탄식은 위안을 경험하고, 마음의 순결에 따라오는 빛을 받습니다. 그 빛은 형언할 수 없는 방식으로 작용하며, 무의식중에 깨닫게 되고 보이지 않게 드러납니다. 위로는 고뇌로 지친 마음의 갈증을 달래 주며, 어린아이처럼 울면서 동시에 행복하게 소리칩니다. 고통스러운 눈물이 놀랍게 고통 없는 눈물로 바뀌듯이 이러한 하느님의 도움은 근심으로 무너진 영혼을 소생시킵니다. 죽음에 관한 생각에서 비롯된 눈물은 두려움을 불러일으킵니다. 하지만 두려움은

---

11 순수한 사랑을 향해 놓인 사다리를 오르는 사람은 아파테이아에 이르러야 한다. 그들에게 감각적 노래의 기쁨은 아파테이아에 이르기 위한 치료법이 될 수 없다.

자기를 일으킨 원인을 잃어버립니다. 그리고 기쁨이 나타납니다. 그 후 기쁨이 무한히 커지면 거룩한 사랑의 꽃이 피어납니다. 하지만 아직 그대에게 합당하지 않기에 기쁨이 그대에게 다가올 때 겸손하게 그것을 밀어내십시오. 이는 그대가 경솔하게 목자가 아니라 늑대를 받아들이지 않기 위해서입니다.

관상할 시간이 없을 때 성급히 관상하려 하지 마십시오. 관상에 부당하다고 생각하는 겸손한 그대에게 관상이 스스로 다가와 그대를 사로잡아 가장 순결하게 영원히 그대와 하나 되게 하기 위함입니다. 아기는 아빠를 알아보는 첫 순간 기쁨으로 환해집니다. 좀 더 크면 아이는 아빠가 일 때문에 외출했다가 귀가한다는 것을 알고 기쁨과 슬픔이 교차합니다. 기다리던 이를 볼 때 기쁨으로 가득하고, 사랑하는 이가 없는 동안 슬픔으로 가득합니다. 때때로 엄마는 숨어서 아이가 안절부절못하며 엄마를 찾는 것을 보고 즐거워합니다. 그렇게 아이가 항상 엄마 곁에 머물도록 가르칩니다. 사실 엄마는 자식에게 엄마의 사랑을 항상 소유하려는 갈망에 불을 붙입니다. 주님께서 말씀하십니다. "들을 귀를 가진 사람은 알아들으시오"(루카 14,35).

[하느님은 거룩한 비탄에 기쁨을 부족하게 하지 않으신다: PG 813D -816B]

71. 선고를 받은 죄인은 극장 운영에 대해 더는 관심을 두지 않습니다. 이와 같이 진실로 탄식하는 금욕가는 쾌락, 헛된 영광, 폭력적인 분노에 절대 굴복하지 않을 것입니다. 탄식은 회개한 영혼의 비

탄이며, 매일 커지는 찌르는 듯한 슬픔의 상태입니다. 마치 출산의 고통으로 괴로워하는 것과 같습니다(요한 16,21 참조). 하지만 의롭고 거룩하신 주님께서는 끊임없이 탄식하며 순수한 도리를 따르는 이에게 매일 기쁨을 주십니다. 은수생활을 하든 공동생활을 하든 상관없습니다. 어떤 생활을 하든 진정으로 참여하는 사람은 탄식을 멈추지 않을 것입니다. 그대가 깊은 탄식에 이르렀을 때 그대를 공격하고, 하느님은 자비와 동정이 없다고 속삭이는 개를 물리치십시오. 돌이켜 생각해 보면, 그대가 죄짓기 전에는 그 개가 하느님에 대해 달리 말했다는 것을 알게 될 것입니다. 하느님을 자비로우시고 동정심이 많으시며 기꺼이 용서하시는 분이라고 말했을 것입니다.

참회의 거룩한 훈련은 우리 영혼 안에 좋은 습관을 낳고, 이 습관은 참회를 쉽고 기쁘게 해 줍니다. 참회는 우리 마음 안에 강하고 깊게 뿌리를 내려 쉽게 제거될 수 없습니다.[12] 참회가 없다면 우리의 생활 방식을 더 선하게 바꾸더라도 그것은 신선하지 않고 거짓된 것입니다. 세례의 씻음 이후 다시 오염된 사람은 자기 손에 묻은 역청을 반드시 마음의 지속적인 불과 하느님이 자기에게 주실 기름으로 씻어 내야 합니다. 나는 탄식의 최고 단계에 도달한 사람을 보고서 그것을 확인했습니다. 그는 실제로 입에서 피를 흘렸습니다. 엄청난 마음속 고통이 실제로 상처가 되었습니다. 나는 시편 저자의 말이 생각났습니다. '저는 낫으로 베어진 마른 풀처럼 상처를 받았고 제 심장은 모든 피를 잃었습니다'(시편 102,5 참조).[13] 두려움으로 인해 흘

---

12 이 문장의 이탈리아 역본과 영역본의 의미가 불분명하여, 프랑스어 역본 http://remacle.org/bloodwolf/eglise/climaque/escalier3.htm을 참조했다 - 역자 주.

리는 눈물은 마르지 않고 마음을 보호합니다. 하지만 사랑의 탄식으로 인해 흘리는 눈물이 완전하지 않다면 쉽게 잃을 수 있습니다. 영원한 불을 기억하는 것이 어떤 때에는 마음을 자극할 수 있을 것입니다. 놀랍게도 이 보잘것없는 방법이 때론 더 안전하다고 말할 수 있습니다.

[순수한 눈물은 혼란 중에도 마르거나 오염되지 않는다: PG 816B-816D]

72. 우리의 눈물샘을 말리는 물질적 실체가 있고, 눈물샘과 섞여 진흙을 만들거나 야수를 낳는 물질이 있습니다. 전자에게서 롯과 그의 딸들의 근친상간이 왔고, 후자에게서 악마가 하늘에서 떨어지는 일이 일어났습니다.[14] 우리 적대자들의 힘은 엄청나게 강해서 덕을 낳는 실체를 악을 낳는 실체로 바꿉니다. 그들은 우리 안에 겸손을 낳아야 하는 실체를 교만으로 바꿉니다. 하지만 우리가 다른 것을 전혀 보지 않고 수도공동체에 거주하고 있다는 사실이 자연스럽게 우리 마음 안에 탄식을 일으킵니다. 홀로 고독하게 기도한 예수, 엘리야, 요한이 그 증거입니다.[15]

나는 도시의 소음 속에 살았던 이가 자주 눈물을 흘리는 것을 여

---

13 클리마쿠스는 탄식에 큰 중요성을 부여한다. 물리적 감각보다 영적 감각이 인간 삶에 생명을 불어넣는데, 탄식은 이 영적 감각을 민감하게 해 준다.

14 참조: 창세 19장; 루카 17,28.

15 참조: 1열왕 19장; 마태 3,1; 4,12; 마르 1,4-14; 6,14-18.

러 번 보았습니다. 그래서 소음은 우리에게 해를 끼치지 않는다는 생각이 들었습니다. 하지만 소음은 우리를 세상과의 관계 속으로 몰아넣을 수 있습니다. 이는 사악한 목적을 품은 악령들의 장난일 수 있습니다. 한마디 말이 탄식을 몰아내기도 합니다. 그러나 한마디 말로 탄식을 회복하는 일은 기적일 것입니다. 우리가 죽을 때 기적을 행하지 않았다는 이유로 비난받지는 않을 것입니다. 마찬가지로 신학이나 관상의 능력이 부족하다고 하느님께 해명하지 않을 것입니다. 하지만 쉬지 않고 탄식하지 않은 것에 대해서는 분명 그분께 해명해야 할 것입니다.

자, 이것이 일곱 번째 단계입니다. 이 단계에 오른 사람은 나를 도와주십시오. 일곱 번째 단계에 오른 그는 이 세상에서 얻게 된 흠을 그러한 도움을 받아 씻어 낸 사람입니다.

담화 8

분노

분노의 정복자 온유에 관하여

[분노의 정의와 함의: PG 828C-829A]

73. 불에 물을 조금씩 부으면 화염이 완전히 꺼지듯이, 참된 탄식의 눈물이 뚝뚝 떨어지면 자연히 화와 분노의 불이 꺼집니다. 우리에게 제시된 순서에 따라 여기서는 이것에 관해 이야기합시다.

경멸을 바라는 열망이 강한 이는 분노를 극복합니다. 허영심이 강한 자가 끝없이 칭찬을 갈망하는 것과 비교할 수 있습니다. 분노를 넘어섰다는 말은 본성이 퇴패했다는 뜻입니다. 오랫동안 투쟁하고 수고하여 폭력에 대해 무감각한 상태에 이른 것을 말합니다. 온유는 경멸을 당하든 칭찬을 받든 한결같이 처신하는 동요 없는 영혼의 상태입니다.

분노를 극복하는 삶의 첫 단계는 마음이 동요할 때 입을 닫고 있는 것입니다. 다음 단계는 영혼이 화났을 때 생각을 고요하게 하는 것입니다. 마지막 단계는 욕망의 바람이 불 때 완전히 고요함을 유지하는 것입니다.

분노는 감추어진 적의, 다시 말해 모욕에 대한 기억에서 일어납니다. 분노는 우리를 화나게 한 자에게 악을 행하려는 욕구를 일으킵니다. 화를 잘 내는 것은 마음이 갑작스럽게 달아오르는 성향입니다. 분노는 거북해진 영혼의 충동입니다. 격노는 평소의 태도를 흥분시켜 정신을 해치는 움직임입니다.

빛이 들어오면 어둠이 사라지듯이 겸손의 향기에 분노와 격노는 사라집니다. 분노로 기분이 쉽게 변하는 이들은 안타깝게도 치료제나 적당한 치료법을 사용할 생각을 하지 않습니다. 그들은 '격노하는 것은 그 자신에게 파멸을 가져온다'(욥 5,2 참조)라고 말한 이를 염두에 두지 않습니다. 방앗간의 맷돌을 한 번 빨리 돌리면 온종일 손으로 으깨는 것보다 훨씬 더 많이 갈 수 있습니다. 이와 같이 한 번의 격노가 영혼의 곡식과 열매를 바스러뜨립니다. 따라서 조심해야 합니다. 분노는 불꽃입니다. 천천히 타오르는 불길보다 강한 바람 한 번으로 커진 불길이 마음 밭을 더 크게 태워 파괴합니다.

[수도원은 모난 것을 부드럽게 하여 예수의 성령에 따라 온유하고 겸손한 자가 되게 한다: PC 829A-829C]

74. 친애하는 형제들이여, 여러분에게 이것에 대해서도 말해야겠습니다. 악령들은 사악하게 때를 선택할 줄 압니다. 악령들이 갑자기 숨을 때가 있습니다. 우리가 강력한 욕정들을 대수롭지 않게 무시하여 영혼의 중병(분노)을 치료할 수 없게 하려는 것입니다. 모가

나고 단단한 돌을 들어 다른 돌에다 계속 두드리고 문지르십시오. 그러면 모서리가 무뎌지고 결국 돌이 둥글게 될 것입니다. 마찬가지로 거칠고 모난 영혼이 완고한 이들과 함께 살면서 형제 관계를 맺으면 아마 다음 두 가지 일 중 하나가 일어날 것입니다. 영혼이 참을성 있게 자기 상처를 치료할 수 있거나, 아니면 포기하여 자신의 불치병을 깨달을 것입니다. 영혼의 비겁한 후퇴는 거울처럼 그의 불치병을 드러낼 것입니다.

분노에 사로잡힌 사람은 자발적인 뇌전증자와 같습니다. 그가 뇌전증에 걸려 쓰러진다면 분명 이 질병을 원하지 않을 것입니다. 이 망측한 분노는 회개하는 이에게는 전혀 어울리지 않습니다. 회개는 깊은 겸손을 요구하는 반면, 분노는 교만의 표시이기 때문입니다.[1] 가장 큰 온유는 무례한 사람에게도 평온하고 상냥한 마음으로 대하는 행동에서 드러납니다. 이것이 사실이라면, 무례한 이가 없는데도 혼자서 말과 행동으로 그에게 욕하고 성내는 것은 분노의 증거입니다.[2] 만일 성령께서 오셔서 성령은 영혼의 평화이며(로마 14,17 참조) 분노는 마음의 동요라고 한다면, 우리 안에 성령께서 거하시는 데 분노보다 더 큰 장애물은 없습니다.

[공동생활, 은수생활, 혼합생활[3]▶*에서 분노의 반향: PG 829C-832C]*

---

1 참조: 토마스 아퀴나스 『신학 대전』 II-II, 158: 부당하고 과도하게 복수를 갈망하는 것은 정신의 동요(tumor mentis)와 연결된다. 정신의 동요는 인식으로 다가가기를 거부하고, 공격적이고 이기적인 충동들을 강화하면서 자신을 방어한다.

2 뇌전증 증후군은 대뇌 기능의 발작적 장애다.

75. 우리는 그런 어미(분노)의 악한 자녀들을 많이 알고 있지만, 분노가 어쩌다 낳은 사생아 하나가 우리에게 유익할 수 있음을 인정합시다. 나는 몇몇 사람을 주목했습니다. 그들은 분노의 공격을 받고 오랫동안 품었던 모욕에 대한 기억을 쏟아냈고, 분노를 표출함으로써 분노에서 벗어났습니다. 그렇게 하여 분노로 고생한 그들은 이성을 되찾거나 적어도 그럴 가능성을 얻었습니다.[4] 반대로 모욕에 대한 기억을 없애지 않고 마음에 담아 두면서 관대한 척하는 사람들도 보았습니다. 나는 그들이 성난 사람보다 더 비참하다고 생각합니다. 그들은 검은데 비둘기의 순백을 흉내 내기 때문입니다.

이 분노의 뱀을 우리는 매우 조심해야 합니다. 음란의 뱀처럼 분노의 뱀 역시 우리 본성에 결합하기 때문입니다. 나는 성난 이들이 비통하게 음식을 거부하는 것을 보았습니다. 그런 어리석은 절제는 독에 독을 더하는 것입니다. 그러나 음식을 거부하던 이 성난 이들이 후에 탐식의 깊은 구덩이로 떨어지는 것도 보았습니다.[5] 반면, 이 문제에 관해 지혜롭게 관상한 훌륭한 의사가 두 행위를 잘 혼합하여 제시한 처방을 통해 큰 유익을 얻은 이들도 볼 수 있었습니다.

조화로운 노래가 분노의 연기를 흐트러뜨릴 수 있습니다.[6] 하지만

◂3 공동생활과 은수생활을 혼합한 생활로, 수도공동체 안에 사는 수도승들과 수도원 주변에 흩어져 사는 은수자들로 이루어진 수도승생활 형태이다. 수도승과 은수자 모두 한 장상, 즉 수도원 아빠스의 권위 아래 있다 - 역자 주.

4 "화는 어리석은 자들의 품에 자리 잡는다"(코헬 7,9).

5 이러한 일탈 행위는 대인관계에서 몹시 고통받는 이에게 나타날 수 있는데, 초기에는 신경성 식욕부진 증상을 보일 수 있다.

6 1사무, 여러 곳 참조.

조화롭지 않고 적절치 않은 때 부르는 노래는 쾌락을 조장할 수 있습니다. 따라서 우리는 적합한 시간에 적절히 노래를 사용해야 합니다. 나는 독수도승의 성무일도 소리를 들으려고 독방 밖에 서 있었는데, 안에서 자고새처럼 펄쩍 뛰면서 정말로 거기에 누가 있는 것처럼 소리치며 화를 내고 모욕을 퍼붓는 소리를 들었습니다. 나는 그에게 악령이 되지 않으려거든 고독 속에 있지 말라고 정중히 충고했습니다. 반대로 마음으로 음란하고 부정한 이, 상냥하게 꼬리 치는 이, 동성애자와 미색을 탐하는 이를 살펴보면서 그들에게는 음욕과 탐식의 적인 고독을 권했습니다. 그렇지 않으면 그들이 이성을 잃고 비참하게 비이성적인 짐승이 될 것입니다.

어떤 이들은 자신이 불행하게도 분노와 음욕의 지배를 받고 있었다고 내게 고백했습니다. 그래서 나는 그들이 원하는 생활을 허락하지 않았고, 그들의 장상에게 이렇게 제안했습니다. "그들이 명령한 이에게 항상 머리를 숙인다면, 때로는 그들이 회수도승들과 함께 살도록, 때로는 고독 속에 사는 은수자들 옆에서 살도록 허락하십시오." 쾌락을 신뢰하는 자는 자신을 해치거나 동료 형제를 해칩니다. 한편, 늑대처럼 화를 잘 내는 자는 많은 영혼을 낙담시키고 괴롭히면서 무리를 혼란에 빠뜨립니다. 분노로 자기 마음의 눈을 어둡게 하는 것도 심각합니다. '제 눈은 분노로 흐려집니다'(시편 6,8 참조)라고 기록된 바와 같습니다. 영혼의 내적 충동을 말로 드러내는 것은 더욱 심각합니다. 그리고 그것을 행동으로 표현하는 것은 거룩한 천사의 삶을 사는 수도승의 행동과는 반대되고 어울리지 않습니다.

[화내지 말고 바로잡아라. 그대가 잘못하지 않았다면 자신에게 화내지 마라: PG 832C-833A]

76. 그대가 다른 사람의 티를 빼내 주고 싶거나 빼내 줄 수 있다고 생각한다면(마태 7,3 참조), 그것을 나무 막대기가 아닌 핀셋으로 제거하십시오. 나무 막대기는 거친 말과 무분별한 행동입니다. 핀셋은 부드러운 말로 가르치고 관용적으로 견책하는 방식을 가리킵니다. 이렇게 기록되어 있습니다. "관용과 가르침을 다하여 꾸짖고 나무라고 훈계하시오"(2티모 4,2). '때리십시오'라고 말하지 않습니다. 만일 매도 필요하다면, 그대가 직접 하지 말고 간접적으로 하되 자주 하지 마십시오.

성을 잘 내는 자들 중에 철야에 열망이 있는 사람, 단식하는 사람, 헤시키아를 실천하는 사람이 있습니다. 이는 악령이 그들 안의 욕정을 부채질할 기회를 늘리려고 제안한 것들입니다. 앞서 언급했듯이 늑대(분노) 하나가 악령의 도움을 받아 무리 전체를 혼란에 빠뜨릴 수 있습니다. 그렇다면 기름으로 가득한 좋은 그릇처럼 지혜로 충만한 형제 한 명이 천사의 도움으로 폭풍우를 진정시키고 배가 순조롭게 지나가게 할 수 있습니다. 그는 하느님께 합당한 상급을 받을 것이며, 모든 이의 모범적인 협조자가 될 것입니다.

복된 인내의 시작은 우리가 괴로워하고 슬퍼하면서 모욕을 받아들이는 것입니다. 인내의 중간 단계는 우리가 모욕 앞에서 괴로움을 느끼지 않고 행동하는 것입니다. 완전한 인내는 모욕을 당하더라도 그것을 칭찬으로 여기는 것입니다. 그대가 첫 단계에 있다면 나는 그대를 축하하고, 둘째 단계에 있다면 그대가 주님 안에서 복되다고 말하며, 세 번째 단계에 있다면 그대와 함께 크게 기뻐합니다.

성난 사람은 스스로는 깨닫지 못하지만 자존심 때문에 비참한 모습을 합니다. 그는 화를 냅니다. 그런 다음 좌절을 겪으면 격노합니다. 나는 그가 어떻게 잘못을 다른 잘못으로 갚으려 했는지 바라보는 것이 고통스러웠습니다. 나는 무엇보다도 그의 삶을 거의 절망으로 이끌었던 악령들의 악의에 시달렸습니다.

[엄격한 공동체에서 분노의 치료법. 성내는 자의 다양한 행동: PG 833A-833C]

77. 자신이 교만과 분노나 비열과 위선에 쉽게 넘어가는 것을 알고서 온유와 인내라는 양날의 검을 뽑으려 애쓰는 사람은 정말 이 악습들에서 완전히 벗어나기를 원한다면 무엇보다 구원을 위한 정화 장소인 엄격한 형제 공동체로 피신해야 합니다. 거기서 형제들에게 폭행을 당하고 영적 매질을 받을 것입니다. 그러면 그는 눈에 띄게 다듬어질 수 있고, 짓밟히고 올가미에 걸린 그는 영혼의 감각에 스며든 얼룩을 씻을 수 있을 것입니다. 공동체의 한결같은 책망이 욕정의 오염에서 영혼을 씻기 위한 수단임을 그는 알게 될 것입니다. 사실 세속인 중에 누군가를 공격한 후 '내가 그를 깨끗하게 해 주었지!'라며 다른 이들에게 자랑하는 이들이 있습니다. 이는 정말 사실입니다.

초심자에게서는 탄식의 결과로 고요를, 완전한 이에게는 평화를 발견합니다. 초심자의 분노는 굴레처럼 작용하는 눈물로 제어되지만, 완전한 이는 도끼로 뱀을 죽이듯 아파테이아로 분노를 죽입니다. 어느 날 나는 동일한 모욕을 당한 수도승 세 명을 보았습니다. 한 사람은 그것에 분개했지만 침묵했고, 다른 사람은 자기를 모욕한 사람을 안타까워하면서도 자신이 받을 상을 마음속으로 생각하며 기뻐했습니다. 마지막 사람은 자기를 모욕한 이웃이 그것 때문에 받게 될 피해를 생각하면서 뜨거운 눈물을 흘렸습니다. 나는 그렇게 두려움, 상급, 사랑 때문에 움직이는 인간의 다양한 행동을 관찰할 수 있었습니다.

[분노의 증상을 치료하기 위해 원인을 공부하다: PG 833C-836B]

78. 몸에 열이 나는 원인은 여럿입니다. 분노가 끓어오르는 이유도, 다른 욕정들이 일어나는 이유처럼 그 원인이 다양합니다. 따라서 분노를 치유하는 법을 특정할 수는 없습니다. 정확히 분석하여 환자 개인에게 맞는 치료법을 찾아야 합니다. 치료의 첫 단계는 질병을 일으킨 원인을 알아내는 것입니다. 하느님 섭리와 영적 의사의 도움으로 발견된 그 원인 자체가 적합한 약을 처방할 것입니다(집회 28,3 참조).

주님 안에서 우리와 함께하고 싶은 사람은 영적 법정으로 오십시오. 거기서 우리는 다양한 방법으로 시험받고, 앞에서 언급한 욕정들과 그 원인을 발견할 수 있습니다. 우리를 휘감은 분노는 온유의 사슬로 묶이고, 관대함으로 채찍질당하고, 거룩한 사랑으로 우리 이성의 법정에 끌려옵니다. 분노는 법정에 서서 질문을 받게 됩니다. "오, 분별없고 사악한 자여, 너를 태어나게 한 아버지의 이름과 불행하게 너를 출산한 어머니, 너의 불결한 아들들과 딸들의 이름을 말하라. 또 너의 적과 너를 죽일 수 있는 자가 누군지도 말하라." 그러면 분노는 이렇게 대답합니다. "나의 근원은 여러 곳이다. 내 아비는 하나가 아니다. 내 어미는 헛된 영광, 탐욕, 탐식이고, 이따금 음욕이기도 하다. 내 으뜸 아비는 교만에 눈멂이고, 내 자식들은 모욕에 대한 기억, 증오심, 적개심(갈라 5,20 참조), 자기변명이다. 나를 노예로 만든 원수는 반대되는 덕들, 즉 분노에 대한 승리와 온유다.[7] 나에게 함정을 놓는 자는 겸손이지. 겸손을 낳은 자가 누구인지는 적당할 때 겸손에게 물어봐라."

여덟 번째 단계에는 분노에 대한 승리라는 월계관이 수여됩니다. 천성적으로 이것을 얻은 사람은 다른 것을 얻지 못할 것입니다. 반면, 자기 노고로 그것을 얻은 사람은 확실히 여덟 번째 단계로 당당히 오를 것입니다.

---

[7] 참조: 집회 3,19; 야고 3,13.

담화 9

악의

모욕에 대한 기억에 관하여

[덕의 계단과 악의 사슬: PG 841A]

79. 거룩한 덕들은 야곱의 사다리(창세 28,12 참조)에 비교될 수 있습니다. 사악한 악들은 사도들의 으뜸 베드로에게서 떨어져 나간 사슬에 비교될 수 있습니다(사도 12,7 참조). 그러므로 사다리의 이어지는 단계들은 사다리를 선택한 사람을 하늘로 데려갑니다. 악의 고리들은 서로를 낳고 또 억누르는 듯 보입니다. 앞 담화에서 어리석은 분노가 '자신이 모욕에 대한 기억을 낳았다'고 공언하는 소리를 들었습니다. 그러니 이제 이것에 관해 이야기해야 하겠습니다.

[분노의 정점, 모욕에 대한 기억: PG 841A-841B]

80. 모욕에 대한 기억은 분노의 정점입니다. 그것은 정의라는 적에게서 죄를 보호하고 덕을 파괴하며, 영혼의 독이며 정신의 좀입니다.

그것은 기도를 혐오하고 온갖 탄원을 중지시키며, 사랑에서 멀어지게 합니다. 또한 그것은 영혼에 박힌 못처럼 죄를 지속적으로 선택하고 고통의 쓰고도 단맛을 즐기는 쾌락에 집착하며, 근본적으로 악을 선택하고, 계명을 거스르라고 쉬지 않고 압박합니다. 또한 내가 모욕에 대한 기억이라고 말하는 어둡고 역겨운 이 욕정은 태어나긴 하지만 거기서는 자손이 나올 수 없습니다. 그러므로 그것에 대해 너무 길게 이야기할 필요는 없습니다.

분노를 멈춘 사람은 모욕에 대한 기억을 다스립니다. 살아 있는 부모만이 자손을 낳을 수 있기 때문입니다. 사랑하는 사람은 분노를 몰아냅니다. 적개심을 키우는 자는 자기 위에 부적절한 고뇌를 쌓아 올립니다. 영적 자유의 어머니는 탐식의 유혹 없이 차려진 식탁으로, 애덕을 빌미로 탐식의 악습에 빠지게 하지 않습니다. 나는 사랑하는 이에 대한 증오가 동시에 음욕의 사슬을 끊는 것을 보았습니다. 그리고 그 경우에 모욕에 대한 기억이 역설적으로 음욕의 악습을 여전히 자유롭게 하는 것을 보았습니다. 한 악령이 다른 악령을 몰아내는 이 현상은 매우 이상합니다. 하지만 아마도 그것은 악령들의 활동이 아니라 신적 섭리의 활동일 것입니다.

[원한, 예수기도의 사악한 해석가: PG 841C-841D]

81. 사실 모욕에 대한 기억은 그 본성상 건실한 사랑에서 멀리 떨어져 있지만, 음욕은 쉽게 사랑 안에 끼어듭니다. 좀이 비둘기 안에 숨어 있는 것과 같습니다(욥 4,19 참조). 모욕을 기억하는 자는 악령의

공격으로 기억하는 것입니다. 적개심을 키우는 자는 항상 몸에 대해, 전력을 다해 그대와 싸우는 사기꾼 친구 육신에 대해 적개심을 키웁니다.

때로 모욕에 대한 기억은 성령의 말씀을 자신에게 맞추어 우의적으로 설명하면서 유능한 해석가인 척합니다. 우리가 모욕에 대한 기억을 품고서는 할 수 없는 예수의 기도[1]를 통해 그대를 부끄럽게 하십시오. 각고의 노력을 기울인 후에도 그대가 그 가시를 완전히 제거하지 못한다면, 적어도 적에게 대놓고 그대의 무능력을 실토하십시오. 적과 대면하면서 자신의 위선에 대해 부끄러움을 느낀다는 것을 탄식의 불과 함께 매우 분명하게 밝히십시오. 그러면 그대는 이 상처에서 벗어났다는 것을 알게 될 것입니다. 상처에서 벗어나는 것은 그대를 괴롭힌 자를 위해 기도하거나(마태 5,44 참조), 그에게 선물을 주거나 그를 식탁에 초대할 때가 아닙니다. 그가 영적 혹은 육체적 불행을 당했다는 것을 듣고 자신의 불행인 것처럼 슬퍼하고 눈물 흘리는 때입니다. 고독 속에 사는 사람이 자기가 받은 모욕을 기억한다면 그는 자기 굴로 되돌아가는 독사와도 같습니다(야고 3,8 참조).

[사죄의 증거인 모욕에 대한 용서: PG 841D-844B]

---

1 '예수의 기도'라는 말이 여기서 '예수기도'(주 예수 그리스도님, 하느님의 아들이시여, 저에게 자비를 베푸소서)를 언급하는 것으로 종종 이해되지만 '주님의 기도'를 뜻할 가능성이 더 크다. 특히 "저희에게 잘못한 이를 저희가 용서하오니 저희 죄를 용서하소서"라는 청원이 이 맥락과 어울린다[John Climacus, *The Ladder of Divine Ascent* (Paulist Press 1982) 153, 주 51 참조].

82. 예수님의 수난을 기억하면 모욕에 대한 기억이 치유될 것입니다. 많은 악을 수용하시는 주님의 모습 앞에서 우리는 큰 부끄러움을 느낄 것이기 때문입니다.

썩은 나무에 벌레가 생겨나듯 분노는 위선적인 온유와 거짓 침묵에서 번성합니다. 분노를 몰아내는 이는 용서를 받고(마태 6,15 참조), 분노에 집착하는 자는 눈물의 도움을 저버립니다(마태 6,12 참조). 용서 받으려고 수고와 땀을 흘리는 사람보다 모욕을 잊는 사람이 더 낫습니다. 이렇게 기록되어 있기 때문입니다. '즉시 용서하여라. 그러면 너희도 많이 용서받을 것이다'(루카 6,37 참조). 모욕을 잊는 것은 진실한 참회를 증명하는 것입니다. 분노를 간직하면서 자기가 참회했다고 믿는 사람은 자고 있으면서 자신이 달리고 있다고 생각하는 사람과 비슷합니다. 나는 분노를 품고 모욕을 잊을 수 없었지만, 마침내 이 욕정에서 벗어난 이들을 보았습니다. 그들은 남에게 용서를 권고하다가 자신의 말에 부끄러움을 느껴 스스로 이 악에서 벗어났습니다. 분노를 대수롭지 않은 욕정이라고 과소평가해서는 안 됩니다. 분노는 어둠을 사랑하며, 실제로 영적인 이들에게도 종종 손을 뻗칩니다.

이것이 아홉 번째 단계입니다. 이 단계에 올라선 우리는 자유로이 구세주 예수님께 죄인들의 용서를 청할 수 있습니다.

담화 10

험담

[모욕에 대한 기억의 딸인 험담: PG 845B-845D]

83. 양식 있는 사람이라면, 험담이 증오와 모욕에 대한 기억의 딸임을 부인할 수 없을 것입니다. 따라서 험담을 그 조상들 다음에 논의할 필요가 있습니다.

증오로 잉태된 험담은 치밀하고 추잡한 질병이며, 거머리처럼 잠복해 은밀하게 공격하여 사랑을 파괴하고, 숨어서 추악한 행동을 하고 순결을 몰아냅니다. 부끄럼 없이 악을 행하는 여자들이 있습니다 (로마 1,26 참조). 또 어떤 여자들은 부끄러움을 느끼면서도 부끄럼 없는 여자들보다 심각한 악행을 몰래 저지릅니다. 어린 여자들은 위선과 사악함, 마음에 품은 슬픔, 원한, 비방의 고름을 품고 있지만 일부는 다르게 꾸며 겉으로 드러내고, 일부는 꾸미는 것을 거부합니다.

내가 험담꾼들을 나무라면, 그들은 자기가 험담하는 사람에 대한 사랑과 관심에서 그렇게 하는 것이라고 변명했습니다. 나는 그들에게 그런 식의 사랑을 멈추고 '나는 자기 이웃을 몰래 헐뜯은 자를 몰아냈다'(시편 101,5 참조)라고 말한 분을 부인하지 말라고 했습니다. 그대가 그를 사랑한다고 말한다면, 그를 비웃지 말고 그를 위해 은밀히 기도하십시오(마태 6,6 참조). 이것이 주님께 받아들여질 수 있는 사랑입니다. 여기서 도망치지 마십시오. 그러면 그대는 죄짓는 자를 심판하는 일을 완전히 그만두게 될 것입니다. 유다는 제자단의 일원이었지만 살인자 무리에 속한 강도였습니다. 어떻게 한순간에 그렇게 돌변할 수 있는지 놀랍지 않습니까?

[눈먼 이기심의 딸인 험담: PG 845D-848C]

84. 비방의 영을 극복하고 싶은 사람은 넘어지는 자를 나무라지 않고 선동하는 악령을 나무랍니다. 우리가 스스로 죄를 짓더라도, 하느님을 거슬러 죄를 저지르기를 원하는 사람은 아무도 없기 때문입니다. 나는 공개적으로 죄를 짓고 은밀히 회개한 사람을 보았습니다. 내가 음탕하다고 단죄했지만 참된 회개 후 하느님과 화해하여 거룩하게 사는 이도 보았습니다. 험담꾼 앞에서는 거짓 겸손을 드러내지 말고 오히려 이렇게 말하십시오. '형제여, 멈추시오! 나도 매일 그런 잘못을 범하오. 내 잘못은 더 크오.' 이렇게 말함으로써 그대는 두 가지 이득을 얻을 것입니다. 즉, 그대 자신과 이웃을 치유할 것입니다. 죄의 용서로 이끄는 **빠른 길**은 심판하지 않는 것입니다. '여러분이 심판하지 않으면 여러분도 심판받지 않을 것입니다'(마태 7,1 참조). 불과 물이 섞이지 않듯이 심판은 참회와 섞일 수 없습니다.

어떤 사람이 죽음의 순간에 죄짓는 것을 당신이 보더라도 그가 단죄받았다고 말할 수 없습니다. 하느님의 심판은 사람들에게 알려지지 않기 때문입니다. 어떤 이들은 공개적으로 중죄를 범하지만, 은밀히 그보다 더 큰 선을 행합니다. 그들을 비웃는 자는 연기를 햇빛으로 알고 속는 것입니다. 내 말을 들으십시오. 타인의 잘못을 헤아리는 여러분 모두 잘 들으십시오. 정말 우리가 심판하는 것과 같은 기준으로 우리도 심판받게 되는 것(마태 7,2 참조)이 사실이라면, 우리가 탓하는 우리 이웃의 육체와 정신의 죄가 무엇이든지 우리도 분명 그러한 죄에 떨어질 것입니다.

이웃의 잘못을 가혹하고 엄격하게 비난하는 이는 이와 같은 어리석음을 범할 것입니다. 그는 아직 자기 죄에 대해 완전하고 확실한 기억에 이르지 못했기 때문입니다. 어떤 사람이 이기심의 베일 뒤에 감추어져 있는 자신의 악을 진지하게 바라본다면, 세상에 있는 다른 것들에 대해 전혀 신경 쓰지 않을 것입니다. 그가 백 년을 살고 그의 눈에서 흐르는 눈물이 모두 요르단강으로 흐르는 것을 볼 수 있더라도, 그는 자기 인생에서 탄식을 위한 시간이 충분하지 않음을 생각할 것입니다.

[눈으로 본다 해도 단죄하지 마라: PG 848C-849A]

85. 나는 참된 탄식을 관찰했는데, 거기서 어떤 단죄의 태도나 불평의 흔적을 발견하지 못했습니다. 악령들은 우리를 죄짓게 하거나 적어도 죄짓는 자를 심판하게 합니다. 두 번째 오물을 통해 첫 번째

오물로 우리를 더럽히려는 것입니다. 이 두 가지는 흔한 살인죄입니다(요한 8,44 참조). 이것 역시 복수심에 불타는 자와 시기하는 자의 표지임을 아십시오. 적개심에 사로잡힌 자는 경솔하게 이웃의 가르침과 행동과 덕들을 비난하는 것을 즐깁니다. 나는 은밀히 끔찍한 죄를 지었으면서도 가벼운 잘못을 범한 이를 공개적으로 심하게 공격하는 사람을 보았습니다. 그들은 자신들이 공적으로 진실하다고 생각했기 때문입니다.

심판하는 것은 뻔뻔스럽게 하느님의 권한을 침해하는 것이고(요한 5,22 참조), 단죄하는 것은 자기 영혼을 파멸시키는 것입니다. 교만이 다른 욕정에서 독립해 있더라도 그 자체로 인간을 파괴할 수 있듯이, 심판하는 것 역시 그 자체로 우리를 완전히 파괴할 수 있습니다. 바리사이는 바로 이 때문에 단죄받았습니다(루카 18,10 참조). 포도를 잘 따는 사람은 신 포도를 따지 않고 잘 익은 포도를 땁니다. 이와 마찬가지로 현명하고 지혜로운 영혼은 이웃의 덕에 주목하고 그것을 알리는 데만 관심을 가질 것입니다. 반면, 어리석은 자는 '그들은 사악을 추구했고 그것을 추구하며 죽었다'(시편 64,6-7 참조)라고 기록되어 있듯이 비난거리를 찾을 것입니다. 그대가 직접 봤다고 하더라도 단죄하지 마십시오. 눈도 종종 속기 때문입니다.

자, 이것이 열 번째 단계입니다. 이 단계를 극복한 사람은 탄식 안에서 굳건한 사랑의 행위자가 될 것입니다.

담화 11

수다와 침묵

[수다는 불평의 아버지: PG 852A-852C]

86. 우리는 앞 담화에서 영적으로 보이는 이들도 겪을 수 있는 심각한 위험을 강조했습니다. 그들은 심판하지만, 오히려 자신이 심판의 대상이 되고 혀로 범한 죄로 인해 처벌 대상이 됩니다. 그러므로 이제 이 악습의 원인을 지적하고, 그것이 들어오고, 더 정확하게는 그것이 나오는 문에 관해 설명할 때입니다.

수다는 헛된 영광의 옥좌이며, 자신을 아름답게 꾸며 드러내 보이기를 좋아합니다. 수다는 무지의 표지이고, 험담을 일으키며, 조롱으로 인도하고, 거짓말을 하며, 탄식을 잃게 하고, 아케디아를 부르고, 졸음에 빠지며, 정신을 흐트러뜨리고, 마음을 돌보지 못하게 하고, 열정을 식히고, 기도를 어둡게 합니다.

현명하고 신중한 침묵은 기도의 어머니며, 속박에서 벗어나게 하고, 거룩한 열정을 유지해 주며, 생각을 감시하고 적을 경계하며, 탄식을 보호하고 눈물을 사랑하며, 죽음을 기억하고 지옥 벌을 묘사하고, 심판을 생각하게 하며, 거룩한 걱정을 불러일으키고, 방종과 싸우며, 헤시키아를 도와주고, 가르치려는 욕망을 누르며, 인식을 자라게 하고, 관상에 도움이 되며, 감지하지 못한 진보의 샘이자 타인에게는 보이지 않는 상승의 수단입니다.

자신의 타락을 인정하는 이는 혀를 지배하고, 수다쟁이는 자신을 알아야 함에도 자기 자신을 모릅니다. 침묵을 사랑하는 이는 하느님께 가까이 다가갑니다. 그분께 은밀히 이야기하고, 하느님께서 그를 밝혀 주십니다. 예수님의 침묵이 빌라도를 동요시켰듯이[1] 인간이 드러내는 헤시키아가 말의 헛된 영광을 굴복시킵니다(잠언 15,1 참조). 베드로는 말을 했기 때문에 몹시 울었습니다(마태 26,75 참조). 그는 "내 혀로 죄짓지 않도록 나는 내 길을 지키리라"(시편 39,2)고 했던 자와 "길바닥에 미끄러지는 것이 말로 실수하는 것보다 낫다"(집회 20,18)고 했던 자를 잊어버렸습니다.

[원인과 치료제: PG 852C-853A]

87. 나는 이 주제에 관해 길게 말하고 싶지는 않습니다. 그런 욕정의 사악한 샘이 내게 그렇게 하라고 부추기더라도 말입니다. 언젠가 어떤 사람이 나에게 헤시키아에 관해서 물어보면서, 과도한 말은 이미 습관화된 사악하고 억제되지 않은 무질서에서 생겨난다고 말했

---

1 참조: 마태 27,14; 마르 15,5.

습니다. 물리적으로 몸의 한 지체인 혀는 교육이나 습관에 따라 훈련됩니다. 다시 말해, 과도한 말은 무엇보다도 금욕가의 고질적 문제인 헛된 영광에서 유래합니다. 때때로 탐식에서도 유래합니다. 이것이 위를 잘 절제하는 많은 이가 대중없이 지껄여 대는 혀를 더 쉽게 억제할 수 있는 이유입니다.

죽음을 매우 진지하게 생각하는 이는 자기 말을 끊습니다. 마음의 탄식에 도달한 사람은 지옥 불에서 달아나듯 수다를 피합니다. 헤시키아를 사랑하는 이는 자기 입을 닫기 시작하지만, 독방에서 즐겨 나가는 자는 이 욕정에 사로잡히게 됩니다. 천상 불의 향기를 경험하는 이는 벌이 연기에서 달아나듯이 사람들과의 대화를 피합니다. 연기가 벌을 몰아내듯이 사람들과의 대화는 천상 불의 향기에서 멀어지게 하기 때문입니다. 넘치는 물을 막기가 어렵듯이 무절제한 혀를 억제하는 것은 더욱 어렵습니다(야고 3,8 참조).

열한 번째 단계에 오른 사람은 일격으로 악의 무리를 꺾습니다.

담화 12

거짓

[장난 섞인 해로운 거짓: PG 856A-856B]

88. 부싯돌에서 불이 일어나듯 수다에 결합한 농담에서 거짓이 생겨납니다. 거짓은 사랑을 몰아내고, 거짓 맹세는 하느님을 부인하는 것입니다. 지혜로운 이라면 누구나 거짓의 죄를 가벼이 여기지 않을 것입니다. 사실 성령께서는 거짓에 대해 대단히 무시무시한 단죄의 표현을 사용하셨습니다.[1] 다윗은 하느님께 '당신께서는 거짓말 하는 모든 자를 흩뜨리실 것입니다'[2]라고 말합니다. 그러니 거짓 맹세를 하는 자가 당할 고통이 얼마나 크겠습니까?

나는 자신의 거짓을 자랑하는 자들을 보았습니다. 그들은 야비하고 무익한 농담으로 웃음을 선동하며 듣는 이가 비참하게도 탄식을

---

1 참조: 집회 7,13; 콜로 3,9.
2 "당신께서는 거짓을 말하는 자들을 멸망시키십니다"(시편 5,7) 참조.

못하게 방해합니다.³ 악령들은 우리가 처음부터 저 성가신 허풍쟁이를 멀리하려고 결심한 것을 보면, 두 가지 생각으로 우리를 속이려고 애씁니다. 즉, 악령들은 "말하는 사람을 슬프게 하지 마라", "여기 있는 다른 사람들보다 더 경건한 체하지 마라" 하고 우리에게 조언합니다. 그러나 즉시 벗어나십시오. 그리고 시간을 낭비하지 마십시오. 그렇지 않으면 기도 중에 저 농담들이 정신에 떠오를 것입니다.⁴ 도망가는 데 그쳐서는 안 됩니다. 죽음과 심판을 경건하게 기억하며 사악한 패거리를 해체하십시오. 모두를 보호하고 그들에게 도움이 된다고 여겨진다면, 헛된 영광에서 나온 것이라 해도 그렇게 하는 것이 더 좋습니다.

[거짓 섞인 온갖 대화에 맞서: PG 856B-856D]

89. 위선은 거짓의 어미이자 근원입니다. 어떤 이들은 위선이 거짓이 지배하는 그릇된 대화 혹은 거짓이 섞인 그릇된 대화의 생산자일 뿐이라고 생각합니다.⁵

---

3 크리소스토무스 『뉘우침에 대해』 1,4 참조. 여기서 크리소스토무스는 '예' 할 것은 '예' 하고 '아니요' 할 것은 '아니요' 하라고 권고하며 거짓 맹세뿐만 아니라 단순한 맹세를 금하는 주님의 말씀을 탄식의 첫 번째 동기로 언급하고 있다.

4 같은 책 2,3 참조. "탄식은 눈물과 절제를 낳고, 쾌락은 웃음의 어미다." 크리소스토무스는 『히브리서 줄거리와 강해』 15에서도 저속하고 상스러운 말은 성도들에게 걸맞지 않다는 에페 5,4을 상기시키고 있다.

5 참조: 마태 15,7; 22,18; 23,14-29; 24,51; 루카 12,1.56.

주님을 두려워하는 이는 절대 거짓을 일삼지 않고, 흠 없는 심판관처럼 양심을 지니고 있습니다. 욕정들 안에서 다양한 종류의 해로움을 관찰할 수 있습니다. 거짓도 예외가 아닙니다.[6] 벌이 무서워 거짓말하는 자에게 다가올 심판이 있고, 전혀 걱정할 것이 없다고 속이는 자에게 다가올 심판도 있습니다. 속이는 재미로 거짓말하는 자에 대한 심판도 있고, 놀자고 거짓말하는 자에 대한 심판도 있습니다. 폭소를 자아내며 구경꾼들을 기쁘게 하려고 거짓말하는 자에 대한 심판도 있습니다. 끝으로 형제를 속이거나 그에게 해를 끼치려고 거짓말하는 자에 대한 심판도 있습니다(집회 7,13 참조).[7]

거짓은 금지되어 있기에 치안 판사가 거짓을 조사하지만, 많은 눈물을 통해서가 아니라면 거짓은 완전히 제거되지 않습니다. 허언을 일삼는 자는 어쩔 수 없는 상황 때문에 거짓말을 한다고 변명하지만, 종종 그 해로운 처신을 의로운 행위라고 믿습니다. 그렇듯 거짓말쟁이는 자기가 라합의 모범(여호 2,1 이하 참조)을 따르고 있다고 주장합니다. 라합처럼 자기 목숨을 걸고 다른 이들을 구원한다는 것입니다. 우리는 그녀처럼 거짓말하려는 충동에서 완전히 벗어나야만, 어쩔 수 없는 상황에서 두려움으로 거짓말을 할 수 있을 것입니다. 어린아이는 거짓말할 줄 모르고, 악에서 깨끗해진 영혼도 거짓말할 줄 모릅니다(1요한 2,14 참조). 포도주를 마시고 취한 사람도 언제나 진실

---

6 참조: 1티모 1,19; 로마 9,1.

7 클리마쿠스는 여기서 분별없는 수도승이 하느님의 구원경륜에 따른 겸손을 실천할 때 직면할 수 있는 환상을 경고하고 있다.

을 말합니다. 탄식에 취해 본 사람도 거짓말을 할 수 없을 것입니다.

  자, 이것이 가장 감미로운 단계입니다. 여기에 오른 사람은 하늘의 부를 소유합니다.

담화 13

아케디아

[수다의 아들인 아케디아: PG 860A-860C]

90. 아케디아의 악습도 종종 우리가 앞에서 말한 수다의 가지들에서 나오는 싹이며, 수다의 외아들과도 같습니다. 따라서 우리는 그것을 악의 사슬 중 하나로 여깁시다.

아케디아는 영혼의 마비입니다. 이로 인해 정신은 약해지고, 금욕 수행을 소홀히 하며, 성소도 혐오스러워집니다. 이것은 세상의 부를 찬양하며, 하느님의 자비와 인간을 향한 사랑을 비방하고, 시편 낭송을 게을리하며, 기도할 때 무기력하게 합니다. 동시에 봉사에 강하게 집착하고, 손노동에 매진하며, 순종을 비난하도록 부추깁니다.

순종하는 사람은 아케디아를 모릅니다. 감각적 사물들을 통해 그의 정신은 완전을 향하기 때문입니다. 따라서 수도원은 아케디아의 적입니다. 반면, 아케디아는 고독 속에 사는 사람[1] 곁에 항상 있습니다. 아케디아는 매일 그와 싸우고 그가 죽기 전에는 그에게서 떨어지지 않습니다. 은수자의 암자를 보면, 웃으면서 그에게 다가가 그 옆에 들러붙습니다. 의사가 병자를 방문하듯이 아케디아는 정오[2]에 은수자를 방문합니다. 아케디아의 기쁨은 손님을 맞이하는 것입니다. 아케디아는 자선을 위해 손노동을 하게 하여 피곤해지도록 유혹합니다. 또 '너희는 내가 병들었을 때 나를 찾아왔다'(마태 25,36 참조)라고 말씀하신 분을 떠올리며 친절하게 병자를 방문하라고 부추깁니다. 아케디아는 은수자를 귀찮게 하며 고통 중에 있는 이들과 나약한 이들을 찾아가라고 속삭입니다. 아케디아는 바로 소심한 이들을 위로하라고 부추깁니다.

아케디아는 기도하고 있는 사람에게 급하게 처리해야 할 일들을 떠올립니다. 그리고 기도하지 못하게 하려고 온갖 수단을 다해 그럴듯한 이유를 댑니다. 식사 시간 세 시간 전, 아케디아의 악령은 은수자에게 오한과 두통을 일으키며, 심하게는 현기증을 일으킵니다. 식사 시간이 되면 그러한 현상이 다소 진정됩니다. 식탁이 준비되면 은수자는 침대를 박차고 일어납니다. 하지만 기도 시간이 되면, 그의 몸은 다시 무거워집니다. 아케디아는 기도하는 사람을 잠에 빠뜨리고 시도 때도 없는 하품으로 그의 입에서 시편 구절을 낚아채 갑니다.

[모든 욕정을 연결하는 악습: *PG 860C-860D*]

◀1 여기서는 엄격한 의미로 은수생활을 하는 사람을 뜻한다.
2 흔히 '정오의 악령'이라고도 한다(시편 91,6 참조). 사막 교부들은 삶의 권태, 우울증을 아케디아로 규정했다(요한 카시아누스 『제도서』 5,1 참조).

91. 다른 욕정들은 그에 맞는 특별한 덕을 통해 억제되지만, 죽음과도 같은 아케디아는 온갖 방법으로 수도승을 공격합니다.[3] 용감한 영혼만이 약해진 정신을 다시 일으켜 세웁니다. 나태하고 무기력한 영혼은 자신의 모든 보화를 낭비합니다. 여덟 가지 욕정 중 아케디아는 가장 치명적입니다. 그래서 나는 다른 욕정들을 이야기했듯이 이것을 이야기해야 합니다. 나는 이 말도 덧붙여야 할 것 같습니다. 즉, 시편 낭송이 없을 때 아케디아는 일어나지 않고, 시간전례가 끝나면 눈을 뜹니다. 하늘나라에 폭행을 가하는 자들(마태 11,12 참조)은 아케디아가 일어날 때 모습을 드러냅니다. 사실 아케디아만큼 수도승에게 큰 월계관을 얻게 해 주는 것도 없습니다.

아케디아에 대해 생각해 보십시오. 아케디아는 그대가 서 있을 때 앉으라고 하고, 앉으면 벽에 기대라고 하며, 암자의 담벼락으로 눈길을 향하게 하고, 소음과 발걸음 소리를 내어 창밖을 바라보게 합니다. 오직 탄식에 도달한 사람만이 아케디아를 모릅니다.

[기도하지 않는 은수자의 악습인 아케디아: PG 860D-861B]

92. 이 폭군 역시 자기 죄에 대한 기억으로 묶여야 하고, 손노동으

---

[3] 토마스 아퀴나스에 따르면, 아케디아는 엄밀한 의미로 하느님의 선하심에 대한 비관, 하느님에 대한 싫증, 가장 심한 불손이다(『신학대전』 II-II, 35 참조). 디아도쿠스는 이렇게 말한다. "많은 말은 정신을 흩뜨리면서 영성생활을 무기력하게 하며 정신을 아케디아의 악령에게 넘겨준다. 그 악령은 끝없는 소음으로 정신을 약하게 하면서 슬픔의 악령에게 넘겨준다"(『시 단상 100편』 96). 아케디아에 사로잡힌 자는 '영광의 주님에 대한 깊은 기억'을 상실한다.

로 억제되어야 하며⁴ 내세의 축복에 관한 생각으로 고발되어야 합니다. 법정에서처럼 아케디아는 심문을 받아야 합니다. "해이함과 나태의 원천인 너 스스로 내게 말해 보아라. 누가 너를 사악하게 낳았으며, 네 자식은 누구냐? 네 적은 누구이며, 누가 너를 물리칠 수 있느냐?" 아케디아는 이렇게 대답할 것입니다. "나는 참으로 순종하는 이들 가운데에서는 머리 둘 곳을 찾지 못한다(마태 8,20 참조). 고독 중에 사는 이들에게서 머리 둘 곳을 발견하고 거기서 내 날들을 보낸다. 마음의 무감각, 천상 것들에 대한 망각, 과로 같은 엄청 많은 것들이 나를 초대한다. 내 자식은 이곳저곳으로 옮겨 다니는 것,⁵ 사부에게 불순종하는 것, 심판을 망각하는 것, 때때로 성소를 저버리는 것이다. 시편 낭송과 손노동이 나를 꼼짝 못 하게 묶는 사슬이지. 죽음에 관한 생각은 나의 원수다. 나를 죽게 하는 것은 내세의 축복에 대한 확고한 희망에서 절대 분리되지 않은 기도다. 기도를 낳는 것에 대해서는 기도에게 물어봐라."

이것이 열세 번째 승리입니다. 참으로 이 단계에 완전히 오른 사람은 온갖 종류의 덕에 대해 존경할 만합니다.

---

4 『베네딕도 규칙』 48장에서처럼 클리마쿠스도 손노동을 아케디아의 치료제로 보고 있다.

5 새로운 곳에서 기쁨을 발견하지 못하고 장소를 옮기려는 갈망은 바로 아케디아의 희생자인 불안한 자의 특징이다.

담화 14

탐식

모두의 욕정인 배의 사악한 폭정에 관하여

[위의 속임과 눈의 환상: PG 864C-864D]

93. 배에 관해서 이야기할 때, 우리는 나머지 모든 주제보다 더욱 우리 자신에 대해 성찰할 준비가 되어 있어야 합니다. 나는 최후 거처에 이르기 전에 배에서 자유로워진 자를 보지 못했습니다.[1] 탐식은 위의 위선입니다. 위가 가득 차 있는데도 비었다고 투덜거리며 음식으로 가득 채웁니다. 그러고도 배고프다고 계속 아우성칩니다.

탐식은 맛있는 양념을 찾고, 조리법을 만들어 냅니다. 그대가 욕망을 억누르면, 탐식은 다른 쪽에서 나옵니다. 탐식을 없애면 그대는 다른 방법으로 탐식에 굴복합니다. 탐식은 눈을 속입니다. 탐식에 걸리면 적당히 먹다가도, 한 번에 모든 것을 게걸스럽게 먹고 싶어 합니다. 음식으로 포만한 배는 음욕의 아비입니다.[2] 따라서 위

---

1 참조: 집회 14,9; 23,6; 잠언 13,25.

의 자극을 진정시키는 이는 자신의 정결을 보호합니다. 사자를 귀여워하는 이는 사자를 길들이지만, 육체를 달래는 이는 육체를 사납게 만듭니다. 유다인은 안식일이나 축제일에 즐기고, 탐식하는 수도승은 토요일이나 주일에 즐깁니다. 둘 다 부활 시기를 계산하고 그 전에 양식을 준비합니다. 위의 노예는 어떤 음식으로 축제를 지낼 것인지 생각합니다. 그러나 하느님의 종은 어떤 은총이 풍부해질 것인지 생각하며 양식을 준비합니다. 손님이 오면, 탐식은 그에게 우정의 행위를 하라고 부추깁니다. 그는 형제의 원기를 북돋워야 한다는 핑계로 자기가 관면받을 것이라고 생각합니다. 그리고 다른 이들이 있는 데서는 포도주를 사양한다고 말할 것입니다. 하지만 그가 덕스러운 체하더라도 욕정의 노예임이 드러날 것입니다.

[탐식의 수치스러움을 변명으로 모면하지 마라: PG 864D-865B]

94. 헛된 영광은 종종 탐식과 대립합니다. 이 둘은 팔려 온 노예와도 같은 불쌍한 수도승을 두고 싸웁니다. 하나가 그를 사로잡으면, 또 다른 하나는 덕행에서 그가 이룬 거짓 승리에 대해 자만하게 합니다. 지혜로운 수도승은 하나를 몰아내기 위해 적절히 다른 하나를 이용하면서 이 둘에게서 벗어날 것입니다.

육체가 왕성할 때는 언제 어디서나 육체를 복종시키도록 합시다 (1코린 9,27 참조). 육체의 열기가 식을 때 — 아마도 무덤에 묻히기 전

◂2 테르툴리아누스 『단식』 17 참조.

에는 일어나지 않을 것입니다 ─, 우리는 그러한 고통에서 벗어날 것입니다. 나는 악령에게 속아 넘어간 연로한 사제들을 보았습니다. 그들은 연회에서 기도와 축복으로 자기 권한 밖에 있는 젊은이들에게 술과 다른 것들에 대해 특별 관면을 주어 그들을 무절제에 빠뜨리거나 오염시켰습니다. 그 사제들이 덕스럽고 경건한 이들이 분명하다면, 절제 있게 그들의 관면에 응하십시오. 그러나 그들에게 부주의한 경향이 있다면, 그들의 관면을 완강히 거부하십시오. 특히 우리가 여전히 욕정의 불로 동요될 때는 더욱더 그러해야 합니다.

에바그리우스는 악마의 유혹을 받아 말이나 생각에서 지혜로운 이들보다 자신이 더 현명하다고 믿었습니다. 그 불행한 자는 "우리 영혼이 다양한 음식을 갈망할 때 빵과 물의 양을 줄일 것이다"[3]라고 단언했는데 이는 잘못입니다. 그 권고는 제자에게 단번에 사다리 꼭대기에 오르라는 말과 같습니다.[4] 우리는 그의 권고를 바꾸어 이렇게 말합시다. "우리 영혼이 다양한 음식을 갈망할 때, 그것은 본성이 요구하는 바를 찾는 것이다. 따라서 탐식에 맞선 적합한 수단을 써야 한다. 그렇지 않으면 너무 힘든 싸움을 해야 하고, 후에 자신의 넘어짐에 대해 해명해야 하기 때문이다."

[무죄한 이와 참회자를 위한 다양한 고행 방식: PG 865B-868A]

---

3 『프락티코스』 16.

4 천부적 재능을 너무 신뢰한 듯했던 에바그리우스의 지성적 금욕주의를 비판하는 말이다.

95. 우선 살찌우는 음식을 자제하고, 흥분하게 하는 음식과 맛있는 음식을 자제합시다. 가능하면 영양가 있고 소화가 잘되는 음식을 드십시오. 그러면 위를 가득 채우고도 만족을 모르는 갈망을 없애고, 소화를 빨리하면서도 고통스러운 고장鼓腸과 염증에서 벗어나게 될 것입니다. 유심히 보면, 대개 육류 음식이 욕정을 자극한다는 것도 알게 될 것입니다. 식사가 끝났을 때 앞으로는 더 늦게 식사하라고 그대를 유혹하는 악령을 비웃으십시오.[5] 제9시(오후 3시)[6]가 되면 그것은 또 말을 바꿀 것이기 때문입니다.

선을 행하는 이에게 맞는 절제가 있고, 특별한 약점을 지닌 이에게 맞는 절제가 있습니다. 첫 번째 부류의 사람에게는 어떤 종류의 육체적 동요라도 즉시 자제하려는 욕구를 일으킵니다. 반면, 두 번째 부류의 사람에게는 죽는 날까지 그러한 동요에서 안심하거나 긴장을 늦출 수 없습니다. 전자는 항상 마음의 평화를 얻기 위해 노력하지만, 후자는 영혼의 탄식으로 하느님을 달래 드리려 애씁니다. 위로와 기쁨은 완전한 이탈 상태에 이른 이들에게 주어집니다. 전투 경험이 많은 수도승은 전투의 열기를 즐기지만, 욕정의 노예는 더욱 풍성한 축제와 쾌락을 누리는 데 몰두합니다. 탐식가는 마음속으로 기쁨을 주는 온갖 음식만을 꿈꾸지만, 마음으로 탄식하는 이는 심판과 처벌만을 생각합니다.

위가 그대를 지배하기 전에 위의 욕구를 다스리십시오. 수치심은

---

5 참조: 마태 12,27; 루카 11,19. 클리마쿠스는 '사탄은 사탄을 몰아낼 수 없다'라는 이 복음적 원칙을 여러 차례 반복한다.

6 수도승들은 보통 제9시(오후 3시)에 하루 한 끼 식사했다 - 역자 주.

식욕을 다스리는 데 큰 도움이 될 것입니다. 불결한 구덩이에 빠졌던 이는 내가 이야기하고 있는 바를 압니다. 고자 영웅들은 그 구덩이를 결코 경험할 수 없습니다.[7] 다가올 지옥 불에 대한 생각으로 위의 충동을 억제하도록 합시다. 완전히 식욕의 노예가 되어 실제로 자기 성기를 잘라내 두 번 죽는 이들이 있습니다.[8] 그러한 현상을 탐구하면서 우리는 모든 실패가 바로 이 식욕에서 기인한다는 것을 발견할 것입니다.[9]

단식하는 이의 정신은 깨어 기도합니다. 무절제한 자의 정신은 불순한 환상으로 넘쳐 납니다. 포만한 위는 눈물샘을 말리지만, 오그라든 위는 탄식의 물을 솟아나게 합니다. 자기 배를 채우면서도 음욕의 영을 극복하려고 하는 사람은 불에 기름을 부으면서 불을 끄려는 자와 같습니다. 위를 억제할 때, 마음이 겸손해집니다. 반대로 위를 채울 때, 생각은 거만해집니다. 정오와 제9시(오후 3시) 식사 전에 자신을 살펴보십시오. 그리고 단식의 유익함을 묵상하면서 생각이 아침에는 살아 있고, 제6시(정오)가 되면 흐려지며, 일몰이 되면 마침내 완전히 쇠약해진다는 것을 배우십시오.[10]

---

[7] 참조: 마태 19,12(하늘나라를 위한 고자들); 잠언 22,14; 23,27(하느님께 충실한, 선택된 신분에서 간음의 깊은 구렁으로 떨어지는 자).

[8] 신체적으로 그리고 영적으로.

[9] 『천국의 사다리』 6,59 참조. 따라서 탐식에 관한 담화가 음욕에 관한 담화 앞에 나온다. 음욕의 영은 마음이 겸손하지 못한 자의 영이며, 하느님의 감미로운 멍에를 역겨워한다.

[10] 초기에는 힘이 왕성할 때 고행이 더 필요하다.

[절제는 모든 덕을 촉진한다: PG 868A-869B]

96. 위의 충동을 죽이십시오. 그러면 입을 꽉 닫을 수 있을 것입니다. 혀는 음식이 풍성한 데서 활기를 띠기 마련입니다. 혀에 대항하며 싸우십시오. 혀를 절제하며 단식하십시오. 실제로 그대가 그러한 고통을 조금 당한다면, 주님께서도 그대를 도우러 오실 것입니다. 가죽 부대를 잘 관리하면 더 많이 담을 수 있지만 방치하면 그렇게 많이 담지 못합니다. 자기 위에 음식을 가득 채우는 자는 위를 부풀립니다. 반면 식욕과 싸우는 이는 위를 오그라들게 합니다. 일단 위가 줄어들면 많이 넣을 수 없습니다. 그때 우리는 자연히 단식하게 됩니다.

때때로 갈증이 갈증을 없애지만, 갈증이 허기를 쫓기는 어렵습니다. 아니 불가능합니다. 위가 그대를 이긴다면, 힘써 위를 길들이십시오. 그대의 연약함 때문에 불가능하더라도 철야로 위에 맞서 싸우십시오. 잠이 오면 손노동을 하십시오. 하지만 졸리지 않으면 손노동을 하지 마십시오. 정신은 하느님과 맘몬을 함께 섬길 수 없습니다(마태 6,24 참조). 다시 말해서, 우리는 동시에 하느님과 손노동에 열중할 수 없습니다.

악령은 자주 위에 거주하면서 사람이 이집트 전체를 먹어 치우고 나일 강물을 모두 마셔도 만족하지 못하게 한다는 것을 기억하십시오. 우리가 배불리 먹은 후에 이 악령은 물러갑니다. 하지만 음욕의 악령을 보내면서 이렇게 말합니다. "네가 그를 취해라. 그를 추격해라. 그는 위가 가득 차서 쉽게 무너질 것이다." 음욕의 악령은 웃으면서 다가와 잠든 우리의 손과 발을 묶고서(마태 22,13 참조) 자기가 원하는 온갖 짓을 행하고, 불결한 꿈과 사정射精으로 영혼과 육체를 더럽힙니다.

육체로 인해 영적인 정신이 더럽혀지고 흐려질 수 있다는 것은 참으로 놀랍습니다. 하지만 후에 타락을 통해 영적 본성은 다시 정화되고 순화될 수 있습니다. 그대가 곧고 좁은 길을 따르겠다고 그리스도께 약속했다면 고행으로 배를 정복하십시오. 만약 그대가 배를 달래고 키운다면 약속을 깨는 것입니다. 복음사가의 다음 말씀을 경청하십시오. '음욕의 파멸로 이끄는 게걸스러운 위의 넓고 느슨한 길을 통과하는 자는 많습니다. 정결한 삶으로 인도하는 단식의 좁은 문과 협소한 길로 들어서는 이는 소수입니다'(마태 7,13-14 참조).

하늘에서 떨어진 루시퍼는 악령들의 군주이고, 탐식은 욕정의 시초입니다. 따라서 잘 차려진 식탁에 앉을 때 죽음과 심판을 기억하십시오. 실제로 이렇게 해야만 그대는 그 욕정을 조금 억제할 수 있을 것입니다. 그대가 마실 때 항상 주님이 마신 쓸개즙을 섞은 포도주를 기억하십시오. 그러면 그대는 확실히 절제를 유지할 것이고, 눈물을 흘리거나 적어도 그대의 생각을 더 겸손하게 할 것입니다. 속지 마십시오. 그대가 평생 쓴 풀과 누룩 없는 빵을 먹지 않는다면 (1코린 5,7 참조) 파라오[11]에게서 벗어날 수도 없고 천상의 파스카를 거행할 수도 없을 것입니다. 쓴 풀은 단식의 수고와 고통이고, 누룩 없는 빵은 결코 자만심으로 부풀어 오르지 않는 마음의 생각입니다.

---

11 폭군 파라오는 악령의 화신이다. 정처 없이 유랑하기 위해서가 아니라, 모세와 함께 우리의 소외에 종지부를 찍을 절대자를 찾기 위해서 파라오에게서 도망쳐야 한다.

마지막 숨을 거둘 때까지 '악령들이 나를 괴롭힐 때, 나는 자루옷을 걸치고 단식으로 내 영혼을 낮추었으며, 내 기도는 항상 내 마음 한가운데 있었습니다'(시편 35,13 참조)라는 말씀을 항상 정신 안에 간직하십시오. 단식은 본성에 폭력을 가합니다. 즉, 단식은 목의 쾌락을 끊고, 욕정의 불을 끄며, 악한 생각을 잘라 내고, 꿈의 망상에서 벗어나게 하며, 기도를 순수하게 합니다. 단식은 영혼의 빛이며 정신의 수호자, 어두운 마음의 조명, 탄식의 문, 겸손한 눈물의 샘, 감미로운 속죄의 원천, 수다의 중지, 고요의 시작, 순종의 보호자, 잠에서의 위로, 육체의 건강, 아파테이아의 옹호, 죄의 용서, 천국의 지복을 예고하는 문입니다.

[인식의 법정에 선 목: PG 869B-872A]

97. 목에 이의를 제기합시다. 특히 이 원수는 모든 것 가운데 가장 위에 있고 우리의 모든 불행의 머리에 있습니다. 탐식은 욕정의 문, 아담의 타락, 에사우의 멸망, 이스라엘인들의 파멸, 노아의 수치, 고모라의 배신, 롯의 질책, 사제 엘리의 아들들의 파멸, 온갖 불결로 안내합니다.[12]

탐식은 어디서 왔으며, 그 자녀는 누구입니까? 누가 이것을 몰아

---

12 참조: 창세 3,6(그 나무 열매는 먹음직하고 탐스러워 보였다); 창세 25,34(에사우는 빵과 불콩죽을 먹고 장자권을 팔았다); 예레 52,14(바빌로니아인들이 예루살렘의 성벽을 무너뜨렸듯이 이스라엘인들을 무너뜨렸다); 창세 9,21(노아는 포도주를 마시고 벌거벗은 채 누워 있었다); 창세 18-19장(고모라와 롯); 1사무 2,12-17(엘리의 아들들).

낼 수 있겠습니까? 누가 한 번에 이것을 완전히 섬멸할 수 있습니까? 모든 이의 골칫거리, 탐욕이라는 금화로 모든 것을 사려는 이 폭군에게 이렇게 물어봅시다. "어떻게 우리에게 접근했느냐? 우리에게 들어와서 우리 안에서 무엇을 일으키는 것이냐? 어떻게 해야 우리에게서 나가느냐?"

궁지에 몰려 피로해진 탐식이라는 폭군은 격분하며 우리에게 이렇게 대답합니다. "내 노예인 너희들이 감히 나에게 무례를 범하고, 본성적으로 너희와 결합한 나를 떼어 내려 하느냐? 내가 들어가는 문은 음식 자체이며 음식의 특성이다. 내가 만족할 수 없는 이유는 습관 때문이다. 내 욕정의 기원은 꺾이지 않는 습관, 영혼의 둔감함, 죽음을 기억하지 못함이다. 어째서 내 자손의 이름을 알려고 하느냐? 그것을 열거하자면 바닷가의 모래알보다 많다(시편 139,18 참조). 그래도 내 맏아들과 내가 사랑하는 자식들이 누구인지 들어 보아라.

내 맏아들은 음욕의 사절使節이다. 둘째는 마음의 무딤이고, 막내는 악한 생각의 바다와 불결의 물결과 함께하는 졸음이다. 더럽고 수치스러운 많은 부정이 나에게서 유래한다. 내 딸들은 게으름, 수다, 농담, 논쟁, 완고함, 불복종, 무감각, 노예 상태, 허세, 파렴치, 장식에 대한 사랑이다. 내 후손은 불순한 기도, 산만하고 불안정한 생각, 종종 갑작스러운 불행이다. 이것들은 다른 모든 악 가운데 가장 치명적인 절망으로 이끈다.

과거의 잘못에 대한 기억이 나에게는 방해물이고, 죽음에 관한 생각도 내게는 몹시 적대적이지만 나를 이기지는 못한다. 다시 말해, 이 세상에서 어떤 인간적인 것도 내가 하는 것을 방해하지 못한다.

성령이 충만한 이는 성령을 통해 내게 맞서 싸운다. 간청을 받은 성령은 내가 욕정을 통해 행동하는 것을 허락하지 않는다. 사실 성령을 맛보지 않는 자는 나의 감미로움을 통하여 온갖 위로를 맛보려고 애쓴다."

 승리는 강한 이의 것입니다. 승리한 이는 분명 아파테이아와 온전한 순결을 향해 올라갑니다.

담화 15

음욕

정결에 관하여

[천사의 덕: PG 880C-881B]

98. 정결은 그 자체로 영적 본성을 지닙니다. 우리의 정결은 특별한 방식으로 본성을 부정하고 본성을 뛰어넘습니다. 정결은 사멸하고 부패하기 쉬운 육체가 참으로 놀라운 방식으로 형체가 없는 영들과 벌이는 경쟁입니다. 영적인 불로 육체의 불을 끄면서 신적 사랑으로 육체적 사랑을 몰아내는 사람은 순결합니다. 금욕이라는 말은 그 자체로 모든 덕에 공통된 '완성'을 가리킵니다. 금욕적인 사람은 꿈을 꾸면서도 자신의 (인간) 조건에 타고난 움직임을 느끼지 못합니다. 그는 어떤 것 앞에서도 완전히 무심합니다. 완전하고 거룩한 정결을 가늠하고 드러내는 규칙은 생명이 있거나 없는, 이성이 있거나 없는 피조물에게 똑같이 행동하고 반응하는 것입니다.

이 정덕淨德을 얻으려는 금욕가는 스스로 그것을 얻는다고 생각해서는 안 됩니다. 본성 자체를 극복하기란 불가능하기 때문입니다.

본성을 극복한 곳에서는 본성을 초월하신 분의 개입이 있었음을 깨닫지 않을 수 없습니다. 사실 열등한 자가 월등한 자를 맞서 이길 수 없다는 데는 이견이 있을 수 없습니다.

정결의 시작은 악한 생각에 동의하지 않는 것이고, 나아가 환상과 함께 오는 불결에 동의하지 않는 것입니다. 정결의 중간 단계는 악한 환상이 아닌 배부르게 먹은 음식으로 인해 일어나는 움직임에 의지로 버티며 절대 따라가지 않는 것입니다. 완전한 단계는 우선 생각을 소멸하고 그다음 육체적 본능이 소멸하는 것입니다. 육체와 꽃, 청춘 앞에서 완전히 무심한 사람은 참으로 복됩니다. 참으로 정결한 자는 확실히 자기 진흙(육신)을 흠 없이 유지하려고 노력합니다 (2코린 4,7 참조). 그는 지체들을 영혼에 완전히 종속시킵니다. 무엇에 접촉해도 욕정에서 자유롭고 천상의 아름다움을 생각하면서 이 지상의 유혹을 극복한다면 위대함에 이를 것입니다.

[육욕과 싸우는 수단: PG 881B-884B]

99. 기도로 이 개를 몰아내는 사람은 사자와 싸우는 자와 같습니다. 반격하여 이 개를 쫓는 사람은 자기 적을 쫓는 자와 같습니다. 적의 공격을 무시할 단계에 이른 사람은 지상에 있으면서도 이미 무덤에서 부활했다고 할 수 있습니다(마태 22,30 참조). 참된 정결의 표지는 자는 동안 꿈이 일으키는 움직임에 더는 영향을 받지 않는 것입니다. 반대로, 깨어 있는 동안 오염의 원인인 망상을 거부하지 않는 것은 음탕한 행동입니다.

땀 흘려 힘들게 망상과 싸우는 사람은 사슬로 자기 적을 결박하는 자와 같습니다. 금욕수행과 철야의 삶을 선택하면서 싸우는 사람은 원수를 사슬로 묶는 이와 비슷합니다. 겸손과 온유 그리고 열성에 이른 사람은 원수를 죽여 경기장의 더미 속에 묻는 이와 같습니다. 내가 말하는 경기장은 욕정이 자라지 못하는 겸손을 뜻합니다. 겸손한 사람은 자신을 흙과 재로 생각하기 때문입니다.

인간은 지속적인 싸움이나 겸손으로, 아니면 신적 계시를 통해서 원수를 묶어 둡니다. 첫 번째 사람은 샛별, 두 번째 사람은 보름달 그리고 세 번째 사람은 빛나는 태양과 같습니다. 세 사람 모두 하늘에 시민권을 가지고 있습니다. 빛은 여명으로부터 오고, 빛 가운데서 태양이 떠오릅니다. 그러니 앞서 말한 모든 것을 빛으로 삼아 묵상하고 배우십시오. 악령은 영혼을 타락시키려고 지혜로운 척합니다. 여우가 가금家禽을 속이려고 잠든 척하는 것과 같습니다. 살아 있는 동안 절대 육신에 대해 생각하지 마십시오. 죽을 때까지, 그리스도를 만나러 갈 때까지 진흙(육신)을 신뢰하지 마십시오. 그대가 선택한 금욕의 길에서는 넘어지지 않는다고 생각하지 마십시오. 식사하지 않은 자[1]도 하늘에서 쫓겨났기 때문입니다(이사 14,12 참조).

몇몇 지혜로운 사람이 포기를 육체에 대한 적개심, 배의 본능에 맞선 싸움이라고 정의했습니다. 초심자는 대개 타고난 쾌락의 경향 때문에 넘어집니다. 하지만 자만은 초심자뿐 아니라 진보한 이도 넘어뜨립니다. 완덕에 다가간 이는 이웃을 비판함으로써 넘어집니다.

---

[1] 타락한 천사 루시퍼를 뜻하는 듯하다. 영적 피조물인 천사는 육적 양식을 먹지 않는다.

어떤 이들은 고자로 태어난 사람이 복되다고 말합니다(마태 19,12 참조). 그렇게 태어난 사람은 육체의 억압에서 자유롭기 때문이라는 것입니다. 나는 순결한 생각의 칼로 일종의 영적 할례를 행하며 나날이 고자가 되는 사람이 복되다고 말합니다. 나는 영적 고자들이 자신의 의지와 상관없이 넘어지는 것을 보았습니다(로마 7,19 참조). 반면 실제 고자들은 그렇게 할 수 없기에 자진해서 넘어지는 것도 보았습니다. 이들은 본의 아니게 매일 넘어지는 이들보다 더 큰 죄를 짓는 것입니다. 이들은 결국 부도덕으로 똑같이 나아가게 되기 때문입니다. 넘어지는 이는 누구나 비참하지만, 다른 사람을 넘어지게 하는 이는 더욱 비참합니다. 그는 두 가지 죄의 짐(갈라 6,5 참조), 즉 자신과 다른 이의 쾌락의 짐을 지기 때문입니다.

논쟁으로 음욕의 악령을 물리칠 수 있다고 생각하지 마십시오. 이 악령은 우리 본성에 따라 그리고 그럴듯한 논리로 우리와 맞서 싸우는 법을 잘 알기 때문입니다. 자기 힘만으로 자기 육체와 싸워 이기기를 바라는 이는 헛되이 싸우는 것입니다(지혜 8,21 참조). 주님께서 육의 집을 허물고 영의 집을 지어 주지 않는 한, 부수는 자는 헛되이 철야하고 단식하는 것입니다(시편 127,1-2 참조). 그대의 무능력을 완전히 인정하면서 본성의 연약함을 주님께 바치십시오(시편 55,23 참조). 그러면 그대도 모르게 금욕의 은사를 받을 것입니다.

[음욕의 악령: PG 884B-885C]

100. 어떤 이가 회심한 후 나에게 털어놓기를, 관능적인 사람은 육체로 인해 또 정결을 거스르는 자극으로 인해 성적 도취를 느낍니다. 그러한 자극은 육체뿐만 아니라 마음 한가운데서도 일어납니다. 이 자극에 동요된 사람은 영이 일으키는 육체적 고통으로 뜨거운 용광로의 불에 타는 듯 괴로워합니다. 하느님을 두려워하지 않고 자기가 당한 벌에 대한 기억을 무시하게 하는 악령입니다. 이 악령은 기도를 증오하게 하고, 심지어 시체를 보아도 돌을 보듯 영혼 없이 보게 하며 우리가 무엇을 하든 관상을 수행에서 멀리 떼어 놓습니다. 이 악령의 희생자는 정신 나간 사람처럼 멍하게 있고, 사람이나 짐승을 향한 욕망에 끊임없이 취해 있습니다. 이 악령의 활동을 제지하지 않는다면, 피와 불결한 체액으로 반죽이 된 진흙으로 만들어진 그 어떤 영혼도 구원받지 못할 것입니다(마태 24,22 참조).

왜 그렇겠습니까? 모든 피조물은 본성상 자기와 비슷한 것을 늘 갈망하기 때문입니다. 피는 피를, 벌레는 벌레를, 진흙은 진흙을, 육은 두말할 것도 없이 육을 갈망합니다. 우리가 교활한 자의 간계를 피하려 한다면 하늘나라를 갈망하면서 본성에 폭력을 가하도록 합시다(마태 11,12 참조). 이러한 싸움을 경험하지 않는 이는 복됩니다! 그러한 시련에서 영원히 자유로워지도록 기도합시다. 사다리를(창세 28,12 참조) 오르내리는 사람들 가운데 많은 이가 추락해 그러한 혼란스러운 경험 속으로 빠지기 때문입니다. 그렇게 떨어져 사다리로 다시 올라가려면 많은 땀과 단식이 필요합니다. 우리의 영적 적들을 잘 경계합시다. 적들은 그들만의 특별한 전략으로 우리가 관심을 두는 것에 감각적으로 접근합니다. 그들은 저마다 명령받은 대로 우리를 자극합니다. 나는 그들의 비범한 접근 방법을 알아냈고 그에 따라 넘어지는 다양한 모습도 목격했습니다. 매우 심각한 경우도 있습니다. 그러니, 알아들을 수 있는 사람은 내가 여기서 말하려는 바를 알아들으십시오(마태 11,15 참조).

악령은 온 힘을 다해, 온갖 간교한 노력으로 악을 행하고 환상을 일으킵니다. 무엇보다도 수도승생활이라는 경기장에서 싸우는 이에게 그러합니다. 악령은 본능적 행동 영역에서뿐만 아니라 자연적 본성에 배치되는 행동 영역에서도 그들을 공격합니다. 그래서 여성을 자주 방문하는 어떤 이는 욕정이나 그러한 생각이 전혀 일어나지 않는 것을 발견하고 자신은 싸울 필요가 없다며 행복하다고 말합니다. 하지만 그 불쌍한 자는 위험이 큰 곳에 적지 않은 노력이 필요하다는 것을 모릅니다. 나는 사악한 살인자[2]가 자연적 본성을 거슬러 행동하도록 불행한 우리를 몰아댈 때 두 가지 목적을 이루려 한다고 생각합니다. 하나는 우리가 물질로 죄를 지을 때마다 우리를 물질에 더 친숙해지게 하는 것이고, 둘째는 우리가 더 큰 벌을 받도록 하는 것입니다. 예전에 당나귀를 길들이는 책임을 맡았지만, 후에 야생 당나귀[3]에게 비참하게 농락당했던 사람이 그것을 경험했습니다. 그는 자신이 먹고 자랐던 천상 빵을 잃게 되었습니다. 그는 큰 기둥이 무너졌다며 슬피 울었지만 회개 후 우리 사부 안토니우스는 놀라운

---

2 악마(요한 8,44 참조).

3 참조: 욥 39,5(하느님께서 들나귀에게 소금땅을 거처로 주셨는데, 여기서 들나귀는 사막에서 주님을 유혹한 악령을 뜻한다. 마태 4,1 참조). 클리마쿠스는 안토니우스의 금언 한 구절을 언급하고 있는 것 같다(『사막 교부들의 금언』 안토니우스 14).

일을 행합니다. 자신이 행한 일에 대해서 그는 말하고 싶어 하지 않았습니다. 이 현명한 사람(안토니우스)은 그 넘어짐에 관해 침묵을 지켰습니다. 하지만 그는 이 육신의 죄는 다른 사람과 함께 범하지 않는 자신의 은밀한 음욕임을 확실히 알았습니다.

[음욕과 죽음의 군주: PG 885C-888B]

101. 음욕은 우리 안에, 특히 청년기에 항상 우리와 함께하는 일종의 죽음, 즉 치명적 파괴입니다. 내게는 그것을 묘사할 용기가 없습니다. 어떤 이가 은밀하게 행한 바를 이야기하는 것도(에페 5,12 참조), 듣고 기록하는 것도 부끄럽다고 주장하신 분(사도 바오로)이 나를 만류합니다. 사도께서는 원수이자 벗, 내 것이면서도 내 것이 아닌 육신을 죽음이라 부르며 이렇게 말씀하십니다. "누가 이 죽음의 몸에서 나를 구해 내겠습니까?"(로마 7,24). 그러나 또 다른 신학자[4]는 육신이 악습에 물들어 속박되고 어둠에 싸여 있다고 말합니다. 나는 늘 그 이유가 궁금했습니다. 그들이 왜 그러한 표현을 사용했을까요? 우리가 말한 것처럼 육신이 죽음인 것은 맞습니다. 하지만 육신을 극복한 사람은 절대 죽지 않습니다. 그렇다 하더라도 살아 있으면서 죽음을 보지 않을 자 누가 있겠습니까?(시편 89,49 참조). 여기서 죽음은 육신의 불결을 뜻합니다. 이제 나는 성경에 따라 죽고 부활하신 분과 절대 죽지 않으신 분 중 누가 더 위대한지 자문해야 한다

---

4 나지안주스의 그레고리우스.

고 생각합니다. 나는 그냥 후자를 복되다고 말하는 것은 잘못이라고 평할 것입니다. 우리는 그리스도께서 돌아가신 다음 부활하셨다고 고백하기 때문입니다. 반대로 전자라고 말하는 사람은 죽는 사람이나 넘어지는 사람이 절망할 것이 없다는 것을 암시합니다.

사실 하느님은 사람들을 사랑하시지만, 우리의 적 음욕은 사람들의 원수입니다. 음욕의 군주는 이 욕정이 자연스러운 것이기에 하느님께서 이에 대해 관대하시다고 사람들에게 속삭입니다. 하지만 우리가 사기꾼의 본성을 생각해 보면, 그가 하느님을 자비가 없는 냉혹한 심판자라고 말하는 것을 듣게 될 것입니다. 그 악령은 일단 우리를 죄로 이끈 후 절망의 파도 속으로 던져 버리고 싶어 합니다. 우리가 슬픔에 빠져 절망에 이를 때, 우리는 자연스럽게 죄에 몸을 맡깁니다. 고통이 좀 덜어지면 거짓으로 관대함을 베푸는 폭군에게 완전히 사로잡힙니다. 불멸하시며 거룩하신 분께서는 우리 육체의 정결과 순수함에 몹시 기뻐하십니다. 반면, 사람들이 말하는 대로 악령은 음욕의 악취를 가장 즐깁니다. 따라서 어떤 다른 악습도 육체의 불결만큼은 못합니다.

[순종과 헤시키아 안에 있는 겸손의 덤불: PG 888B-889A]

102. 하느님께 고유한 덕인 정결은 우리를 하느님과 친밀하게 해 주고 어떤 사람이든 그분과 비슷하게 해 줍니다. 이슬이 땅에 감미로움의 원천이듯이 정결은 사람에게 감미로움의 원천입니다.

정결의 어머니는 순종하며 수행하는 헤시키아입니다. 헤시키아를 통해 얻은 육체의 완전한 아파테이아는 종종 세상과 접촉할 때 방해받습니다. 하지만 순종을 통해서 이룬 아파테이아는 칭찬받고 흔들리지 않습니다. 이 때문에 나는 교만이 겸손의 자극제가 되는 것을 보았습니다. 그래서 나는 성경이 "누가 주님의 생각을 알 수 있으리오?"(1코린 2,16)라고 묻는 바를 생각했습니다. 사실 교만의 구덩이나 은신처에 떨어지는 것은 바로 그 타락에서 유익을 얻기를 원하는 이에게는 참으로 겸손의 시작이 됩니다.

계속 탐식과 포만의 희생자로 머물면서 음욕의 악령을 극복하려는 사람은 불에 기름을 부으면서 불을 끄려는 자와 비슷합니다. 고독 속에서 금욕적 수행만으로 이 싸움을 끝낼 수 있다고 믿는 사람은 한 손으로 헤엄쳐 바다에서 빠져나오려고 하는 자와 같습니다. 금욕수행에 겸손을 결합하십시오. 겸손 없는 금욕수행은 무익합니다. 자신이 어떤 욕정에 압도당했는지 인정하는 사람은 먼저, 특히 선천적인 욕정일 경우에 그 욕정에 맞서 무장해야 합니다. 그것을 제거하지 않고서는 다른 욕정들을 절대 이길 수 없습니다. 우리의 이 이집트인을 죽이십시오(탈출 2,12-14 참조). 그때 비로소 우리는 겸손의 덤불 속에서 하느님을 뵙게 될 것입니다. 내가 터무니없는 기쁨, 헛된 눈물과 위로로 유혹당한다고 느꼈을 때 나는 그 늑대를 경험했습니다. 나는 어리석게도 그것들로부터 해를 입는 것이 아니라 유익을 얻는다고 믿었습니다.

한편, 인간이 이 세상에서 범하는 다른 모든 죄는 자기 몸 밖에 있습니다. 하지만 음란을 범하는 자는 자기 몸에 죄를 짓는 것입니다(1코린 6,18 참조). 더러운 액의 유출로 자기 육신을 오염시키는 죄를 짓는 것입니다. 이것은 다른 죄의 경우에는 일어나지 않습니다. 이 점에서 나는 궁금합니다. 다른 죄에 관해서 이야기할 때 우리는 보통 그것들을 단순히 인간적 잘못이라고 말하지만, 누가 정결을 범했다고 하면 우리는 몹시 슬퍼하며 "그가 타락했다"[5]라고 말하는지 그 이유를 모르겠습니다.

물고기가 낚싯바늘을 보고 급히 달아나듯이, 관능적인 영혼이 성급하게 고독을 포기할 때 타락합니다. 그때 악마는 외설의 사슬로 두 사람을 옥죄기 위해 둘 중 누구에게 불을 붙여야 하는지 살펴봅니다. 좀 더 관능적인 이는 대개 민감한 성향을 지니고 있고, 자비롭고 동정적이며, 심지어 아첨으로 가득합니다. 반면 정결을 열망하는 이에게는 그런 요소들이 없습니다.

[촉감이 순수한 이들: *PG 889B-889D*]

103. 어떤 거룩한 이가 나에게 이런 어려운 질문을 한 적이 있습니다. "살인과 하느님을 부인하는 것 말고 가장 심각한 죄는 무엇입니까?" 내가 "이단에 빠지는 것이오"라고 대답하자 그가 계속해서 말했습니다. "가톨릭은 자신의 이단을 솔직하게 인정하지 않는 이가 성찬례에 참여하는 것을 받아들입니다. 하지만 간음한 자가 죄를 고백하고 회개했더라도 그에게는 성찬을 허락하지 않습니다. 사도의 규범으로 거슬러 올라가 그에게는 흠 없는 신비들을[6] 허락하지

---

5 금욕가가 넘어진다는 것은 자주 정결을 거스르는 죄를 범한다는 것을 뜻한다[참조: 『사막 교부들의 금언』(PG 309B); 요한 모스코스『영적 초원』39 (PG 87,289B)].

않으면서 여러 해를 거쳐 그를 받아들입니다. 어째서 그런 것이지요?" 나는 이 질문에 놀랐고 난감하여 어찌 대답할 바를 몰랐습니다. 시편 낭송을 하면서 음욕의 영으로 분심하는 이가 맛볼 수 있는 감미로움과 성령의 은총과 능력으로 성령의 말씀이 발산하는 감미로움을 깊이 고찰하여 서로 어떤 다른 감미로움이 오는지 구별하는 것이 더 좋을 것입니다.

젊은이여, 그대 자신을 아십시오. 자신을 감추지 마십시오. 나는 기도 중에 자기가 사랑하는 이를 열심히 기억하는 사람을 보았습니다. 하지만 그것은 위장된 음욕에서 나온 행위였습니다. 단순한 신체 접촉만으로도 그대는 충분히 오염될 수 있습니다. 이보다 자극적인 것은 없기 때문입니다. 옷으로 자기 손을 감싼 저 사람을 기억하십시오. 타인이나 그대 몸의 다소 민감한 부분에 손대는 것에 신중하십시오. 우리가 변화를 말할 수는 있지만, 우리의 이 흙(몸)을(창세 2,7 참조) 거룩하게[7] 변화시키지 않는다면, 아무도 성인이라 말하거나 불릴 수 없을 것입니다.

무엇보다도 우리가 잠자리에 들 때 조심해야 합니다. 잠잘 때 정신은 육체에서 나와 홀로 악령과 싸워야 하기 때문입니다. 만일 육체가 관능에 기울면 우리를 배신할 것입니다. 항상 죽음을 기억하며 잠자리에 들고 잠자리에서 일어나십시오. 그러는 동안 아주 짧은 예

---

[6] 참조: 『사도 헌장』 5,14,7(성체와 성혈의 예표인 신비들); 8,32,2(주교와 사제에 의해 관리된 자비의 신비들).

[7] 참조: 1테살 4,7("하느님께서는 우리가 불순하게 살지 말고 성화하도록 부르셨던 것입니다"); 로마 6,19; 2티모 2,20; 2코린 4,7.

수기도를 바치십시오. 잠잘 때 이것만큼 도움 되는 것은 없습니다.[8]

[피할 경우들과 그 이유: *PG 889D-892C*]

104. 어떤 이들은 욕정과의 싸움이나 밤의 사정射精이 음식에서 유래한다고 믿습니다. 나는 극도로 쇠약한 병자나 엄격한 단식을 실천한 이들이 욕정에 심하게 오염된 것을 보았습니다. 언젠가 경험 많은 어떤 유명한 수도승에게 이 문제에 관해 물어보았습니다. 그 성인이 내게 매우 지혜로운 가르침을 주었습니다. 그가 말했습니다. "잠잘 때 일어나는 몽정이 있는데, 그것은 과식과 지나치게 편안한 생활의 결과입니다. 또한 오랫동안 그러한 몽정이 없었다고 자만할 때 오는, 즉 교만에서 비롯된 몽정이 있습니다. 우리가 이웃을 단죄하기 때문에 하느님이 허락하신 몽정도 있습니다." 그는 말을 이어갔습니다. "앞의 두 경우는 병자에게도 일어날 수 있습니다. 아마도 세 경우 모두 그럴 수 있을 겁니다. 한편, 자신은 몽정으로 어려움을 겪지 않는다고 믿는 이가 평정심을 유지하며 기쁘게 생활하더라도 악령의 시기심 때문에 그런 현상을 경험할 수 있습니다. 하느님께서 그런 무고한 경험을 통해 깊은 겸손을 얻게 하려고 잠시 허락하신 것입니다." 하지만 잠잘 때 떠오른 환상을 낮에 생각해서는 안 됩니다. 악령들은 우리에게 그것을 생각하게 하여 낮에도 꿈으로 우리를 오염시키려 하기 때문입니다.[9]

---

8 짧은 호칭기도는 한마디 말을 계속 반복하는 것으로, 악한 생각으로 인해 분산된 정신을 모아 준다.

하지만 적들의 또 다른 계략에 조심합시다. 몸에 해로운 음식은 얼마 후에 그에 따른 증상을 나타냅니다.[10] 내가 확인한 바에 따르면, 영혼을 더럽히는 원인인 향락은 곧바로 싸움을 일으키지 않습니다. 나는 여자와 함께 숙식하는 어떤 이들이 전혀 나쁜 생각을 품지 않는 것도 보았습니다. 하지만 이런 착각으로 인해 그들은 미혹되고 스스로 평화와 안전에 이르렀다고 믿습니다. 그러고는 갑자기 자신의 암자에서 파멸합니다. 우리처럼 외딴곳에서 고독 속에 사는 이는 내가 말하는 파멸을 경험으로 압니다. 그런 경험이 없는 이는 그것을 알 필요를 느끼지 않습니다. 유혹이 다가올 때 우리에게 좋은 치료제는 다음과 같은 금욕수행입니다. 즉, 자루옷과 재, 밤새 서 있기, 굶주림, 심한 갈증에 목만 겨우 축이기, 성인들의 묘지 방문 그리고 가장 중요한 것은 마음의 겸손입니다. 가능하다면, 열심히 헌신하는 사제나 형제, 지혜로운 원로의 도움을 받는 것도 좋습니다. 바다의 거센 파도에서 홀로 자기 나룻배를 구할 수 있는 사람은 매우 드물 것입니다.

[보거나 들어야 하는 고행: PG 892C-893B]

---

9 동방 영성에서 아주 중요한 '주의 깊음', '깨어 있음'을 뜻하는 넵시스*népsis*의 일부다. 속이는 자가 영혼을 불결함에 사로잡히게 하는 사악한 꿈으로 부추기는 것을 피하기 위한 돌봄이다(디아도쿠스『시 단상 100편』38). 헤시키아는 깨어 있는 영혼의 고요다.

10 단식은 악령에게 공포를 불러일으키고 악한 마음을 몰아낸다. 정욕의 불에서 벗어나려면 그 용광로에서 달아나야 한다. 단식은 정결의 준비다.

105. 같은 죄도 그 양상과 장소, 경과와 여러 다른 특성에 따라 어떤 이에게는 백배나 더 무거운 벌을, 어떤 이에게는 덜 무거운 벌을 안겨 줍니다. 어떤 사람이 도달한 놀라운 수준의 정결에 대해 들은 적이 있습니다.

"그는[11] 한 멋진 피조물을 바라보면서 창조주를 찬양했습니다. 저 유일한 아름다움을 지니신 분에 대한 환시 후에 그는 하느님 사랑에 잠겼고 그분을 바라보며 눈물을 많이 흘렸습니다. 그에게는 놀라운 광경이었습니다. 어떤 이에게는 깊은 구덩이 같은 것이 다른 이에게는 초자연적 영예의 기원이 됩니다."

이 사람이 다른 비슷한 경우에도 항상 이런 식으로 느끼고 행동한다면, 그는 마지막 부활 이전에 썩지 않는 생명으로 부활했다고 말할 수 있습니다.

우리는 훌륭한 음악가나 가수에게도 같은 기준을 적용할 것입니다. 하느님을 사랑하는 사람은 세속적 선율이나 영적 선율에 감동하여 눈물을 흘리고 나아가 기쁨과 신적 사랑으로 이끌립니다. 하지만 쾌락을 사랑하는 자는 그 반대로 이끌립니다. 내가 이미 말한 바처럼 어떤 이들은 오히려 고독한 곳에서 더 큰 공격을 받습니다. 주님께서 우리 구원을 위해 악령들을 고독과 심연의 장소에 가두셨습니다. 그러니 그들이 거기를 자기 집으로 삼은 것은 그리 놀랍지 않습

---

11 히에라폴리스의 주교 논누스다. 그는 죄를 저지른 여자 펠라기아의 육체적 아름다움이 아니라 영적 아름다움 때문에 넋이 나가 있을 정도로 자신의 감각들을 영적으로 만들었다. 하느님은 회개한 그녀를 주교들의 심판관으로 축성하셨을 것이다(Rosweyde ed. 『사막 교부들의 생애 I』 377; PL 73,665 참조).

니다. 음욕의 악령은 거기서 독수도승과 특히 더 치열한 전투를 벌입니다. 은수처가 전혀 유익하지 않다고 생각하게 하여 그를 다시 세상으로 내쫓기 위해서입니다. 우리가 세상에 있을 때 악령들은 멀리 떨어져 있습니다. 세상에서 악령과 싸울 필요도 없고 악령들의 공격을 받지도 않는다면, 우리가 계속 세속인들과 함께 머물 것으로 생각하기 때문입니다. 적에게 걸려 넘어지지 않으려면, 적에 맞서 잘 싸울 수 있다는 것을 보여 주어야 합니다. 우리는 필요 때문에 세상에 살고 있기에 주님께서 당신 손길로 우리를 보호해 주십니다. 우리의 타락 때문에 주님의 이름이 모욕받지 않기를(로마 2,24 참조) 바라는 영적 사부들의 기도를 통해 우리는 보호를 받습니다. 때로는 오랜 습관을 통해 얻게 된 덕스러운 무관심을 통해서, 세상의 언행에 대해 느끼는 역겨움을 통해서 보호받을 때도 있습니다. 하지만 교만의 악령만을 남겨 두는 악령들의 전략적 후퇴를 통해서도 그럴 수 있습니다. 이 사기꾼이 꾸미는 사악한 계략을 감지하십시오! 자유로운 선택으로 정결을 실천하는 여러분 자신을 돌보십시오.

[천사들보다 조금 낮은 자들: PG 893C-896C]

106. 이 기만을 경험한 사람이 다음과 같이 설명했습니다. 육체를 유혹하는 영은 완전하게 위장하여 수도승에게 최상의 경계를 제안합니다. 그러면서 수도승이 여성과 대화하는 동안 적절한 순간에 그의 눈물샘을 열게 합니다. 유혹자는 수도승에게 죽음에 대한 기억, 심판, 고행에 관해 이야기하게 합니다. 그러한 생각들로 수도승을

자극하는 이유는 그의 위선적인 말과 행동을 보고 불쌍한 여인들이 목자에게 달려오게 하려는 것입니다. 하지만 그는 늑대일 뿐입니다. 친밀하고 편한 관계가 맺어지면 결국 불행한 수도승은 몰락합니다. 우리가 맛보지 않기로 맹세했던 열매에 대해 절대 보지도 듣지도 말고 그것을 피합시다(창세 3,6 참조).

스스로 예언자 다윗보다 더 강하다고 믿는 이들이 정말 나를 놀라게 합니다. 참으로 불가능한 일이지요! 정결의 가치는 그렇듯 큽니다. 어떤 교부들은 정결을 욕정에서의 자유(아파테이아)라고 불렀습니다. 반면 죄를 맛본 이는 절대 정결할 수 없다고 주장하는 교부들도 있습니다. 하지만 나는 그들의 주장에 동의하지 않습니다. 야생 올리브나무를 좋은 올리브나무에 접붙이기는 쉽기 때문입니다(로마 11,17 참조). 하늘의 열쇠가 육체적으로 동정인 사람에게 맡겨졌다면, 그 교부들은 계속 그렇게 주장할 수 있을 것입니다. 하지만 장모가 있었음에도 순수하여 하늘나라의 열쇠를 받은 이가 그들을 부끄럽게 합니다.[12]

육체를 옥죄는 뱀은 다양한 방식으로 접근합니다. 이 뱀은 죄를 경험하지 않은 이에게는 일단 죄를 저질러 보고 중간에 그만두라고 유혹합니다. 죄를 경험한 이에게는 그 경험을 다시 상기시키며 반복하라고 부추깁니다. 죄를 경험하지 않은 많은 이는 악이 무엇인지도 모르기에 싸움조차 하지 않습니다. 반면, 죄를 경험한 이는 대개 그러한 불결을 경험한 후에 더 심각하게 흔들리고 갈등을 느낍니다.

---

12 참조: 마태 8,14; 16,19.

이 욕정에 굴복하지 않는 경우도 간혹 있지만 그런 경우는 흔치 않습니다.

우리가 건강하고 평온하게 잠에서 깨어날 때, 특히 밤늦게까지 기도하고 단식한 후 잠에 곯아떨어졌을 때 그것은 몰래 우리를 도와준 천사들의 공로일 것입니다. 그러나 악몽으로 인해 불쾌한 기분으로 잠에서 깨어날 때도 있습니다. 그때 다음 성경 말씀으로 기도합시다. '저는 지나치게 자만하고 교만으로 우쭐한 악인을 보았습니다. 그는 제 안에 소란을 피우고 대성공을 거두었습니다. 하지만 절제를 통해 저는 레바논의 삼나무도 뛰어넘었습니다. 저는 벗어났고, 그의 분노는 이전 같지 않았습니다. 저는 제 생각들 안에서 겸손하게 그를 찾았지만 제 안에서 그의 거처도 어떤 흔적도 발견하지 못했습니다'(시편 37,35 참조). 자기 육체를 극복한 사람은 자기 본성을 극복한 것입니다. 본성을 극복한 그는 놀랍게 본성을 뛰어넘어 천사보다 조금 못하게 되었습니다(시편 8,6 참조). 영적 존재가 다른 영적 존재와 싸우는 것은 놀라운 일이 아닙니다. 정말 놀라운 것은 적대적이고 교활한 이 육신과 싸우는 사람이 자신의 영적인 적들을 격퇴할 수 있다는 사실입니다.

[자극, 동의 그리고 노예 행위: *PG 896C-897B*]

107. 좋으신 하느님께서는 여성에게 부끄러움을 느끼게 하심으로써 여성의 파렴치를 억제하시려고 하십니다. 이것이 하느님이 우리를 세심히 돌보신다는 증거입니다. 사실 남녀 관계에서 여자가 적

극적이면, 어떤 사람도 구원받지 못할 것입니다(마태 24,22 참조).

탁월한 분별력을 지닌 교부들은 자극, 동의, 승낙, 노예 행위, 싸움의 순간, 영혼의 병적 상태를 구분합니다. 그들의 말에 따르면, '자극'은 갑자기 마음속에 들어오는 단순한 생각이나 우연한 환상입니다. '동의'는 첫 충돌 후 욕정에 압도되었든 그렇지 않든 마주친 것과의 대화입니다. '승낙'은 마음이 끌린 대상에 대한 영혼의 기꺼운 항복입니다. '노예 행위'는 영혼의 탁월한 기질을 약화하는 강제적이고 내키지 않는 유혹에 마음을 영구히 넘기는 행위입니다. '싸움의 순간'은 싸움에서 이기거나 질 수 있다는 것을 겸허하게 의식하는 영혼이 싸움에 직면해 똑같은 힘으로 적에 맞서 싸우는 순간입니다. '병적인 상태'는 시간이 가면서 욕정의 질병이 영혼 안에 깊이 뿌리를 내리면서 이미 습관이 되어 자발적이고 친숙하게 이 질병에 중독된 영혼의 상태입니다.

이러한 상태 중 첫째 상태는 죄는 아닙니다. 둘째 상태는 항상 죄가 아닌 것은 아니고, 셋째는 싸우는 사람의 행동에 달려 있습니다. 싸움의 결과는 상이나 벌입니다. 노예는, 기도할 때 작용하는지 아니면 다른 것을 할 때 작용하는지에 따라, 그리고 중립적인 생각인지 아니면 악한 생각인지에 따라 다르게 판단받습니다. 하지만 병적 상태는 모두 의심의 여지 없이 합당한 참회나 최종 처벌로 그 죗값을 치르게 될 것입니다. 따라서 처음부터 유혹에 내적으로 넘어가지 않는 사람은[13] 일격에 다른 모든 유혹을 뿌리 뽑는 것입니다.

---

13 안키라의 닐루스 『금욕적 담화』 93 참조: "싸움의 초기에 공격적 의지를 갖고 주님의 거룩한 계명들을 실천해야 한다."

[밖이나 안에서 오는 놀람의 순간: PG 897B-897D]

108. 해박한 교부들 가운데서도 가장 예리한 분은 앞서 언급한 것들보다 더 미묘한 '놀람의 순간'을 구분합니다. 이것은 유혹당한 사람 안에 욕정이 자기 존재를 드러내는 현상입니다. 유혹당한 이는 말과 이미지로 유혹을 받는 순간 갑자기 놀람을 겪습니다. 어떤 것도 이보다 갑작스럽고 빠르게 영혼을 치는 것은 없으며, 정신이 감지하지 못하는 것은 없습니다. 어떤 것과도 관련이 없고, 시간과 상관이 없으며, 표현할 수 없고, 때때로 의식하지 못하는 흐릿한 기억이 놀람을 일으킵니다. 탄식을 통해 그런 예민함을 획득한 사람만이, 어째서 영혼이 어떤 생각이나 추리 없이 단순히 흘깃 보는 것으로, 손으로 만지거나, 노래를 듣는 것만으로도 음욕으로 더럽혀질 수 있는지 설명할 수 있을 것입니다.

어떤 이들은 음란한 생각이 욕정의 원인이라고 말합니다. 또 어떤 이들은 반대로 육체의 감각이 악한 생각의 기원이라고 말합니다. 전자는 생각이 없다면 육체의 움직임도 따르지 않는다고 주장하고, 후자는 육체가 동요하여 악이 발생한다고 여깁니다. 그들은 육체의 동요를 비난합니다. 예컨대, 악한 생각은 기분 좋은 것을 보는 눈, 손길, 향기로 자극된 후각, 부드러운 목소리로 유혹된 청각에서 시작된다고 말합니다. 주님 안에서 그렇게 할 수 있는 사람이 있다면, 실제로 무슨 일이 일어나는지 설명해 줄 수 있습니다. 영적 인식을 통해 수행에서 진보한 사람만이 우리에게 설명할 수 있기 때문입니다. 사실 그를 위해서는 심화하는 것이 필요하거나 유익합니다. 모두가 영적 인식을 지닌 것도 아니고, 모두가 악령의 속임수에 맞선 갑옷인 거룩한 단순성(잠언 20,7 참조)을 소유한 것도 아니기 때문입니다.

어떤 욕정은 안(마음)에서 일어나 육체로 오지만, 어떤 욕정은 반대의 과정을 따릅니다. 후자의 경우는 세속인에게 일어납니다. 전자의 경우는 외부의 자극이 없는 수도승생활을 하는 사람에게 일어납니다. 나는 그대가 악인에게서 지혜를 찾으려 한다면 발견하지 못할 것(잠언 14,6 참조)이라는 점에 대해서만 말할 수 있습니다.

[겸손, 기도 그리고 깨어 있음: PG 900A-901B]

109. 우리는 단식의 돌과 겸손의 검으로 사방에서 육체의 협력자 악령과 싸우며 악령을 우리 마음에서 몰아냅니다. 그러나 그 후 이 말썽꾼은 우리 몸에 숨어 비이성적이고 성가신 움직임을 일으켜 우리를 불결함으로 유인할 것입니다. 특히 헛된 영광의 악령에 사로잡힌 이가 대개 그런 경험을 합니다. 그는 이제 마음을 공격하는 불순한 생각에서 해방되었다고 여깁니다. 속지 말라고 성경에 기록된 대로(1코린 10,12 참조) 헛된 영광에 빠진 이는 조용히 있을 때 스스로 현명하다고 생각할 수 있습니다. 그리고 마음 깊은 곳에서 똥 더미 속의 뱀처럼 숨어 있는 악한 생각을 발견할 것입니다. 그 악한 생각은 그가 자신의 노고와 열성으로 어느 정도 마음의 순결에 이르렀다고 믿도록 유혹합니다. 불쌍한 그는 이렇게 기록된 바를 모릅니다. '그대가 가지고 있는 것 중 하느님께 선물로 받지 않았거나, 그대와 함께 일하고 기도하는 다른 이들을 통해서 받지 않은 것이 무엇입니

까?'(1코린 4,7 참조). 그러니 그는 주의해야 합니다. 온갖 노력과 위대한 겸손으로 앞에서 말한 숨어 있는 뱀을 죽이며 어떤 식으로든 뱀에게서 벗어난다면, 그도 가죽옷을 벗고,[14] 순결한 소년들이 주님께 노래 불렀듯이(다니 3,51-90 참조) 정결의 개선가를 부를(묵시 14,4 참조) 수 있을 것입니다. 그가 그 옷을 벗었더라도 어린아이의 겸손과 무죄함을 벗지는 않았다는 것을 알 수 있을 것입니다.[15]

다른 악령들보다도 이 악령은 특히 우리가 육체적으로 약해져 그와 대적해 기도할 수 없는 순간을 살핍니다. 그런 순간에 이 사악한 자는 우리를 공격합니다. 아직 참된 정신의 기도에 이르지 못한 사람은 몸의 기도를 위해 노력하는 것이 적합합니다. 팔을 벌리고, 가슴을 치고, 진지하게 시선을 하늘에 두고, 깊은 한숨을 쉬며 탄식하고, 무릎을 꿇고 계속 기도하는 것을 말합니다. 남들 앞에서는 하기 힘든 것들입니다. 악령은 바로 그때 우리와 싸우기로 작정합니다. 강인한 정신과 보이지 않는 기도의 힘으로 저항할 수 없는 자는 공격자에게 쉽게 무너질 것입니다.

그러니 가능하면 피하고, 잠시 숨으십시오(마태 6,6 참조). 할 수 있다면 영혼의 시선을 높은 곳으로 향하십시오. 그것이 불가능하면 육체의 눈이라도 들어 올리십시오. 두 팔을 십자가 모양으로 펼치고 서 있으십시오. 그러한 표시로 아말렉(탈출 17,8-16 참조)[16]▶을 부끄럽게

---

14 "주 하느님께서는 사람과 그의 아내에게 가죽옷을 만들어 입혀 주셨다"(창세 3,21) 참조. 이 해석에 관해서는 메토디우스의 『부활』 1,29; 히에로니무스의 「서간」 51,5,2을 참조하라. 클리마쿠스는 오리게네스의 『원리론』을 따르고 있다.

15 참조: 2코린 5,3; 마태 18,3.

하고 무너뜨리기 위해서입니다. 현란한 말로가 아니라 겸손하게 그대를 구원하실 수 있는 분께 이렇게 청하십시오. "저에게 자비를 베푸소서, 저는 쇠약한 몸입니다"(시편 6,3 참조). 그러면 그대는 지극히 높으신 분의 능력을 경험할 것이고, 아무에게도 드러나지 않는 분의 도움으로 보이지 않는 적들을 쫓을 수 있을 것입니다. 이 싸움법을 터득한 이는 곧 영혼만으로도 적들을 쫓을 수 있을 것입니다. 하느님께서 수고한 당신 일꾼에게 그 보상으로 이 선물을 주시는 것은 당연하기 때문입니다.

내가 어느 수도원에 있을 때, 매우 열성적인 어떤 형제가 악한 생각에 시달리는 것을 보았습니다. 그는 거기서 은밀히 기도할 수 있는 장소를 찾지 못하여 형제들이 생필품을 사러 가는 곳으로 달아났습니다. 그곳에서 영적 적들에 맞서 열렬히 기도하려는 충동을 느꼈기 때문입니다. 내가 부적절한 장소에 간 것에 대해 꾸짖자 그는 이렇게 말했습니다. "불순한 생각에 시달리던 저는 그런 오물에서 벗어나기 위해 불결한 장소에서 기도했습니다."

악령들은 우리 정신을 흐려서 그들이 원하는 바를 우리에게 제안하려고 애씁니다. 우리가 깨어 있는 한, 우리 보물은 도둑맞지 않을 것입니다. 하지만 음욕의 악령은 다른 모든 악령보다 더 열심히 노력합니다. 이 악령은 종종 탁월한 정신을[17] 흐리게 한 후, 온갖 수단

◀16 전승에 따르면, 아말렉족이 시나이의 오아시스와 엣티et-Tih의 고지를 점령했다. 이스라엘 백성은 그곳에서 모세가 이스라엘의 승리를 위해 두 팔을 치켜들고 있는 동안 전투를 치렀다. 클리마쿠스는 하느님 백성과 싸우는 악령, 여기서는 음욕의 악령을 아말렉과 동일시하고 있다.

을 동원해 정신을 유혹하여 미친 사람이 하는 짓을 하게 합니다. 그러고 난 후 제정신으로 돌아오면, 우리는 본 것에 대해서뿐만 아니라 사람들에게 저지른 잘못되고 불순한 행동과 말에 대해서도 부끄러움을 느낍니다.

어떤 이들은 이런 일을 겪고 나서야 비로소 악행을 끊었습니다. 그러므로 그대는 죄지은 후 기도와 신심과 철야를 단념하게 하는 적을 경계하십시오. '죄에 대한 기억으로 신음하는 내 영혼이 나에게 고통만 줄 뿐이니, 영혼의 적을 거슬러 공정을 베풀리라'라는 말씀을 늘 기억하십시오(시편 42,6 참조).

[유일하고 이중적인 자아의 신비: PG 901B-904A]

110. 누가 성공적으로 육체를 극복했습니까? 마음으로 탄식하는 모든 이입니다. 하지만 누가 탄식하는 마음을 지니고 있습니까? 자기 자신을 부정하는 자입니다.[18] 자기 의지에 죽는 자만이 탄식하는 이라 할 수 있기 때문입니다(시편 51,19 참조). 다른 누구보다도, 선정적으로 자신의 불결을 이야기하는 자는 욕정의 노예입니다. 마음을 속이는 음욕의 악령은 마음속에 불순하고 외설적인 생각을 불러일으킵니다. 절제하고 무시하는 것만이 그것을 치유할 수 있습니다.

하지만 어떤 방법이나 행동으로 이 육체를 결박할 수 있는지 나는

---

17 만일 인간이 영혼이라면, 정신은 영혼의 헤게모니콘 *hegemonikón*, 즉 '영혼을 이끄는 안내자'(교부들이 채택한 스토아학파의 용어)다.

18 참조: 마태 16,24; 루카 9,23.

정말 모르겠습니다. 육체는 내가 그것을 결박하기 전에 도망가고, 육체를 단죄하기 전에 판결을 바꾸고, 육체를 처벌하기 전에 육체에 굴복하기 때문입니다. 본성상 육체를 사랑하게 되어 있는데 내가 어떻게 그것을 미워할 수 있겠습니까? 영원히 육체에 결합하여 있는데 어떻게 육체에서 벗어날 수 있겠습니까? 나와 함께 부활하도록 예정된 육체를 어떻게 억압할 수 있겠습니까? 부패할 수밖에 없는 본성을 지닌 육체를 내가 어떻게 썩지 않게 하겠습니까? 육체가 본성을 근거로 합당한 이유를 대는데, 내가 어떻게 육체를 반박할 수 있겠습니까? 내가 단식으로 육체를 억제하면 단식하지 않은 이웃을 단죄하게 되고(로마 14,3 참조), 결국 육체에 항복하게 됩니다. 내가 이웃을 단죄하지 않고 육체에 이기면 마음으로 교만해지고, 그만큼 육체의 먹잇감이 됩니다. 육체는 조력자이자 원수이며, 방어자이자 적대자이고, 보호자이자 배신자입니다. 내가 육체를 돌보는 동안 그는 나를 공격합니다. 내가 육체를 지치게 하면 그는 무력해집니다. 내가 육체를 쉬게 하면 제어하기 어려워집니다. 내가 육체를 억제하면 그것은 견디지 못합니다. 내가 육체를 때려눕힌다면 덕을 얻기 위해 사용할 도구가 없어집니다. 나는 육체를 포옹합니다. 그리고 육체로부터 달아납니다. 내 안에 있는 이 본성의 신비는 무엇입니까? 영혼과 육체가 혼합된 이유는 무엇입니까? 어떻게 내 안에 벗과 적이 공존할 수 있습니까?

[자아가 자기 본성을 봄: PG 904A-904C]

111. 오, 이중으로 구성된 나의 본성이여, 나에게 그것을 설명해 보라. 너에 대해 알기 위해 다른 이들에게 물을 수는 없다. 내가 어떻게 너의 흉포함에서 벗어날 수 있느냐? 내가 너에 맞서 그리스도와 한편이 된 순간부터 어떻게 육의 위험을 피할 수 있느냐? 내가 너에게 폭력을 사용한다고 결심한 순간부터 너의 폭정의 위험을 어떻게 극복할 수 있느냐?(마태 11,12 참조). 나의 한쪽(육)이 내 영혼에 이렇게 대답합니다. "나는 네가 모르는 것을 말하진 않겠다. 대신 우리가 모두 알고 있는 것, 내 안에 있는 것, 즉 나를 낳았지만 밖에서 나를 태우는 사랑, 자신을 돌보지만 게으르며 모든 것을 소홀히 하는 이기심 그리고 과거의 태만과 행위에서 생겨난 내면의 자극에 대해 말하겠다. 나는 죄들을 잉태하여 낳고, 죄들은 다시 절망으로 죽음을 낳는다(야고 1,15 참조). 만일 네가 너와 나의 뿌리 깊은 연약함을 안다면, 내 손을 묶을 것이다. 만일 네가 탐식의 욕정에 제동을 건다면, 내 발을 묶어 더 앞으로 나아가지 못하게 할 것이다. 만일 네가 순종의 멍에를 진다면, 나를 정복할 것이다. 만일 네가 겸손을 소유한다면, 내 머리를 자를 것이다."

자, 이것이 열다섯 번째 싸움입니다. 살아 있는 동안 이 싸움에서 승리한 사람은 죽었다가 부활할 것이며, 이 세상에서 미래의 불멸성을 맛볼 것입니다.

담화 16

탐욕 1

[탐욕의 증세, 분석, 치료: PG 924C-925A]

112. 지혜로운 많은 이들이 앞서 이야기한 우리를 압제하는 음욕의 악령 바로 다음에 머리가 여럿인 이 탐욕의 악령에 대해 말합니다. 무지한 우리는 지혜로운 이들이 정한 순서와 규정을 따를 것입니다. 이 증상에 대해 간략하게 다루고 그 치료법으로 바로 건너갈 것입니다.

탐욕은 우상숭배이며(콜로 3,5 참조), 불신앙의 자손입니다. 탐욕은 스스로를 질병에 대한 예방, 노년을 위한 예비, 굶주릴 때를 위한 대비, 가뭄 때를 위한 경고라고 변명합니다. 인색한 자는 복음을 비웃고[1] 고의로 율법을 어깁니다. 애덕의 소유자는 자기 재산을 대수롭지 않은 것으로 여기지만, 인색한 자는 자신을 속이며 애덕과 재물

---

1 참조: 마르 7,22; 루카 12,15.

을 모두 소유해야 한다고 주장합니다. 탄식하는 이는 육체조차 부정하기 때문에 육체를 아끼지 않을 기회를 기다립니다. 가난한 이들을 위해 (재물을) 모으고 싶다고 말하지 마십시오. 그들은 렙톤 두 닢이면 충분히 하늘나라를 얻을 수 있습니다(루카 21,4 참조).

관대한 사람이 인색한 사람을 만났습니다. 인색한 사람이 관대한 사람에게 분별력이 없다고 했습니다. 하지만 욕정을 극복한 이는 걱정에서 벗어나지만, 욕정에 사로잡힌 자는 절대 순수한 기도를 바칠 수 없습니다. 게다가 인색한 자는 자선을 위해 재물을 쌓는다고 핑계를 대며 시작하지만, 결국 가난한 이들에게 적대감을 드러냅니다.[2] 그는 재물을 얻을 때까지는 동정을 베풀지만, 일단 돈이 수중에 들어오면 그것을 움켜쥡니다. 나는 가난한 이들이 영으로 가난한 이들(마태 5,3 참조) 사이에서 자신의 물질적 가난을 잊어버리고 덕으로 부유해지는 것을 보았습니다.[3] 하지만 쉼 없이 돈을 사랑하는 수도승은 "누구든지 일하기 싫으면 먹지도 마라"(2테살 3,10)라는 사도의 계명과 "이 손으로 나에게 필요한 것과 내 동료들에게 필요한 것을 마련했습니다"(사도 20,34)라는 말씀만 기억합니다.

이것이 열여섯 번째 싸움입니다. 이 싸움에서 승리한 사람은 온갖 걱정에서 자유롭게 하는 애덕을 소유합니다.

---

2 참조: 마태 26,9; 요한 12,6.
3 특별히 금욕가들을 뜻한다.

담화 17

탐욕 2

가난에 관하여

[아무것도 필요하지 않은 가난한 이들: PG 928B-928D]

113. 가난은 세상의 근심 걱정에서 벗어나는 것을 의미합니다. 우리는 가난을 통해서 영적 낙담에서 벗어나 계명에 충실하며 빨리 걸어갈 수 있습니다. 가난한 수도승은 세상의 주인입니다. 그는 자신의 근심거리를 하느님께 맡기며(시편 55,23 참조), 바로 이 믿음 때문에 모든 이를 자기 봉사자로 얻었습니다. 그는 모든 일을 주님의 손을 통해 받아들이면서 자기에게 필요한 것을 사람에게 드러낼 필요가 없기 때문입니다. 따라서 그는 마치 소득에 대해서는 전혀 관심 없는 일꾼인 양 자기에게 주어지거나 거부되는 것에 대해 똑같이 평가합니다. 세상에서 물러난 그는 나머지 모든 것을 무가치한 것으로 여기는(필리 3,8 참조) 거룩한 무관심의 아들이기 때문입니다. 만일 자신이 가지고 있지 않은 것에 대해 괴로워한다면 그는 진정으로 가난한 이가 아닙니다. 가난한 이는 순수한 기도를 바칩니다. 반면 재물

을 사랑하는 자는 물질로 된 형상에 간청합니다.

순종하며 사는 이는 탐욕과는 거리가 멉니다. 육체의 집을 허문 사람에게는 자기 물건을 둘 곳이 없기 때문입니다. 그가 해를 입을 수 있는 유일한 경우는 쉽게 이곳저곳으로 옮기는 것입니다. 하지만 물질적 이득 때문에 같은 장소에 꾸준히 머무르는 수도승들을 보았습니다. 그러나 나는 주님 때문에 안정된 거처가 없는 이들이 복되다고 말합니다. 게다가 천상의 것을 맛본 사람은 이 지상의 것을 쉽게 경멸합니다. 하늘의 부를 맛보지 못한 자가 지상의 부를 즐깁니다. 그러나 어리석어서 이 두 가지 모두 맛보지 못한 가난한 자는 현재의 부도 부족하고 미래의 부도 빼앗길 것입니다.

[머리가 여럿인 뱀의 치료제인 가난: PG 928D-929B]

114. 수도승들이여, 아무것도 생각하지 않고 전혀 모아들이지 않는 새들보다(마태 6,26 참조) 신뢰가 없는 모습을 보이지 맙시다. 종교적인 동기로 부를 포기하는 이는 위대합니다. 하지만 자기 뜻을 포기하는 사람만이 성덕에 이릅니다. 그는 물질적인 부와 영적인 부를 백배나 받을 것이며, 영원한 생명을 상속받을 것입니다(마태 19,29 참조).

인색한 자는 파도로 흔들리는 바다처럼 늘 분노와 고뇌로 동요할 것입니다. 물질을 경멸하는 이는 온갖 종류의 법정 소송과 다툼에서 벗어나지만, 부를 사랑하는 자는 작은 바늘 하나 때문에 죽기까지 싸웁니다. 신앙이 흔들리지 않는다면 근심을 몰아낼 것입니다. 그리고 죽음에 대한 기억은 육적인 것을 거부하게 합니다. 욥에게는 탐욕이 전혀 없었습니다. 그래서 그는 모든 것을 잃고서도 동요하지 않았습니다(욥 1,22 참조). 탐욕은 모든 악의 뿌리입니다(1티모 6,10 참조). 그것은 미움, 도둑질과 시기, 불화와 적개심, 격분과 복수, 잔혹한 행동과 살인을 유발합니다.

작은 불꽃 하나가 숲 전체를 태울 수 있습니다. 하지만 무심無心의 덕을 실천하는 데 조금만 노력하면 앞서 언급한 것들뿐 아니라 욕정들을 극복할 수 있습니다. 이 덕을 얻으려면 그 어머니인 하느님 인식에 대한 경험이 필요합니다. 이 인식은 최후 심판에 관한 생각에 결합하여 있습니다. 주의 깊은 이는 우리가 앞서 이야기한 온갖 악의 어미에[1] 관해 기억할 것입니다. 이 악령은 자신의 사악하고 가증스러운 자식 중 둘째를 돌 같은 마음의 무딤(무감각)이라고 했습니다. 이에 대해 내가 먼저 확실하게 이야기를 해야 했는데, 머리가 여럿인 우상숭배의 뱀 때문에 그것을 제자리에 두지 못했습니다. 게다가 나는 교부들이 어째서 여덟 가지 악의 사슬에서 탐욕을 세 번째에 두었는지 모르겠습니다.

탐욕에 대해서는 충분히 이야기했습니다. 이제 세 번째 악습이자 계보에서 두 번째 자식인 무감각에 대해 다루려 합니다. 그다음에 잠과 철야에 관해 다루겠습니다. 그리고 나서 미숙한 자의 특징인 유치한 두려움에 관해 다룰 것입니다. 이것들은 초심자의 병입니다.

이것이 하늘을 향한 여정에서 영적 감각들을 통해 얻게 되는 열일곱 번째 상급입니다.

---

[1] 탐식(담화 14).

담화 18

무감각 1

육체의 죽음에 앞선 영혼과 정신의 무덤에 관하여

[모순의 바다: PG 932B-933B]

115. 육체와 정신의 무감각은 오랜 질병이나 습관적 태만으로 인해 둔화된 감수성입니다. 나태한 무감각은 습관화된 태만의 열매, 마비된 생각, 오만의 자손, 열성을 방해하는 함정, 굳셈을 막는 덫, 탄식의 불이행, 절망의 문, 하느님께 대한 두려움을 잃게 하고 정신을 무디게 하는 망각의 어미입니다. 아둔하고 무감각한 철학자는[1] 가르치면서 자기도 모르게 자기 자신을 비판합니다. 자가당착으로 끝나는 웅변가와도 같습니다.

그는 읽는 법을 가르치는 소경이나 상처 치료법을 가르치려고 상처를 계속 악화시키는 의사처럼 처신합니다. 그는 이 욕정을 비난하지만, 잡담하면서 계속 이 욕정을 키웁니다. 그는 자기 행동을 한탄

---

1 아타락시아(정신의 평정)로 유토피아의 삶을 추구하는 자.

하지만 곧 같은 짓을 반복합니다. 이 불행한 자는 자기 행동 때문에 자신에게 화난 듯 보이지만, "내가 잘못하고 있군" 하고 말할 때도 부끄러움을 느끼지 않습니다. 그런 말을 하지만 악의를 고집하고, 혀로는 악을 비난하면서 몸으로는 계속 악을 저지릅니다. 죽음에 관해 심오한 이야기를 하면서 자신은 죽지 않을 듯이 행동합니다. 죽음의 현실 앞에서 울지만, 자신은 영원한 듯이 전혀 죽음을 느끼지 못합니다.

그는 절제에 대해 말하면서 목구멍을 만족시키려 싸웁니다. 심판에 관한 책을 읽으면서 처음에는 헛된 영광을 비웃지만, 독서 중에 허영심에 사로잡힙니다. 철야에 대해 수다스럽게 이야기하고서는 곧바로 잠에 떨어집니다. 기도를 찬양하지만, 어린아이가 회초리를 보고 도망가듯 기도에서 달아납니다. 순종에 대한 찬사를 늘어놓고서는 자신이 가장 먼저 불순종합니다. 인간적 집착에서 벗어난 이를 찬양하면서 자기는 절대 모욕을 잊지 않고 넝마 조각 하나 때문에 싸운다는 사실에 부끄러움을 느끼지 않습니다. 화를 낸 것에 울고서는 운 것에 화를 냅니다. 그는 실패에 실패를 더한다는 것을 모릅니다. 위를 가득 채우고서 잠시 후회하지만, 또다시 배가 터질 때까지 먹습니다. 침묵 중에 사는 이는 복되다고 말하고, 침묵을 칭찬하느라 장황하게 끊임없이 떠들어 댑니다. 그는 종종 온유를 가르치면서 격분하고, 잠시 후 흥분한 것에 화를 냅니다. 그러고는 진정하자마자 갑자기 눈물을 쏟아내고, 욕정으로 동요되어 머리를 마구 흔들어 댑니다. 그는 웃는 사람을 조롱하지만, 자신도 탄식을 가르칠 때 미소 짓습니다. 남들 앞에서 자신이 허영심이 많다고 비판하지만 그렇게 고백하는 데서 영광을 추구합니다.

　욕정이 가득한 시선으로 사람들을 바라보면서 정결에 관해 이야기합니다. 세상과 접촉해서는 고독한 생활을 하는 이들을 찬양하며 자기 자신을 비난하고 있다는 것은 미처 생각하지 못합니다. 자선을 베푸는 이를 칭찬하지만 가난한 이를 경멸합니다. 항상 자기 잘못을 인정할 준비가 되어 있다고 말하지만 자기 잘못을 깊이 인식하고 싶지 않거나 아마도 그럴 수 없을 것입니다. 나는 그런 많은 이가 죽음이나 무시무시한 심판에 대해 듣고는 눈물을 흘리다가 부은 눈으로 식탁으로 달려가는 것을 보았습니다. 나는 이 악취를 풍기는 폭군(탐식)이 어떻게 탄식도 몰아내고, 고통에 대한 뿌리 깊은 무감각으로 강해지는지 보고서 놀라움을 금치 못했습니다.

[사악한 폭군과 대면: PG 933B-933D]

116. 지금까지 나의 보잘것없는 능력으로 돌처럼 무디게 하는 이 어리석은 욕정의 간계와 피해를 폭로하려 애썼습니다. 이에 대해 더는 말할 필요를 느끼지 않습니다. 하지만 주님 안에서 할 수 있다면 누구든 망설이지 말고 저 상처들에 적합한 약을 찾으십시오. 여기에서 나의 무능을 고백하는 것이 부끄럽지 않습니다. 나도 이 욕정의 피해자입니다. 내가 먼저 이 욕정의 본성을 알고 그 힘을 억제하지 않았다면, 그것을 불시에 덮쳐 그 계략과 음모를 굴복시킬 수 없었을 것입니다. 하느님께 대한 두려움의 채찍과 부단한 기도의 회초리로 이 욕정이 제시하는 유혹을 알아차렸고, 앞에서 말한 그 방법에

대한 자백을 받아 냈습니다. 이 사악한 폭군이 나에게 이렇게 말했습니다. "나와 타협하는 자는 시신을 보고서도 웃지. 그는 기도할 때도 무정하고 돌처럼 (마음이) 닫혀 있다. 그는 기도의 맛을 느끼지 못할뿐더러 성체를 평범한 빵처럼 받아서 먹는다. 나는 그가 탄식하는 모습을 보고 비웃곤 한다. 나를 낳은 자에게서 굳셈과 갈망에서 거룩하게 잉태된 것이 태어나지 못하게 하는 법을 배웠다. 나는 웃음을 유발하고, 잠에 빠지게 하며, 배부름을 사랑하고, 거짓 신심으로 나를 은폐하고, 비난받아도 아무런 반응을 하지 않는다."

이 광분하는 말에 놀라 어안이 벙벙해진 나는 그 아비의 이름을 물었습니다. 그것이 이렇게 대답했습니다. "내 혈통은 단순하지 않다. 나의 기원은 뒤섞여 있으며 불분명하다. 과식이 나에게 힘을 주고, 시간이 나를 자라게 한다. 악습이 나를 들러붙게 한다. 그러므로 악습에 갇힌 자는 절대 내게서 벗어나지 못한다. 네가 금욕수행, 긴 철야, 영원한 심판에 대한 묵상을 꾸준히 할 때만 너를 조금 풀어 준다. 내가 네 안에 있게 된 원인을 잘 조사해 본다면, 내 어미와 싸울 수 있을 것이다. 내 어미는 모두에게 똑같지 않다. 네 마음에 죽음에 대한 像을 생생하게 새겨서 그 상이 마음에 계속 머물러 있게끔 무덤들 옆에서 자주 기도해 봐라. 단식의 붓으로 그 상을 네 안에 그려 봐라. 그렇게 하지 않는다면 너는 영원히 나를 이길 수 없다."

담화 19

무감각 2

잠, 기도, 공동 시편 낭송에 관하여

[*조는 자의 초상: PG 937A-937C*]

117. 잠은 어느 정도까지는 자연스러운 행위이며, 감각을 멎게 한다는 점에서 죽음과 비슷한 본성을 지니고 있습니다.[1] 모두에게 수면욕이 있지만, 다른 욕구들처럼 특별한 생리적 조건이나 음식 때문에 사람마다 다릅니다. 그러나 잠은 악령에게서 오기도 하고, 과도한 단식으로 소진된 육체를 쉬게 하려고 오기도 합니다. 우리는 과음에 익숙하듯 많은 잠에 익숙합니다. 그래서 무엇보다도 수도승생활 초기에 잠과 싸워야 합니다. 굳어진 습관은 바로잡기 어렵기 때문입니다.

우리가 주의한다면, 영적 나팔 소리로 형제들이 모일 때, 적들도 은밀히 모이는 것을 보게 될 것입니다. 어떤 적은 기상 종이 울리자

---

1 신·구약 성경은 자주 잠을 죽음으로 이야기하고 있다(참조: 1코린 7,39; 마태 9,24; 27,52).

마자 침대 머리맡에 서서 조금 더 자라고 부추깁니다. "초대송이 끝날 때까지 있어도 성당에 갈 시간이 충분해." 또 어떤 적은 여기저기 날아다니며 기도하고 있는 이를 졸음에 빠뜨립니다. 때때로 어떤 원수는 이상한 통증으로 복통을 일으킵니다. 또 어떤 적은 성당에서 잡담하도록 부추깁니다. 또 어떤 적은 비열한 생각을 불어넣습니다. 끝으로 어떤 적은 탈진한 사람처럼 등을 벽에 기대게 하거나 계속 하품을 하게 합니다. 그런 다음 우리를 웃게 해 주님의 분노를 유발합니다. 어떤 적은 날씨가 좋다는 핑계로 시편 낭송을 서두르라고 우리를 재촉합니다. 반면 어떤 적은 시편 박자를 제멋대로 늦추어 부르도록 우리를 유혹합니다. 혹은 우리 입술 위에 내려와 입술을 다물게 하거나 입술을 열기 힘들게 합니다.

[기도 중에 깨어 있는 사람: PG 937C-940A]

118. 주님 앞에 서 있다고 마음으로 굳게 믿는 이는 이런 악령 중 어떤 것에게도 미혹당하지 않고 기둥처럼 곧은 부동자세로 기도할 것입니다. 진실하고 순종적인 이는 자주 기도 중에 갑자기 빛을 발하고 기뻐 용약합니다. 용감한 군인 같은 이 훌륭한 수도승은 자기 의무를 충실히 이행하고 철저하게 순종하면서 오래전부터 기도에 준비되었기 때문입니다. 모두가 공동기도에 전념할 수 있습니다. 같은 정신과 같은 성향을 지닌 사람과 함께 기도하는 것이 더 유익한 사람도 있습니다. 고독한 기도는 극소수에게만 적합합니다.

공동체와 함께 찬송할 때 분심 없이 묵상에 전념하기란 대단히 어려울 것입니다. 그때 그대는 정신으로 부지런히 거룩한 본문의 영적 의미를 좇고, 한 시편과 다음 시편 사이에 그대의 의향에 따라 기도해야 합니다.² 하지만 누구도 기도 시간에 아무리 중요한 일이라 하더라도 다른 어떤 일에 신경 써서는 안 됩니다. 한 천사가 대大 안토니우스에게 그것을 분명하게 가르쳐 주었습니다.³ 불이 금을 정련하듯⁴ 기도할 때 수도승의 태도는 그의 열정과 하느님 사랑을 드러냅니다.

태도에서 그렇듯 탁월한 단계에 도달한 자는 이미 하느님께 가까이 있고, 이미 악령들을 패주시켰습니다.

---

2 고대 수도승 전통에서는 시편으로 기도를 바치는 방법이 오늘날과는 아주 달랐다. 한 시편이 끝나고 다음 시편으로 넘어가기 전에 긴 침묵 시간이 주어졌고, 이때 각자 방금 낭송한 시편을 묵상하고 마음속으로 기도를 바쳤다 – 역자 주.

3 안토니우스를 방문했던 한 스토아 철학자가 이 천사에 대해 기록했다(I. Hausherr, Un écrtit stoïcien sous le nom de Saint Antoine Ermite, in *Orientalia Christina* 30, 1933 참조).『필로칼리아』에서 편집된 170개 장으로 이루어진 이 작품에는 다음과 같은 권고가 있다. "그대가 집 문을 닫아걸고 홀로 있을 때, 하느님의 천사가 그대와 함께 있고 … 그대와 함께 깨어 있다는 것을 아십시오."『사막 교부들의 금언』안토니우스 1도 참조.

4 참조: 1 베드 1,7; 묵시 3,18.

담화 20

무감각 3

'몸의 깨어 있음'과 '영의 깨어 있음' 그리고 그 실천에 관하여

[하느님 기억으로 깨어 있음: PG 940B-941B]

119. 지상 왕궁에서 일어나는 일이 하느님 나라에서도 일어납니다. 지상 왕궁에서 어떤 이는 비무장인 데다 무방비 상태이지만, 어떤 이는 칼과 방패로 잘 무장되어 있습니다. 전자는 왕의 친척이나 친지로, 후자와는 매우 다릅니다. 이들에 대해서는 언급한 것으로 충분합니다. 우리의 경우, 어떻게 우리 하느님이자 임금이신 분의 합당한 신하가 되는지, 저녁과 낮과 밤으로 기도할 때 무장하여 깨어 있는 자가 되는지 살펴봅시다.

어떤 이는 저녁과 밤에 깨어 기도할 때, 육체를 잊고 온갖 걱정을 벗어 버린 듯 하느님께 손을 들어 올립니다. 또 어떤 이는 밤새 시편 낭송을 합니다. 어떤 이는 계속 독서에 전념하는 반면, 어떤 이는 약하지만 손노동으로 용감하게 잠을 몰아내려 애씁니다. 죽음을 생각하며[1] 탄식을 얻으려 노력하는 이도 있습니다. 이 모든 이 가운데 첫

번째와 마지막 사람들은 하느님께 더욱 맞갖은 방식으로 밤을 보냅니다. 두 번째 사람은 수도승생활 관습에 따라 생활합니다. 세 번째와 네 번째 사람들은 가장 낮은 길을 걸어갑니다. 그러나 하느님께서는 각자의 지향과 능력에 따라 그 봉헌을 받아들이시고 평가하실 것입니다.

깨어 있는 눈은 정신을 정화하지만, 과도한 잠은 영혼의 생기를 앗아 갑니다. 깨어 있는 수도승은 음욕의 적이지만, 조는 수도승은 음욕에 가담합니다. 철야는 음욕의 불을 끄고 음욕을 드러내는 꿈에서 벗어나게 해 줍니다. 철야 중에 눈은 눈물로 촉촉하고, 마음은 눈물로 젖은 듯하며, 생각은 통제되고, 음식 맛은 떨어지고, 악한 영들은 길들여지며, 혀는 억제되고, 환상은 사라집니다. 철야하는 수도승은 죽음에 대한 거룩한 생각을 다시 낚아 올립니다.[1] 밤의 고요 속에서 생각을 더 쉽게 되찾을 수 있기 때문입니다. 기도 시간을 알리는 종소리가 울리면, 주님을 사랑하는 수도승은 "좋아, 좋아!"라고 말하지만, 게으른 수도승은 "아이고, 아이고!"라고 애석해합니다.

풍성한 식탁에서 탐식가가 드러나고, 공동기도에서 주님을 사랑하는 이가 확실히 밝혀집니다. 식탁 앞에서 전자는 기뻐 춤추고, 후자는 역겨워합니다. 오랜 잠은 하느님 기억을[2] 흐리게 하지만, 철야는 그것을 맑게 해 줍니다. 농부는 타작마당과 포도즙을 짜는 통에서 부富를 거두어들이고, 수도승은 저녁과 밤 시간의 기도 수행에서

---

[1] 금욕가는 "죽음이 더욱 참된 삶의 시작이라는 점에서 기쁨으로 죽음을 기다린다"(디아도쿠스『시 단상 100편』54).

[2] 영혼은 하느님 기억으로 피하며 적을 물리친다(디아도쿠스『시 단상 100편』32).

영적 부를 거두어들입니다. 과도한 잠은 잠꾸러기에게서 인생의 반이나 그 이상을 훔치는 나쁜 동반자입니다. 미숙한 수도승은 형제들과 이야기할 때 정신이 말똥말똥하지만, 기도 시간에는 잠으로 눈이 무거워집니다. 해이해진 수도승은 온갖 것에 대해 잡담하는 데는 선수인데, 성경 독서가 시작되면 졸린 눈을 뜰 수가 없습니다. 하지만 종소리가 울리면 죽은 이들이 되살아나듯이(1코린 15,52 참조) 무익한 대화의 기회를 잡자마자 잠에서 깨어납니다.

[기도하고 깨어 있기: PG 941B-941D]

120. 폭군인 잠은 위가 가득 찰 때 사라지고, 배고프고 목마를 때 강하게 공격하는 교활한 악령입니다. 이 녀석은 기도 시간에 손노동을 하라고 유혹합니다. 다른 방법으로는 깨어 있는 이를 기도에서 떼어 놓을 수 없기 때문입니다. 이 녀석은 첫 싸움에서 먼저 초심자를 공격하는데, 처음부터 그를 무력화하여 음욕의 악령에 쉽게 공격받게 하려는 것입니다. 이 녀석에게서 벗어날 때까지 공동기도에 충실하도록 합시다. 그러면 적어도 우리가 종종 꾸벅꾸벅 조는 것은 억제할 수 있을 것입니다. 사냥개가 산토끼의 적이듯 헛된 영광의 악령은 잠의 적입니다.

상인은 하루를 마감하면서 그날의 수익을 계산합니다. 수도승도 시편 낭송을 마치면 거기서 얻는 이득을 조용히 헤아립니다. 기도가 끝난 후 고요히 기다려 보십시오(1베드 5,8 참조). 우리가 싸움에서 쫓아 버렸던 악령의 무리가 기도 후에 괴이한 환상으로 우리를 유혹하려고 어떻게 공격을 재개하는지 볼 수 있을 것입니다. 잘 관찰하면, 그대의 영혼에 다시 통상적인 폭력이 가해진다는 것을 침묵의 평화 속에서 보게 될 것입니다.

잠자는 동안에도 낮에 바쳤던 어떤 시편 구절을 암송할 수 있습니다. 하지만 그것은 악령이 우리를 교만으로 이끌려고 일으키는 일일 수도 있습니다. 나는 이 세 번째 경우를 가정하고 싶지 않았지만, 누군가가 나에게 그것을 요구했습니다. 낮에 부단히 하느님 말씀에 전념하는 영혼은 잠자는 중에도 그 말씀에 전념하고 싶어 할 것입니다 (시편 1,2 참조). 이것은 낮에 열심히 말씀에 전념한 보상으로 영혼에게 주어진 것입니다. 그렇게 하면 악한 영들이 일으킨 환상에서 벗어날 수 있을 것입니다.

자, 이것이 스무 번째 단계입니다. 여기에 도달한 사람은 마음속에 하느님의 빛을 받았습니다.

담화 21

두려움

미숙한 자의 겁에 관하여

[미숙한 두려움: PG 945B-948A]

121. 수도원이나 공동체 안에서 덕을 닦는 데 분투하는 이는 겁의 공격을 받지 않습니다. 그런 일은 주로 홀로 고요한 장소에서 분투하는 이에게 일어납니다. 그러한 장소에서는 헛된 영광이 일으킨 욕정이자 불신앙의 딸인 겁에 압도당하지 않도록 주의해야 합니다.

겁은 미숙한 자의 태도이고, 노년에도 헛된 영광에 사로잡힌 영혼의 태도입니다. 또한 겁은 예기치 못한 일을 두려워함으로써 신앙에서 벗어나는 것입니다. 그래서 겁은 어떤 위험을 과도하게 두려워하거나, 알 수 없는 불행에 가슴 떨리는 두려움이나 공포심을 느끼는 사람이 갖게 됩니다. 두려움은 교만한 영혼에 있는 확신의 부족이라 말합니다. 그는 자기로 가득 차 있음에도 겁의 노예입니다. 자기 자신만을 신뢰하며, 세상의 온갖 소음과 어둠에 놀랍니다.

탄식하며 살고 고통에 무뎌진 이는 소심하지 않습니다. 두려움에 사로잡힌 이가 종종 자제심을 잃는 일이 있습니다. 이는 주님께서 허영심이 강한 자를 저버리심으로써 다른 모든 이에게 겸손을 가르치려는 것입니다. 겁이 많은 소심한 자들은 모두 허영심이 강하지만, 대범한 자라고 모두 겸손한 것은 아닙니다. 겸손한 이들 가운데서도 종종 허영심이 강한 자가 있습니다. 도둑이나 무덤 약탈자 중에도 겁 없는 자가 있을 수 있습니다.

그대는, 그대가 평소에 무서워하는 장소에 가는 것을 두려워하지 마십시오. 그대가 조금이라도 굴복한다면, 유아적이고 우스꽝스러운 이 욕정이 그대와 함께 늙어 갈 것입니다. 그러한 장소에 가기 전에 기도로 무장하십시오. 거기 도착하면 팔을 뻗어 예수님의 이름을 부르며 적을 공격하십시오. 하늘과 땅에서 이보다 강력한 무기는 없습니다(사도 4,12 참조). 그대가 이 질병을 치유한다면 그대를 해방하신 분께 영광을 드리십시오. 그분께서 그대의 감사를 받으시며 항상 그대를 보호해 주실 것입니다. 단번에 위를 가득 채울 수 없듯이 한순간에 겁을 극복할 수는 없습니다. 탄식에 도달한 그만큼 그대는 점차 겁을 극복할 것입니다. 탄식이 부족할수록 겁은 더 커질 것입니다. 엘리파즈는 이 악령의 교활함에 대해 이렇게 말했습니다. '내 머리털이 곤두섰고, 내 피부에 돌기가 생겼네'(욥 4,15 참조). 겁은 영혼 깊숙한 곳에서 먼저 감지되기도 하고, 외부에서 먼저 감지되어 내부로 전해지기도 합니다. 예기치 못한 일로 육체가 두려워할 때 그대 영혼이 더는 두려워하지 않는다면, 이 병은 치유되고 있는 것입니다. 우리가 이 겁에서 해방된다면, 어둠이나 고독한 장소가 우리 원수인 악령들에게 더는 도움이 될 수 없을 것입니다. 오직 영혼의 불모만이 그들에게 힘을 줄 것입니다.

  하지만 때때로 주님의 섭리로 이런 일이 일어납니다. 주님께서 우리가 그것으로부터 배우기를 바라시기 때문입니다. 주님의 종은 자기 스승만을 두려워할 것입니다. 반면, 아직 주님을 두려워하지 않는 자는 종종 자기 그림자에 겁을 먹습니다. 보이지 않는 영이 나타날 때 육체는 떨리지만, 가난한 이의 영혼은 천사들의 현존에 몹시 기뻐할 것입니다. 우리가 결과에서 원인으로 거슬러 올라가면서 이 현존을 감지한다면, 우리를 도우러 온 수호천사와 함께 서둘러 기도합시다.

담화 22

헛된 영광

헛된 영광의 형태에 관하여

[교만의 뿌리인 헛된 영광: PG 948D-949C]

122. 어떤 이들은 헛된 영광의 악습과 교만의 악습을 구별하여, 헛된 영광을 하나의 악습으로 따로 살펴보아야 한다고 주장합니다. 그래서 그들은 여덟 가지 악습에 관해 이야기합니다. 나는 신학자 그레고리우스[1]와 다른 이들이 제시하는 일곱 가지 악습에 동의합니다. 헛된 영광을 극복한 이에게 교만이 남아 있을 수 있겠습니까? 이 둘의 차이는 어린아이와 어른, 밀과 빵의 차이와 같습니다. 헛된 영광은 시작 단계이고, 교만은 최종 단계입니다.

---

[1] 신학자로 알려진 나지안주스의 그레고리우스가 아니라 대大 그레고리우스이다. 에바그리우스가 말한 여덟 가지 악습은 탐식, 음욕, 탐욕, 슬픔, 분노, 아케디아, 헛된 영광, 교만이다. 카시아누스가 이 목록을 서방에 전달했는데 대 그레고리우스는 헛된 영광을 교만에, 슬픔을 아케디아에 결합하고 질투를 새로 도입해 일곱 악습으로 줄였다(*The ladder of Divine Ascent*, 201 참조).

따라서 욕정들의 시작과 완성인 자만이라는 불경한 악습에 관해서 이야기해 보겠습니다. 하지만 그것을 간단하게 이야기할 것입니다. 교만을 학문적으로 상세히 다루는 것은 바람의 성질을 조사하고 싶은 자처럼 행동하는 것일 수 있기 때문입니다. 헛된 영광 자체는 절대 실수하지 않으려고 주의를 기울이는 본성적 행동에 근본적으로 역행합니다. 헛된 영광의 특성은 전혀 괴로워하지 않는 것, 자기 땀의 열매를 잃는 것, 자기 보물을 훼손하는 것입니다. 헛된 영광은 불신앙의 딸이며, 항구에 있는 배를 난파시키고, 교만을 향해 나아갑니다. 헛된 영광은 전혀 수고하지 않고 밀 수확을 망치는 타작마당의 개미와 같습니다. 개미가 곡식이 수확되기를 기다리듯이, 헛된 영광은 공로가 수확되기를 기다립니다. 개미는 훔치는 것을 즐기고, 헛된 영광은 낭비하는 것을 즐깁니다.

절망의 악령은 악이 증가하는 것을 보고 즐거워합니다. 헛된 영광의 악령은 덕이 성장하는 것을 보고 기뻐합니다. 절망은 많은 상처를 얻어 열린 문으로 들어오고, 헛된 영광은 많은 노고를 견디고 열린 문으로 들어옵니다. 잘 관찰해 보십시오. 그러면 무덤에서도 헛된 영광이 번성한 것을 발견할 것입니다. 헛된 영광은 옷들과 향수, 행렬과 향료 그리고 다른 화려한 것들로 기뻐합니다. 태양이 만물 위에 빛나듯 헛된 영광은 모든 선행 위로 펼쳐집니다. 다시 말해서, 나는 단식하면서 헛된 영광에 사로잡힙니다. 내가 나 자신에게 관심을 두지 않으려고 단식을 중단하면, 내 현명함에 대해 헛된 영광에 빠집니다. 나는 옷을 화려하게 입고서는 헛된 영광에 빠지고, 또 초라한 옷을 걸치고서는 헛된 영광에 사로잡힙니다. 말할 때 헛된 영광에 사로잡히고, 침묵하고 있는 동안에도 헛된 영광에 사로잡힙니다. 아무리 내가 이 가시나무를 던져 버린다 해도 이 녀석은 항상 내 한가운데 똬리를 틀고 있을 것입니다.

[헛된 영광에 사로잡힌 금욕가는 주교직과 장상직을 꿈꾼다: PG 949C-952B]

123. 헛된 영광에 사로잡힌 신앙인은 겉으로는 하느님을 공경하는 듯하지만, 실제로는 하느님이 아닌 사람을 기쁘게 하려는 우상숭배자입니다. 자기를 과시하기 좋아하는 자는 헛된 영광에 사로잡혀 있는 사람입니다. 그가 사람들의 칭찬을 받으려고 단식하고 기도한다는(마태 6,1-2 참조) 점에서, 그의 단식은 보상을 받지 못할 것이고(마태 6,16 참조), 그의 기도는 절대 합당하지 않을 것입니다. 헛된 영광에 사로잡힌 금욕가는 두 배로 피해를 봅니다. 그는 육체를 쇠약하게 하고, 이로 인한 어떤 상급도 받지 못할 것이기 때문입니다. 헛된 영광 때문에 행동하는 자를 비웃지 않을 사람이 누가 있겠습니까? 그는 서서 시편을 낭송하면서 웃다가 모두가 보는 앞에서는 눈물을 흘립니다.

주님께서는 우리가 행한 선을 우리가 보지 못하도록 감추시곤 합니다. 하지만 그 아첨꾼, 더 정확하게 말하면, 그 사기꾼이 와서 칭찬하며 우리 눈을 열어 줍니다. 우리 눈이 열리자마자 우리가 얻은 부는 사라집니다. 그 심부름꾼은 교만으로 이끌고, 우리 안에 탄식을 소멸시키는 악령의 종입니다. 그것은 우리를 올바른 길에서 벗어나게 하여 우리에게서 선을 앗아 갑니다. 예언자는 이렇게 말합니다. "내 백성아, 너를 복되다고 말하는 자들이 너를 속였다"(이사 3,12 불가타). 높이 나는 자는 모욕을 너그럽게 감내합니다. 거룩한 이는 해를 입지 않고 칭찬을 견뎌 냅니다. 나는 탄식하는 이가 칭찬을 받을 때 분개하는 것을 보았습니다. 칭찬을 받을 때 그는 하나의 욕정으로 하나의 욕정을 물리쳤습니다.

"사람 속에 있는 그의 영이 아니고서야 사람들 중에 어느 누가 그 사람의 생각을 알고 있겠습니까?"(1코린 2,11). 따라서 아첨이 몸에 밴 자는 자신의 아첨에 부끄러워해야 하고 입을 닫고 있어야 합니다. 한편, 그대의 이웃이나 벗이 그대 앞에서 또는 그대가 없는 곳에서 그대를 모욕한다면, 그대의 애정을 드러내고 그에 대해 칭찬해야 합니다. 도량이 넓은 자만이 사람의 칭찬을 거절할 수 있으며, 악령의 칭찬을 거부하는 것은 위대한 일입니다. 게다가 자신을 비판하는 것은 특별히 겸손이라고 할 수 없습니다. 우리는 모두 자신 안에 비난 거리를 가지고 있기 때문입니다. 오히려 우리를 모욕한 자를 향한 애정을 식지 않게 하는 것이 큰 겸손입니다.

앞서 언급한 대로 헛된 영광의 악령은 때때로 수도승에게 먼저 어떤 생각을 제시합니다. 그런 다음 그를 신뢰하는 형제에게 그 생각을 드러내어 그를 예언자처럼 여기게 합니다. 때로는 이 사악한 악령은 진동을 일으키며 실제로 몸속 어딘가로 들어갑니다. 그것을 무시하십시오. 그가 그대에게 주교직이나 장상 혹은 교사직을 약속하면 탄식하십시오. 탄식은 푸줏간 주인의 식탁에서 개를 쫓아 버립니다. 그대가 고독 속에서 조금 진보하면 고독을 포기하라고 그대를 부추길 것입니다. 그는 수도승이 진보했다는 것을 알면 "여기서 떠나 길 잃은 자들을 구원하러 가라"고 속삭이며 세상으로 돌아가라고 유혹합니다.

[헛된 영광에 사로잡힌 자의 초상: PG 952B-953B]

124. 수도원에 사는 이와 은수처에 사는 이에게 헛된 영광은 다양한 외모의 에티오피아인들처럼 다양한 모습을 취합니다. 예를 들어, 헛된 영광은 세속인이 방문할 때 경솔한 수도승을 먼저 자극합니다. 헛된 영광은 속으로는 몹시 교만한 수도승이 손님을 맞이하면서 손님 발 앞에 엎드려 겸손한 척하게 합니다. 헛된 영광은 수도승의 행동과 목소리를 통제합니다. 손님에게서 무언가를 얻기를 바라면서 그의 시선이 손님의 손을 향하게 합니다. 하느님 다음으로 손님을 자기 삶을 후원하는 주인이자 군주로 부르게 합니다. 식탁에서 수도승에게 절제 있게 먹으라고 충고합니다. 그리고 수도승을 감시하면서 무자비하게 공격합니다.

시편 낭송 중에 헛된 영광은 게으른 자에게 원기를 주고, 목소리가 나지 않는 이에게 아름다운 목소리를 주며, 졸린 사람을 깨웁니다. 헛된 영광 때문에 수도승은 방문객이 떠날 때까지 성가대 지휘자에게 알랑거리고, 그를 아버지요 스승으로 부르며 자기에게 선창을 맡겨 달라고 부탁합니다. 헛된 영광 때문에 존경받는 이는 교만해지고, 무시당하는 자는 복수심을 드러냅니다. 헛된 영광은 종종 명예 대신 불명예를 초래하는데, 성난 자에게 큰 수치심을 일으키기 때문입니다. 그것은 성미가 급한 자를 사람들 앞에서 온순하게 보이게 합니다. 헛된 영광은 재능이 있는 이들 가운데 번성하며, 자기 노예가 된 이들에게 자주 재앙을 초래합니다. 나는 이 악령에 사로잡힌 수도승이 자기 형제를 괴롭히고 박해하는 것을 보았습니다. 그가 분노에 사로잡혀 있을 때 세속인들이 찾아왔습니다. 그러자 그 가여운 수도승은 분노에서 헛된 영광으로 건너가며 이 악령의 노예가 되었습니다. 그는 동시에 두 욕정을 섬길 수 없었습니다(마태 6,24 참조). 헛된 영광의 노예가 된 자는 이중적인 생활을 합니다. 그는 겉으론 수도승으로 살지만, 속으론 세속적인 생각과 욕망으로 삽니다.

우리가 높은 곳으로 이끄는 길을 꾸준히 달려가면서 주님을 기쁘게 해 드린다면 천상의 영광을 맛볼 것입니다. 그것을 맛본 이는 지상의 영광을 경멸할 것입니다. 천상의 영광을 맛보지 않았는데도 지상의 영광을 경멸할 수 있다면, 그것은 참으로 놀라운 일일 것입니다. 헛된 영광에 사로잡혔던 사람이 다행스럽게도 그 악령에서 벗어나기도 합니다. 나는 헛된 영광으로 금욕생활을 시작한 이들을 보았습니다. 그러나 그들은 생각을 고쳐 초기의 잘못된 지향을 바로잡아 결국 훌륭한 삶을 살았습니다.

게다가 자신의 천부적 재능들 ─ 지성과 뛰어난 학습 능력, 훌륭한 독서력과 정확한 발음 능력, 혹은 우리 공로 없이 본성으로 우리에게 주어지는 다른 비슷한 능력들 ─ 로 잘난 체하는 자는 절대 본성을 초월하는 은사들을 얻지 못할 것입니다. 작은 일에 불충한 자는 큰일에도 불충하기 때문입니다(루카 16,10 참조). 헛된 영광에 사로잡힌 자가 그러합니다. 어떤 이들은 가장 높은 아파테이아, 영적 은사, 기적을 행하는 힘, 예언의 능력을 얻으려고 물리적 고행으로 몸을 지치게 만듭니다. 그러나 이 불쌍한 자들은 이런 은사들의 어머니가 힘든 노고가 아니라 겸손임을 모릅니다. 스스로 빚진 자라고 여기는 사람은 어느 날 갑자기 기대하지 않은 부를 받을 것입니다.

[적합한 치료법: PG 953B-956B]

125. 그대의 말을 경청하는 이의 유익을 위해 그대의 덕들을 드러내라고 유혹하는 자를 믿지 마십시오. "온 세상을 벌어들인다 해도 제 목숨에 손해를 본다면 사람에게 무슨 소용이 있겠습니까?"(마태 16,26). 온전히 겸손과 진실로 영감을 받아 행동하고 말하는 태도만큼 감동을 주는 것은 없습니다. 사실 그것은 비상식량과 같습니다. 헛된 영광에서 벗어나는 길에서 다른 이들과 함께 이 식량을 나눠 먹게 될 것입니다. 어떤 유익함이 이것보다 더 크겠습니까? 식별력을 지닌 사람이 나에게 그것을 일깨워 주었습니다. 그는 자기가 실제로 보았던 것을 나에게 이야기해 주었습니다. "내가 형제들과 함께 모여 있을 때 헛된 영광과 교만, 이 두 악령이 내 양옆에 앉았습니다. 헛된 영광의 손가락이 내가 사막에서 살았을 때의 관상생활과 활동에 대해 그들에게 말하라고 옆구리를 쿡쿡 찌르더군요. 나는 '내게서 물러가라. 나를 거슬러 악을 꾀하는 자들은 부끄러워하며 물러가라'(시편 40,15 참조)라고 말하며 그들을 물리쳤습니다. 그것이 물러가자 왼쪽에 있던 교만이 말하더군요. '훌륭해. 잘했어! 내 뻔뻔한 어미를 정복하여 너는 위대해졌군.' 하지만 앞서 한 비슷한 말로

그에게 화살을 쏘며 응수했습니다. '내게서 물러나라. 나에게 `훌륭해. 잘했어!'라고 말하는 자들은 부끄러워하며 당장 물러가라.' 나는 교만에게 어째서 헛된 영광이 네 어미냐고 물었습니다. 그가 이렇게 말했습니다. '칭찬은 우쭐대게 하고 거만하게 하지. 그렇게 우쭐해진 영혼은 교만의 희생자가 되지. 교만은 영혼을 하늘로 데려간 후 지옥까지 추락시킨다.'"[2]

하지만 하느님에게서 오는 영광은 다릅니다. "나를 영광스럽게 하는 이들은 나도 그들을 영광스럽게 할 것이다"(1사무 2,30)라고 기록된 바와 같습니다. 악령의 작용으로 오는 영광은 다릅니다. 이에 대해 예수님께서 말씀하셨습니다. "불행하여라, 모든 사람이 그대들을 좋게 말하면!"(루카 6,26). 그대가 사람의 칭찬을 어떻게 해서든 피해야 할 위험으로 인지하는 경우와 어디를 가든 그대의 금욕수행을 숨기려 노력할 경우, 이 두 경우에서만 하느님에게 오는 영광을 알아볼 것입니다. "이처럼 여러분의 빛이 사람들 앞에 비치어, 그들이 여러분의 좋은 행실을 보고 하늘에 계신 여러분의 아버지를 찬양하게 하시오"(마태 5,16)라는 권고에 따라 남들에게 자신을 덕스러운 사람으로 믿게 하려고 행동할 때 그대는 악령에게서 오는 영광을 알아보게 될 것입니다.

[헛된 영광의 순간과 적합한 치료제: PG 956B-957A]

---

2 참조: 마태 11,23; 루카 10,15.

126. 주님께서는 종종 헛된 영광에 사로잡힌 이가 모욕을 당하게 하시며 그를 헛된 영광에서 벗어나게 하십니다. 이 악습을 치료하는 첫 단계는 모욕을 기쁘게 받아들이고 혀를 제어하는 것입니다. 중간 단계는 헛된 영광의 생각에서 나오는 모든 행동을 단호히 잘라 버리는 것입니다. 바닥없는 이 악습에 끝이 있다면, 최종 단계는 사람들 앞에서 치욕을 당하는 행동을 아무렇지도 않게 하는 습관입니다. 자신의 행위로 다른 이들이 분개할까 두려워 자신의 치부를 감추지 마십시오. 물론 병(죄)의 종류에 따라 적합한 약을 사용해야 합니다. 이것은 치료약을 남용하지 않기 위해서입니다.

교만의 유혹을 느낄 때, 그 영광이 다른 이들에게서 저절로 오는 것이든 우리가 헛되이 추구해서 오는 것이든, 탄식하는 우리 신분을 기억하고, 하느님 앞에서 경외심으로 기도해야 하는 우리 의무를 생각해야 합니다. 우리가 참된 기도를 한다면 이 뻔뻔스러운 유혹을 쫓아 버릴 수 있을 것입니다. 이것으로 부족하다면 죽음에 관한 생각에 매달립시다. 그런데도 성공하지 못한다면, 헛된 영광에 빠진 자가 맞게 될 수치심을 생각하면서 나아가도록 합시다. 자기를 높이는 사람은 이 세상에서도, 특히 영원을 향해 이 세상을 떠나기 전에도 낮아질 것이라고 기록되어 있기 때문입니다.[3]

따라서 사람들이 우리를 칭찬하기 시작할 때, 자신의 많은 죄를 기억합시다. 그들은 우리를 찬양하는 이들이 아니라 빗나가게 하는 자들입니다. 그러면 우리가 말이나 행동으로 칭찬받기에 부당하다

---

3 참조: 마태 23,12; 루카 14,11.

는 것을 알게 될 것입니다. 허영심이 강한 자들의 어떤 기도가 하느님의 주의를 끌 수도 있습니다. 하지만 주님께서는 그들이 자신의 기도가 이루어졌다고 교만해지지 않게 하시려고 정기적으로 그들의 바람과 청원을 막으십니다. 단순한 이는 헛된 영광의 독으로 위협받지 않습니다. 헛된 영광은 단순성의 상실과 위선적 행동 방식이기 때문입니다. 애벌레가 자라 날개가 생기면 높이 날듯이, 헛된 영광은 완전히 성장하면 교만을 낳습니다. 교만은 모든 악의 뿌리이자 절정입니다(1티모 6,10 참조). 이 질병에서 벗어난 이는 구원에 가까이 갑니다. 이 병에 걸린 자는 성인들의 영광에서 멀리 떨어져 있을 것입니다.

 이것이 스물두 번째 단계입니다. 모든 악의 근원인 이 욕정에 사로잡히지 않은 사람은 하느님이 혐오하시는 교만에도 빠지지 않을 것입니다.

담화 23

교만

신성모독의 끔찍한 생각을 담고 있는
모든 악의 기원인 교만에 관하여

[교만의 본성과 심각성: PG 965B-968A]

127. 교만은 하느님 부정, 악마의 날조, 사람들에 대한 경멸입니다. 단죄의 어미이며 우리가 받는 칭찬의 딸입니다. 그것은 하느님의 도움을 거부하는 불모의 표지, 광기의 전조, 몰락의 창시자, 마귀 들림의 원인, 분노의 원천, 위선의 문, 악령의 요새, 죄의 저장소입니다. 또한 무자비한 행동의 원인, 인간적 이해의 무능, 무자비한 입법자, 매정한 심판관, 하느님의 적, 신성모독의 뿌리입니다. 헛된 영광이 끝나는 곳에서 교만이 시작됩니다. 그 중간 단계에서 이웃에 대한 경멸, 자기 노고에 대한 뻔뻔한 과시, 칭찬에 대한 열망과 질책에 대한 혐오가 연이어 일어납니다. 하지만 그 정점에는 하느님의 도움을 거부하는 것이 있는데, 이것은 자신의 노고에 대한 자만한 찬양과 악마적인 태도와 결합하여 있습니다.

이 나락에서 벗어나고 싶다면 경청하십시오. 처음에 이 욕정은 종종 감사기도에서 힘을 얻기까지 합니다. 처음부터 감히 염치없이 하느님을 부인하지는 않기 때문입니다. 하지만 나는 입으로는 하느님께 감사드리면서 마음으로는 자기 자신을 치켜세우는 이들을 보았습니다. "하느님, 당신께 감사드립니다"라고 말했던 저 바리사이에 대해 복음이 증언했듯이 말입니다(루카 18,11 참조). 주요 악습을 열둘로 가정하면 교만은 항상 불명예의 원인입니다. 언젠가 어떤 훌륭한 분이 이렇게 말했습니다. "당신이 열둘 가운데 단지 하나에 굴복했는데 그것이 교만이라면, 교만이 나머지 열한 가지의 자리를 차지하고 앉아 있을 것이오."[1]

교만한 수도승은 거칠게 대응하고, 겸손한 수도승은 반박할 줄 모릅니다. 삼나무가 땅을 향해 자기 몸을 구부리지 않는 것처럼, 마음이 교만한 수도승은 순종에 이르지 못합니다. 마음이 교만한 자는 지배를 받지 않으려 합니다. 그는 자신을 완전히 망칠 다른 방법을 모르거나 오히려 찾고 싶어 하지 않기 때문일 것입니다. 주님께서는 교만한 자를 물리치십니다(야고 4,6 참조). 따라서 누가 그에게 자비를 베풀 수 있겠습니까? 모든 교만한 자가 그분 앞에 불결하다면, 주님께서 불결하다고 선언하신 자를 누가 의롭게 할 수 있겠습니까? 그는 넘어짐으로써 잘못을 고칠 것이지만, 그를 넘어지게 하는 가시는 교만의 악령일 것입니다(2코린 12,7 참조). 그리고 하느님에게 버림받는 것은 정신착란에 빠지게 할 것입니다. 첫 두 경우에는 인간적 치료가 가능하지만, 세 번째 경우는 인간이 치료할 수 없습니다.

---

1 『천국의 사다리』15,105 참조.

충고를 거부하는 것 자체가 자신의 욕정을 드러내는 것이며, 충고를 기꺼이 받아들이는 것은 그 사슬에서 풀려났다는 것을 보여 줍니다. 교만 난 하나가 하늘에서 떨어지게 했습니다. 그렇다면, 겸손이 아닌 다른 덕이 하늘에 이르게 할 수 있는지 묻지 않을 수 없습니다. 교만은 우리가 많은 수고로 얻은 것을 파괴합니다. 그때 그는 부르짖겠지만, 아무도 교만이 파괴한 것을 보호하러 올 수 없습니다. 그는 주님께 부르짖겠지만, 그분은 들어주지 않으실 것입니다.[2] 그는 청하면서도 잘못을 뿌리 뽑으려 노력하지 않기 때문입니다.

[우리는 아무것도 아니다: PG 968B-969B]

128. 이 문제에 경험이 많은 한 원로가 교만하고 무분별한 형제에게 겸손을 권고했습니다. 그러자 그는 이렇게 말했습니다. "사부님, 용서하십시오. 저는 교만하지 않습니다." 지혜로운 원로가 반문했습니다. "아들아, 네가 교만하지 않다고 한 그 말보다 너의 교만을 잘 보여 주는 것이 어디 있겠느냐?" 이런 자에게는 거친 노동과 겸손한 기도, 성덕을 이룬 사부들의 영웅적인 이야기에 대한 독서로 이루어진 순종의 삶이 필요합니다. 그렇게 한다고 해도 그러한 병자 가운데 소수에게만 구원의 희망이 피어날 수 있을 것입니다. 다른 사람에게 받는 칭찬으로 우쭐하는 것은 부끄러워하면서 하느님의 은사에 우쭐하는 것은 미친 짓입니다. 그대는 세상에 태어나기 전에

---

2 참조: 잠언 1,28; 시편 18,42.

소유했던 고귀한 덕에 대해서만 자랑할 수 있습니다. 그대가 태어난 이후의 덕에 대해서는 그것을 주신 하느님께 감사해야 합니다.[3] 하느님께서 그대에게 부여하신 이성적이고 자유로운 영혼과 관련 없이 그대가 쌓은 덕, 오로지 이것만이 그대의 것이라 말할 수 있을 것입니다. 육체와 관련 없이 그대가 성취한 덕, 오로지 이것만이 그대 수고의 열매라고 할 수 있을 것입니다. 하느님이 창조하셨기에 육체 또한 그대의 것이 아닌 하느님의 것입니다. 판결을 받기 전에 예상하지 마십시오. 혼인 잔치에서 손발이 묶여 바깥 어둠 속으로 던져진 손님의(마태 22,13 참조) 모습을 기억해야 합니다. 흙으로 빚어진 그대는 머리를 쳐들지 마십시오. 많은 이가 거룩하고 영적인 본성을 지녔음에도 하늘에서 쫓겨났습니다.

이 악령은 하느님께 축성된 이들 안에 자리 잡고 그들이 잠자거나 깨어 있는 동안 거룩한 천사나 순교자의 모습으로 나타납니다. 그들에게 신비를 계시하거나 신적 은사를 부여하는 척하면서(2코린 11,14 참조), 길 잃은 불행한 자들의 이성을 잃게 합니다. 우리가 그리스도를 위해 끊임없이 죽는다 해도 우리가 진 빚을 다 갚지 못합니다. 하느님의 피와 그분 종의 피는 그 가치와 본성이 다르기 때문입니다.

우리 교부들과 훌륭한 선각자들과 항상 자신을 비교합시다. 그러면 열성으로 가득 찬 그들의 길과 우리의 길은 아주 다르다는 것을 발견할 것입니다. 우리가 성덕에 대한 그들의 가르침을 따르지 않고, 여전히 세속의 영향을 받고 있다는 것을 알게 될 것입니다. 영혼

---

3 참조: 1코린 4,7; 창세 2,7.

의 눈을 교만하게 치켜뜨지 않고 육체의 감각들을 하느님께 고정하는 자가 참된 수도승입니다. 참된 수도승은 야수 같은 적들을 자극하며 용감히 맞설 수 있습니다. 그러면 적들은 분명 도망갈 것입니다. 세상 사람들이 쾌락을 산다면, 수도승은 부단한 관상과 탄식으로 생활합니다. 수도승은 그의 덕으로 다른 이들과 구별됩니다. 수도승에게는 한결같이 빛나는 마음의 눈이 있습니다. 따라서 그는 온갖 교만의 영을 타도하고 제거하는 겸손의 심연입니다.

[보기 좋은 썩은 사과: PG 969B-969C]

129. 겸손은 죄에 대한 기억으로 시작되므로, 교만은 범한 죄를 잊게 합니다. 교만은 아무것도 없음에도 부유하다고 느끼는[4] 영혼의 전적인 빈곤입니다. 교만은 영혼의 성장을 방해할 뿐 아니라, 높이 있는 영혼을 떨어뜨립니다. 교만은 겉은 먹음직스러운 사과처럼 보이지만, 속은 썩은 사과와 같습니다.

교만한 수도승에게는 다른 악령이 필요 없습니다. 그 자신이 악령이요 자신의 적이기 때문입니다. 어둠이 빛을 용납하지 않듯이, 교만도 덕을 용납하지 않습니다. 교만한 자의 마음속에는 하느님을 모독하는 말들이 싹트지만,[5] 겸손한 이의 마음속에는 천상의 생각들이 솟아납니다. 도둑이 태양을 미워하듯 교만한 자는 온유한 이를 경멸

---

4 참조: 잠언 13,7; 묵시 2,9; 3,17.

5 참조: 2티모 3,2; 묵시 13,1; 17,3.

합니다. 교만한 자는 자신에 대해 잘 알지 못합니다. 그는 스스로 아파테이아에 도달했다고 믿고, 죽는 순간에야 비로소 자신의 비참한 상태를 깨닫습니다. 교만에 걸려든 자에게는 주님의 특별한 도우심이 필요합니다. 그의 구원을 위해 사람의 도움은 무익할 것입니다.

[어미와 그 딸을 대면하다: PG 969C-972A]

130. 언젠가 내가 이 무분별한 사기꾼에게 사로잡힌 적이 있습니다. 그것이 내 마음속에서 올라오고 있었는데, 그의 어깨에 자기 어미인 헛된 영광이 있었습니다. 나는 그것들을 순종의 사슬로 묶고, 겸손의 채찍으로 때리며 내 안에 어떻게 들어왔는지 물었습니다. 구타를 당한 그들이 내게 말했습니다. "우리는 모든 악습의 발단이자 기원이기 때문에, 우리에게는 시작도 탄생도 없다. 순종이 일으킨 마음의 탄식만이(시편 51,19 참조) 우리와 싸울 수 있다. 우리는 누군가에게 순종하지 못한다. 그것이 우리가 처음에 하늘에서 생성되었지만 쫓겨난 이유다. 간단히 말하자면, 우리는 겸손에 반대되는 온갖 행위의 어미다. 모든 겸손한 행위는 우리의 적이다. 우리가 하늘에서 지녔던 능력과는 관계없이, 우리에게는 너희가 하늘로 피하지 못하게 할 정도의 능력은 있다. 곳곳에서 우리의 존재를 느낄 수 있을 것이다. 모욕을 인내하는 가운데서, 온유와 용서의 덕을 지니고 순종을 실천하면서, 봉사하면서도 느낄 수 있다. 우리는 영적인 모든 이를 넘어지게 한다. 그들에게 분노와 불평을 불러일으키고, 화가 나서 큰 소리를 지르게 하고, 하느님을 모독하고 위선적인 행동을

하게 하고, 증오와 시기심을 일으키고, 공동생활에 반항하고 편협하게 만들고, 불순종을 조장한다. 우리를 채찍질하고 이길 수 있는 것은 우리가 알기로는 하나뿐이다. 바로 하느님 앞에서 자기 죄를 솔직하게 고백하는 것이다.[6] 이것이 우리를 포획하는 거미줄이다."

헛된 영광은 교만이 타고 있는 말과 같습니다. 거룩한 겸손과 겸손한 자기 성찰은 그 말과 기수를 비웃으며 기쁘게 다음과 같은 개선가를 부를 것입니다. '주님께 노래하자. 그분은 높은 곳에서 기마와 기병을 바다에, 겸손의 심연에 처넣으시며 놀라운 승리를 거두셨네'(탈출 15,1 이하 참조).

이것이 스물세 번째 단계입니다. 이 단계에 오른 사람은 승리를 거둘 수 있습니다. 하지만 성공하기는 쉽지 않을 것입니다.

하느님을 모독하는 극악한 생각에 관하여

[신성모독의 악령: PG 976B-976D]

131. 앞서 말한 어미 혹은 앞에서 열거한 모든 악습의 뿌리에서 생겨난 가장 골치 아픈 자손이 있는데, 곧 사악한 교만의 딸인 신성모독[7]입니다. 그것은 매우 극악한 자손입니다. 그러므로 그것에 대

---

6 참조: 시편 32,5; 2사무 12,13 이하.
7 묵시 13,5-6 참조. 탐욕에 관한 담화와 이어 나오는 무소유에 관한 담화(여기서는 담화 16과 17)를 한 단계(담화 16)로 제시하고 있는 필사본들과 판본들에서 신성모독의 생각에 관한 이 부록은 담화 23을 구성하고 있다.

해 다루어야겠습니다.

이것은 단순한 적이 아니라 가장 치명적인 적입니다. 게다가 우리 잘못을 고백하는 영적 의사에게 명확하게 말하기 무척 어려운 적입니다. 따라서 많은 이가 절망하고 좌절합니다. 이 죄에서 — 우리가 거기서 구원을 찾기를 바라는 — 거룩한 나무를 갉아먹는 벌레를 발견하기 때문입니다. 이 저주받은 벌레는 우리가 공동으로 거행하는 거룩한 신비들 곁에 사는 것을 더할 나위 없이 좋아합니다. 성체성사가 거행되는 지극히 신성한 순간에 우리를 신성모독으로 유인하기까지 합니다. 따라서 우리는 이런 사악한 불경의 어미, 주님을 거스르는 신성모독적 표현이 우리 영혼에서가 아니라 하느님을 미워하는 악령에서 나온다고 추정할 수 있습니다. 악령은 아마도 가장 먼저 욕설로 주님을 모욕했기에 어느 날 하늘을 떠나야 했을 것입니다. 내가 어떻게 주님을 모욕하면서 동시에 찬양하고, 그러한 비열한 생각으로 가장 값진 선물을 받기 위해 엎드려 경배할 수 있겠습니까?(야고 3,9 참조). 이 사기꾼은 영혼의 분별력을 앗아 가고 영혼을 파괴합니다.

다른 어떤 악한 생각도 이 불경한 생각만큼 어렵지는 않습니다. 따라서 많은 사람이 노년에까지 이것에 시달립니다. 하지만 이러한 생각을 표현하지 않고 마음속에 계속 감추고 있는 것은 악령들과 또 우리에게 맞서기 위해 그들이 다스리는 악습들에 큰 힘을 부여하는 것입니다.[8] 그러나 불경한 생각을 우리 탓이라고 여겨서는 안 됩니다. 주님께서는 그 생각이 우리에게서가 아니라 우리 적들에게서 온다는 것을 잘 아십니다. 그분은 사람의 마음을 아십니다. 하지만 과음이 이웃을 욕되게 할 수 있듯이 교만이 커지면 무례한 생각이 생겨납니다. 과음한 자는 술 취함에 대해서가 아니라 자기가 저지른 수치스러운 행동에 대해서 해명해야 할 것입니다.

[신성모독자란 별칭을 지닌 악령: PG 976D-977D]

132. 이런 불순하고 사악한 생각들은 우리가 기도할 때 내면에서 일어나고, 기도가 끝나면 사라집니다. 그런 생각들은[9] 극기하려는 자가 아니라면 싸우기를 좋아하지 않기 때문입니다. 악인은 하느님과 그분께 속한 모든 것을 모독합니다. 또한 우리에게 비열하고 음탕한 대화를 제안하여 우리를 절망에 빠뜨리며 기도를 중단시킵니다. 그는 많은 사람에게 기도를 중단하게 하고, 그들을 거룩한 신비들에서 피하게 합니다. 이 사악하고 잔인한 폭군은 어떤 이들을 육체적인 고통으로 쇠진시키고, 또 어떤 이들을 단식으로 지치게 하면서 그들이 쉬지 못하게 합니다. 또한 그는 세상에 사는 이들뿐 아니라 수도승생활을 하는 이들 가운데 끼어서 그들이 모든 불신자나 그리스인보다[10] 비참하다고 믿게 하여 구원의 희망을 앗아 갑니다. 따라서 자신을 괴롭히는 신성모독의 영에서 벗어나고 싶은 이는 그러

---

8 F. Halkin, *Santi Pachomii Vitae Graecae* (1932) 64 참조: "만성 질병이 되기 전에 분별력을 지닌 이에게 그 유혹(신성모독)을 고백하지 않는 것은 큰 죄악이다." 분별력이 있는 사람은 금욕적 사다리의 모든 단계에서 수도승에게 꼭 필요한 성령이 충만한 사부(*patèr pneumatikós*)다(지도받지 않는 자는 목자 없는 자이다:『성규』1장 참조).

9 생각들은 악령들, 온갖 신성모독자들, 악인들과 동일시된다.

10 그리스인은 이교도지만, 여기서는 둘을 구분하고 있다.

한 생각이 자신의 영이 아니라 불순한 악령에서 나온다는 것을 명심해야 합니다. 그 악령은 "당신이 내게 엎드려 절하면 이 모든 것을 당신에게 주겠소"(마태 4,9)라고 말하며 주님까지 유혹했습니다.

그러니 우리도 이 악령을 무시합시다. 그의 제안에 관심도 주지 맙시다. 그것에게 이렇게 갚아 줍시다. "사탄아, 물러가라! 나는 내 주 하느님 앞에 엎드려 그분만을 경배할 것이다. 네가 하는 짓은 다 헛수고다. 나를 겁주려고 하는 모든 짓은 내가 아니라 네 머리 위로 갈 것이다. 너의 신성모독이 이제와 영원히 네 머리에 다시 떨어진다."[11] 이것이 아닌 다른 방법으로 신성모독의 악령과 싸우려 하는 자는 손으로 번개를 잡으려는 자와 같습니다. 바람처럼 마음속에 침투하여 그대에게 말을 걸며 섬광보다 빨리 사라지는 악령을 어떻게 붙잡아 싸울 수 있겠습니까? 다른 적들은 호기를 부리며 대적하려고 잠시 멈추지만, 이 악령은 그렇지 않습니다. 그것은 나타났다가 사라집니다. 그대에게 말을 툭 던지고서 지나갑니다. 종종 이 악령은 단순한 정신 안에 자리 잡고 그에게 그렇게 수작을 겁니다. 그가 당황하여 더 쉽게 통제력을 잃기 때문입니다. 하지만 그러한 경우에도 모든 것이 그의 교만 때문이 아니라 악령의 시기 때문에 일어나는 것임을 거듭 말합시다.

[신성모독의 유혹을 고발하는 자의 겸손: PG 977D-980B]

---

11 참조: 마태 4,10; 신명 6,13.

133. 따라서 우리는 이웃을 심판하고(마태 7,1 참조) 단죄하지 맙시다. 그리고 대부분 이 악령에서 유래하는 신성모독의 생각을 더는 두려워해서는 안 될 것입니다. 자신에게 집중하느라 남에게 신경 쓰지 않는 영혼은 닫힌 자기 방에서 지나가는 자들의 대화를 엿듣는 사람처럼 삽니다. 그는 그들의 대화에 직접 끼어들지는 못합니다. 그렇게 그는 자기를 지나가는 악령의 불경한 소리를 듣고 공포를 느낄 수 있습니다. 이때 다른 전략은 없습니다. 악령과 논쟁하면서 악령을 이긴 체하는 자는 주먹으로 바람을 잡으려는 이와 같습니다.

20여 년 동안 이 악령으로 괴롭힘을 당한 열심한 수도승이 있었습니다. 그는 단식과 철야로 자기 육체를 지치게 했습니다. 그러나 그렇게 하는 것이 전혀 소용이 없다는 것을 깨닫고는 자기 욕정을 기록한 보고서를 한 거룩한 이에게 전했습니다. 그는 원로의 얼굴도 쳐다보지 못하고 그의 발 앞에 엎드렸습니다. 하지만 형제의 글을 읽은 원로는 미소를 지었습니다. 그리고 그를 일으켜 세우며 말했습니다. "아들이여, 손을 내 목에 대시오." 형제가 그렇게 하자 원로가 말했습니다. "형제여, 여러 해 동안 그대가 범했고 앞으로도 범할 그대의 죄를 내가 짊어지겠소. 그러니 절대 그것에 대해 더는 생각하지 마시오." 실제로 그가 원로의 독방을 떠나기 전에 이미 그의 욕정이 사라졌습니다. 그는 나에게 이 이야기를 하면서 여전히 자신의 경험에 대해 그리스도께 감사드렸습니다.

이 악습을 격퇴한 사람은 교만을 극복하고 몰아냈습니다.

담화 24

단순성

후천적인 온유, 단순성, 정직 그리고 사악함

[그리스도의 덕, 온유: PG 980C-981A]

134. 태양이 뜨기 전에 여명이 비치듯이, 온유는 겸손에 선행합니다. 우리를 비추시는 주님께서 이 덕들의 순서에 대해 어떻게 말씀하시는지 들어 보십시오. "여러분은 … 나에게서 배우시오. 나는 온유하고 마음이 겸손하기 때문입니다"(마태 11,29).

그러니 우리는 겸손의 태양을 바라보기 전에, 우리에게서 온유의 빛이 넘쳐흐르게 해야 합니다. 그렇게 한다면 우리는 태양을 똑바로 바라볼 수 있을 것입니다. 앞서 언급한 진리의 가르침이 말하는 바처럼, 먼저 빛에 익숙해지지 않으면 눈을 태양으로 향할 수 없습니다. 온유는 모욕 앞에서뿐 아니라 칭찬 앞에서도 자신에게 늘 한결같은 정신 상태입니다. 그래서 온유는 그대를 방해하는 이웃을 위해 고요하고 침착하게 기도하는 것을 의미하기도 합니다. 그대가 온유하다면 파도가 몰아쳐도 꿈적 않는 바위와 같을 것입니다. 바위는 파도를 부수며 절대 파도의 격노에 굴복하지 않습니다.

그러므로 온유는 인내의 수호자, 사랑의 문 혹은 사랑의 어머니, 신중과 식별의 기원입니다. 온유는 성령을 충만케 하는 비옥한 땅과 같습니다. 이렇게 기록되어 있습니다. '온유하고 평온한 영혼이 아니라면 내가 누구를 굽어보겠는가?'(이사 66,2 참조). 온유는 순종의 협조자, 형제애의 인도자, 충동의 억제자, 분노의 진정제, 기쁨을 향한 안내자, 그리스도의 모방, 천사들의 특성, 악령들의 족쇄, 고통에 맞선 방패입니다. 주님은 온유한 이의 마음 안에 거주하시지만, 악령은 동요된 영혼 안에 거처를 둘 것입니다. 온유한 이는 땅을 상속받아(마태 5,4 참조) 소유권을 얻을 것이지만, 분노에 사로잡힌 자는 땅을 빼앗기고 쫓겨날 것입니다(시편 37,29 참조).

[위선적 악의의 적인 단순성: PG 981A-981C]

135. 온유한 영혼은 단순성의 옥좌지만, 분노에 사로잡힌 영은 악의 산실입니다. 온화한 영혼은 지혜로운 말씀을 이해할 것입니다. 주님께서는 그 말씀에 따라 온유한 이를 정의의 길(시편 25,9 참조), 즉 식별의 길로 인도하실 것입니다. 따라서 올바른 영혼은 겸손하지 않을 수 없지만, 사악한 영혼은 교만의 시녀입니다. 온유한 자의 영혼에는 지혜가 충만할 것이지만, 화를 잘 내는 자의 영혼에는 무지의 어둠이 자리할 것입니다. 화를 잘 내는 자와 위선자가 만나면, 둘의 대화에서 진실한 말을 발견할 수 없습니다. 전자의 마음에서는 광기만을, 후자의 영혼에서는 악의만을 발견할 것입니다. 진실하고 간계

가 없고, 어떤 악한 생각 앞에서도 동요되지 않는 자는 단순합니다.

악의는 일종의 지식, 아니 오히려 지식에 대한 악마적 자만입니다 (야고 3,15 참조). 악의에는 진리가 없고, 그것은 이 부끄러움을 감추고 싶어 합니다. 육체가 영혼이 생각하는 것과 반대로 처신하는 것은 온갖 거짓이 섞인 위선입니다. 반대로 정직은 악의와는 거리가 먼 영혼의 기쁜 상태입니다. 정직이란 바르고 꾸밈없는 생각, 순수한 행동, 거짓되거나 인위적이지 않은 말입니다. 정직은 모든 경험에서 자유로운 방금 창조된 영혼의 무죄하고 순수한 본성을 드러냅니다. 악의는 공정의 반대, 진실과 동떨어진 생각, 인간적 계획에 의한 광기입니다. 악의는 거짓 맹세, 사기와 기만의 심연에서 거짓으로 꾸민 이야기로 표현됩니다. 겸손의 적인 교만을 드러내면서 회개하는 척하고, 탄식에 소홀하고, 고백과 공동생활을 혐오합니다. 우리를 다시 일어서지 못하게 하는 타락, 폭력적인 조롱과 얼굴 찌푸림, 거짓된 경건, 악마의 행위가 악의에서 유래합니다. 인간이 친숙해지는 그 악마가[1] 가장 사악합니다. 주님께서는 "우리를 악에서 구하소서" (마태 6,13)라고 기도하라고 가르쳐 주시면서 그것을 악이라 부르셨습니다.

[공정은 간계 없는 단순성: PG 981C-984B]

136. 이 위선의 심연에서, 이 이중성의 구덩이에서 달아납시다!

---

1 참조: 1베드 5,8; 요한 3,8; 묵시 12,9; 지혜 2,24 등.

악인들은 전멸하고 시든 풀처럼 사라질 것이며, 악령들의 먹잇감이 될 것이라는(이사 9,4 참조) 하느님 말씀을 경청합시다.

하느님은 사랑이십니다(1요한 4,8 참조). 하지만 현자는 그 사랑을 공정이라 부릅니다. 이는 아가雅歌에서 그 현자가 순수한 영혼에 이렇게 말하는 이유입니다. '공정이 그대를 사랑하지요'(아가 1,3 참조).[2] 그의 아버지 다윗은 '주님께서는 선하시고 바르시니'(시편 25,8 참조)라고 말합니다. 다윗은 하느님처럼 공정한 이들은 구원되었다고 말하고 있습니다. '그분은 마음 바른 이들을 구하셨네'(시편 7,11 참조). '그분은 의로운 영혼들에 시선을 돌려 그들을 바라보시네'(시편 10,8 참조). 공정은 성장하는 유년기의 특성인 꾸밈 없는 단순성입니다. 첫 아담이 영의 벌거벗음을 겪고서 자기 육의 벌거벗음을 알아차릴 때까지 지녔던 단순성입니다.

어떤 이들이 본성상 지닌 단순성은 훌륭하고 복됩니다. 그러나 악에 자극을 받아 노고를 통해 얻은 단순성은 더 훌륭합니다. 전자는 많은 악과 악습에서 보호받지만, 후자는 가장 위대한 겸손과 온유로 들어가는 문입니다. 전자를 위한 보상은 많지 않지만, 후자를 위한 보상은 끝이 없습니다(마태 5,4 참조). 그렇지만 주님께 완전하게 붙어 있으려면 제자가 참스승에게 다가가듯 단순하게, 악의 없이, 순수하게 지향하며 참으로 정직하게 그분께 다가가야 합니다. 주님은 단순하시고 이중성이 없으신 분이시며, 그분은 당신께 오는 영혼들이 단순하고 거짓이 없기를 바라십니다.

---

[2] 실제 아가에는 공정이란 말이 언급되지 않는다.

[겸손과 분리될 수 없는 단순성: PG 984B-984D]

137. 겸손과 단순성은 분리될 수 없습니다. 악인은 거짓 예언자입니다. 그는 말에서 생각을 알 수 있고, 겉을 보고 마음을 읽을 수 있다고 생각합니다. 나는 올바른 이가 악인에게서 비방하는 법을 배우는 것을 보았습니다. 나는 그들이 그렇게 빨리 자신의 타고난 단순성과 무죄함을 잃어버린다는 것을 결코 믿을 수 없었습니다. 악인이 좋게 변하기는 어렵지만, 올바른 이가 나쁘게 변하기는 쉽습니다. 하지만 세상에서 물러나 순종의 생활과 혀를 보호함으로써 효과적인 치유의 기적이 일어납니다. 이런 일이 종종 일어납니다. 대개 지식은 교만하게 하지만(1코린 8,1 참조), 배움의 부족과 무지는 겸손하게 해 줍니다. 단순한 자 파울루스[3]의 위대하고 거룩한 단순성이 우리에게 훌륭한 모범이 되어 줍니다.

아무도 파울루스와 같은 단순성의 덕에 도달하지 못했습니다. 누구도 그렇게 짧은 시간에 큰 진보를 이루지 못했습니다. 그 비슷한 모범을 보거나 듣지 못했습니다. 단순한 수도승은 이성이 없듯이 사는 이성적 동물입니다. 그가 순종하며 자기 인도자에게 모든 결정을 맡긴다는 점에서 그렇습니다. 그는 절대 자기 장상을 거스르지 않고 정직합니다. 그는 자기를 묶는 자에게 저항하지 않는 동물과 같습니다. 그는 자기 장상의 명령을 따르고 극한 희생에 이르기까지 절대 반론하지 않고 그 뜻을 행합니다. 부자가 하늘나라에 들어가기는 어

---

[3] 4세기 이집트의 안토니우스 옆에서 살았던 사막 교부(참조:『이집트 수도승들의 역사』31;『라우수스에게 바친 수도승 이야기』22,1-13).

렵다(마태 19,23 참조)고 언급된 것처럼, 스스로 현명한 자라고 드러내고 싶은 어리석은 자는 이러한 단순성에 도달하지 못할 것입니다.

하지만 때론 넘어짐이 악을 제거하는 구원 은총을 그에게 주기도 합니다. 그리하여 교만한 자를 제정신으로 돌아오게 할 수 있습니다. 자신의 영리함에서 벗어나십시오. 그렇게 그 위험을 모면하면서 그대는 우리 주 예수 그리스도 안에서 공정을 통하여 구원될 것입니다. 아멘.

담화 25

겸손

감각 속으로 은밀히 침투하는 욕정을 파괴하는
가장 심오한 겸손에 관하여:
이 단계에 오른 자를 신뢰하라.
스승 그리스도를 모방하면서 구원받을 것이다.

[영성화하는 겸손: PG 988A-988D]

138. 주님의 사랑이 실제로 무엇인지, 겸손이 참으로 무엇인지, 거룩한 정결이 무엇인지, 신적 조명이 정확히 무슨 의미인지 설명하려는 사람이 있습니다. 하느님께 대한 진정한 두려움은 무엇으로 이루어졌고, 마침내 하느님께 대한 신뢰와 그분의 능력으로 충만한 마음은 어떤 느낌인지[1] 설명할 수 있겠습니까? 이런 것들을 감각적인 말로 설명하려는 자는 꿀을 맛보지 못한 자에게 꿀의 달콤함을 말과 이미지로 표현하려는 자와 비슷합니다. 자신이 한 표현 불가능한 경험을 전혀 경험해 보지 못한 이에게 맛보게 할 수 있다는 것은 부질없는 생각입니다. 그는 공허한 말이나 하는 속 빈 강정과도 같은 스

---

1 디아도쿠스 『시 단상 100편』 40 참조: 하느님의 조명을 받고 (욕정을 지배하는) 그분의 능력으로 강화된 이성은 "하느님에 대한 확신으로 충만한 마음의 감각"을 고결하게 한다.

승일 것입니다. 그는 자기가 설명하려는 것을 이해하지 못할뿐더러 스스로 헛된 영광에 빠진 자임을 증명할 뿐입니다.

사실상 나는 우리가 육신의 질그릇(2코린 4,7 참조) 속에 간직한 보화에 대해 말해야 합니다. 이 보화를 적절히 묘사하기는 힘듭니다. 그것에는 천상에서 유래하는 이해할 수 없는 명칭이 붙어 있습니다. 따라서 그것에 대해 설명하는 적절한 말을 찾는 무한한 과제에 직면합니다. 그 명칭은 "거룩한 겸손"입니다. 하느님 영의 인도를 받는 이들만이(로마 8,14 참조) 우리가 말하는 지혜로운 자들의 이 영적 모임에 들어갈 수 있을 것입니다. 그들은 인식의 원천이 새겨진 하느님의 서판을 그들의 영적인 손으로 들고 있습니다. 우리는 그 모임에 들어갔고 거룩한 명칭의 깊은 의미를 탐구하려 노력했습니다. 어떤 이는 겸손을 자기가 행한 덕에 대한 망각이라 했고, 어떤 이는 가장 큰 죄인임을 인정하는 것이라 했으며, 또 어떤 이는 겸손을 자신의 약함과 무능함에 대한 영적 이해라고 말했습니다. 그리고 어떤 이는 이웃을 용서하고 분노를 가라앉히는 예방책이라고 했고, 어떤 이는 하느님의 은총과 자비를 인정하는 것이라고 했으며, 또 어떤 이는 뉘우치는 영혼의 감정과 자기 뜻의 포기라고 했습니다.[2]

[본성과 은총에 따른 다양한 정의: PG 988D-989C]

139. 나는 모두의 말을 경청했고 그들의 주장을 신중하고 객관적

---

[2] 디아도쿠스에게 겸손은 선행에 대해서 잊고, 사랑의 준비로써 자신을 경멸하는 것이다. 사랑은 겸손을 통해 엄마 품에 있는 어린아이처럼 우리를 쉬게 한다.

으로 검토했습니다. 하지만 이 탁월한 덕에 대해 들었던 말들을 하나의 개념으로 끌어내지는 못했습니다. 그래서 지혜로운 자들의 식탁에서 떨어진 빵부스러기를 모은 강아지처럼(마태 15,27 참조) 거룩한 입술들에서 떨어진 말씀을 요약해 다음과 같이 정의해 보겠습니다. 겸손은 정확한 명칭을 부여할 수 없는 영적 은사입니다. 겸손을 경험한 이들만이 비슷하게나마 겸손에 이름을 붙일 수 있습니다. 그들은 겸손을 형언할 수 없는 보화라고 부릅니다. 그 보화를 아끼지 않는 하느님이 형언할 수 없는 분이듯 말입니다. 그분은 천사나 사람에게서, 또 책에서가 아니라 당신에게서 배우라고 하셨습니다(마태 11,29 참조). '나에게서'란 표현은 '너희 안에 머물며 너희를 비추고 너희 안에서 활동하는 나에게서'[3]를 뜻합니다. 그분은 전투에 종지부를 찍는 안식, 걱정에서 자유롭게 하는 위로에 대해 말씀하시면서 이렇게 덧붙이십니다. "나는 온유하고 마음이 겸손하기 때문입니다. 그러니 여러분의 영혼이 안식을 얻을 것입니다"(마태 11,29).

겸손의 모습은 거룩한 포도나무의 모습처럼 다양하게 나타납니다. 겸손은 욕정이 활동하는 겨울에, 꽃이 피는 봄에 그리고 덕을 수확하는 여름에 각기 다른 모습을 띱니다. 세 시기가 모두 포도 수확의 기쁨을 드러낸다면 덕이 성숙하여 간다는 징조이자 표지입니다. 거룩한 겸손이 우리 안에서 피어나려고 할 때 우리는 남들의 칭찬과 존경을 한탄하고, 분노와 격정을 거부하려 노력합니다. 이 덕의 여왕이 완전한 영적 성숙에 이를 때, 우리는 우리의 선행조차 전혀 중

---

[3] "모든 이 안에서 모든 일을 하시는 하느님은 같은 하느님이십니다"(1코린 12,6).

요하지 않으며 무익한 것이라 여기게 됩니다. 그 선행이 오히려 매일 정확한 무게를 모르는 짐을 지웁니다. 그리고 우리 공로보다 하느님이 우리에게 주시는 은총이 더 크므로 우리 책임이 더 커진다고 생각한다면, 우리는 그 선행을 비웃을 것이기 때문입니다.

하지만 결과적으로 우리 영은 금고 속에 있듯이 보호되고, 도둑들이 무례하게 두드려 대는 소리조차 들리지 않는 중용의 요새 안에서 두려움으로 황폐해지지 않습니다. 어떤 도둑도 중용이라는 난공불락의 요새 안에 있는 영을 괴롭힐 수 없기 때문입니다. 지금까지 늘 푸른 이 풍성한 과일나무의 개화와 성장 과정에 관해 이야기했습니다. 그리고 이것은 겸손의 철학에 관한 짧은 담화이기도 합니다. 주님께 가까운 여러분은(요한 15,14 참조) 가장 높고 완전한 단계에 도달한 성인들에게 어떤 상급이 마련되어 있는지 주님에게서 알아내야 합니다. 나는 그 상급의 양과 특히 질에 대해 정확하게 말할 수 없습니다. 하지만 주관적 관점에서 내가 생각하는 개념에 따라 표현하려 노력할 것입니다.

[세 가지 특성: 수용, 균형, 자기 덕에 대한 불신: PG 989D-992C]

140. 초심자의 거룩한 겸손은 진실한 회개와 온갖 흠을 정화하는 탄식에 있습니다. 밀가루와 누룩으로 빵이 되듯, 진정으로 회개하는 영혼은 참회의 무기로 부서져 정화됩니다(시편 51,19 참조). 그는 탄식으로 하느님과 결합하고 진실한 눈물을 통해 그분과 반죽이 되어 거룩한 겸손으로 신적인 불에 구워져 교만의 누룩 없는 빵이 됩니다.

거룩한 세 요소의 배합은 저마다의 특성과 활동을 지니고 하나의 힘과 에너지로 모이는 반죽이나 무지개와 같습니다. 그래서 이 가운데 하나의 특성에 대해서 언급하는 것은 또 다른 특성들을 의미하는 것이기도 합니다(1코린 5,6-8 참조).

우리가 추구하는 것의 으뜸이자 거룩하고 찬양받을 이 삼중 배합의 첫 번째 특성은 모욕을 받아들이는 자세입니다. 영혼의 질병과 심각한 죄를 치유하기 위해 두 팔을 벌려 껴안듯이 온전히 기쁜 마음으로 모욕을 받아들이는 것입니다. 두 번째 특성은 분노를 가라앉히면서 균형 있게 온갖 분노를 제거하려 노력하는 자세입니다. 가장 탁월한 세 번째 특성은 자신의 덕을 신뢰하지 않으며 배움의 길에 꾸준히 나아가려는 자세입니다.[4] 율법과 예언서의 정점은 모든 믿는 이의 참된 의로움이신 그리스도이십니다. 반면 오염시키는 온갖 욕정의 정점은 헛된 영광 혹은 정상에 오른 자를 파괴하는 교만입니다. 이 둘 다 치명적인 독을 품고 있어 영적 암사슴[5]과 같은 겸손이 거기서 우리를 보호합니다. 이 영적 암사슴은 자기와 함께 사는 이가 독에 물리지 않도록 보호해 줍니다. 사실 겸손 안에 어떻게 위선이나 불평의 독이 있겠습니까? 겸손 안에 어떻게 그 뱀이 잠복할 수 있겠습니까? 그 뱀은 마음의 땅에서 쫓겨나 붙잡혀 죽을 것입니다.[6]

겸손이 사는 영혼 안에는 신앙을 위한 논쟁이 아니라면 증오의 표출, 말다툼, 불순종의 악취가 있을 수 없습니다. 겸손과 신비적 일치

---

4 그리스도 안에 통합되기 위한 인식과 식별에서의 진보(필리 1,9-11 참조).

5 영적 암사슴은 악습들을 죽이고 시냇물을 그리워한다.

6 뱀은 굴 혹은 잠재의식 속에 숨어 있는 죄를 말한다.

를 이루며 사는 이는 항상 온화하고 상냥하며, 탄식하며 동정심이 많습니다. 특히 어떤 상황에서도 고요하고 밝으며, 고통을 이겨 내며, 잠에 지지 않고 부지런합니다. 한마디로 말해 아파테이아에 이를 것입니다. 주님은 우리가 겸손할 때, 우리를 기억할 것이고 구원할 것이라고 하셨습니다(시편 136,23-24 참조). 겸손한 수도승은 주님의 신비들을 탐구하지 않습니다. 교만한 수도승만이 옳지 못한 호기심으로 주님의 심판을 살피려 합니다.

한번은 악령들이 학식이 출중한 한 형제에게 나타나 그의 지혜를 칭찬했지만, 그 형제는 이렇게 응수했습니다. "너희가 칭찬으로 나를 유혹하기를 멈춘다면, 너희가 나를 떠났다는 사실에 대해 나는 스스로 자랑할 수 있을 것이다. 하지만 너희가 칭찬을 멈추지 않으면, 나는 불순한 나를 심판할 이유를 찾을 것이다. 주님의 눈에는 마음속으로 자신을 높이는 모든 이가 불순하기 때문이다. 그러니 가라. 그러면 나는 내가 훌륭하다고 생각할 수 있을 것이다. 아니면 나를 계속 칭찬해라. 그러면 너희 덕분에 나는 겸손에 도달할 수 있을 것이다." 그렇게 악령들은 타격을 당했습니다. 그들은 자신들을 꼼짝 못 하게 한 제안에 어찌할 바를 몰랐습니다.

[골짜기에서 중단 없이 흐르는 강: PG 992D-993B]

141. 그대의 영혼은 자연의 옹달샘 같아서 어떤 때는 콸콸 솟아나고 어떤 때는 남들의 평가로 교만해져 메마르지 않게 해야 합니다. 그대의 영혼은 아파테이아의 샘과 같아야 합니다. 거기서 나온

물은 곡식과 영적 과실로 풍부한 골짜기들을(시편 65,14 참조) 부단히 흘러 강을 이루어야 합니다. 여기서 골짜기란 허영과 동요 없이 영웅적 행위와 탁월한 덕의 산들 사이에서 낮추어진 영혼을 뜻한다는 것을 아십시오. 성경은 이렇게 말합니다. '나는 자신을 낮추었고, 주님께서 나를 구해 주셨네'(시편 116,6 참조). '나는 단식했고, 철야했으며, 맨땅에서 잠을 잤다'라고 말하지 않습니다.

참회는 우리를 다시 일어서게 하고, 탄식은 하늘 문을 두드리며, 거룩한 겸손은 그 문을 엽니다. 우리는 삼위 안에 일체이시며 일체 안에 삼위이심을 고백합니다. 태양이 눈에 보이는 모든 것을 비추듯이, 겸손은 우리의 모든 이성적 능력에 힘을 부여합니다. 빛이 없다면 모든 것은 어둠입니다. 겸손이 없다면 모든 것은 헛된 일입니다. 온 우주에서 단 한 번 태양을 본 유일한 부분이 있듯이, 우리의 모든 생각 가운데서 겸손을 낳는 유일한 생각이 있습니다. 온 세상이 기뻐한 특별한 단 하루가 있었습니다. 확실히 악령들의 세계에서는 아무도 이 유일한 덕을 절대 모방할 수 없습니다.⁷

---

7 악령은 자신의 교만에 계속 머물러 있다. 원전 주석가는 이 암시들 중 두 가지를 다음과 같이 설명하고 있다. "그 유일한 부분은 이스라엘 백성이 홍해를 건너갈 때 그 홍해 바닥이다. 그 우주적 기쁨의 날은 다름 아닌 바로 우리 주님이시자 구세주이신 분이 부활하신 날이다. 그날 우리 인류는 하데스의 영원한 속박에서 해방되었다. 다른 사람들은 성탄 날이라고도 말한다. 그날 지극히 높은 곳에서 천사들이 하느님께 드리는 영광 소리가 들렸다. 또 다른 사람들은 노아와 그의 일행이 방주에서 나온 날이라고 말한다"(PG 88,1005B, 주 10). 라이투의 요한의 작품으로 여겨지는 또 다른 주석에 따르면, 유일한 생각은 "죽음에 대한 항구한 생각, 영원한 심판과 그리스도의 십자가와 부활에 대한 묵상"(PG 88,1236C)이다. 유일한 덕은 겸손이다(*The Ladder of Divine Ascent* 222, 주 87).

자신을 높이는 것과 높이지 않는 것은 다르며, 자신을 낮추는 것 또한 완전히 다른 것입니다. 교만한 자는 오직 남을 판단할 뿐입니다(로마 14,4 참조). 교만하지 않은 자는 절대 판단하지 않습니다. 오히려 그는 자신을 비난합니다. 아무에게도 비난받지 않은 겸손한 자는 자신의 잘못을 인정할 뿐입니다. 겸손한 것과 겸손해지려고 노력하는 것 그리고 겸손을 찬양하는 것은 다른 것입니다. 첫 번째는 완전한 이의 특징적인 태도이고, 두 번째는 참된 순종의 삶을 사는 이의 태도이며, 세 번째는 모든 신자에게 공통된 태도입니다. 진정 마음으로 겸손한 사람은 자기 입술로 겸손을 훔치지 않습니다. 보물이 창고 안에 없다면 문을 통해 그것을 빼내 갈 수 없기 때문입니다. 말이 홀로 달린다면 교만해질 수 있지만, 다른 말과 경주한다면 자기가 얼마나 느린지 알게 될 것입니다. 영적 건강이 회복되는 징후는 더 이상 자신의 천부적 성향에 기뻐하지 않는 것입니다. 만일 그가 역겨운 악취를 계속 맡는다면 몰약의 향기를 느낄 수 없을 것입니다. 거룩한 겸손이 말합니다. '나를 사랑하는 자는 나와 결합해 있는 한 남을 학대하거나 불의를 행할 수 없을 것이고, 으뜸이 되고 싶어 하지 않을 것이며, 까다롭게 생각하지 않을 것이다. 참으로 나와 결합해 있는 자는 절대 율법의 노예일 수 없을 것이다'(1티모 1,9 참조).

[겸손, 하느님께 충실한 천사의 덕: PG 993C-993D]

142. 악령들이 거룩한 겸손에 이르려고 몹시 수고하는 어떤 용감한 투사의 마음속에 헛된 영광의 생각을 심었습니다. 그는 주님께서

영감을 주신 거룩한 방법으로 그 악을 극복하는 법을 궁리했습니다. 그는 암자의 벽에 '완전한 사랑', '천사의 겸손', '순수한 기도', '순결한 정덕' 등 탁월한 덕들을 쓰기 시작했습니다. 사악한 생각이 일어나 그를 칭찬으로 유혹하려 할 때, 그는 이렇게 응대했습니다. "심판받으러 가자." 그는 자신이 쓴 덕들을 읽기 시작했고 이렇게 꾸짖었습니다. "네가 이 덕들을 얻었다 하더라도 아직 하느님에게서 멀리 있다는 것을 알아라"(마태 5,48 참조). 우리는 태양의 참되고 고유한 본성을 결코 묘사할 수 없습니다. 태양의 특성과 우리에게 그 특성을 드러내는 각각의 효력에서 하나의 개념을 끌어낼 뿐입니다.

겸손은 하느님께서 우리에게 주신 보호 장치입니다. 우리가 넘어지지 않도록 조심하게 하려는 것입니다. 겸손은 어떤 도둑도 들어올 수 없는 자기낮춤의 심연을 뜻하며, 우리가 원수와 대적해 싸울 수 있는 요새를 뜻하기 때문입니다(시편 61,4 참조). 기록된 바처럼 원수는 절대 하느님에 맞서 이길 수 없고, 원수의 자식인 악한 생각은 우리를 해칠 수 없습니다. 하느님께서는 당신 앞에서 적들을 전멸시키시고 당신을 미워하는 자들을 쫓아 버리실 것입니다(시편 89,23-24 참조).

[하느님의 참계획을 지각하는 '자아'의 유일한 덕: PG 996A-996D]

143. 우리는 앞에서 영적 부富인 겸손을 소유한 복된 사람의 다른 재산들에 관해서 이야기했습니다. 그것들은 한 가지를 제외하고는 모두 이 부의 분명한 표식이며 우리는 이를 통해 겸손의 특성을 알고 있습니다. 그대는 그대 자신 안에서 이 한 가지 특성의 참된 본질

을 알아볼 수 있을 것입니다. 그대는 그 특성을 경험할 때 신비로운 빛의 충만함과 형언할 수 없는 기도의 매력을 느낄 것입니다. 그리고 이에 대한 전조前兆로, 죄인들의 모욕에도 더는 마음의 동요가 없으며 우리가 말했던 다양한 형태의 헛된 영광에 대해 깊은 혐오감을 느낄 것입니다. 영혼의 다양한 감각으로 자기 자신을 아는 자만이 그 땅에 씨를 뿌릴 수 있을 것입니다. 그렇지 않은 이는 자신 안에 겸손이 피어나기를 기대할 수 없습니다. 자신을 알아야 하느님을 두려워하는 생각도 하게 됩니다. 이 두려움을 통해 사랑과 겸손이 잉태됩니다. 사랑은 참으로 겸손으로 이끕니다. 겸손은 자기에게 다가오는 모든 이를 하늘나라로 안내합니다. 나는 주님께서 겸손에 대해 말씀하셨다고 생각합니다. 그분은 양식을 얻으려고 두려움 없이 이승에서 낙원의 풀밭으로 건너가는 이가 드나드는 문에 대해 말씀하셨습니다.[8] 이와 다른 길로 들어가는 이들은 자기 생명을 훔치는 도둑이며 강도라고 덧붙이셨습니다(요한 10,8 참조).

진정 겸손을 얻으려는 사람은 이웃이 자기보다 주님의 자비에 더 가깝다는 생각이 들더라도 확신을 가지고 자신을 살피기를 멈춰서는 안 됩니다. 눈(雪)이 불로 변할 수 없듯이, 이교도가 겸손하기는 힘듭니다. 신심의 규칙에 따라 믿는 사람과 정화된 사람만이 그러한 완전함을 얻을 수 있습니다. 우리 대부분이 자신을 죄인으로 고백하고, 아마 실제 그렇게 생각할 것입니다. 그러나 모욕을 견디는 것이 마음의 겸손에 대한 증거입니다. 우리를 대단히 겸손하게 하고 우리

---

[8] "나는 문입니다. 나를 통하여 들어오면 누구나 구원받을 것이고 드나들면서 목초를 찾아 얻을 것입니다"(요한 10,9).

명예에 상처를 입히는 그러한 충격을 통해 영혼의 배는 하느님의 도우심으로 교만의 거친 바다에서 자유로워질 것입니다. 진정 겸손의 평화로운 항구에 도달하려는 이는 행동과 태도, 생각과 계획, 시련과 재시도, 방법과 수단, 기도와 탄원 등 거기에 도달하기 위한 온갖 가능한 수단을 궁리하고 계획하고 행하기를 절대 멈추지 않을 것입니다. 다른 모든 악습 중 가장 고질적인 교만이 그에게서 멀어질 때 비로소 그는 세리처럼 의로워질 수 있습니다(루카 19,9 참조). 어떤 이는 범한 죄를 용서받은 후에도 겸손을 유지하려고 계속 과거의 죄를 생각합니다. 과거의 죄를 잊지 않음으로써 어리석은 교만에 빠지지 않으려는 것입니다. 또 어떤 이는 그리스도의 수난을 묵상하면서 스스로 빚진 자임을 고백합니다. 어떤 이는 매일의 잘못으로도 자신을 경멸하지만, 어떤 이는 온갖 은총을 낳는(야고 4,6 참조) 이 덕(겸손)에 익숙해지려고 매일의 유혹과 질병과 죄에서 기회를 포착합니다. 우리 시대에도 이런 사람들이 여전히 존재하는지는 모르겠습니다. 하지만 하느님의 은총을 풍성히 받기에 스스로 합당치 않다고 믿으며 자신을 낮추는 이들도 없지 않습니다. 그래서 그들은 매일 자기 빚이 늘어나는 것을 두려워했습니다.

[겸손과 애덕: PG 997A-1000A]

144. 이것이 겸손이고, 싸움에 대한 궁극적 상인 지복입니다. 만일 짧은 기간에 아파테이아에 도달한 사람을 보거든, 그가 다른 길이 아닌 거룩하고 짧은 바로 이 겸손의 길을 통과했다는 것을 믿어

도 좋습니다. 거룩한 애덕과 겸손은 함께합니다. 애덕은 들어 높이고, 겸손은 들어 높여진 이가 넘어지지 않게 강하게 만듭니다.⁹ 겸손과 참회와 자기인식은 서로 다릅니다. 그것들은 영의 다양한 순간입니다. 참회는 넘어진 이후에 옵니다. 넘어짐을 통해 가책이 일기 때문입니다. 영혼은 기도를 신뢰할 수 없다고 믿으면서도 그는 자신을 하느님 현존 안에 둡니다. 그는 부상자가 지팡이에 의지하듯 희망의 가지 위에 서서 일종의 기특한 뻔뻔스러움으로 절망의 개를 쫓아 버립니다. 자기인식은 자신의 한계에 대한 솔직한 인정, 자기 기억에 깊이 새겨진 가벼운 죄들을 포함한 모든 죄를 기억하는 것입니다. 겸손은 그리스도에게서 옵니다(마태 11,29 참조). 그러나 그분은 당신의 영적 가르침을 이해할 만한 이에게 가르쳐 주십니다. 그들은 풍요로운 신방에서처럼 영혼의 내적 침실에서 그 가르침을 받았습니다. 감각적인 말을 통해서는 그것을 지각할 수 없습니다. 어떤 사람은 자신 안에서 이 몰약의 향기를 맡는다고 말합니다. 하지만 어떤 사람의 칭찬에 그가 귀를 기울여 잠시라도 그 말에 머무른다면 틀림없이 그는 속는 것입니다. 예언자는 마음속에 칭찬의 말이 다시 울려 나는 소리를 들었지만 이렇게 말했습니다. "주님, 저희에게가 아니라, 저희에게가 아니라 오직 그대 이름에 영광을 돌리소서"(시편 115,1). 그는 인간은 창조된 본성 그 자체로 해를 입기 쉽다는 것을 이해하고 있었습니다. '큰 모임에서 드리는 저의 찬양은 영원히 당신에게서 오는 것입니다'(시편 22,26 참조).

---

9 참조: 마태 23,12; 1코린 13,8.

사실 나는 이승에서 나에 대한 찬양을 받아들일 수 없습니다. 그것은 나를 위험에 빠뜨립니다. 우리에 대한 찬양을 끌어내리려고 실제 우리에게 없는 덕을 소유한 듯 가장하는 것이 바로 더욱 근본적으로 드러나는 교만의 한계이자 본성이며, 그 존재 방식입니다. 그렇다면 우리가 덕이 없어 경멸의 대상이 되더라도 그것이 우리를 겸손하게 한다면, 아마도 이것이 가장 확실한 겸손의 표지가 아니겠습니까? 이것은 빵과 치즈를 들고 있던 손을 앞에 있던 이들에게 보여 준 사람의 태도였습니다. 또 벌거벗고 태연하게 도시를 돌면서 정결을 실천했던 사람의 태도였습니다.[10] 그러한 사람들은 반감을 사는 것을 두려워하지 않습니다. 그들은 기도를 통해서 모두 앞에서 자신의 깊은 신앙을 과시함 없이 증거하는 은사를 얻었기 때문입니다. 반감을 걱정하는 것은 자기에게 이 은사가 없다는 것을 나타냅니다. 하느님께서는 늘 우리가 청하는 것을 주실 준비가 되어 있다는 것을 깊이 신뢰하면, 우리는 모든 것을 할 수 있습니다(필리 4,13 참조).

게다가 그대는 사람보다는 하느님을 슬프게 하는 것을(에페 4,30 참조) 피해야 합니다. 주님께서는 우리가 모욕을 자초하며 당신께 달려오는 것을 보실 때 기뻐하십니다. 우리는 그렇게 어리석은 교만에 상처를 입히고 죽게 하여 그 녀석을 부수어 버릴 수 있습니다. 세상에서 멀어진 삶은 우리를 이러한 행위로 이끕니다. 그리고 자기 가

---

10 참조: 팔라디우스 『라우수스에게 바친 수도승 이야기』 서문 8; 8,4; 48,3; 59,1; 63,15. 팔라디우스는 아파테이아를 추구하는 이들이 보인 이러한 냉소적 태도에 관한 여러 일화를 전하고 있다. 이와 관련해 히에로니무스는 매우 회의적이었다(「서간」 133,3-5 참조). 하지만 클리마쿠스는 겸손에 대한 그 일화들을 매우 호의적으로 소개한다.

족의 비웃음을 견디는 것은 위대함의 표지입니다. 이 말들에 놀라지 마십시오. 하지만 누구도 단번에 사다리를 오르지 못한다는 것을 아십시오. 하느님의 제자가 되는 것은 악령들이 우리에게 굴복해서가 아니라 우리 이름이 겸손의 하늘에 기록되어 있다(루카 10,20 참조)는 사실 때문이라는 것을 우리는 모두에게 보여 줄 것입니다. 삼나무 가지들이 위로 뻗어 나가는 이유는 열매를 맺지 않아서입니다. 삼나무의 본성은 열매가 없어야 위로 뻗어 올라갑니다. 열매로 가득할 때 가지들은 아래로 휘어집니다. 그대에게 이해력이 있고 주의를 기울인다면, 내가 말하고자 하는 바를 알 것입니다.[11]

[겸손과 성화의 단계: PG 1000A-1001B]

145. 우리를 하느님께 오르게 하는 이 단계는 우리에게 삼십 배, 육십 배, 백 배의 열매를 맺게 해 줍니다(마태 13,8 참조). 모든 이가 첫 지점에 이를 수 있습니다. 용감한 이는 중간 지점에, 아파테이아에 도달한 이는 마지막 지점에 이릅니다. 자신을 아는 사람은 자신을 속이며 자기 능력에서 벗어난 것을 이루려 하지 않습니다. 그는 이 거룩한 스승(겸손)의 길을 통해서만 갈 것입니다. 그 길을 따르는 이는 매를 두려워하는 작은 새처럼 반대의 소리를 두려워하지 않습니다. 많은 이가 예언이나 계시의 영, 표징과 기적을 행하는 은사를 받지 않고서도 구원을 얻었지만, 겸손 없이는 아무도 신방(루카 14,8 참

---

11 참조: 마태 11,15; 13,9.43; 마르 4,9.23.

조)에 들어갈 수 없을 것입니다. 겸손은 그러한 은사들의 보호자이기 때문입니다. 그러한 은사들은 겸손이 없다면 경솔한 자에게 재앙을 가져올 것입니다. 우리는 자신의 약점을 볼 수 없습니다. 그래서 주님께서는 우리를 겸손하게 하시려고 우리가 좋아하지 않더라도 이웃에게 우리 약점을 보게 하셨습니다. 우리 공로만으로는 영의 건강을 완전히 회복하기는 불가능합니다. 따라서 우리는 이웃과 하느님께 감사해야 합니다. 겸손한 영은 오히려 절대적으로 부족한 자신의 헌신을 비웃습니다. 그는 불굴의 믿음으로 자기에게 유익한 것이 무엇인지 구별하는 법을 가르쳐 달라고 주님께 청합니다. 또 스승들의 현명한 지도를 신뢰하기보다, 나귀를 통해 발라암에게 무엇을 행해야 하는지 가르쳐 주신(민수 22,28 참조) 하느님께 자신의 걱정을 내어 맡기며 순종하는 법을 가르쳐 달라고 청합니다. 이렇게 겸손을 실천하는 이는 하느님 뜻에 따라 행동하고 생각하고 말합니다. 그러한 사람은 그 공로를 자신에게 돌리지 않습니다.

겸손한 이에게 자기 의지를 따르는 것은 가시이자 짐입니다. 교만한 자는 다른 이의 뜻을 따르는 것을 짐으로 여기며, 그것에 대해 책임지지 않습니다. 천사의 특징은 죄의 유혹에 속아 넘어가지 않는 것입니다. 그리고 나는 저 지상의 천사[12]가 말하는 바를 듣습니다. "사실 나는 양심에 거리낄 것이 없습니다. 그렇다고 내가 의로워진 것은 아닙니다. 나를 심문하시는 분은 주님이십니다"(1코린 4,4). 따라서 자신을 의도적인 잘못에서 보호하기 위해서 우리는 계속 자신을

---

12 그리스어로 '천사'는 '사자'使者를 뜻한다.

단죄하고 의식하지 못한 잘못을 책망해야 합니다. 그렇지 않으면 죽는 순간에 지극히 엄격한 셈을 바쳐야 할 것입니다(마태 12,36 참조).

자기에게 합당한 것보다 적게 하느님께 청하면, 그는 자신의 공로보다 많이 받을 것입니다. 용서만을 청했지만 구원받은 세리의 경우가 그것을 증명해 줍니다(루카 19,9 참조). 강도는 단지 그리스도께서 당신 나라에 가실 때 자신을 기억해 달라고 청했지만, 첫 번째로 천국을 상속받았습니다(루카 23,39-43 참조). 불타고 있는 어떤 것을 보고 화재를 일으킨 불이 약했는지 컸는지 명확히 알 수는 없습니다. 마찬가지로 참으로 겸손한 마음 안에서 어떤 재료가 겸손의 덕을 점화시켰는지 구분할 수는 없습니다. 확실히 우리가 고의로 죄를 짓는다면 우리는 이 덕을 소유하지 못할 것입니다. 우리 안에 겸손의 덕이 있다는 증거는 죄를 짓지 않으려는 의지입니다.

주님은 내적 덕으로 향하는 여정에서 외적 행위가 가치가 있음을 인정하셨습니다. 당신 친히 겸손하게 수건을 허리에 두르심으로써(요한 13,4 참조) 우리에게 그 길을 보여 주셨습니다. 사실 영혼은 육체의 행위를 따르고, 육체가 행하는 것에서 형태를 취하며, 육체의 행위를 따라 형성됩니다. 그래서 누군가는 권품천사들이 취했던 거만한 태도(이사 14,11 참조)를 따랐습니다. 그가 교만해질까 봐 그러한 본성은 원래 그에게 허락되지는 않았는데도 말입니다. 저 위의 옥좌에 앉아 있는 것과 여기 인간의 배설물 위에 누워 있는 것(욥 2,8 참조)은 다릅니다. 이 때문에 도시 밖 똥 더미 위에 누워 있던 위대한 성인이 완전한 겸손에 도달할 수 있었을 것입니다. 그는 비천해졌고, 육으로 타락했다고 말했습니다. 그래서 그는 자신을 먼지와 재라고 여기며(욥 42,6 참조) 영혼의 모든 감정으로 겸손을 표현할 수 있었습니다.

나는 므나쎄가 우상숭배와 온갖 불결한 예식으로 하느님의 성전을 더럽히고 또 얼마나 많은 죄를 지었는지 읽습니다.[13] 온 세상의 단식도 그에 대한 적절한 배상이 되기에는 충분치 않았을 것입니다. 하지만 겸손은 치료할 수 없는 그의 상처를 치유할 수 있었습니다. 다윗은 하느님께 이런 말씀을 드렸습니다. '당신께서 희생 제물을 원하셨다면 제가 당신께 드렸겠지만, 당신은 물리적 단식의 제물을 즐기지 않으셨나이다. 하느님이 즐기는 희생 제물은 …'(시편 51,18.19 참조). 모두가 다음을 압니다. 복된 겸손이 '내가 주님께 죄를 지었소'라고 부르짖었습니다. 그러자 즉시 '주님께서 당신 죄를 용서하셨습니다'(2사무 12,13 참조)라고 대답하는 소리가 들렸습니다.

[정직한 마음 안의 겸손과 순종: PG 1001B-1004B]

146. 하지만 교부들은 육체의 참회를 겸손의 토대로 인정하고 겸손의 길임을 정확하게 지적했습니다. 나는 겸손이 본성상 교만에 반대되는 순종과 정직으로 이루어져 있다고 생각합니다.

교만이 몇몇 천사를 악령이 되게 했다면, 겸손은 악령을 천사가 되게 할 수 있습니다. 그러니 넘어진 이는 용기를 내십시오. 이 사다리의 정상에까지 오르도록 노력합시다. 아니면 산등성이에라도 올라갑시다. 그리고 우리가 지쳤을 때 산허리에서 떨어지지 않도록 합

---

[13] 참조: 2열왕 20-24장; 2역대 32-33장; 창세 13,14; 마태 1,10.

시다. 이 떨어짐은 영원한 상급에 이르지 못하게 할 것이기 때문입니다. 줄로 표시되지 않는 정상에 이르는 길들은 가난, 세상에서 물러남, 자기 지혜를 숨김, 단순한 말, 이웃에게 자비를 구함, 자신의 고귀한 출생 신분을 감춤, 과도한 자유를 배제함, 많은 대화를 멀리함입니다. 하지만 생계를 위해 필요한 것마저 줄이는 것만큼 영혼의 겸손에 유익한 것이 없습니다. 우리가 온갖 교만의 가능성에서 완강히 달아날 때만 우리는 지혜를 사랑하는 사람, 하느님 사랑에 빠진 사람으로 드러날 것입니다. 그대가 어떤 욕정과 싸우기 위해 무장하려 한다면, 겸손과 동맹을 맺으십시오. 겸손은 독사와 바실리스크를 밟고 갈 수 있고, 사자와 용을 짓밟을 수 있습니다(시편 91,13 참조). 다시 말하자면, 오만과 절망이라는 양극단 사이에서 당당히 걸어갈 수 있고, 악마와 육체라는 이 파충류의 머리를 짓밟을 수 있습니다.

겸손은 영혼을 지옥에서 천국으로 들어 올려 줄 수 있는 물기둥입니다. 자기 마음에서 반사된 그 아름다움(겸손)을 보고 놀라움에 사로잡힌 어떤 이가 그것을 낳은 분의 이름을 알고 싶어 했습니다. 그러자 겸손은 행복하고 온화한 미소를 띤 자에게 이렇게 대답했습니다. "그분에게는 정확한 이름이 없으며, 그대가 어찌 나를 낳은 분의 이름을 알 수 있겠습니까? 그대가 하느님께 아직 이르지 못했다면 나는 그대에게 그 이름을 밝힐 수 없을 것입니다. 그분께 영광이 영원히, 아멘. 물이 분출하는 그 심연은 이름이 없듯이 식별의 원천인 겸손은 이름이 없습니다."

담화 26

식별

생각과 육정과 덕의 식별에 관하여

[악한 영에 대한 식별: PG 1013A-1013D]

147. 초심자의 식별은 정확한 자기인식에 있습니다. 완덕의 길 중간 지점에 있는 사람들의 식별은 본성상 선한 것과 그것에 반대되는 것을 오류 없이 정확하게 식별하는 정신의 뛰어난 지각 능력입니다. 완전한 이의 식별은 신적 조명을 통해 얻은 자신의 내적 인식의 빛으로 타인 안에 있는 어둠을 비출 수 있습니다. 일반적으로 식별이란 언제 어디서나 모든 것 안에서 하느님의 뜻을 확실히 지각하는 것입니다. 마음과 몸과 입이 순수한 사람만이 하느님의 뜻을 간파합니다.[1] 세 가지 악습[2]을 때려눕혀 경건하게 못 박는 사람은 다른 다

---

1 참조: 마태 5,8; 이사 6,7.

2 이 세 악습이란 탐식·탐욕·교만 혹은 망각·무지·게으름 아니면 소홀함·교만·시기심일 것이다. 육체를 십자가에 못 박지 못하는 것은 소홀함 혹은 냉담이다. 마음의 죄는 교만이고, 입의 악습은 시기심일 수 있다(디아도쿠스『시 단상 100편』19 참조).

섯 가지³ 모두를 십자가에 못 박는 것입니다.

　식별은 청렴결백한 양심이자 순수한 지각입니다. 수도승생활을 하면서 자연을 초월한 힘을 지닌 무언가를 보거나 들을 때 무지 때문에 그것을 불신해서는 안 됩니다.⁴ 자연을 뛰어넘는 하느님이 거하시는 곳에서는 초자연적인 일이 많이 일어나기 때문입니다. 게으름, 교만, 시기심은 악령들이 우리에게 싸움을 거는 세 가지 무기인데, 그들이 어느 무기를 사용하는지 구별합시다. 시기는 특히 악마의 특징입니다. 하지만 게으름은 책망받을 만하고, 교만은 비참한 것입니다. 시기는 우리가 어떤 경우에든 항상 우리 양심의 목표와 모범을 하느님으로 삼는다면 환영할 만한 것일 수 있습니다. 우리는 바람이 어디서 부는지 알고 양심에 따라 적절하게 돛을 올릴 수 있습니다.

　우리가 하느님의 뜻에 따른 행업으로 걸어가고자 할 때 악령들은 항상 우리에게 세 가지 함정을 파 놓습니다. 무엇보다도 악령들은 우리의 선행을 방해하며 우리와 싸웁니다. 이것이 실패하면, 다음에는 우리가 어떤 경우에도 하느님의 뜻에 따라 행하지 못하도록 방해합니다. 이 목적마저 이루지 못하면, 우리 옆에서 주의를 기울이며

---

　3 다른 주요 악습, 혹은 담화 26부터 30까지의 주제에 반대되는 악습들을 의미한다. 라이투의 요한은 이 악습들을 마태 4,1-11에서 예수가 극복한 유혹인 탐식·탐욕·교만에 연결하고 있다. 따라서 그것은 정신적 차원의 유혹들, 즉 우리가 십자가 위의 그리스도처럼 하느님이 원하시는 바에 충실하려 할 때 하느님이 허락하신 유혹이다. 식별은 악마의 유혹에서 은총의 움직임을 포착하는 데 있다.

　4 식별은 영지(*gnôsis*)의 영역, 즉 신앙의 빛과 신비 속에 잠기는 관상인 인식의 영역에 속해 있다. 디아도쿠스는 "식별의 부족은 무지를 낳는다"(『시 단상 100편』 8)라고 말한다.

우리가 매사에 하느님의 뜻에 따라 처신하니 복되다고 우리 영혼 깊숙한 곳에다 속삭입니다. 첫 번째 경우에 우리는 죽음에 관한 생각과 큰 열의로 대항해야 합니다. 두 번째 경우에는 순종과 자기비하로 대응해야 합니다. 세 번째 경우에는 과거에 대한 지속적 자책으로 대응해야 합니다. 이것은 영혼이 신적 불의 성소(시편 73,16-17 참조) 안에 들어갈 때까지 영혼 앞에 놓인 힘든 과업입니다. 태워 버리는 불이신 우리 하느님께서(신명 4,24 참조) 우리의 모든 욕정, 동요, 성향, 육체와 정신의 내적·외적 무덤을 태워 버리실 때, 비로소 우리 안에 더는 우리의 성향으로 인한 고뇌가 없을 것입니다.

당연히 악령들은 우리가 말하는 것과 반대 방향으로 활동합니다. 그들은 영혼을 사로잡자마자 정신의 빛을 흐리게 합니다. 불행한 우리 안에 더는 단식의 정신이나 판단력, 이해력과 수치심이 남아 있지 않고, 무관심과 무감각, 식별의 부족과 영혼의 눈멂이 남습니다.

[강도, 살인자, 파괴자에 대한 식별: PG 1013D-1016C]

148. 방종에서 극기로, 자유의 남용에서 순종의 제동으로, 뻔뻔스러움에서 수치심으로 돌아온 이는 그것을 너무 잘 압니다. 일단 그가 마음의 평정을 되찾고 무딤, 아니 냉담을 끝내면, 수치심은 그들이 전에 말과 행동에 있어 눈이 멀었던 것에 대해(콜로 3,7 참조) 어떻게 마음속 깊이 부끄러워해야 하는지 그에게 알려 줍니다.

영혼의 낮에 어둠이 깔리지 않으면 도둑은 훔치지 않고, 살인하지도 파괴하지도 않습니다. 도둑은 영혼을 놀람의 포로가 되게 하는 것이고, 살인자는 영혼을 악행에 빠뜨려 영적 죽음을 초래하는 것입니다. 끝으로 완전한 파괴는 하느님의 율법을 어기게 하는 절망입니다. 누구도 복음의 계명을 따를 수 없다고 변명해서는 안 됩니다. 복음서에서 규정하는 것보다 더 많이 실천하는 영혼이 있기 때문입니다. 자기 이웃을 사랑하여 목숨마저 내어 준 사람이 있습니다. 그의 이야기가 더욱 확실하게 그대를 설득하여 믿게 할 것입니다. 주님의 명령으로 그가 그렇게 했다고는 생각하지 않습니다(1코린 7,25 참조).[5]

여전히 욕정과 싸우며 욕정에 굴복하는 자는 힘을 내야 합니다. 그가 비록 낭떠러지에서 떨어지고 온갖 올가미에 걸리고 온갖 질병으로 고통당하더라도 그는 치유될 수 있습니다. 치유된 그는 모두에게 빛, 의사, 등불, 키잡이가 됩니다. 또한 그는 온갖 질병에 대해 알려 주는 스승이 되며, 넘어지려는 이들에게 자신의 경험을 토대로 구원자가 될 수 있습니다. 어떤 이는 여전히 악습으로 괴로워할 수 있습니다. 하지만 그는 말로라도 계속 가르쳐야 합니다. 그는 자기가 한 말 때문에 스스로 부끄러워하는 법을 배울 것입니다. 내가 본 바에 따르면, 진창에 빠진 어떤 이들에게 일어난 일이 그에게 일어날 수도 있습니다. 그렇게 더럽혀진 그는 자신이 어떻게 진창에 빠지게 되었는지 가르치면서 지나가는 이들이 자신처럼 빠지지 않게 해야 한다고 생각했습니다. 하지만 전능하신 분께서는 다른 이들을 진창에서 구하려 애쓴 사람을 진창에서 구해 주셨습니다. 악습들 가

---

5 카파도키아의 압바 레오는 억류된 수도승 세 명의 목숨을 구하려고 자기 생명을 내어 주었다(요한 모스코스 『영적 초원』 112장 참조).

운데서 쾌락에 빠져 있는 욕정의 희생자는 침묵하며 가르침을 자제해야 합니다. 먼저 행하고 나서 가르치기 시작하셨던 예수님께서(사도 1,1 참조) 그렇게 하길 원하셨던 것처럼 말입니다.

[식별의 알파벳: PG 1016D-1017C]

149. 겸손한 우리 수도승들은 바람과 암초, 폭풍우와 해적, 용오름, 얕은 곳, 고래와 거센 파도로 가득한 두려운 바다를 건너갑니다. 영적 암초는 거칠고 갑작스러운 분노입니다. 폭풍우는 우리를 절망의 심연으로 끌어당기는 낙담의 소용돌이입니다. 얕은 곳은 선을 위해 악을 취하는 무지입니다. 고래는 우리 육체를 무겁고 무섭게 하는 거대한 짓눌림입니다. 해적은 우리가 힘들여 쌓은 덕의 보화를 약탈하는 여러 종류의 헛된 영광입니다. 거센 파도는 우리를 동물적 본능에 노출하는 음식으로 부푼 위胃입니다. 용오름은 우리를 높였다가 다시 나락으로 떨어뜨리는 하늘에서 쫓겨난 교만입니다(마태 11,23 참조).

제대로 교육받은 이는 어떤 가르침이 초심자에게 적합한지, 어떤 가르침이 진보한 자에게 적합한지, 또 어떤 가르침이 스승에게 적합한지를 압니다. 초심자의 수준에 머무르지 않도록 시간을 낭비하지 말고 열심히 배웁시다. 노인이 유치원에 다니는 것은 수치일 것입니다. 하지만 다음이 가리키는 알파벳을 이해하는 것이 모두에게 매우 좋습니다. A-순종, B-단식, Γ-고행, Δ-재, E-눈물, Z-고백, H-침묵, Θ-겸손, I-철야, K-굳셈, Λ-추위, M-고뇌, N-인내, Ξ

-경멸, O-참회, Π-용서, P-형제애, Σ-온유, T-단순하고 의심 없는 신앙, Υ-세상 걱정에서 벗어남, Φ-부모에 대해 미움 없는 거부, X-내적 평정, Ψ-무구한 단순성, Ω-자발적인 굴욕입니다.

진보한 이는 다음에 따라 실천하고 판단받을 것입니다. 헛된 영광에서 벗어남, 분노에 대한 승리, 선한 희망, 고요, 식별, 항상 심판을 기억함, 자비, 환대, 절제된 책망, 내적 평정 중의 기도, 탐욕에서 벗어남입니다.

육체 안에 있으면서 경건한 정신을 소유한 완전한 이는 이 세상에서 내적·외적으로 다음 법과 규정에 따라 행동할 것입니다. A-온갖 속박에서 자유로운 마음, B-절대적 사랑, Γ-근본적 겸손, Δ-초연한 마음, E-그리스도 안에 삶, Z-기도와 얻은 빛(깨달음)을 보호함, H-하느님 빛의 현존, Θ-죽음에 대한 갈망, I-삶에 대한 증오, K-육체에서 벗어남, Λ-세상을 위한 중재, M-하느님을 성가시게 함, N-천사들과 함께하는 전례, Ξ-심오한 인식, O-신비들의 거처, Π-비밀의 보호, P-사람들의 선교사, Σ-악령들에 대적하는 신적 능력, T-욕정을 지배, Υ-육체를 지배, Φ-본성을 통제, X-죄를 모름, Ψ-내적 평정 중에 거주, Ω-주님의 도우심으로 주님을 모방함입니다.[6]

---

6 클리마쿠스는 다양하게 개념을 구별하고 정의했다. 여기서 삼중 식별과 연결된 단계들을 구분한다. 1) 초심자에게 자기인식. 2) 진보한 이에게 본성에 따른 선악의 영적 의미. 3) 완전한 이에게 영적 인식. 여기서 산만한 요소들을 발전시키고 정렬해 알파벳으로 목록을 만들고 요약한다.

[감각의 영성화: *PG 1017C-1020B*]

150. 우리 몸이 병들었을 때 단식해야 합니다. 악령들은 지상에 있는 우리가 기운이 없어 더는 금욕수행을 할 수 없는 것을 보고 우리에게 타격을 가할 수 있다고 믿기 때문입니다. 그들은 허약한 세상 사람에게 분노를 일으키고 종종 신성모독을 일으킵니다. 세상에서 멀리 떨어져 살지만 돌봄을 잘 받는 이에게는 탐식과 음욕의 악령으로 모습을 드러냅니다. 참회의 장소에서 낙담한 이에게는 아케디아와 슬픔의 악령으로 나타납니다. 나는 음욕의 늑대가 쇠약해진 사람을 이빨로 채 가려고 다가오는 것을 목격했습니다. 늑대는 그 병자에게 (육체의) 자극과 누정을 일으키며 괴롭혔습니다. 쾌락에 불탄 육신이 끔찍한 고통으로 괴로워하는 모습을 보는 것이 내게는 구역질 나는 광경이었습니다.

내가 돌아왔을 때 이들이 침대에 누워 있는 동안 하느님의 도우심과 탄식으로 신적 위로를 받아 고통에서 벗어나 진정된 것을 목격했습니다(필리 4,13 참조). 그들은 기꺼이 고통을 받을 자세가 되어 있었고 그 질병에서 벗어나길 원하지 않을 정도였습니다. 내가 다시 거기 갔을 때도 여전히 병자들을 보았습니다. 하지만 그들은 육체의 열로 달아올랐지만, 육체의 질병을 통해 정신의 질병에서 치유되었습니다. 그것에 대해 나는 진흙으로 진흙을 정화하신 분을 찬양했습니다.[7] 사실 지적 본성을 지닌 영혼은 영적 감각을 부여받습니다. 우

---

[7] "유사한 것은 유사하게 치료된다"라는 격언에 따른 영적 유사 요법.

리가 이것을 소유했든 안 했든 부단히 찾아야 합니다. 영적 감각이 지각하게 될 때, 몸의 외적 감각은 이미 자체의 활동을 멈춥니다. 이것이 현자가 '그대는 신적인 것에 대한 감각을 얻을 것이오'[8]라고 말한 이유입니다. 수도승생활은 행동과 말과 생각과 움직임에 있어서 마음의 감각으로 살아야 합니다. 그렇지 않은 삶은 수도승생활이 아니며, 천사의 삶과는 거리가 멀 것입니다.

[영적 감각과 신적 치료: PG 1020B-1020D]

151. 하느님의 섭리, 그분의 도우심과 보호, 그분의 자비와 위로를 구별해야 합니다. 하느님은 모든 피조물을 섭리하시고 오로지 당신께 충실한 이들을 도와주십니다. 그들이 참으로 충실할 때만 그분은 충실한 보호자이시며, 당신을 섬기는 이들에게 자비를 베푸시고, 당신을 사랑하는 이들을 위로하십니다. 더 나아가 어떤 이에게는 약이 되는 것이 다른 이에게는 독이 됩니다. 또한 같은 사람에게 어떤 때는 치료제인 것이 어떤 때는 독이 됩니다. 나는 가여운 병자를 잘못 다루어 그를 절망적 상황에 빠지게 한 어리석은 의사를 보았습니다. 하지만 종양이 난 심장을 수술하여 악취 나는 온갖 부종에서 병자를 벗어나게 한 유능한 의사도 보았습니다. 나는 그 병자가 순종의 약을 먹고, 깨어 앞으로 나아감으로써 불결에서 치유된 것을 보았습니다. 그는 영혼의 눈에 병이 들어 움직이지 않았고, 아무 소리

---

8 참조: 지혜 9,13.17; 로마 11,34; 1코린 2,16.

도 내지 않았으며 침묵했습니다. "들을 귀를 가진 사람은 알아들으시오"(루카 14,35). 나는 정말 어떻게 설명해야 할지 모르겠지만, 하느님의 은사들을 받는 이유에 관해 멋지게 꾸며 대지는 않겠습니다. 어떤 사람은 말하자면 선천적으로 금욕적 혹은 고독한 삶, 정결하고 순종적인 삶, 온유하고 탄식하는 삶으로 부르심을 받았습니다. 반면에 어떤 사람은 이와는 완전히 다른 본성적 성향을 지녔습니다. 따라서 그는 가능한 방법으로 자신에게 폭력을 가해야 합니다. 그가 때론 자기 본성과의 싸움에서 패배하더라도, 내가 보기엔 그가 첫 번째 사람보다 더 낫습니다. 오, 사람이여, 그대가 수고하지 않고 얻은 부에 대해 교만하지 마십시오. 선물을 주신 분(야고 1,17 참조)께서 당신 섭리로 많은 상처에서 또 그대의 약함과 파멸에서 그대를 매우 안전하게 지켜 주셨고, 당신의 무한하신 선으로 그대가 합당치 않음에도 그대를 구원하셨기 때문입니다. 우리가 어려서부터 받은 교육, 우리를 교육하고 성장하게 한 가르침과 모든 돌봄은 덕과 수도승생활에 도움이 될 수도 있지만 방해가 될 수도 있습니다.

[기도와 경청, 심판에 대한 기억: PG 1020D-1021B]

152. 천사는 수도승을 위한 빛이며, 수도승생활은 모든 이를 위한 빛입니다. 그러므로 수도승은 자신의 언행으로 절대 물의를 일으키지 말고(2코린 6,3 참조) 모두에게 성덕의 모범이 되려고 노력해야 합니다. 빛이 어둠이 된다면(마태 5,15-16 참조) 세상은 얼마나 어둡고 모든 이에게 암흑이겠습니까? 자! 나를 믿으십시오. 내 말을 듣거나

듣고 싶은 사람은 우리가 무수한 적에 맞서 싸우기 위해 비참한 우리 영혼이 사방으로 찢겨 힘이 분산되는 것이 좋지 않다는 것에 동의할 것입니다. 우리는 절대 적들의 속임수를 알거나 발견할 수 없을 것입니다.

세 가지 욕정에 맞서 성삼위와 더불어 세 가지 덕[9]으로 무장합시다. 이렇게 하지 않는다면 우리는 많은 문제에 직면할 것입니다. 하느님은 이스라엘 백성을 물 벽 사이로 건너가게 하셨고 이집트인들을 눈물의 바다에 빠져 죽게 하셨습니다(시편 66,6 참조). 무엇보다도 이미 이 횡단을 하게 하셨던 분이 우리를 도와주시지 않는다면, 즉 우리가 영혼의 눈을 하느님께 고정하지 않는다면, 우리의 영적 이스라엘은 바다에서 마른땅으로 정말 온전하게 건너갈 수 없을 것입니다. 그분의 도움 없이는 아무도 이 육신에서 노호怒號하는 파도에 저항할 수 없을 것입니다(로마 7,24 참조). 만일 우리 안에서 하느님이 일어나시어 우리 행동에 힘을 불어넣어 주신다면, 그분의 적들은 흩어질 것입니다. 묵상 중에 우리가 그분의 현존과 또한 우리의 현존에 다가간다면 그분을 미워하는 자들은 도망칠 것입니다(시편 68,2 참조). 그러므로 말이 아니라 우리의 노고로 하느님의 권고를 듣고 그것을 실행해야 합니다. 죽음의 순간에는 말이 아니라 행동이 드러나기 때문입니다. 숨겨진 보물을 못 쓰게 하지 말고, 보물을 찾는 사람처럼 열심히 보물을 발견하고 그것을 지키도록 합시다(마태 13,44 참조). 수고하지 않고 부유해진 이는 쉽게 낭비합니다.

---

9 음욕, 탐욕, 야심에 맞선 절제, 사랑, 겸손이다.

[악습들의 어머니와 자식들을 규명하는 식별: PG 1021B-1024B]

153. 그 성향들은 노력 없이 극복하기 어렵습니다. 거듭 죄만 짓는 자는 결국 절망하고, 불순종에서는 어떤 열매도 얻지 못합니다. 나는 그것을 잘 압니다. 하느님은 모든 것을 하실 수 있고, 그분께는 불가능이 없습니다(루카 1,37 참조). 어떤 이들이 내게 대답하기 어려운 질문을 하나 했습니다. 그것은 내 능력 밖의 질문이었고, 내가 읽은 책들에서도 해답을 찾지 못했습니다. 그것은 여덟 가지 악습의 친자 관계는 어떠하며, 특히 다른 다섯과 비교해 주된 세 가지의 모성은 어떠한지에 관한 질문이었습니다. 난감한 이 질문에 나의 무지를 고백합니다. 나는 거룩한 몇몇 형제에게 도움을 청했는데, 그들은 이렇게 말했습니다. 탐식은 음욕의 어미이고, 헛된 영광은 아케디아의 어미라는 것과 여덟 가지 중 세 가지가 슬픔이나 분노의 어미들이고, 분명 헛된 영광은 교만의 어미라는 것이었습니다.[10]

하지만 나는 여덟 가지 악습의 정확한 기원이 어디인지, 각각의 친자 관계는 어떻게 결정되는지 영원히 기억될 사부들에게 집요히 물었습니다. 그러자 욕정에서 벗어난 사부들은 무질서하고 불합리한 욕정들은 순서나 지성에 따라 분류될 수 없음을 전제하며[11] 내 물

---

10 클리마쿠스는 병인학의 식별을 따르지 않는다. 그는 먼저 분노와 아케디아에 대해 이야기한 후 탐식과 음욕에 관해 이야기하고 있기 때문이다. 그는 여기서 탐욕을 강조하고 있지 않고, 헛된 영광과 교만을 담화 22와 23에 배치하고 있다. 오로지 여섯 가지 주요 악습에 관한 담화들만 극적인 형태로 끝낸다는 사실은 무엇보다도 이 악습들에 특별한 중요성을 부여한다는 표지다. 게다가 카시아누스의 스케마(『담화집』 24,15 참조)를 따르는 듯 보인다.

음에 친절히 응했습니다. 이 거룩한 스승들은 설득력 있는 예와 증거를 들어 가며 나에게 그것을 확인해 주었습니다. 이제 나는 나머지 것들을 밝히기 위해 전후 관계로 말하려 합니다.

예를 들어 봅시다. 헤픈 웃음은 음욕의 악령에게서 오기도 하지만, 경건하지 못하면서 거룩한 체 자만하는 헛된 영광의 악령에게서 올 수도 있습니다. 또 물질적 만족 상태에서 올 수도 있습니다. 과도한 잠은 때때로 이러한 만족으로 야기될 수 있지만, 어떤 경우 교만해지게 하는 단식에서 유래할 수도 있고, 아케디아나 본성적 필요에서 올 수도 있습니다. 수다는 포만한 위나 자기과시욕의 표지입니다. 아케디아는 배부름과 하느님께 대한 두려움 부족에서 유래할 수 있습니다. 신성모독은 본디 교만에서 나오지만, 종종 신성모독의 죄와 같은 죄인 이웃을 쉽게 단죄하는 데서 오기도 합니다. 또는 악령의 시기심이 그 어미일 수도 있습니다. 무딘 마음은 배부름, 냉담이나 욕망에서 옵니다. 욕망은 음욕, 탐욕, 탐식, 헛된 영광, 그리고 다른 많은 악습으로 몰아넣는 충동에서 일어납니다. 교만과 분노의 딸은 사악함이며, 위선은 자기만족과 자기 주도의 착각에서 유래합니다.

이 악습들에 대립하는 덕들은 그것들과 반대 경향을 지닌 딸들입니다. 모든 것을 세세하게 말할 필요는 없을 것입니다. 내게는 그럴 시간이 없습니다. 겸손은 앞에서 언급된 온갖 욕정을 제거하는 덕입니다. 참으로 이 덕을 얻은 사람은 온갖 충동을 극복합니다. 반대로 쾌락이나 이웃에게 악을 행하려는 충동은 모든 악의의 기원입니다.

---

11 악령이나 악한 생각은 이성적 연구 대상이 아니다.

그래서 그것들을 따르는 자는 주님을 뵙지 못할 것입니다(마태 11,29 참조). 이웃에게 악을 행하려는 충동을 멈추지 않는다면 쾌락을 절제하더라도 아무 소용이 없습니다. 주님을 두려워하는 법을 배우기 위해 재판관이나 야수가 우리에게 불러일으키는 두려움이 도움이 됩니다. 또 주님을 사랑하는 법을 배우기 위해 육신을 사로잡는 사랑에서 실마리를 얻을 수도 있습니다. 반대 표지의 예를 들어 덕에 적용하는 것은 금지되어 있습니다.

[건강에 해로운 샘물을 정화하다: PG 1024C-1025C]

154. 현세대는 참으로 사악하고 교만하며, 위선으로 가득 차 있습니다. 외적으로는 옛 교부들의 수행에 따라 탄식하는 모습을 보이지만, 실상 그들이 지녔던 은사 중 아무것도 지니고 있지 않습니다. 지금처럼 세상에 영적 은사가 필요한 때는 없을 것입니다. 이는 하느님의 합당한 벌입니다. 그분은 단순성과 겸손으로 탄식하며 사는 이에게만 당신을 드러내십니다. 하지만 주님의 권능은 인간의 연약함 안에서 충만히 드러나기 때문에(2코린 12,9 참조) 그분은 겸손하게 일하는 사람을 내치지는 않으실 것입니다. 그러므로 우리의 경기자 가운데 누가 몸이 아픈 것을 보거든 악의를 갖고 그 질병의 원인을 찾으려 해서는 안 됩니다. 그를 우리 몸의 일부인 듯이, 또 전투에서 부상한 전우인 듯 여기며 단순성과 애덕으로 품어 치료해 주어야 합니다. 죄에서 마음을 정화하는 질병이 있는가 하면, 정신을 겸손하게 하는 질병도 있습니다.

지극히 선하신 우리 주인이자 주님이신 좋으신 하느님께서는 덕에 우유부단한 금욕가를 보시면, 악한 생각과 욕정에서 영혼을 정화하시려고 육신을 낮추시기를 원하십니다. 그리하여 쉬운 금욕수행 방법으로서 질병을 사용하십니다. 우리에게 보이는 것이든 보이지 않는 것이든 우리에게 일어나는 모든 것을 우리는 기쁘게 또는 슬프게 또는 무관심하게 받아들일 수 있습니다. 나는 처벌받은 세 형제를 본 적이 있는데, 처벌에 대해 한 형제는 괴로워했고, 다른 형제는 무관심했으며, 또 다른 형제는 크게 기뻐했습니다. 나는 또 두 농부가 서로 다른 목적으로 같은 씨를 뿌리는 것을 보았습니다. 한 사람은 빚을 갚기 위해서였고, 다른 사람은 부를 축적하기 위해서였습니다. 전자는 거기서 얻은 열매를 주인에게 바치기 위해서고, 후자는 이런 노동으로 지나가며 쳐다보는 이들에게 자기 생활 방식을 뽐내기 위한 것임을 우리는 이해해야 합니다. 다시 말해 전자는 원수에게 시기심을 유발하려는 것이며, 후자는 사람들에게서 게으르다는 소리를 듣지 않기 위해서입니다. 영적 의미로 이 씨앗들은 단식, 철야, 자선, 형제들에 대한 봉사, 그리고 여러 덕행을 실천하는 농부의 씨앗들입니다.

그러므로 형제들은 자신이 추구하는 목적을 하느님 앞에서 주의 깊게 검토해야 합니다. 샘에서 물을 길어 올릴 때 개구리를 퍼 올리지 않도록 조심해야 합니다. 우리는 덕을 닦으면서도 주의하지 않고 때로 덕과 악습을 뒤섞습니다. 예를 들면, 환대에 탐식을 뒤섞고, 애덕에 음욕을, 식별에 간계를, 현명에 악의를, 온유에 불충실, 우유부단, 태만, 이의 제기, 개인주의, 영적 감수성 부족을, 침묵에 가르치려는 야심을, 순수한 기쁨에 교만한 죄책감을, 희망에 태만을, 양식 있는 사랑에 무모한 심판을, 고요에 아케디아와 우유부단을, 정결에 무례를, 겸손에 방종을, 겸손에 연결된 모든 덕에 자양분처럼, 아니 차라리 독처럼 어디든지 끼어드는 헛된 영광을 뒤섞습니다.

[악령들의 전략에 맞선 방어 전략: PG 1025C-1028A]

155. 주님께 드린 청이 제때 받아들여지지 않더라도 괴로워하지 맙시다. 하느님께 드린 청이 받아들여지지 않더라도, 주님께서는 모든 이가 초연하기를 바라십니다. 그들은 곧 그렇게 될 것입니다(1테살 4,3 참조). 이런 일이 일어나는 이유는 다음 중 하나일 것입니다. 적절치 않은 것을 청하거나, 방법이 부적절하거나, 헛된 영광으로 청하기 때문입니다. 또는 그가 청한 것을 얻었을 경우 교만해지거나 기도로 얻은 것을 소홀히 할 수 있기 때문입니다. 악령들과 욕정들은 얼마 동안 혹은 완전히 영혼을 떠난다는 것은 부인할 수 없는 사실입니다. 하지만 그렇게 후퇴하는 이유는 아주 소수만이 압니다.

　신앙인과 불신자를 악으로 모는 욕정들은 하나를 제외하고는 모두 굴복하고 맙니다. 그 유일한 욕정은 신앙인에게 악을 유산으로 남겼고, 하늘에서 아래로 던져서 해를 입힐 엄청난 능력을 지닌 순간부터 다른 모든 욕정의 자리를 차지했습니다. 그렇지만 신적인 불로 타 버린 그 물질(욕정)은 결국 소모되어 마침내 영혼에서 제거됩니다. 하지만 악령들이 후퇴하는 이유는 우리 안에 동요 없는 고요를 낳은 다음 갑자기 가여운 우리 영혼을 파괴하기 위해서입니다.

욕정들이 우리의 능력과 완전히 하나가 된 듯 마침내 우리를 욕정들에 적응시켜 우리가 우리 자신에 맞서 싸우게 하려는 것입니다.

나는 이 야수들이 후퇴하는 또 다른 이유를 알고 있습니다. 영혼은 악습을 익힌 후, 젖을 빠는 습관이 든 아이가 젖을 뗀 후에도 계속해서 자기 손을 빠는 것처럼 행동합니다. 우리도 이와 비슷합니다. 나는 또 다른 다섯 번째 이유도 알고 있습니다. 그것은 절대적 단순성과 놀라운 순수성으로 사는 이에게 성경이 부여하는 칭찬을 의식하지 못하는 데서 비롯되는 영혼의 아파테이아입니다. 우리는 주님께서 마음 바른 이들을 도와주시는 데(시편 7,11 참조) 의로우시다는 것을 (성경에서) 읽습니다. 주님은 그들을 악에서 구하시어 자유롭게 하십니다. 벌거벗은 아기들이 벌거벗었다는 사실을 의식하지 않듯이 그들은 그것에 대해 모릅니다.

[악습과 결점. 차악을 선택하다: PG 1028A-1028C]

156. 악의나 욕정은 타고난 본성이 아닙니다. 하느님께서는 욕정을 창조하시지 않았다는 점에서 그렇습니다. 그분은 많은 덕 혹은 가능성을 지닌 본성을 우리 안에 심어 주셨습니다. 이방인들도 지닌 동정심, 비이성적인 동물조차 자식을 잃으면 비통해하는 사랑, 우리 모두 자신 안에서 믿을 이유를 발견하는 본성적인 신앙, 우리가 부를 얻을 수 있다고 믿기에 이자로 돈을 빌려주거나 바다로 나가고 또 씨앗을 뿌리게 하는 희망이 그것입니다. 그러므로 입증된 바처럼 애덕은 율법의 유대와 완성으로서 우리 안에 타고났습니다(콜로 3,14

참조). 만일 그렇다면(로마 13,10 참조), 덕은 거의 본성적이라 말할 수 있습니다. 따라서 덕이 본성의 능력을 능가한다고 변명하며 덕을 실천하기가 불가능하다고 말하는 자는 부끄러워해야 할 것입니다. 그렇지만 정결, 분노의 극복, 겸손, 기도의 정신, 철야, 단식 그리고 부단한 탄식은 본성을 초월한 것이라고 할 수 있습니다. 우리는 이것들에 대해서 사람이나 천사들 그리고 하느님이시며 말씀 자체이신 분에게서 배웁니다.

악에 대면할 때 식별의 정신으로 그중 가장 작은 악을 선택해야 합니다. 예를 들어, 기도하고 있을 때 형제들이 찾아온다면 둘 중 하나를 선택해야 합니다. 기도를 중단하느냐 아니면 모르는 체하여 형제를 화나게 하느냐입니다. 애덕은 모든 덕을 포괄하는 사랑의 덕에 포함되어 있으므로 기도를 능가하는 덕입니다. 젊은 시절 내가 마을에 있을 때, 어느 날 식사 중에 탐식과 헛된 영광의 공격을 동시에 받았습니다. 나는 탐식의 결과를 더 두려워하여 탐식보다는 헛된 영광에 자신을 내어 주었습니다. 나는 젊은이들 안에서 탐식의 악령이 자주 헛된 영광의 악령을 이긴다는 것을 알고 있었습니다. 이것은 당연합니다. 세상에 사는 이에게는 탐욕이 모든 악의 뿌리이고(1티모 6,10 참조), 수도승생활을 하는 이에게는 탐식이 그러합니다.

[다양한 악령과 싸우는 여러 방식: PG 1028C-1029C]

157. 하느님께서는 종종 당신 섭리로 영적인 사람 안에 욕정의 자취를 남겨 두십니다. 그가 범한 가벼운 죄들에 대해 스스로 단호

하게 비난하여 겸손의 보화를 확실히 얻게 하시려는 것입니다. 초심자에게 겸손은 순종에 대한 복종 없이 불가능합니다. 스스로 그 기술을 터득하려는 것은 공중에 성을 짓는 것입니다. 금욕수행의 스승들은 금욕수행에서 두 종류의 덕을 구분하고 있는데, 곧 단식과 순종입니다. 단식은 쾌락의 즐거움으로 기우는 경향을 제거하고, 순종은 겸손을 확고하게 하여 욕정에서 벗어나게 해 줍니다. 그러므로 탄식은 죄의 정화와 겸손의 획득이라는 이중의 효과를 냅니다. 이와 마찬가지로 경건함 역시 이중 모습을 띱니다. 즉, 청하는 자에게 주는 이는 경건하지만, 청하지 않는 자에게 주는 이는 더 경건합니다. 그러나 자기에게서 무언가를 뺏어 간 이에게 자기 것을 다시 요구하지 않는 이가(마태 5,39 참조) 가장 경건합니다. 이런 사람은 아마 아파테이아에 도달한 자일 것입니다. 우리가 여정의 처음에 있는지, 중간 혹은 끝에 있는지 알기 위해서 우리 안에서 우연히 다시 마주칠 수 있는 욕정들과 덕들을 끊임없이 세심하게 살펴야 합니다.

 악령들이 우리를 괴롭히는 온갖 싸움의 원인인 세 가지 욕정을 구분합시다.[12] 그것들은 쾌락에 대한 사랑, 교만, 혹은 악령들의 시기에서 유래합니다. 악령들의 시기가 부추긴 욕정과 싸우는 자는 복됩니다. 교만과 싸우는 자는 불행합니다. 쾌락에 대한 사랑에서 유래한 욕정과 싸우는 자는 절대 최종적으로 승리할 수 없습니다. 지각이 있거나 인내하는 이는 더는 두려워하지도 싸움의 고통을 멀리하지도 않을 것입니다. 이 덕으로 굳세어진 순교자의 영혼은 고통을

---

12 『천국의 사다리』 26,147 참조.

쉽게 경멸했습니다. 인내는 그들에게 영광스러운 의복이었습니다.

악한 생각을 경계하는 것과 마음을 지키는 것을 구분해야 합니다. 동쪽이 서쪽에서 더 먼 것처럼(시편 103,12 참조) 이 둘은 다릅니다. 마음을 지키는 일이 더 고통스럽지만, 악한 생각을 경계하는 것보다 중요합니다. 생각들을 쫓으려고 기도하는 것, 기도로 생각들을 예방하는 것, 생각들을 무시하고 한 번에 영원히 쫓아 버리는 것은 각각 다른 것입니다. 시편 저자가 '주님, 어서 오사 저를 도우소서'(시편 70,2 참조)라고 말한 것과 이와 비슷한 호소들은 첫째 것을 암시한 것입니다. '저는 저를 모욕하는 자에게 대답할 줄을 아나이다'(시편 119,42 참조) 또는 '당신은 저희를 모든 이웃과 다투게 하셨나이다'(시편 80,7 참조)라고 기도하면서 거의 모순된 말을 하는 것은 둘째 것을 언급한 것입니다. 시편 저자는 셋째 것에 대해 다음과 같이 증언합니다. '저는 침묵하였고 입을 열지 않았습니다.' '악인이 저에 맞서 있는 한 저는 제 입술을 닫았습니다.' 또 다른 곳에서 '교만한 자들이 저를 거슬러 부당하게 행동하며 절대 멈추지 않았어도 주님, 저는 당신에게서 시선을 거두지 않았습니다.'[13] 불충분할 수 있는 중간 위치에 있는 이는 때로 첫째 것을 혼용해야 할 것입니다. 하지만 첫째 것은 둘째 것의 도움으로도 적을 몰아내지 못합니다. 반면 셋째 것은 악마의 간계를 완전하게 제거할 것입니다.

[아파테이아의 향기를 구별하다: PG 1029C-1029D]

---

13 참조.: 시편 39,10; 119,51.

158. 육체가 영적인 것을 정확히 식별하기란 불가능합니다. 하지만 피조물을 창조하신 하느님께서는 모든 것을 하실 수 있습니다. 순수한 영혼은 하느님께 받은 향기를 맡고 다른 이들이 자기도 모르게 발산하는 악취도 맡습니다. 이처럼 건강한 후각을 지닌 사람은 다른 이들에게서 나는 냄새와 그들이 알지 못하는 냄새 또한 식별할 수 있습니다. 따라서 모두가 아파테이아에 도달하는 것은 아닙니다. 그러나 우리는 모든 이가 하느님과 화해할 수 있다는 것을 압니다. 하느님께서는 모든 이를 구원하고자 하시기 때문입니다. 하느님 말씀에 이질적인 생각들의 지배를 받지 않도록 조심하십시오. 그런 생각에 사로잡힌 자는 사람들에게 참된 비전을 갖도록 허락하시는 하느님의 신비한 계획들에 대해 추리한다고 주장합니다. 그들은 주님의 불공평을 비난하고(신명 10,17 참조), 스스로 교만의 딸임을 드러내면서 자신도 모르게 신성모독자가 됩니다.

[모든 것에는 때가 있다: PG 1029D-1032C]

159. 탐욕의 악령은 종종 겸손의 모습을 취합니다. 헛된 영광의 악령은 음욕의 악령과 마찬가지로 동정심으로 고무된 듯이 속입니다. 우리가 이 두 악령에게 물들지 않으려면 끊임없이 동정을 베풀어야 합니다. 어떤 이들은 악령들이 서로 대적하여 활동한다고 합니다. 그 말은 맞지만, 나는 모든 악령은 우리의 파괴를 노린다는 것을 압니다. 다른 한편, 우리가 영혼과 육체의 모든 영적 활동을 위해 생각하고 또 그것에 대한 생생한 갈망을 마음속에 품을 때마다 하느님

께서는 우리 안에서 활동하십니다. 그러니 초기에 낙심하지 맙시다. 생각과 갈망에 행동이 따를 것이기 때문입니다. 그렇다면 우리는 이 문제를 검토해 보고, 하늘 아래 모든 것에는 때가 있다(코헬 3,1 참조)는 코헬렛 저자의 말대로 각 활동에 적절한 때를 구별하는 법을 알아야 합니다. 이 활동 중 확실한 하나는 거룩한 규율 준수입니다.

온갖 싸움을 위해서는 처음 경험하는 어린아이처럼 침착하고 확신에 찬 상태로 싸우는 것이 적절합니다. 눈물의 때와 마음이 무딜 때, 순종할 때와 명령할 때, 단식할 때와 단식을 중단할 때, 우리의 적인 육체와 전쟁할 때와 욕정들이 잠잠해져 휴전할 때, 영적 폭풍우의 때와 영혼이 고요한 때, 정신이 고뇌할 때와 마음이 기쁠 때, 가르칠 때와 경청할 때, 교만으로 오염될 때와 겸손으로 정화될 때, 싸움을 위한 때와 휴전의 때, 고요를 위한 때와 부단한 동요를 위한 때, 기도를 위한 때와 형제들에 대한 봉사를 위한 때가 있습니다.

거짓된 자부심으로 제때 해야 하는 것을 무리하게 해서는 안 됩니다(코헬 3,1 이하 참조). 여름에 하는 일을 겨울에 하지 않습니다. 씨 뿌려야 할 때 추수하는 체하지 맙시다. 파종의 때가 있고, 주님께서 우리에게 마련해 주시는 형언할 수 없는 고귀한 열매를 거둘 때가 있기 때문입니다. 그렇지 않으면 우리는 제때 계절의 과일들을 수확할 수 없을 것입니다. 어떤 이는 수고하기도 전에 또는 수고하고 있는 동안에 이미 자기 노고에 대해 지극히 거룩한 하느님의 상급을 받습니다. 반면 어떤 이는 수고를 다한 다음이나 죽을 때 그 상급을 받습니다. 네 경우 중 어떤 경우가 더 겸손하게 해 주는지 자문해 볼 수 있을 것입니다.

[절망하지 마라. 그러나 추정하지 마라: PG 1032D-1033C]

160. 엄청난 죄 때문에, 죄의 심각성을 의식하여, 그리고 무시무시한 벌을 두려워하여 절망할 위험이 있습니다. 사실 중죄의 바다에 잠겼다고 느끼는 영혼은 소용돌이에 휩싸여 절망의 심연 속으로 떨어집니다. 절망은 헛된 영광과 교만에서 우리에게 오기도 합니다. 헛된 영광과 교만 때문에 죄인은 자기가 너무 수치스럽게 넘어졌다고 생각합니다. 두 경우에 모두 우리는 건전한 식별을 통해서 낙담에 빠진 이를 위해서든, 서원한 금욕수행과 일치하지 않는 자신의 수치스러운 넘어짐을 보고서 절망한 이를 위해서든 특효약을 발견할 것입니다. 전자는 금욕생활과 망덕望德으로 치유될 것입니다. 후자는 겸손과 누구도 판단하지 않는 애덕 실천으로 치유될 것입니다.[14] 교만이 천국에서 뱀을 죽인 순간부터 악을 행하면서 선을 설교하는 자를 본다고 해서 너무 놀라거나 동요해서는 안 됩니다.

순종의 삶(공동생활)에서나 독립적인 삶(은수생활)에서, 물질적 영역이나 영적 영역에서 그대가 선을 시작하거나 완수할 때마다 그대가 행하는 모든 것이 하느님의 뜻에 부합하는지를 식별의 기준으로 삼으십시오. 예를 들어, 초심자가 어떤 행동을 하는데 마음의 겸손으로 거기서 유익을 얻지 못한다면, 그 행동은 크든 작든 하느님의 뜻에 따라 행한 것이 아닙니다. 우리가 금욕생활에서는 어린아이지만, 우리를 완전하게 하시는 하느님의 뜻에 따라 일한다면 우리는 참으

---

14 『천국의 사다리』 15,99.104 참조.

로 현명하게 행동할 것이기 때문입니다. 여정의 중간에 이른 우리에게는 아마도 싸움이 끝날 것이며, 여정의 끝에 이르면 풍요로운 신적 빛을 얻을 것입니다. 우리에게 대수롭지 않게 보이는 것이라도 가치가 없지 않을 것입니다. 우리에게 위대해 보이는 것이라도 확실히 완전하지는 않을 것입니다. 구름이 지나가 창공이 깨끗해질 때 밝은 태양을 보게 되듯이, 영혼이 악한 성향에서 벗어날 때 전적으로 신적 빛에 열릴 수 있을 것입니다.

욕정이나 타락에서 죄와 게으름이나 태만을 구분해야 합니다. 주님 안에서 숙고하며 그것을 식별하는 이는 그 가치를 깊이 연구하려 애쓰십시오. 어떤 사람들은 기적을 행하는 은사와 눈에 보이는 다른 영적 은사들[15]에 찬사를 보냅니다. 그들은 안전하게 감추어져 있는 더 중요한 많은 은사가 있다는 것을 모릅니다. 사실 완전한 순수함에 도달한 사람만이 자기 영혼의 상태가 실제로 어떠한지 그리고 자기 영혼뿐 아니라 이웃의 영혼 상태가 어떠한지 볼 수 있습니다. 더 진보한 이는 육체적 모습을 보고 영혼의 상태를 알 수 있습니다. 작은 불꽃이 숲 전체를 태워 버릴 수 있듯이, 작은 실수가 탄식을 완전히 사라지게 할 수 있습니다.

욕정의 불을 자극하지 않고 정신의 능력들이 깨어날 때 전투에서 숨 쉴 여유가 생깁니다. 몸이 너무 지치면 육체의 정욕이 일어날 수 있습니다. 그래서 우리는 자신을 신뢰하지 않습니다(1코린 1,9 참조). 우리는 오히려 하느님께 의지해야 합니다. 그분은 은밀한 방법으로

---

15 참조:『천국의 사다리』7,72; 25,145.

우리의 살아 있는 정욕을 진정시킬 수 있습니다. 만일 누군가 주님 안에서 우리를 사랑한다는 사실을 알게 되면 그에게 무례하게 행동해서는 안 됩니다. 사실 자유의 남용과 증오만큼 사랑을 파괴하는 것은 아무것도 없습니다.

[하루를 하느님을 위해 계획하다: PG 1033D-1036C]

161. 영혼의 눈은 영적이고 무척 아름다우며, 다른 피조물들의 눈을 훨씬 능가하고 영적 존재의 차원에 오릅니다. 그래서 아직 욕정의 지배를 받는 이도 종종 큰 사랑으로 자극을 받아 악습의 진창에 빠진 이들의 은밀한 생각을 알 수 있습니다. 읽는 이는 알아들으십시오.[16] 육에서 자유로운 사람만이 육에 사는 자와 구별됩니다. 따라서 세상 사람들의 행동 방식을 살피는 사람은 순수 이성의 인식을 위해 우리와 함께하신 하느님에 대한 관상에서 멀리 떨어져 있습니다. 약한 영혼은 자신이나 타인의 육체적인 위험과 시험들에서 주님의 섭리를 인식하는 법을 배워야 합니다.[17] 완전한 이는 성령과 자기가 받은 성령의 은사를 인식해야 합니다.

우리가 휴식을 취하러 갈 때 침대 가까이에 나타나는 악령이 있습니다. 그것은 악하고 불결한 생각으로 우리를 사로잡을 것입니다. 우리가 그 생각들에 맞서 미리 무장하지 않으면, 그것들은 다시 돌

---

16 참조: 마태 24,15; 마르 13,14.

17 가장 순수한 영이신 하느님만이 흠이 없으시다. 성인은 타고난 육체를 정화하면서 영성화된다. 하지만 절대 하느님처럼 거룩하다고 잘난 체해서는 안 된다.

아와서 기도 중에 우리를 흔들 것입니다. 우리가 잠잘 때만 이런 불순한 생각을 하고 나쁜 꿈을 꾸는 것은 아닙니다. 낮의 선구자라 부르는 영도 있습니다. 그것이 잠에서 깬 그대 생각의 첫 열매들을 오염시켜 그대를 사로잡으려 할 것입니다. 그때 그 열매들을 주님께 봉헌하십시오. 그러면 그것은 하느님의 소유가 될 것입니다. 주님을 섬기는 훌륭한 어떤 일꾼이 나에게 이런 말을 했습니다. "나는 아침부터 하루 전체를 계획합니다."

파멸의 길이 많듯이 성화의 길도 많습니다. 각자 나름의 길을 선택할 수 있지만, 어느 길이든 전적으로 타자이신 분께 부합하는 방식으로 단순하게 걸어가는 사람은 주님을 기쁘게 합니다. 바로 이런 이유로 악령들은 어떤 환경에서든 그르치기 쉬운 것을 말하고 행하도록 우리를 유혹합니다. 또는 그들의 의도대로 되지 않으면 하느님께 거만한 감사의 기도나 표현을 해야 한다고 유혹하면서 우리와 싸웁니다(루카 18,11 참조).

정신이 천상적인 것에 몰두한 자는 죽으면서 하늘로 오릅니다. 지상적인 것에 몰두해 있는 자는 땅으로 돌아갑니다. 인간은 천상적이고 지상적인 이중의 요소로 구성된 유일한 피조물이 확실하기 때문입니다. 영혼은 육체 안에서 자신의 존재를 부여받았습니다. 그런데 영혼이 자신의 온전한 본성으로 있지 않으면서 어떻게 육체 밖에서 존재할 수 있는지 참으로 놀랍습니다.

거룩한 어미는 주님에게서 태어나고 그 어미는 거룩한 딸인 덕을 낳습니다. 이 거룩한 덕들에 관해서 방금 말한 것과 역순으로 같은 화법을 적용해 볼 수 있을 것입니다. 겁쟁이는 경기장에 들어설 수 없습니다. 모세가 그것을 말했습니다. 하느님이 말씀하셨다고 하는 편이 나을 것입니다. 덕들은 우리 영혼에 힘을 줍니다. 영혼이 신적 지성의 빛인 식별로써 첫 번째 타락을 유발했던 오류보다 더 심각한 오류를 피하기 때문입니다. 식별은 온 지체를 감지할 수 있는 빛인 눈과도 같습니다.[18]

---

[18] 클리마쿠스는 식별의 눈과 영혼의 눈을 동일시하면서 영혼의 눈에 관한 특별한 담화로 끝맺는다. 그는 이어지는 부록에서 영혼의 눈을 설명한다.

담화 26 부록

올바른 식별에 관하여

[식별의 척도는 하느님의 뜻이다: PG 1036D-1057C]

162. 목마른 암사슴이 시냇물을 그리워하듯(시편 42,2 참조) 수도승은 하느님의 거룩한 뜻을 알기를 열망합니다. 또한 하느님의 뜻이 아니거나 그분께 반대되는 것도 알려고 노력합니다. 정말 할 말이 많은 주제입니다. 때를 선택할 줄 알아야 합니다. '하루하루 늦추는 자에게 불행이 있으리라'(집회 5,7 참조)고 기록된 바에 따라 지체하지 말고 즉시 행동해야 하고, 한편으로 성경이 '전쟁은 전략으로 수행됩니다(잠언 20,18 참조) 혹은 모든 일은 품위 있고 질서 있게 이루어져야 합니다(1코린 14,40 참조)'라고 권고하는 바처럼 절제 있고 신중하게 행동할 의무가 있습니다. 이 둘을 어떻게 종합해야 하는지에 대해 쉽게 설명할 수는 없습니다.

쉽게 알 수 없는 일들을 즉시 정확하게 평가할 수는 없습니다. 성령께서는 영감받은 하느님의 사람을 통해서 말씀하시지만, 그 사람도 바로 이것을 청하기 위해 기도합니다. 그는 때론 '당신은 저의 하느님이시오니, 당신 뜻을 행하도록 저를 가르치소서'(시편 143,10 참조)라고 기도하며, 때론 '당신 진리로 저를 인도하소서'(시편 25,5 참조), 때론 '주님, 제가 걸어야 할 길을 제게 알려 주소서. 저는 제 영혼을 세상 근심과 욕정에서 떼어 내 당신께 들어 올렸나이다'(시편 143,8 참조)라고 간청합니다. 하지만 하느님의 뜻을 알고 싶은 이는 먼저 자신을 낮추어 신앙과 순수한 단순성으로 사부들과 형제들에게 조언을 청하며 자기 자신에게 죽어야 합니다. 겸손하고 기꺼운 마음으로 그렇게 한 후 그들의 조언이 마치 하느님의 입에서 나온 듯 그것을 소중히 받아들여야 합니다. 그들의 말이 실제 자신이 목표하는 바에 부합하지 않고 또 그들이 전혀 영적이지 않더라도 그렇게 해야 합니다. 하느님은 단순한 믿음으로 타인의 조언과 판단을 구하려고 자신을 낮춘 영혼을 속이는 것을 허락하지 않으실 것입니다. 하느님은 불의하신 분이 아닙니다. 조언하는 자의 대답이 때때로 불합리하게 보이더라도, 그는 언제나 영적이며 보이지 않는 하느님을 대신하여 말할 것입니다.

[불가해한 하느님의 뜻 식별: PG 1057C-1060B]

163. 이러한 규범을 충실히 준수하는 이는 거룩한 겸손을 드러낼 것입니다. 그는 하나의 도구에 의탁하면서 의심스러운 자기 마음을 열기 때문입니다. 사람이 자기 고뇌를 악기로 표현할 수 있다면, 확실히 이성적인 정신과 합리적인 영혼은 생명 없는 악기보다 더 훌륭

한 가르침을 제공할 수 있습니다. 그러나 많은 이가 교만 때문에 이 쉬운 완덕의 도구가 지닌 가치를 잘 이해하지 못했습니다. 그러나 그들은 하느님의 뜻을 찾기 위해 겸손한 자아로 돌아가며, 우리에게 다양한 방법을 제안했습니다. 어떤 이들은 온갖 욕정에서 정화되면서 하느님의 뜻을 발견했습니다. 그들은 자기 마음을 동요시켰던 생각이나 가야 할 방향에 대한 의문을 주님께 맡겼습니다. 그렇게 그들은 열렬하게 기도하며 자아 포기로 나아갔고, 또 무익한 유아론唯我論에서 완전히 벗어나면서[1] 나날이 하느님과 이성적으로 친밀히 통교할 수 있었습니다. 또 어떤 이들은 "나 바오로는 한두 번 여러분에게 가려고 했던 것입니다. 그러나 사탄이 우리를 방해하였습니다"(1테살 2,18)라고 기록된 대로 절망의 악령을 제거하는 환난을 통해 하느님의 뜻을 이해할 수 있었습니다. 어떤 이들은 하느님의 현존을 드러내는 예기치 않은 사건에서 그분의 뜻을 알 수 있다고 느꼈습니다. 그들은 하느님께서 선행을 선택하는 모든 이의 협조자라는 성경 말씀(로마 8,28 참조)을 기억합니다.

즉각적인 행동을 요구하는 일이나 시간이 필요한 일에서 번뜩이는 깨달음을 통해 자기 안에 계신 하느님을 소유하게 된 사람은 전술한 두 번째 방법으로 즉각적인 신적 보증을 발견할 것입니다. 종종 식별을 제대로 하지 못하고 오랫동안 혼란한 상태로 있을 수 있습니다. 그것은 영혼이 깨달음을 얻지 못하고 헛된 영광에 사로잡혔다는 것을 드러내는 것입니다.

---

[1] 에바그리우스의 주지주의적 금욕주의 경향을 암시하는 듯하다.

하지만 하느님은 불의하신 분이 아닙니다. 겸손하게 당신 문을 두드리는 자를 내치시지 않습니다(마태 7,7 참조). 지금 혹은 나중에 우리가 하거나 해야 하는 모든 일의 목적을 하느님에게서 찾아야 합니다. 우리가 선한 일을 하더라도 다른 목적이 아니라 오로지 주님만을 위해서 순수하게 혹은 흠 없이 일한 만큼 우리에게 상급이 주어질 것입니다. 하느님만이 우리를 심판하실 수 있습니다. 하지만 그분의 심판은 불가해한 상태로 남아 있습니다. 하느님의 심판을 알고자 하는 것이 우리에게 위험할 수 있기 때문입니다. 그분은 당신 예지로 모든 것을 아시지만, 섭리로 우리에게 당신 뜻을 감추십니다. 우리가 당신의 뜻을 알더라도 따를 수 없다는 것과 그로 인해 더 큰 벌을 받을 수 있다는 것을 아시기 때문입니다. 그러므로 정직한 마음은 실속 없는 주제를 피합니다. 정직한 마음이라는 배는 무죄함만을 받아들여 안전하게 항해하는 것에 만족합니다.

[우리와 다른 이들의 불안정에 관한 이해: PG 1060B-1061C]

164. 자기 능력을 넘어서는 일을 행하는 담대한 영혼들이 있습니다. 그들은 열렬하지만 겸손한 마음으로 움직였기에 그러한 일을 합니다. 반면 어떤 이들은 같은 일을 하더라도 교만한 마음으로 합니다. 악령들은 우리 능력을 벗어나는 큰일을 도모하게 합니다. 그 일 때문에 우리가 할 수 있는 일을 소홀하게 하여 우리를 그 사악한 눈에 조롱거리가 되게 하려는 것입니다. 나는 자기 죄를 의식하고 자기 능력을 벗어난 일을 행하려다 그 무게를 감당할 수 없어 영적·

육적으로 찌그러 든 연약한 이들을 보았습니다. 나는 그들에게 하느님은 우리의 노력이 아닌 겸손의 공로로 회개를 판단하신다고 말했습니다.

때론 가장 심각한 피해의 원인이 우리를 키운 훈육법이나 사회적 관계에 있지만, 보통 그 파멸의 원인은 전적으로 사악한 우리 영혼에 있습니다. 세상을 포기한 자(수도승)는 앞의 두 경우에 대해, 그리고 아마도 세 번째 경우에 대해서도 불평할 필요가 없을 것입니다. 하지만 세 번째 경우에 스스로 악을 행한 자는 언제 어디서든 비난의 대상이 될 것입니다. 사실 천국보다 더 안전한 장소는 없습니다. 신앙인이나 이단자와 갈등이 있을 때 우리는 그들을 한두 번 책망한 다음에 그쳐야 합니다(티토 3,10 참조). 하지만 진리를 갈망하는 이에게는 지치지 말고 선을 행해야 합니다(갈라 6,9 참조). 우리의 경우, 열정 안에 굳게 머물러 있으려면 악의 원인을 피해야 하고 선을 위해 노력해야 합니다.

성인들이 실천한 탁월한 덕들을 듣고 자신과 비교하며 낙심하는 자는 어리석습니다. 그 덕들이 그대를 가르치고 완덕으로 훈육해야 합니다. 완덕은 자신을 깊이 인식하는 자의 행위나 지극히 거룩한 겸손을 통해 자기 본성의 연약함을 분명하게 인정하는 자의 행위에 토대를 두고 있습니다.

불순한 영 중에도 특히 사악한 영들이 있습니다. 그들은 우리에게 더 무거운 형벌을 받게 하려고 불순한 행위를 자극하고 다른 이들과 교제하라고 속삭입니다. 나는 자기 악습을 다른 이에게 가르치는 사람을 보았습니다. 이 스승은 마음을 고쳐 회개의 길로 들어섰고 마침내 악행을 멈추었습니다. 하지만 제자가 스승의 죄를 이어 갔기 때문에 스승의 회개가 그에게 무익했습니다. 악령들의 악의는 참으로 엄청나게 커서 헤아릴 수 없습니다. 소수만이 그 악의를 보고 이해할 수 있습니다.

우리는 때로 방탕에 이르기까지 무절제하게 탐식할 수 있습니다. 또 때로는 절제하고 깨어 있으며, 단식하고, 잠자는 중에 비참하게 추락하는 것에 괴로워할 수 있습니다. 또 수도승생활에서 건조해진 후 사회생활에서 뉘우칠 수 있으며, 굶주림 때문에 잠자는 중에 동요할 수 있고, 반대로 배불리 먹은 후 고요히 잘 수 있습니다. 게다가 완전히 궁핍한 우리는 슬퍼하면서도 눈물을 흘리지 않거나, 포도주를 마시고 명랑한 모습을 보이면서도 거룩한 탄식을 저버리지 않을 수도 있습니다. 이러한 문제들에 관해 우리는 정말 무지합니다. 주님 안에서 그것을 할 수 있는 이가 우리를 비춰 줄 수 있습니다. 사실상 우리에게는 이 빛이 없습니다. 하지만 우리는 그러한 모순적 언동이 항상 악령에게서 오는 것은 아님을 확신합니다. 본성상 우리에게 부여되었거나 본성과 연결된 기질에서 나오는 것, 혹은 예를 들어 탐식의 영향인 추한 비만에서 나오는 것은 확실히 악령에게서 오지 않습니다. 가장 설명하기 힘든 것 중 하나인 이 죄에서 벗어나도록 주님께 진실하고 겸손하게 기도합시다. 우리가 필요할 때마다 기도하고서도 목적을 이루지 못하고 또 그 욕정이 여전히 활동하고 있다면, 이것은 그 욕정이 악령에게서가 아니라 본성에서 온다는 표지일 것입니다. 게다가 신적 섭리는 어떻게든 우리 교만을 제거하기 위하여 반대되는 것을 통하여 우리 안에서 작용하고 싶어 합니다.

하느님의 심판을 판단하는 것은 어렵고 헛된 일입니다. 참으로 그것을 판단하려는 자는 교만의 배를 타고 항해하는 것입니다.

[하느님 옥좌 위로 우리 육신을 들어 올리는 법: *PG 1061C-1064C*]

165. 어떤 사람이 참으로 통찰력 있는 다른 이에게 물었습니다. 하느님께서 어떤 이들에게 은사와 비범한 능력을 부여하시는 목적이 무엇인가 하는 것이었습니다. 그들이 거기서 어떤 유익도 얻지 못한다는 것을 아시면서도 말입니다. 그는 이렇게 대답했습니다. "하느님께서 그렇게 하시는 이유는 영적인 다른 이들을 경고하려는 것입니다. 인간의 자유의지의 가치를 드러내시고, 또 타락한 자는 심판 날에 변명할 수 없다는 것을 선언하시는 것입니다." 비록 불완전하지만 율법은 '그대 자신에게 주의하십시오'(1티모 4,16 참조)라고 명했습니다. 하지만 지극히 완전하신 주님께서 덧붙이신 바를 경청합시다. 그분은 "당신의 형제가 죄를 짓거든"(마태 18,15), 그것을 교정하면서 형제에게 주의를 기울여야 한다고 권고하셨습니다. 교정이라기보다는 촉구인 그대의 견책이 순수하고 겸손하다면, 특히 그대가 그것을 받아들일 수 있는 자에게 그렇게 한다면 그대는 주님의 계명을 어기지 않을 것입니다. 만일 그대가 견책할 능력에 이르지 못했다면 최소한 율법의 계명을 따르십시오.

그대를 사랑했던 이가 그대의 원수가 된다고 해도 놀라지 마십시오. 악령들은 특히 우리와 싸울 때 경솔한 자를 도구로 이용하기 때문입니다. 나는 오히려 우리 가운데서 너무 흔히 일어나는 일에 대해 놀랍니다. 예컨대, 선을 행하는 데 있어서 우리에게는 동맹자들인 하느님과 천사들과 성인들이 있는데, 어째서 우리는 우리를 욕정으로 기울게 하는 저주받은 악령을 더 쉽게 맞닥뜨리는 것일까요? 나는 이에 대해 말할 수도 없고 말하고 싶지도 않습니다. 하지만 모든 피조물이 자기를 창조한 분과 비슷하듯이 하느님이 나를 당신 형상으로 만드셨다면, 대大 그레고리우스[2]의 말처럼 어째서 내가 진흙(육신)으로 빚어졌는지 궁금합니다. 하지만 나는 어떤 피조물이 자기가 받은 존재 방식과 달라질 경우, 자기 본성에 고유한 상태로 되돌아가려는 충동을 느낀다는 것을 압니다. 따라서 그는 진흙(육신)을 온갖 수단으로 고양하려(창세 3,19 참조), 하느님의 옥좌에 앉히도록(묵시 3,21 참조) 노력해야 합니다.

그러니 아무도 다시 오르지 않으려 구실을 대서는 안 됩니다. 길이나 문은 활짝 열려 있습니다. 영적 사부들의 탁월한 모범을 경청하는 것은 열렬하고 깨어 있는 열정을 지닌 이들의 정신과 마음을 독려합니다. 스승들의 말씀을 경청하는 것은 어둠을 밝히고[3] 방황하는 이를 다시 불러들이고 눈을 예민하게 해 주는 빛입니다. 그것은 식별력을 주어 건강을 유지하고 질병을 몰아내는 방법을 강구하게 합니다. 무지나 겸손으로 인해 하찮은 일에서 뭔가를 얻으려 이웃의 덕을 쉽게 찬양하는 이들이 있습니다. 하지만 우리는 하찮은 일들을 부풀려 그 일들에 놀라지 않을 것입니다.

---

2 교황 대 그레고리우스가 아니라 나지안주스의 그레고리우스다. 『연설 14』(가난한 이들에 대한 사랑) 6 참조.

3 참조: 시편 119,105; 2베드 1,19.

악령들과 옥신각신하지 말고 정말로 전면적인 싸움을 해야 합니다. 그 싸움은 상처를 주고받는 싸움이라기보다 치열하게 적을 사냥하는 싸움입니다. 욕정을 정복하는 자는 악령들에게 상처를 입힙니다. 때론 이기기 위해 우리에게 없는 욕정을 지닌 체하며 원수들을 속이기도 합니다. 모욕을 당한 어떤 형제가 처음에 정신만 움직이며 동요하지 않고 계속 기도했습니다. 그런 다음 자기가 당한 모욕을 슬퍼하기 시작했는데, 거짓 동요로 자신의 평정심(아파테이아)을 숨겼습니다. 또 어떤 형제는 장상이 되고자 하는 욕심이 없었음에도 그것을 몹시 갈망하는 척했습니다. 나는 유명한 정결의 모범에 관해 이야기해야겠습니다. 한 수도승이 죄를 지으려는 듯이 사창가로 달려갔습니다. 그러나 거기서 창녀를 빼내 금욕생활로 이끌었습니다. 한번은 이른 아침에 어떤 은수자가 포도 한 송이를 선물로 받았습니다. 포도를 가져온 이가 떠나자 그는 그것을 게걸스럽게 먹었지만, 전혀 맛이나 식욕을 느끼지는 않았습니다. 이런 식으로 악령들에게 자신이 절제하지 못하는 자라고 믿게 하려는 것이었습니다. 또 어떤 형제는 종려나무 가지들을 잃어버렸는데 온종일 그 때문에 걱정하는 척했습니다.

[하느님의 조명과 악마의 해석: PG 1064D-1068A]

166. 그러한 이들은 큰 주의를 기울여 극단적 절제에 이르러야 합니다. 악령들을 비웃으려다가 스스로 조롱거리가 되어서는 안 됩니다. 그들은 "속이는 자 같으나 진실합니다"(2코린 6,8)라고 언급된

이들처럼 처신해야 합니다. 진실로 주님께 몸과 마음을 순수하게 봉헌하려는 사람은 정결에 온유를 연결하도록 마음을 써야 합니다. 이 두 가지 덕 없이는 어떤 탄식이든 쓸모없는 것이 됩니다. 눈은 다른 색들을 보여 주고, 정신의 태양은 영혼 안에서 다른 방식으로 빛날 수 있습니다. 육체의 눈물 방식과 영혼의 눈물 방식은 다릅니다. 우리 눈앞에 있는 것을 관상하는 방식과 눈에 보이지 않는 것을 관상하는 방식은 다릅니다. 말씀에 대한 경청이 주는 기쁨과 외적 자극 없이 흥분된 영혼 안에 일어난 기쁨은 다릅니다. 고독이 주는 기쁨과 공동생활이 주는 기쁨 역시 다릅니다.

형언할 수 없는 방식으로 현존하시는 그리스도께서 비추시는 정신 안에 끌려 들어가는 황홀경의 기쁨은 다른 모든 기쁨과는 다릅니다. 파생된 덕과 근원인 덕이 있습니다. 근원인 덕은 지혜로우며 싸우고 싶어 하는 자가 추구하는 목표입니다. 근원인 덕들의 스승은 고유한 능력을 지니신 주님이십니다. 파생된 덕들의 스승은 많습니다. 따라서 식탁에서 기쁨을 찾거나 오랜 잠에서 기쁨을 찾지 않도록 주의해야 합니다. 그것은 지혜에 반하는 어리석은 자의 행동입니다. 사실 나는 하느님의 종들이 어떤 상황에서 배의 요구에 조금 양보하는 것을 보았습니다. 하지만 참된 금욕가인 그들은 온밤을 지새우며 무절제의 죄에 맞서 그 반대의 기쁨으로 돌아서도록 우리를 가르치고 매우 엄격하게 자신이 양보한 것을 보충했습니다. 탐욕의 악령은 가난한 이들을 거칠게 공격합니다. 탐욕이 이 싸움에서 지면, 가난한 이들에게 포기했던 물질적인 것들을 소유하라고 자극하며 가난해진 그들을 공격합니다.

우리가 불신의 유혹을 받을 때마다 베드로에게 죄인을 일흔 번 용서하라(마태 18,22 참조) 하신 주님의 계명을 명심합시다. 사실 베드로에게 이렇게 하라고 명령하신 분 자신도 이것을 더욱 확실하고 철저히 실천하십니다. 하지만 우리를 공격하는 교만에 맞서 주님께서 하신 또 다른 말씀도 항상 기억합시다. 영적 율법의 다른 모든 계명을 완수하고서도 이 한 가지 욕정, 즉 교만에 굴복하는 자는 절대적인 의미에서 죄를 지은 것입니다(야고 2,10 참조). 우리를 시기하는 악한 영들이 물러가고 거룩한 사람을 방해하지 않을 때가 있습니다. 이는 유혹당한 이가 싸움에서 승리하고 또 온갖 종류의 시련에서 견뎌 내 새로운 월계관을 받을까 봐 그렇게 하는 것입니다.

평화를 이룩하는 이들이 복되리라는 것을(마태 5,9 참조) 부정할 사람은 없을 것입니다. 하지만 나는 때때로 싸움을 일으키는 이들이 복되다는 것을 보았습니다. 유명한 교부 중 한 분이 서로 관계가 나빴던 두 사람 사이에 싸움을 일으켰습니다. 그는 두 사람이 서로 중상하며 악담을 했다고 둘을 고발하여 적개심을 조장했습니다. 이 현자는 적개심으로 음욕을 물리치는 인간적 계략으로 악령의 악의를 극복할 수 있었습니다. 때때로 어떤 계명 위반이 또 다른 계명 준수에 이바지합니다. 두 젊은이에게 일어났던 일인데, 그들은 주님을 따라 한 사람이 다른 사람에게 순종적이었습니다. 하지만 그 둘의 우정에 다른 이들이 분개했다는 사실을 알고서는 완전하고 거룩한 합의로 오랫동안 서로 떨어져 지냈습니다.

혼인의 일치와 죽음으로 인한 이별처럼 교만과 절망은 서로 반대됩니다. 하지만 악마는 두 행위가 서로 어울리도록 교란합니다. 예를 들어, 성경을 해석하는 불순한 악령이 있는데, 그것은 초심자에게, 특히 이교 언어학을 공부한 이에게 개입하여 성경을 해석합니다. 그를 점차 탈선시켜 이단이나 신성모독으로 이끌기 위해서입니다. 우리가 해석을 할 때에는 영혼이 경험하는 동요와 불경한 기쁨을 통해 하느님에 대한 악마의 가르침과 하느님을 거스르는 싸움을 감지해야 합니다.

[흠 없는 애덕, 악마의 위선 그리고 인간의 남용: PG 1068A-1069A]

167. 존재하는 모든 피조물은 창조주께 그들의 적절한 위치와 시작과 끝을 부여받았습니다. 창조의 궁극적 목적은 덕에 이르는 것입니다. 시편 저자가 다음과 같이 노래하는 바와 같습니다. "완전한 것에서도 다 끝을 보았지만 당신 계명은 한없이 넓습니다"(시편 119,96). 만일 하느님의 종들이 수행에서 거룩하게 진보한다면 관상으로 건너갈 것입니다. 주님은 처음에는 당신께 대한 두려움으로, 마지막에는 당신께 대한 사랑으로 그 여정을 지켜 주십니다. 그들은 그 여정을 통해 나아갈 것이고 현재에도 미래에도[4] 나아가기를 절대 멈추지 않을 것입니다(1코린 13,8 참조). 그들은 빛에 빛을 더하면서 앎으로 나아갑니다. 거룩한 사부[5]시여, 이 주장이 많은 이에게 낯설 수 있지만, 우리의 서약에서 논리적으로 따라오는 것입니다. 사실 나는 천사들조차도 진보하며, 오히려 영광에서 영광으로, 인식에서 인식으

---

[4] 참조: 시편 121,8; 마태 12,32; 1티모 4,8.
[5] 라이투의 요한.

로 항상 더 진보한다고 주장하는 바입니다.

악령들이 종종 우리에게 선한 생각을 불어넣더라도 놀라지 마십시오. 우리는 그들의 의도가 완전히 반대라는 것을 잘 압니다. 실로 우리의 참된 적인 그들은 우리 마음속 생각을 알고 우리를 악으로 유인하려는 것입니다. 그대는 위대한 스승처럼 말하면서 실제 금욕 수행에는 우유부단한 이에게 엄격한 심판관이 되려 하지 마십시오. 그의 행동에서 부족한 것을 그의 말에서 얻을 수 있는 유익으로 보상할 수도 있기 때문입니다. 분명 모두가 같은 은사를 지니고 있지는 않습니다. 사실 어떤 이는 행동보다 말이 앞서고, 어떤 이는 말보다 행동이 앞섭니다. 악은 직접적이든 간접적이든 하느님에게서 유래하지 않습니다. 그래서 영혼의 어떤 욕정이 본성의 열매라고 주장하는 이는 자신을 속이는 것입니다. 그는 우리가 자신의 본성적 속성들을 사악한 욕정들로 바꿔 놓았다는 것을 모릅니다.

본성에 따른 생식 능력의 경우가 그러한데, 우리는 그것을 음욕을 위해 남용합니다. 분노도 그러합니다. 우리는 분노를 뱀을 향해서가 아니라 이웃에게 쏟아 냅니다. 경쟁심도 마찬가지입니다. 우리는 덕을 겨루다가 시기심에 빠집니다. 영혼은 본성적으로 천상의 영광으로 기웁니다. 교만은 본디 우리에게 주어졌지만, 악령들을 극복하기 위한 것입니다. 마찬가지로 우리가 주님을 누리고 이웃의 선을 기뻐하라고 기쁨이 주어졌습니다. 심지어 모욕에 대한 기억도 자연스러운 것이지만, 우리는 영혼의 원수들에 맞서 그것을 사용해야 합니다. 마지막으로 식욕은 자연스러운 것이지만, 방탕을 위한 것은 분명 아닙니다. 이제, 선에 확고한 영혼은 악령의 공격을 유발합니다.

하지만 싸움이 크면 화관도 큽니다(2티모 2,5 참조). 악령들의 공격을 받지 않는 자는 어떤 화관도 얻지 못할 것입니다. 예측할 수 없는 실패에도 싸움을 단념하지 않는 이는 천사들이 찬양할 것입니다.

[신중한 영적 투쟁: PG 1069A-1069D]

168. 사흘 밤⁶을 땅속에 묻히셨던 분은 이 시간의 세 공백이 지난 후 부활하셨고 더는 죽지 않으실 것입니다. 그분은 죽음을 이기심으로써 당신의 교훈적 계획을 실현하셨습니다. 그 밤이 동방에서 오신 그분을 알게 된 순간부터 우리에게도 기록된 바가 실현됩니다. 즉, '태양은 일몰을 알았고, 밤이 오면 태양은 완전히 어둠에 가린다'. 잔혹한 사자들과 욕정의 광활한 숲속에 틀어박혀 있던 모든 야수가 달려와 우리를 공격할 것입니다. 그들은 우리 희망을 빼앗고 욕정의 희생자인 영혼을 잡아먹을 수 있게 해 달라고 부르짖으며 하느님께 청합니다.

하지만 성찰과 선에 대한 헌신을 통해 겸손의 어둠을 뚫고 태양이 떠올라 우리를 비출 것입니다. 그러면 야수들은 공격을 단념하고 무리를 지어 마침내 더는 우리 것이 아닌, 쾌락에 기운 마음에 거처를 잡을 것입니다(시편 104,19 이하 참조). 그때 우리는 악령들이 "다시 한번 주님께서 그들에게 자비를 베푸셨군" 하며 한탄하는 소리를 들을 것입니다. 하지만 우리는 그들에게 이렇게 응대할 것입니다. "맞아,

---

6 어떤 이들에 따르면, 세 밤은 인생의 세 시기, 즉 청소년기, 장년기, 노년기를 상징한다(라이투의 요한). 다른 이들에 따르면, 세 밤은 무절제, 탐욕, 헛된 영광을 상징한다.

주님께서 우리에게 자비를 베푸셨고 기쁨을 되돌려 주셨지"(시편 126,2.3 참조).

야수들에게 쫓긴 여러분은 주님께서 이미 땅에서 높은 곳으로 오른 영혼의 가벼운 구름 조각 위에 앉아 계시며, 인간이 불순한 생각으로 만든 우상을 파괴하시려 이집트에, 곧 어두워진 마음 안에 오시리라는 것을 아십시오. 그리스도께서는 전능하심에도 헤로데에게서 도망치셨습니다. 그러므로 어리석은 자들은 유혹에 빠지지 않도록 해야 합니다. 주님의 다음 권고를 들으십시오. '네 발을 험한 곳에 두지 마라. 네 수호천사가 꾸벅꾸벅 졸지 않으리라.'7

덩굴이 삼나무를 감싸듯이 허영심은 용기를 휘감습니다. 어떤 덕을 얻었다는 생각을 눈곱만큼이라도 하지 않도록 꾸준히 노력해야 합니다. 우리는 덕이 우리 안에서 뿌리를 내리지 않는다는 점을 굳게 확신해야 합니다. 그때 우리는 스스로 부족하고 불완전하다고 믿을 것입니다. 그대 욕정의 단서를 찾아보십시오. 찾는 데 지치지 마십시오. 그러면 단서가 많다는 것과 그것들을 인식하거나 규명할 수 없다는 것을 발견할 것입니다. 우리가 본성적으로 연약하거나, 뿌리 깊은 성향으로 우리가 병들었기 때문입니다. 게다가 하느님께서는 우리의 의도로 우리를 판단하시며, 오로지 우리가 인간적 능력 안에서 행하기를 바라십니다. 능력껏 최선을 다하는 이는 위대하며, 자기 능력을 뛰어넘는 것을 겸손하게 행하는 이는 더 위대합니다.

---

7 참조: 시편 66,9; 121,3.

[영적 투쟁의 순간과 단계: PG 1069D-1072D]

169. 악령들은 종종 우리가 할 수 있는 쉬운 일을 못 하게 방해하고, 오히려 과중한 일을 하게 합니다. 우리는 성경에서 이것을 증명할 수 있습니다. 성경은 요셉이 평정심을 보여 주었기 때문이 아니라 죄를 피했기 때문에 그를 위대하다고 찬양합니다(창세 39 이하 참조). 우리는 승리하기 위해 어떤 죄와 얼마나 많은 죄를 피해야 하는지 검토해야 합니다. 악의 그늘을 피하는 것과 태양을 향해 달려가는 것은 다르며, 후자가 더 고귀하기 때문입니다. 어둠 속을 걷는 자는 비틀거리고(요한 11,10 참조), 비틀거리는 자는 넘어지며, 넘어지는 자는 죽습니다. 어둠이 포도주로 인한 것이라면 생각을 새롭게 해 주는 물이면 충분합니다. 하지만 어둠이 욕정들로 인한 것이라면 눈물로 씻어야 합니다.

흙투성이가 되는 이가 있고, 자기 힘을 분산시키는 이가 있으며, 소경이 되는 이도 있습니다. 첫 번째 사람은 절제로, 두 번째 사람은 고독한 생활로, 세 번째 사람은 경청으로, 그리고 순종하신 주님(필리 2,8 참조)의 모범을 따름으로써 원기를 회복합니다. 절제와 고독한 생활은 육체를 정화하는 수단이고, 경청과 순종은 지상의 생각을 천상의 생각으로 고양하는 영적 정화의 수단입니다. 수도공동체는 더럽고 저속하고 흉측한 모든 것을 문질러 닦아 내는 세탁소입니다. 고독한 생활은 느슨함, 모욕에 대한 기억, 분노 등을 버리려는[8] 이들을

---

8 참조: 콜로 3,8; 1베드 2,1.

환영하는 주님의 염색 공장입니다. 이 삶은 그들이 고요를 향해서 걸어가게 해 줍니다.

어떤 이들은 이전의 잘못을 제대로 회개하지 못했기 때문에 같은 잘못을 범하는 것이라고 말합니다. 하지만 다시 넘어지지 않는 이가 무엇 때문에 올바른 회개에 이르렀는지 그 이유를 찾아야 합니다. 나는 재차 같은 죄에 떨어지는 자는 목적에 대한 심각한 건망증에 빠졌다고 생각합니다. 하느님 자비에 대해 지나치게 만족하거나 구원에 대한 희망을 잃어버렸기 때문일 것입니다. 이 절망의 악령을 확실하게 결박할 수 없는 자는 악습의 힘에 괴롭힘을 당한다는 주장에 대해 나를 비판할 수 있을지 의문입니다.

어째서 영적인 영혼이 자신 안에 거하러 오는 악한 영들의 참된 특성을 인식하지 못하는지, 그것이 의문입니다. 아마도 영혼이 육체와 결합하여 있기 때문이 아닐지요? 하지만 처음에 그 둘을 함께 결합하신 분만이 그 이유를 아십니다. 나는 그것을 알려고 이 분야에서 경험 많은 분에게 물었습니다. 그러자 그가 말했습니다. "영혼을 죄로 유인하는 영 중 어떤 녀석이 영혼을 우울하게 하는지, 또 어떤 녀석이 영혼을 칭송하는지 먼저 나에게 말해 보십시오." 나는 대답하기가 어려웠습니다. 나는 그것을 전혀 모른다고 분명하게 말했습니다. 그러자 그가 말했습니다. "그대에게 식별의 누룩을 주겠습니다. 나머지는 그대가 노력해서 찾아보십시오. 음욕이나 분노, 탐식, 아케디아, 졸음의 영들은 풀이 죽게 하며 교만의 뿌을 꺾지요. 반대로 탐욕, 야심, 수다 그리고 다른 여러 영들은 악에 악을 쌓아 올리지요. 이것은 비판의 영이 후자와 너무 가까운 이유이기도 하지요."

[특별 성소와 그리스도인 성소의 표지: PG 1072D-1073B]

170. 한 시간 혹은 하루 동안 이어졌던 세속인의 방문이 끝난 것에 기뻐하지 않고 몹시 애석해하는 자가 있습니다. 그는 세상에서 떨어져 살려고 자신을 구속했던 속박에서 벗어났음에도 헛된 영광의 영이나 음욕의 영에 사로잡힌다는 것을 생각하지 못합니다. 반대 방향으로 돛을 올리지 않으려면 항상 깨어 바람이 어디서 부는지 보아야 합니다. 따라서 엄격한 생활로 자기 육체를 소진한 연로한 금욕가에게는 친절을 드러내어 규율을 약간 가볍게 해 주어야 합니다. 그러나 죄로 인생을 탕진한 젊은이에게는 그렇게 해서는 안 됩니다. 그런 젊은이에게는 엄한 태도를 보여 주어 고행의 생활로 나아가게 하십시오. 그리고 그에게 항상 영원한 벌을 상기시키십시오. 내가 다른 곳에서 말했고 또 금욕적 가르침이 규정하는 바처럼 탐식과 헛된 영광의 영들에서 즉시 영혼을 철저히 정화해야 합니다. 하지만 나는 탐식으로 헛된 영광을 물리치고 싶진 않습니다. 초심자 안에 헛된 영광을 낳는 것은 바로 탐식의 패배이기 때문입니다. 탐식은 단식으로 치료해야 합니다.

우리가 원한다면 마침내 그날이 올 것입니다. 아니 이미 왔습니다(요한 4,23 참조). 그날에 주님께서 탐식 역시 정복하시어 우리 발아래 두실 것입니다(시편 47,4 참조). 수도승생활 초기에 있는 젊은이의 욕정은 노인의 욕정과 다릅니다. 종종 치료가 필요한 노인의 욕정은 젊은이의 것과 반대됩니다. 그러므로 젊은이와 노인에게 확실한 약은 거룩한 겸손입니다. 겸손은 회개의 시작이기 때문입니다. 내가 이제

하려는 말에 놀라는 이는 없을 것입니다. 드물긴 하지만 겸손을 통해서 악의에서 거리가 먼 영혼들, 곧고 무구한 영혼들은 공동생활이 아닌 한 영적 인도자 아래서 고독의 문을 통해 하늘로 올라갈 수 있습니다. 그들은 공동체의 소란과 걸림돌의 위험을 피해 갈 수 있을 것입니다.

[*싸우는 자에게 적절한 전술*: PG 1073B-1076B]

171. 인간은 음란을 치유할 수 있고, 천사는 악을 이길 수 있습니다. 그러나 하느님만이 교만을 치유하실 수 있습니다. 이웃이 자기가 원하는 것을 하려고 우리에게 오면 친절하게 그가 원하는 방식대로 모든 것을 하게 해 주는 것이 애덕일 수 있습니다. 하지만 어떤 방법으로, 어느 정도까지, 어떤 상황인지 살펴봐야 합니다. 또 그가 좋은 것이든 나쁜 것이든 자기 습관을 바꾸면서 참으로 회개하는지도 보아야 합니다. 언제 개입할지, 욕정의 뿌리들과 어떻게 어느 정도까지 싸울지는 식별이 필요합니다. 우리가 약해서 패배하지 않으려면 도망치는 편을 택해야 할 것입니다. 아마도 우리는 아프고 때로는 분노를 유발하는 자극이 없을 수도 있습니다. 그때 우리는 어떤 악령이 우리를 찬양하고 어떤 악령이 우리를 의기소침하게 하는지, 어떤 악령이 우리를 완고하게 하고 어떤 악령이 우리를 울게 하는지, 어떤 악령이 우리를 혼미하게 하고 어떤 악령이 빛이 나는지(2코린 11,14 참조), 어떤 악령이 우리를 태만하게 하고 어떤 악령이 예민하게 하는지, 어떤 악령이 우리를 우울하게 하고 어떤 악령이 쾌활하

게 하는지 주의 깊게 살펴봐야 합니다.

싸움의 초기에 우리가 세상에 살 때보다 더 욕정들로 허덕이는 모습을 보게 되더라도 동요하지 맙시다. 먼저 욕정들의 원인을 제거하는 것이 중요합니다. 그런 후에 완전하게 치유될 수 있습니다. 저 괴물들은 전에도 있었지만 노출되지 않았을 뿐입니다. 완전함에 이른 이들이 우연히 가벼운 죄 때문에 악령들에 맞선 싸움에서 패배할 수 있습니다. 그럴 때 그들은 즉시 온갖 수단을 써서 악령들에게 승리하여 이득을 얻어야 합니다. 욕정의 바람이 우리를 뒤엎는다는 것을 생각하십시오. 바람이 잠잠한 해수면을 가볍게 흔들어 놓기도 하지만 바다의 심연을 휘저을 수도 있습니다. 욕정에 빠진 영혼의 바람은 마음의 감각들을 뒤집어 놓습니다. 진보한 영혼의 바람은 단지 표면만 일렁이게 합니다. 그래서 그들은 때묻지 않은 그들 마음의 고요를 즉시 회복합니다. 완전한 이들은 영혼 안에서 양심의 표징을, 신적 표징과 악마의 표징을 읽을 수 있습니다. 악령들은 처음에 자신의 의도와는 정반대의 것을 제안합니다. 그래서 우리는 그들이 깜깜한 어둠 속으로 쫓겨난 것처럼 느끼게 됩니다. 육체는 감각적인 두 눈으로 봅니다(마태 6,22 참조). 영적인 것과 물질적인 것은 마음의 눈으로 식별할 수 있습니다.

1~26 담화 요약

[신학적 덕들과 영혼의 응답: 금언 16가지(1-16): PG 1084C-1085A]

172. 확고한 신앙은 금욕적 포기의 어머니다. 그 반대는 더 분명하다.

굳은 희망은 아파테이아로 들어가는 문이다. 그 반대는 명백하게 드러난다.

하느님에 대한 사랑은 유배 생활의 전제이다. 이것과 반대되는 것은 분명하게 알 수 있다.

자기비판은 순종과 건강에 대한 갈망을 낳는다.

절제는 건강의 어머니다. 절제는 죽음에 관한 생각과 우리 주 하느님이 마신 담즙과 식초에 대한 지속적 기억에서 생겨난다.

정결은 평온한 상태에서 강화되고 유지된다. 단식은 육체의 불을 끈다.

마음의 탄식은 악하고 불결한 생각과 싸운다. 신앙과 세상에서의 유배는 탐욕을 억제한다.

사랑과 연민은 육체적 생명을 내어 주게 한다.

항구한 기도는 아케디아를 파괴한다.

심판에 대한 기억은 선에 대한 헌신을 장려한다.

불명예에 대한 갈망은 분노를 치유한다. 찬가를 노래하는 것, 다른 이의 고통을 덜어 주려는 갈망, 가난의 정신은 슬픔을 억제한다.

물질적인 것에 초연하게 하는 아파테이아는 영적인 것에 대한 관상의 열매다.

침묵과 평화는 헛된 영광의 적이다. 만일 그대가 세상 한가운데 있다면, 그대에게 불명예를 안겨 주는 것을 찾아라.

외적 교만은 수치스러운 상황을 찾음으로써 치료된다. 내적 교만은 영원부터 보이지 않는 분의 개입을 통해 치료된다.

사슴이 모든 동물의 독을 제거하듯, 겸손은 영적인 독을 제거한다.

자연 안에서 분명하게 관찰하는 온갖 성향을 통하여 영적 성향이 교육된다. 좁은 틈을 통과하지 않으면 뱀이 허물을 벗을 수 없듯이, 우리도 단식과 불명예의 좁고 고통스러운 문을 통과하지 않으면 옛 경향과 옛 인간의 성향(에페 4,22 참조) 그리고 옛 습관을 벗어 버릴 수 없다.

[참된 고백과 단식으로 높이 날다(17-31): PG 1085B-1088A]

173. 몸집이 큰 새가 하늘을 날 수 없듯이, 자기 몸을 돌보는 자는 높이 날 수 없다.

마른 진흙이 돼지를 끌어당기지 않듯이, 마른 육신에는 악령이 숨지 못한다.

너무 많은 장작이 불길을 꺼뜨리고 큰 연기를 내듯이, 과도한 고뇌는 영혼을 모호하고 어둡게 하며 눈물의 강을 마르게 한다.

눈먼 궁수가 소용없듯이, 제자의 불순종은(1열왕 3,9 참조) 파멸이다.

단련된 철이 단련되지 않은 철을 연마하듯이, 형제적 열정이 게으른 형제를 구할 수 있다.

배에서 품은 달걀이 부화하듯이, 숨은 생각[1]은 행위로 드러난다.

말들이 질주하며 서로 경주하듯이, 훌륭한 이들의 공동체는 그들 안에 경쟁심을 유발한다.

구름이 태양을 가리듯이 음흉한 생각은 정신의 빛을 어둡게 한다.

사형선고를 받고 형장으로 가는 자가 극장에 관해 이야기하지 않듯이, 참으로 탄식하는 자는 배의 탐욕을 치료한다.

아무것도 소유하지 않는 자가 왕의 보화들을 볼 때 자신이 몹시 가난하다는 것을 의식하듯이, 교부들의 덕스러운 공적을 읽은 영혼은 겸손하게 생각한다.

쇠가 싫든 좋든 자석에 끌리듯이, 나쁜 습관에 빠지는 자는 악습에 지배당한다.

기름이 성난 바다를 진정시키듯이,[2] 단식은 육체의 본능적인 욕정을 끈다.

---

1 참조: 1요한 1,9; 다니 13,14.

2 Storm oil: 고대부터 파도를 진정시키는 데 기름이 사용되었다. 특히 구조를 용이하게 하기 위해 기름을 담은 주머니나 용기를 배에 실었다 - 역자 주.

담긴 물을 압축하면 분출하듯이, 참회로 떠밀린 영혼은 하느님께 회심하여 위험에서 벗어나 구원된다.

향수를 뿌린 이는 자기 뜻과 상관없이 그 향기를 통해 알려지듯이, 하느님 영의 향기를 지닌 이는 말과 겸손으로 드러난다.

회오리바람이 심해를 뒤집어 놓듯이, 다른 어떤 욕정보다 분노는 정신을 잃게 한다.

[눈물로 씻긴 순수하고 겸손한 눈(32-45): PG 1088A-1088D]

174. 눈으로 보지 않고 듣는 것만으로는 욕망이 크게 자극되지 않는다. 그래서 무지는 순결한 이에게 큰 도움이 된다.

곳곳에 배치된 왕의 무기들이 어떤 상황에서도 강도들에게 약탈당하지 않듯이, 매 순간 마음의 기도를 갈망하는 이는 영적 약탈자들에게 강탈당하지 않는다.

지상의 영예를 찾는 이는 천상의 영예를 얻지 못할 것이다. 불은 눈을 낳지 않기 때문이다.

작은 불씨가 거대한 숲을 태워 버리듯이, 선행 하나가 엄청나게 많은 죄를 씻을 수 있다.

무기 없이 맹수를 죽일 수 없듯이, 겸손 없이 분노를 끌 수 없다.

음식 없이 생존할 수 없듯이, 우리는 죽을 때까지 더 중요한 것을 소홀히 할 수 없다.

태양 빛이 작은 틈으로 들어와 방에 있는 사물들을 비추고, 순간 회오리바람이 일듯 아주 작은 먼지도 비추듯이, 주님께 대한 두려움

(욥 28,28 참조)은 마음속으로 들어가 자신의 모든 죄를 보게 한다.

때론 앞으로 가고 때론 뒤로 가며 기민하지 못한 게가 있다. 기뻐했다가 금방 슬퍼하고 때론 거만한 영혼은 유익을 얻을 수 없다.

조는 자가 쉽게 도둑맞듯이, 세상 가까이에 있으면 덕을 쉽게 빼앗긴다.

사자에 맞서 싸우는 자가 한순간이라도 시선을 떼면 죽듯이, 자기 육체에 맞선 싸움에서 휴전은 없다.

썩은 사다리를 오르는 것처럼, 겸손한 이는 영광과 권세의 영예를 조심한다.

굶주린 이가 빵을 기억하는 것이 당연하듯이, 죽음과 심판에 대한 기억[3]은 구원의 수단이다.

물이 얼룩을 지우듯이, 눈물은 죄를 씻을 수 있다.

얼룩을 지우고자 하는 사람이 물이 부족하면 다른 것을 사용하듯, 탄식과 비탄과 참회의 씻음은 눈물의 은사를 받지 못한 영혼의 죄를 씻는다.

[사냥에 적합한 도구(46-59): PG 1088D-1089D]

175. 많은 퇴비에 벌레가 많듯이, 과식하는 자가 악한 생각과 꿈으로 많은 죄를 짓는다.

발이 묶인 자가 걸을 수 없듯이, 가진 재물을 하늘을 위해 투자하

---

3 참조: 집회 41,3; 시편 7,9.

지 않고 모으고 있는 자는⁴ 재물에 묶여 하늘로 오를 수 없다.

고질적인 영혼의 상처는 치유되기 힘들지만, 지금 입은 상처는 쉽게 치유될 수 있다.

죽은 자가 다시는 걸을 수 없듯이, 구원에 대한 희망을 포기하는 자는 구원될 수 없다.

올바른 신앙을 지녔다고 주장하면서 계속 죄를 짓는 자는 한 눈으로만 보는 자와 같다.

신앙 없이 선행하는 자는 구멍 난 통에 물을 붓는 자와 같다(하까 1,6 참조).

하느님이라는 훌륭한 선장이 운전하는 배는 선원들을 모두 무사히 항구로 되돌아오게 한다. 중죄를 많이 범했더라도 훌륭한 영적 안내자와 함께하는 영혼은 언덕을(천국으로) 오를 수 있다.

현명한 사람이라도 안내자 없이 쉽게 길을 잃을 수 있다. 세상의 온갖 지혜를 소유하고 있더라도 순종의 길에서 벗어난 채 수도승생활로 나아가는 자는 쉽게 길을 잃는다.

육체가 연약하여 심각한 죄를 범한 영적 죄인은 겸손의 길에 들어서 그 길을 따라 나아가야 한다. 구원에 이르는 다른 길은 없다.

오랫동안 앓은 지병을 한순간에 치유할 수 없듯이, 갑자기 여러 욕정을 이길 수 없다.

욕정의 고유 증상과 그에 상응하는 덕의 증상을 비교하여 그대 병의 심각성을 진단할 줄 알아야 한다. 그러면 그대가 진보하고 있는

---

4 참조: 마태 19,23; 루카 19,24.

지 알 수 있을 것이다.

물질적 이익을 위해 성령의 은사들을 떠벌리는 자는 황금을 진흙으로 바꿔 비난받는 자와 같다.

많은 이가 즉시 용서를 받았지만, 아무도 아파테이아를 얻지 못했다. 아파테이아는 시간과 노고와 하느님의 도우심으로 얻을 수 있다.

밀 씨앗을 뿌릴 때, 싹이 날 때, 추수할 때 어떤 짐승이나 새가 피해를 주는지 알아야 한다. 그리하여 그것들을 사냥하는 데 적절한 덫을 놓아야 한다.

[최후 순간까지(60-70): PG 1089D-1092C]

176. 최후 순간까지 절대 희망을 잃지 마라. 열이 난다고 자살하는 이처럼 우리 자신에게 불의를 행하는 것이다.

자기 죄로 인해 탄식하며 사는 이가 사람들에게서 이승에서의 영예와 위로 혹은 영광을 구하려고 하는 것은 참으로 옳지 않게 행동하는 것이다. 그는 자기 아버지를 장사 지낸 후 즉시 혼인 잔치에 가는 파렴치한이다.

자유민이 사는 곳과 투옥된 죄수가 사는 곳이 다르듯이, 죄로 인해 탄식하는 자의 삶과 탄식할 이유가 전혀 없는 이의 삶은 달라야 한다.

왕은 전투에서 물러서지 않고 싸우다 중상을 입은 병사를 퇴역시키지 않고 진급시킨다. 악령에 맞선 전투를 견뎌 낸 수도승은 하늘의 임금께 왕관을 받을 것이다.

영혼은 특별한 감각을 지니며, 죄는 그 영적 감각에 상처를 준다. 영적 감각은 악을 차단하거나 감소시킨다. 영적 감각은 양심의 열매다. 양심은, 세례 때 우리에게 배당된 수호천사의 권고 목소리를 자의식에 연결한다. 그래서 세례 받지 않은 이는 자기 악행에 대해 마음에 별 가책을 느끼지 못한다. 악이 줄면 악을 멈추게 되고, 이렇게 악을 멈추는 것이 회심의 출발점이다. 회심은 선한 의지다. 선한 의지는 거룩하고 수고스러운 삶의 어머니고, 이 삶은 온갖 덕의 시작 혹은 정수를 이루며, 덕의 정수는 선업이다.

덕스러운 행위는 행위를 지속하게 하고, 습관은 지속하는 덕스러운 행위의 효과이자 열매다. 습관은 덕의 고유한 특성을 취하게 하며, 선의 특성을 취하면 악에 대한 두려움이 생긴다. 이 두려움은 신적이고 인간적인 계명 준수를 낳으며, 계명 준수는 사랑의 증거다.

사랑의 출발점은 완전한 겸손이다. 완전한 겸손은 오직 사랑으로 충만한 자만이 지닌 아파테이아의 딸이다. 그는 아파테이아를 통하여 마음이 깨끗해지며, 그 안에 하느님이 충만하게 거주하신다.[5] 이 사람은 하느님을 뵐 것이다. 그분께 영광이 세세에 영원히 아멘.

---

5 참조: 로마 8,10; 2코린 6,16.

담화 27

헤시키아

육체와 영혼의 거룩한 헤시키아에 관하여

[헤시키아의 주제에 대한 유일한 접근: PG 1096C-1097B]

177. 우리는 영원히 사악한 욕정들의 노예이자 그것들과 타협한 노예입니다. 그래서 우리는 욕정들에게 어떻게 속았는지, 그들이 취하는 태도, 거친 횡포, 사악한 간계, 악한 영들이 가여운 영혼에 가하는 폭력을 어느 정도 알고 있습니다. 성령의 능력을 통해 그것들의 사악한 제안을 쫓는 방법을 깨달은 이들도 있습니다. 성령의 조명을 받은 이는 비참한 질병에서 벗어나 마침내 건강을 회복한 것이 무엇을 의미하는지 깨달았습니다. 건강을 회복한 이는 질병과 병행하는 약함에 대해 이해하고 이야기할 수 있습니다. 우리는 약하기 때문에 영혼의 항구와 같은 헤시키아에 대해 말하기를 주저합니다. 우리는 이 거룩한 향연의 식탁에 개가 숨어 있다는 것을 압니다. 그리고 개가 식탁에서 빵을 훔치듯[1] 영혼을 강탈해 그것을 입에 물고 멀리 달아나 편히 먹으려 한다는 것을 잘 알고 있습니다.

이 개에게 여지를 주지 않기 위해서 나는 헤시키아의 철학이나 탐구 원리에 대해 전문적인 설명을 하지 않겠습니다. 우리 왕을 위해 전쟁터에 나가² 용감히 싸우는 이들에게 평화에 대해 말하는 것이 옳지 않다고 생각합니다. 나는 단지 용감하게 싸운 이들에게 평화와 고요의 화관이 준비되어 있다고 말할 수 있습니다(2티모 2,5 참조). 그렇더라도 누구도 기분 상하게 하지 않으려면 이 주제를 언급해야 할 것 같습니다. 따라서 헤시키아에 대해 간략히 언급하겠습니다.

육적 헤시키아는 행동과 감정을 다스릴 줄 아는 데 있습니다. 영적 헤시키아는 생각을 체계적으로 다스리고 정신을 온전히 보호하는 것입니다. 헤시키아는 활발하고 간결한 생각을 사랑하고, 외부에서 마음으로 들어오려는 생각을 제거하거나 거부하기 위하여 항상 마음의 문 앞에 깨어 있습니다. 마음 깊은 곳에서 헤시키아를 간직한 이는 내가 말하는 바를 이해할 것입니다. 아직 경험이 없는 어린아이(초심자)는 그것을 맛보거나 알지 못할 것입니다. 완전한 헤시카스트에게는 다른 말이 필요 없을 것입니다. 그는 사물의 이치를 깨달았기 때문입니다.

[초심자와 완전한 자의 헤시키아. 영적 쥐: PG 1097B-1097C]

178. 헤시키아의 시작은 소음을 멀리하는 것인데, 소음은 영혼의

---

1 참조: 마태 15,27; 마르 7,28; 루카 16,21.

2 참조: 코헬 3,8; 시편 56,3.

심연을 뒤집어엎기 때문입니다. 완전한 헤시키아는 소란을 두려워하지도 느끼지도 않는 것입니다. 헤시키아에 나아가는 이는 말과 친절함으로 온갖 사랑을 드러냅니다. 그는 수다를 떨지도 않고 분노하지도 않습니다.[3] 그는 수다와 분노와는 정녕 반대됩니다. 헤시카스트는 영적인 것을 육체 속에 가두기 위해 싸우는데, 참으로 이상한 일입니다. 헤시카스트의 정신은 갉아먹는 이 쥐를 잡는 사냥꾼처럼 자기 생각을 감시합니다. 영적 쥐에 대한 이 비유를 우습게 여기지 마십시오.[4] 이것은 그대에게 헤시키아가 무엇인지 알려 줍니다. 헤시카스트는 공동생활을 하는 수도승과는 다릅니다. 그는 매우 경계해야 하고, 정신은 늘 깨어 있어야 합니다. 회수도승은 자주 형제의 도움을 받지만, 헤시카스트는 천사의 도움을 받습니다. 헤시카스트는 거룩한 전례를 함께 거행하는 영적 권능들을 모방하고, 영혼과 사랑에 빠져들게 됩니다. 나는 그대에게 그 반대 경우에 관해서 이야기하고 있지 않습니다. 그것은 깊고 심오한 교리입니다. 헤시카스트의 정신은 위험을 안고 거기에 몰두합니다.

[수영을 위한 벌거벗음, 점화를 위한 흥분, 성화를 위한 폐쇄: PG 1097C-1100C]

179. 욕정에 빠진 자는 하느님과의 대화에 전념할 수 없습니다. 옷 입은 채로 수영하면 옷이 말려 위험합니다. 그는 이와 같은 위험

---

3 헤시키아는 사랑에서 동기를 부여받는다(1코린 13,4 참조).
4 클리마쿠스는 전염병을 옮기는 들쥐를 악한 영에 비유한다.

에 빠질 것입니다. 헤시카스트의 독방은 그를 둘러싼 육체입니다. 그리고 그 안에는 인식의 거처가 있습니다. 여전히 마음으로 병들어 있고 욕정에 사로잡혀 있으면서 헤시카스트가 되려 하는 자가 있습니다. 그는 널빤지 하나에 매달려 안전하게 해안에 도착할 수 있다고 믿고 배에서 뛰어내리는 자와 같습니다. 진흙(육체)과 싸우는 자는 안내자의 지도에 따라 적절할 때에 고독 중에 살 수 있을 것입니다. 고독하게 살기 위해서는 천사의 능력을 지녀야 합니다. 여기서 나는 엄격한 의미에서 고독하게 사는 사람, 즉 영으로나 육으로나 참되게 고독한 생활을 하는 헤시카스트를 말합니다.

게으른 자는 헤시키아를 멀리하고 거짓말을 합니다. 그는 헤시카스트의 신분을 포기하라고 말하는 자들의 억지 논리에 응합니다. 그는 독방을 떠나며 악령들을 탓할 것입니다. 그는 자기 자신이 바로 유혹자 악령이라는 것을 망각합니다. 나는 헤시카스트가 된다는 것이 무엇을 의미하는지 보았습니다. 그들은 아무리 채워도 부족하다고 느끼며, 오직 하느님 갈망의 불을 태웁니다. 그들은 항상 불에 불을, 사랑에 사랑을, 갈망에 갈망을 더했습니다. 헤시카스트는 세상에 사는 천사입니다. 아케디아와 소심에서 벗어난 그는 기도 중에 갈망의 종이 위에 사랑을 약속하는 편지를 씁니다. 그는 '오, 하느님, 제 마음은 준비되었나이다'(시편 57,8 참조)라고 부르짖습니다. 그는 '나는 잠자지만 내 마음은 깨어 있네'(아가 5,2 참조)라고 말했습니다.

그대의 독방 문을 닫아걸고 그 안에서 침묵하며, 마음에서 악한 영들을 거부하십시오. 뱃사람의 인내심은 한낮에 태양이 작열할 때나 배가 멈추어 섰을 때 검증됩니다. 헤시카스트의 인내심은 생필품이 부족할 때 검증됩니다. 초조한 뱃사람은 헤엄을 치려고 물속에 뛰어들 것입니다. 권태에 쌓인 헤시카스트는 군중을 찾아 나설 것입니다. 그대를 괴롭히는 자의 희롱을 두려워하지 마십시오. 탄식은 비겁도 경악도 모릅니다. 진정 정신으로 기도하는 법을 터득한 사람은 왕의 귀에다 속삭이며 대화를 시작하는 법을 알게 될 것입니다. 구송기도를 할 줄 아는 사람은 큰 모임에서[5] 주님 앞에 엎드릴 것입니다. 세상에 사는 사람은 소란스러운 군중 한가운데서 왕께 청원할 것입니다.

그대가 이 기도 방법을 터득했다면 내가 말하는 바를 이해할 것입니다. 내가 그대에게 설명했듯이 망루 위에서 주의 깊게 살펴보십시오. 그러면 도둑이 오는 것을 볼 것입니다. 어떤 도둑 몇 명이, 어떻게, 언제, 어디로 포도밭에 들어와 포도송이를 훔치는지 알 수 있을 것입니다. 경계에 지치지 않는 파수꾼은 일어나 기도합니다. 그는 용기 있게 자기 임무에 주의를 기울이며 다시 고요히 머물 것입니다. 이를 경험했던 이가 그것에 대해 자세하고 정확하게 말하려 했습니다. 하지만 그는 열심한 이가 낙심하여 하느님 섬김을 소홀히 하거나, 헤시키아를 이제 막 시작한 이가 자기 말에 용기를 잃을까 염려하여 그것을 자제했습니다. 헤시키아에 대해 세심하고 지혜롭게 말하는 이는 악령을 자극하여 공격을 유도합니다. 그 아닌 누구도 그처럼 좋은 열매를 맺어 악령의 사악한 활동을 이겨 낼 수 없습니다.

---

5 참조: 시편 111,1; 35,18.

[헤시카스트는 자신을 영성화하면서 하느님 말씀을 경청하기 위해 침묵 중에 생활한다: PG 1100C-1101B]

180. 헤시키아에 전념하는 이는 신비의 핵심을 간파할 수 있습니다. 하지만 그가 먼저 파도와 악령들의 소리에 맞서지 않았다면 헤시키아에 도달하지 못했을 것입니다. 그는 그 소리를 보고 들은 후에, 그것에 오염되어 본 후에야 그렇게 할 수 있었습니다. 바오로 사도가 이를 확증합니다. 게다가 그는 헤시키아에 넋을 빼앗기듯이 천국에 넋을 빼앗기지 않고서는 신비스러운 말씀을 들을 수 없었을 것입니다(2코린 12,4 이하 참조). 헤시키아 중에 귀는 하느님께서 들려주시는 비범한 말씀을 듣습니다. 헤시키아는 지혜로 가득 차 있기 때문입니다. 헤시키아는 욥과 함께 이렇게 이야기하고 있었습니다. '내 귀는 그분이 나에게 들으라고 한 비범한 말씀에 주의를 기울이지 않겠습니까?'(욥 4,12 참조).

헤시카스트는 세상을 미워하지 않으면서 세상을 피하는 사람입니다. 다른 이들이 세상의 사치를 좇듯이 그는 하느님의 감미로움에서 떨어지고 싶지 않기에 세상을 멀리합니다. 그러니 즉시 세상을 떠나십시오. "당신이 소유하고 있는 것을 팔아 가난한 사람들에게 주시오."(마태 19,21). '당신 십자가를 지고 나를 따르시오.'[6] 이 말씀들을 따르면서 헤시키아에 도달할 수 있도록 기도하십시오. 그대는 온 힘을 다해 순종의 무게를 짊어지고 쓰디쓴 포기를 견디고 지극히 복

---

6 참조: 루카 9,23; 14,27.

된 헤시키아에 충실하며 그분을 따를 것입니다. 그대는 헤시키아 안에서 창조주를 세세에 영원히 찬양하기를 절대 멈추지 않는 능품천사들이 어떻게 활동하며 복되게 사는지를 보고 배울 것입니다. 헤시키아의 하늘로 한 번 들어간 그대도 창조주께 대한 찬양을 멈추지 않을 것입니다.

영적 존재는 물질에 관심을 두지 않으며, 물질(육신)에 결합한 영적 존재는 육신을 양육하는 것(음식)을 걱정하지 않습니다. 전자는 음식의 맛을 느끼지 못하고, 후자는 음식을 구할 필요가 없습니다. 전자에게는 돌보거나 이용할 재산이 없고, 후자에게는 악령이 살펴볼 영적 사악함이 없습니다. 천상 존재는 물질적 피조물에 시선을 돌리지 않습니다. 일단 저 위에 자신의 갈망을 둔 영적 존재는 감각적 형상에 관심이 없습니다. 천상 존재가 부단히 자신을 진보시키며 사랑에 나아가듯이, 영적 존재는 매일 천상 존재를 모방할 뿐입니다. 천상 존재는 저 진보가 얼마나 값진지를 잘 알고 있고, 영적 존재는 대천사의 영역에까지, 즉 절대 중단 없는 매우 수고스러운 여정을 통해 그 자신이 천사가 될 때까지 끊임없이 오르게 하는 사랑의 가치를 알고 있습니다. 이 상태에 도달하기를 바라는 이는 행복합니다. 천사가 되려고 최선을 다한 사람은 천 배나 복됩니다.

담화 27 부록

여러 종류의 헤시키아

[헤시카스트의 두 범주: 독수도승과 관상가: PG 1105A-1105C]

181. 익히 알고 있는 것처럼, 모든 학문은 그 개념과 목표가 저마다 다릅니다. 열성이나 능력 부족으로 인해 모든 이가 모든 면에서 완전에 이르는 것은 아닙니다. 어떤 이는 자기 혀를 다스리지 못해서 또 육체의 옛 습관 때문에 이 항구, 이 바다 혹은 고독한 삶의 심연으로 들어갑니다. 욱하는 성질 때문에 불행히도 공동체 안에서 화를 다스리지 못해 고독한 삶에 들어가는 이도 있습니다. 금욕수행의 바다를 항해하는 데 안내자는 필요 없다고 생각하며 고독한 삶에 들어가는 이도 있습니다. 어떤 이는 물질적 사물들 가운데 머물면서 그것들에서 벗어났다고 느끼지 못해서, 또 어떤 이는 자신을 위해 살며 열성을 키우고자 고독한 삶에 들어갑니다. 어떤 이는 자기 잘못을 은밀히 참회하려고, 또 어떤 이는 반대로 고독한 생활이 자기에게 가져다줄 수 있는 영광 때문에 그 생활로 들어갑니다.

그들은 또 다른 범주에 속해 있지만 지상에서 사라지고 있고, 마지막 날 오실 사람의 아들은 그들을 발견하지 못할 것입니다(루카 18,8 참조). 헤시키아의 길로 나아가게 된 이들은 거룩한 혼례로 헤시키아에 단단히 매이고, 그 즐거움과 하느님 사랑의 갈증에 사로잡힙니다. 그들은 아케디아에 빠지는 간통을 거부하며 아케디아에 이혼장을 써 준 후에야[1] 헤시키아와 결합합니다. 나는 나에게 주어진 불충분한 인식의 한계 안에서 지혜로운 건축가처럼(1코린 3,10 참조) 사다리를 세우려 하고 있습니다. 이들은 이 사다리에 서 있습니다. 각 단계의 특성에 주의를 기울여 각자가 어느 단계에 서 있는지 알아야 합니다. 따라서 자립이나 헛된 영광을 찾는 자, 혀나 분노를 다스릴 줄 모르는 자, 욕정에 사로잡혔거나 죄를 참회해야 하는 자, 분발하고 싶거나 열정에 열정을 더하고 싶은 자는 꼴찌가 첫째가 되고 첫째가 꼴찌가 될 수 있음을(마태 19,30 참조) 명심하며 단계를 선택해야 합니다. 또 현 생활에서 일하는 7일 중 어떤 날들은 받아들여지고 어떤 날들은 그렇지 않을 것입니다. 오직 여덟 번째 날만이 우리를 기다리는 영원한 생명을 의미합니다.

수도승이여, 주의하십시오. 고독가가 된 그대는 경계하십시오. 그렇지 않으면 그대는 야수들을 잡을 적절한 곳에 덫을 놓을 수 없을 것입니다. 그대에게 거부당한 아케디아가 완전히 물러갔는지, 아니면 후에도 여전히 그대에게 나타날 수 있는지 주의 깊게 살펴보십시오. 여전히 아케디아가 머물러 있다면 어떻게 헤시키아 중에 살 수

---

[1] 참조: 마태 5,31-32; 19,7.

있을지 모르겠습니다. 왜 타벤니시의 거룩한 이들이 스케티스의 거장들처럼 위대하지 않았겠습니까?[2] 깨달은 이는 그 이유를 생각해 보십시오. 나는 대답을 할 수 없습니다. 아니, 대답하고 싶지 않다고 말하는 편이 낫겠습니다.

[독수도승생활과 회수도승생활의 규율: PG 1105C-1108D]

182. 어떤 이는 자기 욕정을 죽이려 노력하고 또 어떤 이는 시편 낭송에 전념합니다. 특히 기도에 항구한 이도 있고, 관상생활에 깊이 나아가는 이도 있습니다. 회수도승생활을 하는 이들 가운데는 물질적인 것을 돌보면서 파멸로 가는 무기력한 영혼들이 있습니다. 하지만 나태에서 벗어나기 위해 혹은 종종 덜 수고스러운 삶에서 열성적인 삶으로 나아가기 위해 공동생활에서 그 동기를 끌어내는 이들도 있습니다.

고독한 생활을 하는 이들을 구분하기 위해서도 같은 규칙을 적용합시다. 그들 가운데 어떤 이들은 실제 탁월하지만, 자립으로 인해 쾌락에 맛 들이는 순간부터 더는 그렇지 않습니다. 고독한 삶은 선에 정진하는 자, 게으른 자 그리고 심판을 두려워하여 자기 죄의 짐을 내려놓으려 염려하는 자를 자극합니다. 하지만 여전히 분노, 교

---

2 타벤니시의 테바이드에서는 파코미우스가 설립한 회수도승생활이 번성했다. 이 삶은 영성적으로도 경제적으로도 번창했다. 수도원 아홉 개와 수녀원 두 곳이 있었는데, 아타나시우스가 후원자였다. 나일강 삼각주 서쪽 편에 있는 스케티스에서는 독수도승생활 혹은 안토니우스와 후에 에바그리우스에게 영감을 받은 반半독수도승생활이 번성했다.

만, 위선, 모욕에 대한 기억으로 동요하는 자는 누구도 고독한 삶으로 들어가선 안 됩니다. 그러한 자는 정신 이상 외에는 얻을 것이 없습니다. 하지만 이미 정화된 이는 자기에게 필요한 것을 식별할 수 있습니다. 아니면 그조차도 들어가서는 안 될 수도 있을 것입니다.

하여튼 다음은 참된 헤시카스트를 드러내는 표지나 단계 혹은 증거입니다. 동요 없는 마음과 순수한 정신, 하느님 안의 황홀경 체험과 벌에 대한 묵상, 죽음을 가까이 느낌, 기도에 절대 만족하지 못함, 황홀경 중 자신을 바라봄, 음욕을 없앰, 더는 욕정을 느끼지 못함, 세속적인 것을 끊어 버림, 더는 맛있는 음식을 갈망하지 않음, 하느님과 대화할 준비가 됨, 식별의 샘을 찾음, 눈물로 서약을 유지함, 수다를 끊음 그리고 보통 사람에게는 낯선 다른 많은 행위입니다.

반대로 재산을 포기하지 않는 가난, 심해지는 분노, 원한을 쌓는 기억, 애덕의 감소, 교만의 증가 혹은 침묵하는 것이 나은 듯한 행위들, 이런 모습들을 보이는 자는 참된 헤시카스트라 할 수 없습니다.

이제 순종하며 사는 이들에 대해 말해야겠습니다. 내가 말하는 것 대부분은 그들을 향한 것이기도 합니다. 교부들의 말씀은 순종과 결혼하여 충실하고 완벽하게 선으로 기운 이들을 향해 있습니다. 교부들은 우리가 하느님의 이름으로 나날이 진보함에 따라 독특한 자질들을 얻는다고 했습니다. 예컨대, 겸손의 진보, 일단 화가 나면 억제할 수 없는 분노의 감소, 어둠의 제거와 애덕의 증진, 욕정에서 벗어남, 증오의 해소, 처벌을 통한 호색의 감소, 더는 아케디아를 느끼지 않고 철야의 필요성을 느낌, 동정적인 사랑 그리고 허영심의 추방입니다. 모두가 이런 것들을 추구해야 합니다. 하지만 소수만이 사물의 본성을 벗어나는 그 이상에 이릅니다. 물이 마른 샘을 더 이상 샘이라 부르는 것은 적절치 않습니다.[3] 따라서 이해력이 있는 사람들에게 이것은 분명한 결론입니다. 혼인의 충실성을 지키지 않고 육체를 더럽히는 신부처럼, 영혼이 서원을 지키지 않을 때 영적으로 타락합니다. 그러한 신부는 비난과 미움을 받고, 매질을 당하고 최후에는 쫓겨납니다. 서원을 지키지 않은 영혼은 타락, 죽음에 대한 망각, 만족을 모르는 배, 제어하지 못하는 눈, 헛된 영광을 위한 행동, 마음의 무딤, 영적 건조함, 무감각, 마음 안에 나쁜 생각들을 쌓음, 영혼의 속박, 게으름, 불순종, 반항심, 욕정에 굴복, 불신앙, 의심, 수다, 가장 나쁜 악인 방종에 빠집니다. 가장 통탄스러운 것은 마음의 탄식을 잃어버리는 것입니다. 탄식이 실종되면 태만한 이들 안에 아케디아가 따라오는데, 이것은 타락의 기원입니다.

[참된 헤시카스트: PG 1109A-1109C]

183. 공동생활을 하는 이는 세 가지 악령과 싸우고, 은수생활을 하는 이는 다섯 가지 악령과 싸워야 합니다. 아케디아와 싸우는 은수자는 종종 해를 당하는데, 온갖 수단으로 이 악습에 맞서 싸우느라 기도와 관상의 시간을 낭비하기 때문입니다. 언젠가 나는 암자에서 아케디아로 인해 지쳐 누워 있었는데, 거의 이것에게 항복할 지경이었습니다. 그때 몇몇 사람이 내게 와서 그것을 쫓아 주었습니

---

3 참조: 예레 2,13; 9,1. 클리마쿠스는 사죄의 주된 원천인 눈물의 속죄에 대한 권고로 돌아간다.

다. 그들은 내게서 아케디아의 생각을 쫓아내려고 나의 은수생활을 찬양했습니다. 그러자 아케디아는 헛된 영광의 생각에 밀려 달아났습니다. 저 악마의 가시가 또 다른 악마의 가시로 제어될 수 있었다는 사실에 나는 정말 놀랐습니다. 그대의 삶을 동반하는 이 악마의 제안을 경계하십시오. 헛된 영광이 어떻게 그대를 굴복시키고 그대의 결심을 포기하게 하는지 관찰하며 그것을 경계하십시오.

성령의 은사인 평정을 얻은 사람 역시 이 경험을 잘 알고 있습니다. 어떠한 영적 혹은 물질적 상황에서도 우리의 모든 행위를 인도하는 아메림니아[4]의 은사는 바로 헤시키아의 은사입니다. 영적으로 무너진 이는 이미 물질적으로 패배했다고 할 수 있습니다. 또 다른 은사는 중단 없는 기도입니다.[5] 이 은사는 절대 방심하지 않는 정신의 활동으로 주어집니다. 읽고 쓰는 법을 전혀 배우지 못한 이가 편지를 읽거나 쓸 수 없듯이, 첫 번째 은사 없이 다른 두 가지 은사를 얻을 수 없습니다. 내가 두 번째 은사에 몰입되어 있을 때였습니다. 기도하고 있는데, 기도 중에 내가 갈망했던 빛을 받았습니다. 기도 중에 나에게 일어나던 일입니다. 거기에 무언가가 혹은 누군가가 있었는데, 나는 모르겠습니다. 그는 자기 모습이 보이기 전에 자기가 어떤 모습을 지니고 있었는지 설명할 수 없었습니다. 아마도 만물을 다스리시는 분께서 그에게 그것을 허락하지 않으셨을 것입니다. 나

---

4 아메림니아*amerimnia*는 이 세상 것들에 대한 근심 걱정에서 자유로운 복음적 무관심의 상태이다. 아메림니아는 나쁜 경향과 욕정에 대한 초연함으로 마음의 자유(아파테이아)로 이끈다.

5 1테살 5,17 참조.

는 그분이 지금 어디에 어떻게 계시는지 보여 달라고 그에게 청했습니다. 그러자 그가 말했습니다. "여기 어느 곳도 그분께 적절한 장소[6]가 아니오." 그래서 내가 물었습니다. "그분의 오른편[7]은 어디이고, 그분 오른편에 있다는 것은 어떤 것이며, 또 만물을 다스리시는 그분의 옥좌는 어떤가요?" 그가 말했습니다. "인간의 귀에 그런 신비를 드러내기는 불가능하오"(2코린 12,4 참조). 마침내 나는 나에게 욕망의 불을 일으켰던 곳으로 나를 데려가 달라고 그에게 청했습니다. 하지만 그는 나에게 정화의 불이 부족해서 아직 그때가 오지 않았다고 했습니다. 나는 이 일이 육체 안에서 일어났는지 아니면 육체 밖에서 일어났는지 정말 몰랐습니다. 나는 아무것도 말할 수 없습니다(2코린 12,2 참조).

[아케디아의 위험: PG 1109C-1112B]

184. 정오의 악령[8]을 몰아내기는 참으로 어렵습니다. 무엇보다도 여름철에 그렇습니다. 이럴 때 특히 손노동을 무시해서는 안 됩니다. 아케디아의 악령은 음욕의 악령이 들어오도록 길을 열어 줍니

---

6 하느님은 공간적 장소에 갇혀 계시지 않고 삼라만상에 편재하시지만, 당신의 무한한 창조 활동으로써 그 안에 내재해 계신다(사도 17,28 참조). 그분은 당신 고유의 방식으로 거기에 계시며, 당신 나름의 존재 방식을 가지고 계신다.

7 참조: 마태 20,23; 사도 5,31; 콜로 3,1.

8 신적 은사들에 대한 혐오를 일으키는 아케디아, 곧 권태와 무기력은 에바그리우스의 『프라티코스』 12장과 요한 카시아누스의 『제도서』 10,1에서 정오의 악령(시편 91,6 참조)으로 묘사되고 있다.

다. 우리는 이 녀석이 그렇게 하는 이유를 압니다. 우리를 잠에 곯아떨어지게 한 후, 휴식을 취하는 중에 육체를 멋대로 오염시키며 육체에 폭행을 가하려는 것입니다.⁹ 만일 그대가 이 두 악령에 힘껏 저항한다면, 틀림없이 그 녀석들은 그대에게 이 싸움은 무익하니 단념하라며 완강하게 계속 싸울 것입니다. 하지만 이 싸움에서 그들은 우리에 맞서 힘겹게 움직이고 결국 패배하여 그들의 열등함을 드러냅니다.

정신을 차려 입구를 지키십시오.¹⁰ 새장 문을 열어 두면 갇혀 있던 새들이 날아가 버리듯이, 그대가 쌓은 선이 날아가 버릴 것입니다. 그러면 그대는 헤시키아를 전혀 누리지 못할 것입니다. 작은 티끌도 우리 눈을 애먹이는 데 충분하고,¹¹ 사소한 근심도 헤시키아에서 우리를 떼어 놓는 데 충분합니다. 헤시키아는 바로 우리를 근심에서 벗어나게 하고 정당한 감정 상태조차도 배제하게 합니다. 약속하신 분께서 진실하시기에 참된 헤시카스트는 자기 육체를 염려하지 않을 것입니다.¹²

순수한 정신으로 하느님 현존 앞에 서기를 바라면서도 근심으로 괴로워하는 자는 두 다리를 묶고서 빨리 걸을 수 있다고 믿는 사람과 같습니다. 훌륭한 교육으로 이교 철학의 정점에 도달하는 이는

---

9 수도승들은 특히 잠자는 동안 일어나는 음탕한 환상에서 욕정을 자극하는 악령의 활동과 철야 중에 잠재된 욕망의 힘을 보았다. 그들은 그것에 대한 강박에 사로잡혔다.

10 쾌락에 문을 봉쇄해야 한다(닐루스 『금욕적 담화』 39 참조). 성 닐루스는 꾸벅꾸벅 조는 성경의 문지기 여인을 언급하고 있다.

11 참조: 마태 7,3; 루카 6,41.

12 참조: 마태 6,25; 1코린 1,9.

소수입니다. 하지만 진정으로 헤시키아의 철학에 도달하는 이는 더 적습니다.[13] 아직 하느님 인식에 도달하지 못한 자는 헤시키아에 준비되지 않았습니다. 오히려 그는 헤시키아로 많은 위험에 직면할 것입니다. 헤시키아는 하느님 경험을 하지 않은 자를 숨 막히게 하기 때문입니다. 헤시키아는 감옥에 있는 듯 그를 가두어 황폐하게 만들며, 아케디아에 빠지게 하고 동요시켜 하느님의 감미로움을 맛보지 못하게 할 것입니다. 반면 기도의 아름다움을 맛보는 이는 사람들의 소음에서 멀리 떨어진 당나귀처럼 자유로울 것입니다.[14] 여전히 욕정들과 실랑이하는 자는 은수처에서 이 세상의 수다를 멈추지 않습니다. 공경하는 그대[15]도 잘 아는 거룩한 사부 게오르기우스 아르실라이테스가 내게 그것을 말했습니다.

그는 한때 불쌍한 내 영혼에 헤시키아의 기본 원리들을 제시하려고 자기 생각을 말로 표현했습니다. 자, 이것이 그가 내 손을 잡다시피 하며 나를 인도한 방법입니다.

[헤시키아에 관한 아르실라이테스의 담화: PG 1112C-1113B]

---

13 참조: 안키라의 닐루스 『금욕적 담화』 4. 그리스도께서는 세상의 쾌락을 거부하고, 자기 육신을 경멸하며 헤시키아로 다스리기 위해 온갖 노력을 요구하는 탁월한 철학을 가르치셨다. 그분의 모범을 따르는 수도승들은 "천상 사물들에 대한 생각을 소홀히 하는 것은 철학에 반대된다고 생각한다".

14 사막에서 자연은 온유한 존재로 되돌아간다. 당나귀는 창조주를 원했던 자유로운 존재로 되돌아간다. 닐루스에게 그리스도의 몸을 날랐던 당나귀는 자유를 상징한다.

15 클리마쿠스가 금욕생활의 위대한 스승으로 여긴 라이투의 요한을 말하고 있다.

185. 아르실라이테스가 말했습니다. "헛된 영광과 음욕의 악령들은 보통 아침에 모습을 드러내고, 아케디아와 낙담의 악령들은 정오에, 그리고 불결한 악령과 배를 괴롭히는 악령들은 저녁에 모습을 드러낸다는 것에 유의하십시오.

부주의한 헤시카스트보다 순종하는 겸손한 이가 낫습니다. 참된 헤시키아를 사는 이는 매일 자기가 얻은 것을 셈하지 않습니다. 그것을 셈한다면 그는 참된 헤시키아를 소유하지 않은 것이며, 교만의 희생물일 것입니다. 헤시키아는 예수님 기억을 자기 호흡과 하나 되게 하면서[16] 항상 주님의 현존을 느끼며 지속해서 그분을 경배하며 서 있는 것입니다.

순종하며 사는 이에게 자기 뜻을 행하는 것이 죄이듯, 헤시카스트에게는 기도를 소홀히 하는 것이 죄입니다. 그대가 사람들과 함께 있는 것을 좋아하여 사람들이 그대 암자에 방문하는 것을 좋아한다면, 그대는 하느님의 일을 위해 노력하지 않는 나태한 자일 뿐이라는 것을 알아야 합니다. 불의한 자에게 부당한 처사를 당한 과부(루카 18.3-6 참조)를 기도의 모범으로 삼으십시오. 천사들과 경쟁한 저 위대한 헤시카스트 아르세니우스[17]를 헤시키아의 모범으로 삼으십시오. 수도승생활에서 천사 같은 이 헤시카스트를 기억하고, 그가 자기에

---

16 심장 박동과 호흡에 결합한 예수 호칭 기도를 권고하는 전통의 출발점 중 하나다. 『천국의 사다리』의 이 표현에서부터 이 수행이 발전한다. 마음의 자리를 발견하고 관상을 누리기 위하여 호흡을 억제하면서 머리를 기울이며 기도하고 배꼽을 바라보는 수행이다. 주님을 향한 돌진 운동과 자신 안에서 뉘우치는 집중 운동, 이 이중 운동으로 된 호흡법은 후대 헤시카즘을 통해서 또 정신과 마음의 기도에 토대를 둔 근대 아토스 신심을 통해서 수행되었다.

게 더 중요한 것을 잃지 않으려고 방문객을 어떻게 돌려보냈는지 살펴보십시오.

악령들은 종종 어리석은 떠돌이 수도승을 부추겨 참된 헤시카스트를 방문하게 합니다. 그들이 하는 가벼운 노동을 방해하기 위해서입니다. 친애하는 형제여, 그들을 주시하십시오. 주저하지 말고 이 방종한 자들을 거룩하게 괴롭히십시오. 질책함으로써 악령들이 떠돌이 수도승들을 파멸시키지 못하게 하십시오. 하지만 그대의 샘으로 오는 목마른 영혼(요한 4,13 참조)을 매정한 말로 슬프게 하진 마십시오. 분별력이 필요합니다.

헤시카스트, 특히 고독 속에서 사는 이는 양심과 영적 감각(상식)에 따라 살아야 합니다. 참된 헤시키아의 길을 달려가는 이는 주님의 도우심으로 그분 뜻대로 행동하게 됩니다. 말과 행동, 희망을 영적 감각으로 하느님이 앞에 계신 것처럼 행합니다. 우리가 여전히 사악한 환상의 희생자라면, 우리 삶은 덕스럽다고 말할 수 없을 것입니다. 성경이 말씀하시는 대로 그대의 계획을 시편에 맡겨 그것을 토대로 그대의 뜻을 구체화하십시오. 그대의 식별만으로는 불충분합니다. 나는 기도를 통해 나의 선의를 드러낼 것입니다. 그러면 기도가 진리 안에서 나에게 충분히 확증해 줄 것입니다(시편 49,5 참조).

믿음은 기도의 날개입니다. 만일 내가 이 날개 없이 간청한다면, 내 마음은 기도를 단념할 것입니다. 믿음은 어떤 어려움에도 절대

---

17 아르세니우스는 콘스탄티노플 궁정 개인 교사였지만, 후에 사막으로 물러나 394년부터 스케티스에 머물렀다. 이 유명한 수도승 중심지에 온 후 초반에는 난쟁이 요한의 제자였을 것이다(PG 99,853-854 참조).

흔들리지 않는 안정된 정신 상태를 의미합니다. 믿음이 있는 사람은 하느님께서 모든 것을 하실 수 있다고 생각하는 사람이 아니라, 자신이 모든 것을 얻게 되리라고 신뢰하는 사람입니다. 그분께서는 희망의 문을 여시고 강도에게 그것을 보여 주셨습니다(루카 23,42 참조). 하지만 믿음의 어머니 혹은 원천은 신뢰를 일으키는 올곧은 마음의 탄식입니다. 그러한 마음은 탄식이 믿음의 어머니라는 것에 흔들림이 없습니다. 한편 믿음은 헤시키아의 어머니입니다. 믿음이 없는 사람이 어떻게 헤시카스트일 수 있겠습니까? 죄수가 끔찍한 유죄판결을 내릴 사람을 두려워하듯이 독방에 은둔해 있는 사람은 주님께서 행하실 무시무시한 심판을 두려워합니다. 그는 재판관을 두려워하는 죄수보다 더 최후 심판관의 판결을 두려워합니다."

[아케디아가 아닌 탄식. 아르실라이테스와 클리마쿠스: PG 1113C-1116B]

186. "그대의 비범한 헤시키아도 하느님께 대한 큰 두려움이 필요합니다. 이 두려움이 없다면 그대는 아케디아를 피할 수 없을 것입니다. 사실상 누구라도 그렇게 할 수 없습니다. 유죄판결을 받은 자는 항상 눈을 부릅뜨고 심판관이 감방에 오는지 경계합니다. 진정 주님의 일을 하는 이는 오실 분[18]이 도착하는지 보려고 깨어 있습니다. 전자는 고뇌의 무게로 짓눌리고, 후자는 눈물의 강에 잠깁니다.

---

18 참조: 마태 11,3; 요한 1,15; 묵시 1,4.8. *ho erchómenos*는 오신 그리스도 왕이자 메시아시며, 만물의 처음이자 끝이신 알파요 오메가로서 계속해서 오시는 분이시다.

그대가 인내의 지팡이를 잡는다면, 개들이 더는 거만을 떨지 않을 것입니다. 지치지 않는 인내는 사소한 언쟁에도 동요하지 않게 합니다. 인내하는 주님의 종은 무적입니다. 그는 넘어지면서도 이깁니다. 인내는 우리가 매일 고난을 겪으리라는 것을 의식하는 것이며, 우리에게 바람직하지 않은 긴장감을 일으키는 억지 논리를 제거하는 것을 뜻합니다. 헤시카스트처럼 주님을 위해 일하는 이에게는 많은 음식보다는 많은 인내가 필요합니다. 인내는 월계관을 가져다주지만, 음식은 해를 입힙니다. 인내하는 자는 죽기 전에 이미 죽었고, 그의 무덤은 암자입니다.

탄식으로 희망하기 때문에 잘 인내할 수 있습니다. 인내와 희망이 없다면 아케디아의 노예가 됩니다. 그리스도의 운동선수는 멀리 있는 적과 가까이에 있는 적을 각각 어떻게 싸워야 하는지 압니다. 때론 싸움으로 월계관을 얻고, 때론 싸움의 포기로 비난을 당합니다. 하지만 이에 관해 모두에게 적용할 수 있는 규범은 없습니다. 그러니 멈춰 서 있을 때나 걷고 있을 때, 앉아 있을 때나 움직일 때, 기도할 때나 잠을 잘 때, 그대에게 싸움을 거는 저 특별한 악령을 주시하십시오."[19]

헤시키아의 길에 들어선 이들 가운데는 "나는 언제나 내 눈앞에 주님을 떠올렸다"라는 말을 항상 반복하는 이가 있습니다. 그러나 하늘에서 내려온 영적 밀가루로 반죽이 된 빵들이 모두 같은 모양인 것은 아닙니다. 기도 역시 다양합니다. "여러분이 참고 견디면 여러

---

19 여기서 아르실라이테스의 인용이 끝난다.

분의 생명을 얻을 것입니다"(루카 21,19). "깨어 기도하시오"(마태 26,41). '선행으로 죽음을 준비하십시오'(집회 7,36 참조). '저는 낮추어졌지만, 당신께서 저를 구원하셨습니다'(시편 116,6 참조). 어떤 이들은 이렇게 말합니다. "장차 우리에게 드러날 영광에 비해서 지금 이 시대의 고난은 아무것도 아니라고 나는 생각합니다"(로마 8,18). 또 어떤 이들은 말합니다. '여러분을 구해 줄 자가 없을 때, 절대 아무도 여러분을 갈기갈기 찢지 않을 것입니다'(시편 50,22 참조). 이런 말들을 묵상하는 이들이 있고, 어떤 이들은 다음을 기억합니다. '모두가 달리지만, 한 사람만이 월계관을 받을 것입니다'(1코린 9,24 참조).

그들 가운데 진보한 자는 깨어 있을 때뿐 아니라 잠들었을 때도 힘들이지 않고 계속해서 기도합니다. 따라서 어떤 이들은 꿈에 나타나는 악령들을 쫓아내기에 이릅니다. 음란한 매춘부가 정결한 생활로 돌아서기를 바라는 것과 같습니다.

[고독 속에서 또 공동생활에서 헤시키아: PG 1116B-1117B]

187. 방문을 기다리지도 말고 준비하지도 마십시오. 헤시키아의 규칙은 어떤 유대도 없는 단순한 삶을 요구합니다. 헤시키아의 탑 혹은 암자를 세우고 싶은 이는 기도 중에 먼저 자기 능력에 따라 필요한 건축 비용을 계산하고 결정해야 합니다. 기초를 놓고 나서 적들의 비웃음을 사거나 주님의 다른 종들을 방해하지 않기 위해서입니다.[20] 때때로 우연히 느낄 수 있는 쾌감에 주의하십시오. 그것은 잔혹한 의사보다는 그대의 교활한 적에게서 올 수 있습니다.[21]

밤에는 할 수 있는 한 오래 기도하고 시편 낭송은 적게 하십시오. 낮에는 기도를 준비하면서 힘껏 일하십시오. 독서는 정신을 비추고 모으기 위해서 행해집니다. 독서는 성령의 말씀으로써 거기 참여하는 모든 이를 완전한 평화 중에 일치시킵니다. 독서한 바를 행동으로 옮기십시오. 그대는 행하는 사람이기 때문입니다. 말씀을 실천하십시오. 그러면 다른 책들을 읽을 필요가 없을 것입니다. 그대의 구원을 위해서는 책보다는 경험을 통해 빛을 얻으려 노력하십시오. 거짓 교설에(야고 1,22 참조) 영감받은 작품은 모호한 말로 이해력이 부족한 영혼을 어둡게 합니다. 성령의 능력으로 조명된 작품을 잘 선별해 읽어야 합니다.

포도주 한 잔만으로도 풍미를 충분히 느낄 수 있듯이, 정련된 영적 맛을 지닌 헤시카스트의 단 한 마디가 그의 내적 자세와 행동 전체를 충분히 드러냅니다. 식별로써 확실한 영적 안목을 얻도록 노력하십시오. 그 어떤 다른 욕정보다 파멸을 초래하는 파괴자 교만을 멀리하십시오.

혀를 사용해야 하더라도 혀를 지키십시오. 고된 수고의 열매가 한 순간에 사라질 수 있습니다(야고 3,5-6 참조). 그대와 관계없는 것에 개입하지 마십시오. 호기심은 다른 무엇보다 특히 그대의 헤시키아를 훼손할 수 있습니다. 그대를 방문하는 이에게 물질적으로든 영적으

---

20 참조: 루카 14,28; 이사 5,2.
21 그 사기꾼의 특징은 영혼을 동요시키고 영문도 모르게 마음을 어지럽히는 깊은 괴로움, 불결하거나 끔찍한 꿈 같은 모호한 환상이다. 영혼이 잠시 선잠에 빠지는 어떤 기쁨의 순간에 함정이 숨어 있다(디아도쿠스『시 단상 100편』31 참조).

로든 그가 필요한 것을 제공하십시오. 그가 그대보다 교육을 많이 받은 자라면 침묵하며 우리도 철학자임을 보여 줍시다. 하지만 그가 우리와 같은 조건의 형제라면 그가 우리보다 더 낫다고 생각하면서 절제하며 혀의 문을 엽시다. 모두가 우리보다 나은 사람이라고 생각하는 것이 더 바람직하다고 생각합니다. 언젠가 나는 공동기도에 참석한 젊은 형제들이 육체의 참회를 하는 것을 금하고 싶었습니다. 옷 속에 모래를 넣고 육체를 괴롭히면서 밤새 깨어 있었던 형제가 그렇게 하지 못하게 했습니다.

 창조되지 않은 거룩하고 찬양받을 삼위일체에 관한 신앙이나 삼위일체의 세 위격 중 한 분의 육화 신앙에 관해 이야기하는 데는 여러 어려움이 있습니다. 삼위일체 안에서는 복수이지만 그리스도 안에서는 단수입니다. 그렇듯이 하느님께 오르기를 원하는 이가 완수해야 할 수행에 관해 이야기할 경우, 헤시카스트가 해야 할 수행이 있고 공동생활을 하는 이가 해야 할 수행이 있습니다. 거룩한 사도께서 말씀하십니다. "누가 주님의 생각을 알 수 있으리오?"(로마 11,34). 나는 덧붙입니다. "누가 내적·외적 헤시키아 중에 사는 이의 생각을 알겠습니까? 임금의 힘이 많은 부와 신하의 수로 이루어지듯이, 헤시카스트의 힘은 많은 기도로 이루어집니다."

담화 28

기도

지극히 거룩한 덕의 어머니인 기도와 그 내적·외적 행위

[기도는 하느님과의 대화이다: PG 1129A-1129D]

188. 기도는 본디 하느님과 인간의 대화이자 신비적 일치입니다. 기도의 효과는 다음과 같습니다. 기도는 세상의 버팀목, 하느님과의 화해, 눈물의 어머니 혹은 딸, 속죄, 유혹의 방어, 환난에 맞선 보루, 싸움에서의 승리, 천사의 활동, 영적 존재의 양식, 기다리는 중의 기쁨, 끝없는 활동, 덕의 샘, 은총의 원천, 영적 진보, 영혼의 자양분, 정신의 빛, 절망을 끊는 도끼, 희망의 증인, 근심의 분해자, 수도승의 보화, 헤시카스트의 보화, 분노의 감소, 진보의 거울, 올바른 수단의 계시, 우리 상태의 표시, 미래에 대한 예고, 참된 영광의 신호입니다. 진정으로 기도하는 이에게 기도는 주님의 법정, 최후 심판의 순간이 오기 전 주님께서 우리를 식별하려고 앉아 계시는 옥좌입니다. 그러므로 일어나 이 거룩한 덕의 여왕이 내리는 판결을 경청합시다. 그녀는 소리 높여 분명하게 선언합니다. "수고하고 짐을 진 여러분은

모두 내게로 오시오. 그러면 내가 여러분을 쉬게 하겠습니다. 여러분은 내 멍에를 메고 나에게서 배우시오. … 여러분의 영혼이 안식을 얻을 것'(마태 11,28-29)이고 상처도 치유될 것입니다. '내 멍에는 편하고'(마태 11,30) 중죄의 상처를 낫게 하는 치료제이기 때문입니다."

거룩한 임금께 나아가 그분과 대화하기 위해서는 준비가 필요합니다. 미리 무장하지 않고 경기를 시작해서는 안 됩니다. 멀리서 우리를 기다리는 임금에게 우리가 무장하고 있지 않거나 왕의 의장을 걸치지 않은 모습을 보이지 맙시다. 임금이 종이나 사절을 보내 우리를 사슬로 묶어 멀리 유배를 보내거나 우리 기도를 면전에서 거절하는 일이 없도록 합시다. 하느님 앞에 나아갈 때, 그대는 모시옷, 즉 모욕을 기억하지 않는(마태 5,24 참조) 실로 짠 옷을 입어야 합니다. 그 옷은 온갖 허물에서 정화해 줄 것입니다. 그렇지 않으면 기도는 아무 소용이 없을 것입니다. 단순하게 기도하십시오(마태 6,7 참조). 세리와 탕자는 간단한 기도로 하느님께 호의를 구했습니다.[1] 모든 사람이 기도하지만, 다양한 방법과 서로 다른 목적으로 하느님께 나아갑니다. 자기를 위해서가 아니라 남을 위해서 찬양과 탄원의 기도로 그분께 도움을 얻으려 벗과 함께 머물듯이 주님과 머무르는 이가 있습니다. 그런가 하면, 부와 명예와 더 큰 자유를 청하는 이도 있고, 적에게서 완전히 해방시켜 달라고 구하는 이도 있습니다. 또 높은 지위를 얻게 해 달라고 간청하는 이도 있습니다. 또 어떤 이들은 괴로움에서 완전히 벗어나게 해 달라고, 감옥에서 석방되거나 마침내

---

[1] 참조: 루카 18,10; 15,11.

고소에서 벗어나게 해 달라고[2] 기도합니다.

[순수한 기도: PG 1132A-1132D]

189. 진실한 감사가 우리의 기도서 첫 줄에 있어야 합니다. 그다음 고백과 영혼의 참된 탄식이어야 합니다. 그런 다음 우주의 임금께 드리는 우리의 청이 와야 합니다. 주님의 천사가 한 형제에게 알려 준 바에 따르면, 이 기도의 방법이 가장 좋습니다. 그대가 이 세상의 재판관에게 해명하는 것, 이보다 기도에 대한 더 좋은 설명은 없을 것입니다. 만일 그대가 한 번도 이 법정에 선 적이 없거나 그것에 관심이 없다면, 수술 전에 환자들이 의사에게 어떻게 간청하는지 보고 배우십시오.

기도할 때 말을 세세하게 고르려 애쓰지 마십시오. 어린아이의 단순하고 꾸밈없는 재잘거림이 하늘에 계신 아버지의 마음을 달랩니다.[3] 그대는 많은 말을 찾아서는 안 됩니다(마태 6,7 참조). 그러한 걱정은 정신을 분산시킵니다. 세리는 한마디 말로 주님을 달랬고(루카 18,13 참조), 믿음에서 나온 한마디가 강도를 구원했습니다(루카 23,39-43 참조). 많은 말은 정신을 망상으로 가득 채워 기도 중에 주의를 흩뜨립니다. 한마디 말이 정신을 집중하게 해 줍니다. 기도 중에 어떤 말이 그대를 기쁘게 하고 탄식을 일으키면, 거기 머무르십시오. 그때 수호천사가 그대의 기도에 함께할 것입니다.

---

2 참조: 마태 6,12; 5,25.
3 참조: 마태 6,9; 시편 8,3.

그대가 순수함에 이르렀다 해도 신뢰하는 분의 자유를 남용하지 마십시오. 무척 겸손하게 하느님께 다가가십시오. 그러면 더 큰 자유를 얻을 것입니다. 그대가 덕의 계단 꼭대기에 이르렀더라도 그대의 죄들이 사해지도록 계속 기도하십시오. 바오로는 자신을 죄인들에 비교하며 "나는 그 죄인들 중 첫째입니다"(1티모 1,15)라고 부르짖었습니다. 기름과 소금이 음식에 맛을 내듯이, 순결과 눈물의 탄식이 기도에 날개를 달아 줍니다. 거기에 온유와 친절을 더하십시오. 수고 없이 하느님께 고양되는 자유를 앗아 가는 모든 것에서 그대 마음을 자유롭게 하고 싶다면 온유와 친절로 갈아입어야(에페 4,24 참조) 합니다. 많은 경험을 통해 이런 순수한 기도에 이르지 못하는 한, 우리는 걸음마를 시작하는 어린아이처럼 삶의 여정에서 초심자와 같을 것입니다. 정신을 하느님께 들어 올리려 노력하십시오. 아니, 오히려 정신을 기도 말에 집중하려 노력하십시오. 어린아이의 약함으로 정신이 불안정해지면, 즉시 정신을 다시 들어 올리십시오. 유감스럽게도 우리 정신은 불안정하지만, 전능하신 분께서 정신을 안정시켜 주실 것입니다.

그대가 정신을 잃지 않고 싸울 수 있다면, 정신의 바다에 경계를 정하시는 분께서 그대 안에 내려오실 것입니다. 그리고 그대가 기도 중에 정신을 들어 올리는 동안 정신에게 이렇게 말씀하실 것입니다. "여기까지는 와도 되지만 그 이상은 안 된다"(욥 38,11). 영은 구속될 수 없는 것이 맞지만, 영의 창조주께서 개입하신다면, 모든 것은 그분께 복종해야 합니다(유딧 16,17 참조). 게다가 그대가 태양을 똑바로 볼 수 있을 때만, 그분과 적절한 대화를 시작할 수 있을 것입니다. 하지만 그대가 자기기만에 대해 두려움 없이 어떻게 보지 못하는 분과 대화할 수 있겠습니까? 따라서 기도의 시작은 일어나는 온갖 생각을 쫓아내는 아주 짧은 기도[4]로 하느님께 다가가는 것입니다. 중간 단계는 기도하면서 하는 말과 생각에 정신을 붙박는 것입니다. 도착점 혹은 완전한 기도는 주님 안에서의 황홀경입니다.

[정화와 하느님과의 일치: PG 1132D-1133C]

190. 공동체 안에 사는 이가 크게 기뻐하는 일이 있기도 하지만, 이 기쁨은 헤시키아 중에 기도하는 이가 누리는, 겸손으로 가득 찬 기쁨과는 매우 다릅니다. 앞의 기쁨은 아마도 공상의 결과일 것입니다. 만일 공상하지 않도록 정신을 훈련한다면, 그대는 식탁 가까이 있더라도 정신을 모으게 될 것입니다. 하지만 정신이 밖으로 나가 떠돌게 한다면, 그대는 정신을 절대 붙들어 두지 못할 것입니다.

차원 높은 완전한 기도의 위대한 전문가는 정신의 생각을 표현하는 다섯 마디 말로(1코린 14,19 참조) 기도를 훈련하고자 했습니다. 불완전한 이들은 그것을 잘 이해하지 못합니다. 아마도 이 때문에 불완전한 우리 역시 말의 양과 질을 기준으로[5] 평가하며 기도하는 것

---

4 그리스말로 모놀로기스토스 *monologistōs*로 짧은 단어를 반복하는 단음절 기도를 뜻한다. 클리마쿠스는 카시아누스의 기도 방법을 따른다. 카시아누스는 짧지만 자주 드리는 기도를 강조했다(참조: 『담화집』 9,36; 10,10).

5 클리마쿠스의 영성은 단지 바실리우스, 카시아누스, 에바그리우스, 나지안주스의 그레고리우스, 디아도쿠스, 닐루스의 금욕적 가르침만을 반영하지 않고, 가자의 영성 학파는 물론 소조메누스와 소크라테스 같은 비평가들의 문헌학을 계승한 듯 보인다.

입니다. 즉, 불완전한 이들의 방법은 완전한 이들의 방법으로 인도하기 때문에 우리 역시 그렇게 합니다. 사실 하느님께서는 여전히 서투른 방법이지만 열심히 기도하는 이에게 순수한 기도를 허락하신다는 말이 있습니다. 하지만 나쁜 농담을 하는 것과 실제 도둑질하는 것은 별개이듯이 기도가 서투른 것과 기도가 오염되는 것은 다른 것입니다. 공상에서 오는 낯선 생각을 쫓아내지 못할 때 우리는 하느님 앞에 서투르게 서 있는 것이며, 우리가 무익한 생각에 사로잡혀 우리 자신을 내어 준다면 기도를 오염시키는 것입니다. 우리가 겉으론 하느님 앞에 서 있으면서 하느님에게서 정신을 훔치는 것은 실제로 범한 도둑질입니다. 많은 농담 중에 악령의 농담이 있는데, 악령은 우리 주의를 하느님에게서 딴 데로 돌리려고 농담을 통해 우리에게 접근합니다.

기도 시간에 우리가 혼자 있을 때, 오로지 겸손한 탄원의 내적 태도에 신경을 씁시다. 만일 거기에 찬양 봉사자들이 없다면, 우리의 외적 태도를 공동기도에 일치시킵시다. 불완전한 이들은 보통 내적 행위와 외적 행위가 일치하기 때문입니다. 죄의 사함을 받기 위해 우리 모두 형언할 수 없는 마음의 탄식으로 존엄하신 임금께 항상 겸손을 드러내야 할 것입니다. 우리가 여전히 죄의 사슬에 묶여 있다면, 베드로에게 순종의 겉옷을 걸치라고 하신 분의 말씀을 경청합시다(사도 12,8 참조). 그에 앞서 그대의 의지를 내려놓으십시오. 그런 다음 주님께 나아가 이기적 욕망을 벗고 기도하십시오.[6] 그대가 만일 오로지 하느님의 뜻만을 행할 수 있게 해 달라고 청한다면, 그대 마음의 항해사이자 그대 영혼의 확실한 안내자를 얻을 것입니다.

세상과 쾌락에 대한 사랑에서 벗어나십시오. 근심을 던져 버리십시오. 그러한 생각을 벗어 버리십시오. 그대 육신을 거부하십시오. 육신은 기도를 원하지 않습니다. 기도는 본디 하느님과 불가분의 일치를 위해 가시적 세계와 비가시적 세계에서 벗어나는 것입니다. '하늘에 저를 위한 어떤 다른 것이 있습니까? 제가 지상에서 당신 외에 어떤 다른 것을 원합니까?'(시편 73,25 참조). 이것은 기도를 요구합니다. 만일 어떤 이가 부를 갈망하고, 어떤 이는 영광을, 또 어떤 이는 재산을 갈망한다면, 내가 오직 바라는 바는 내 희망과 내 갈망의 유일한 토대인 하느님과 결합해 있는 것입니다. 믿음은 기도에 날개를 달아 줍니다. 믿음 없이 아무도 천국을 향해 날 수 없습니다.

[끊임없는 기도: PG 1133A-1137A]

191. 우리는 오로지 주님께 이것을 청합니다(시편 27,4 참조). 우리는 여전히 욕정의 희생자이지만, 욕정을 단호히 끊고 아파테이아로 나아가기를 바랍니다. 하느님을 두려워하지 않았던 재판관은 과부의 성가신 소리가 듣기 싫어 그녀의 집요함에 굴복했습니다(루카 18,1-3 참조). 하느님께서는 당신 최초의 적 육체와 당신의 보이지 않는 적대자 악령들을 거슬러 당신의 과부인 영혼에 올바른 판결을 내려 주실 것입니다. 그 거룩한 상인께서는 우리의 좋은 상품에 제값을 쳐 주

---

6 에바그리우스처럼 클리마쿠스도 순수한 기도를 권고한다. 후에 그레고리우스 팔라마스는 순수한 기도를 지성을 초월하신 하느님과 신비적 일치에 이르기 위하여 자아, 물질적 쾌락, 인간적 영광을 포기한 결실이라고 말한다(PG 150,1225 참조).

실 것입니다. 그분은 자신의 큰 자산을 친절히 베풀어 사용할 수 있게 하시고, 우리 요청을 받아들일 준비가 되어 있으십니다. 하지만 우리 영혼이 어리석은 개와 같다면, 굶주림과 갈증으로 집요하게 간청하도록 내버려 두시면서 시험하십니다. 배은망덕한 개는 빵을 받고는 빵을 준 주인을 떠난다는 것을 그분은 아십니다.

그대가 오랫동안 기도하며 청했던 것을 받지 못했다고 말하지 마십시오. 그대는 영적으로 이득을 보았기 때문입니다. 주님과 결합해 있을 수 있고, 그분과 부단한 일치를 지속할 수 있는 것보다 더 지고한 선이 어디 있겠습니까? 기도에 의지하는 이는 이 세상의 죄수가 판결을 두려워하듯이 거룩한 심판관의 판결을 두려워해서는 안 됩니다. 따라서 만일 그대가 지혜롭고 거시적 안목을 지녔다면 저 판결을 기억하여 받은 모욕, 온갖 분노, 일에 대한 걱정과 거기서 오는 괴로움, 포만함의 유혹, 온갖 악의에서 그대 마음을 쉽게 떼어 놓을 수 있을 것입니다. 끊임없는 마음의 기도로 공동 시편 낭송[7]을 준비하십시오. 그러면 그대는 즉시 덕에 나아갈 것입니다.

나는 순종의 탁월한 모범들을 보았습니다. 그들은 거룩한 순종으로 기도를 준비했습니다. 그들은 항상 깨어 하느님 기억을 소홀히 하지 않으며 지속하고, 시편 낭송에 참석했고, 눈에서는 눈물이 마르지 않았습니다. 공동으로 시편을 낭송할 때 속박과 분심이 일어날 수 있습니다. 이는 개인 기도에는 일어나지 않는 것입니다. 하지만 개인 기도는 아케디아에 맞서 싸워야 하고, 공동기도는 공동체의 열

---

[7] 이탈리아어 역본에는 "항구한 구송기도"로 번역되어 있다 – 역자 주.

정에서 도움을 받을 수 있습니다. 왕에 대한 군인의 충성은 전쟁 때 드러납니다. 마찬가지로 수도승의 하느님 사랑은 기도할 때의 상태에서 드러납니다. 또한 기도는 영적 진보 상태를 보여 줍니다. 기도의 스승들은 기도를 수도승의 거울이라고 말합니다.

통상 일로 분주한 이는 기도 시간이 되었을 때 일하라고 유혹하는 악령에게 속아 넘어갑니다. 이 강도는 우리에게서 기도의 보화를 약탈하려고 늘 기회를 엿보고 있습니다. 그대가 기도의 은사를 얻지 못했더라도 절대 기도를 멈추어서는 안 됩니다. 종종 누군가를 위해 기도하는 그대의 믿음이 그에게 탄식의 영을 전달하면서 그를 구원하기 때문입니다. 만일 그대가 다른 이를 위해 기도하여 그것이 이루어졌더라도 교만하지 마십시오. 그대가 아니라 그의 깊은 믿음 때문에 이루어진 것입니다. 어린이는 자기 선생님에게 배운 것을 놓치지 않기 위해 매일 검사를 받습니다. 우리도 하느님에게서 받은 능력을 생각하려면 우리가 드린 모든 기도에 대한 평가가 있어야 하는 것은 당연합니다. 이 점에 항상 더 유의하십시오. 그대는 악령들이 기도하지 못하게 방해하려고 더 집중적으로 그대에게 적개심을 드러낼 때 기도에 훨씬 더 큰 노력을 기울여야 합니다. 기도를 방해하는 것이 그들의 목적이니, 그들의 농간에 놀아나지 마십시오. 다른 모든 덕을 얻는 것보다 끊임없이 기도하기 위해 노력해야 합니다.

영혼이 분노의 욕정을 극복했을 때, 더욱 열정적으로 기도하게 됩니다. 하지만 주님을 갈망하는 우리 마음 안에 그분께서 현존하실 때만 우리가 오랜 시간 많은 기도로 얻은 바가 남아 있을 것입니다. 이 목표에 도달하면 그대는 말로 기도를 꾸미려고 하지 않을 것입니다. 성령께서 형언할 수 없는 탄식으로 그대 안에서 그대를 위해 간구해 주실 것이기 때문입니다(로마 8,26 참조). 그러니 그대의 정신 집중을 방해할 수 있는 온갖 감각적 형상을 멀리하십시오. 그대가 불굴의 신앙으로 갈망하는 신비가 계시될 때 불확실성이 사라질 것입니다.

[기도의 순수함을 더럽히지 마라: PG 1137A-1137C]

192. 기도에 자비를 결합하십시오. 그러면 수도승은 백 배의 보상을 받을 것이고 내세에서도 그러할 것입니다(마태 19,29 참조). 기도하는 수도승의 마음 안에 거하시는 성령의 불이 영혼의 다락방[8]으로 내려와 기도하고 있는 영혼을 들어 올려 하늘에까지 오르게 합니다. 따라서 어떤 이들은 기도가 죽음을 생각함으로써 더 강력해진다고 합니다. 나의 경우 같은 위격 안에 두 본성의 저 단일성이 주는 유익함을 찬양합니다.[9] 명마는 달리면 달릴수록 더 흥분하고, 흥분하면 흥분할수록 더 달립니다. 나는 찬송을 경주로, 영을 용감한 말로 언급하면서 이것을 영적 의미로 말하는 것입니다. 그런 피조물은 멀리서부터 전투 냄새를 맡습니다(욥 39,25 참조). 전투에 준비된 그는 쉽게

---

8 예수님께서 최후만찬을 거행했던 방. 사도 2,2 참조.

9 순수한 기도를 하느님의 가장 순수한 본성 안에 하나이신 삼위일체의 형언할 수 없는 역동성에 비교한 것이며, 클리마쿠스 시대에 칼케돈 공의회 이후 논쟁에 대한 증언이 기도 하다(시나이인 아나스타시우스 『길잡이』 8-11; PG 89,121-193 참조). 기도와 죽음에 대한 기억(사랑과 두려움)은 그리스도 안에서의 신적 본성과 인간적 본성 간의 일치와 유사한 일치를 이룬다.

이길 것입니다.

목마른 입에서 신선한 물을 빼앗는 것보다 기도하고 탄식하는 영혼을 기도가 끝나기 전에 그 간절한 기도에서 떼어 놓기가 더 어렵습니다. 하느님이 그대를 피로하게 하여 그대의 불(열정)과 눈물이 약해지지 않는 한 기도에서 물러서지 마십시오. 죄 사함을 받기 위해 적절한 기회를 잡으십시오. 이 기회는 그대 평생 다시 오지 않을 것입니다. 순수한 기도에 맛 들이십시오. 종종 일어나듯이 자기 정신에 한 가지 낯선 생각을 허용하며 기도의 순수함을 오염시키는 자는 계속 기도하더라도 기도하며 마음으로 바라는 바를 얻지 못할 것입니다. 사실 그대는 혼자서 마음으로 자주 묵상해야 합니다. 하지만 그리스도께 합당한 제물을 봉헌하는 정신으로 마음을 살피며 묵상하는 것은 다른 것입니다. 신학자라고 불리는 어떤 사람[10]의 말대로 자기 마음으로 묵상하는 이는 분명 여전히 남아서 마음을 더럽히는 찌꺼기들을 정화하기 위해 자신 안에 있는 거룩한 천상 불로 타오릅니다. 그러나 그리스도 안에서 정신으로 자기 마음을 살피는 이는 그의 완전성의 정도에 따라 그를 비추는 불꽃으로 타오릅니다(로마 12,1.3 참조). 그것은 태워 버리는 불[11]과 비추는 빛(요한 1,9 참조)이라고 부르는 것과 같은 불꽃입니다.

이런 이유로 어떤 이들은 기도 장소에서 나가는 순간, 실제로 타오르는 용광로에서 나오듯 더러움과 상처에서 벗어난 이처럼 보입니다. 또 어떤 이들은 겸손과 기쁨의 이중의 옷으로 갈아입고 빛을

---

10 나지안주스의 그레고리우스이다.『연설 21』(아타나시우스 찬사) 2 참조.

11 참조: 신명 4,24; 히브 12,29.

가득 받은 사람처럼 나타납니다.¹² 기도에서 사실 이 이중의 힘¹³을 경험해 보지 못한 이들은 외적으로만, 말하자면 유다인의 방식으로 기도했다는 것을 보여 줍니다. 실제 우리가 순수한 손으로 성체를 만진다면 성체와 접촉할 때 어떻게 변화되지 않을 수 있겠습니까? 몸은 또 다른 몸과 접촉할 때 영향을 받습니다.

[저마다 자기 상황에서 기도로 살아간다: PG 1137D-1140C]

193. 참으로 좋으신 하느님이신 우리 임금께서는 세상의 임금처럼 심복이나 하인들을 통해서 군인들에게 직접 때로는 간접적으로 재물을 주신다는 것에 주목합시다. 하느님은 우리가 갈아입은 겸손의 옷에 따라 선물을 주십니다. 그분은 기도할 때 정신을 스쳐 가는 불순한 생각을 받아들이는 이를 혐오하십니다. 또 임금 앞에 서서 자기 임금의 적들과 이야기하려고 등을 돌리는 신하처럼 기도하는 자도 혐오하십니다. 뻔뻔하게 그대에게 다가오는 그 개를 쫓을 무기를 지니십시오. 그것이 그대를 유혹할 때마다 공격하십시오. 절대 그것에게 굴복하지 마십시오. 탄식하는 마음으로 청하십시오. 순종으로 주님을 찾으십시오. 상심하지 말고 계속해서 문을 두드리십시오. "누구든지 청하는 이는 받고, 찾는 이는 얻고, 두드리는 이에게는

---

12 훗날 그레고리우스 팔라마스는 이 빛나는 환시를 '타보르산의 빛'과 예수 이름을 부르며 사랑의 옷을 통해서 신적인 불로 점화되는 이의 '변형의 빛'에 다시 결합한다(디아도쿠스 『시 단상 100편』 59 참조).

13 겸손의 힘은 오직 애덕을 통해서 강화된다. 애덕은 '주님의 영광'만을 추구하는 겸손한 영혼에 기쁨을 준다(디아도쿠스 『시 단상 100편』 12.14.15 참조).

열어 주실 것입니다"(마태 7,8)라고 기록되어 있기 때문입니다.

여성을 위해 지나치게 기도하지 않도록 조심하십시오. 교활한 적대자들에게 약탈당할 위험이 있습니다. 육체와 관련된 그대의 행동을 상세하게 검토하지 마십시오. 그대 자신에게 반역자가 될 수도 있습니다. 필요하고 또 영적인 활동이더라도 기도 시간에 그것을 어떻게 수행해야 하는지 생각하는 것은 적절치 않습니다. 그대에게서 더 좋은 몫을 앗아 갈 수 있습니다. 기도의 지팡이에 의지하는 이는 절대 넘어지지 않을 것입니다. 그는 비틀거리더라도 넘어지지 않고, 넘어져도 넘어진 채 있지 않을 것입니다. 기도에는 하느님을 경건하게 조르는 힘이 있기 때문입니다(루카 18,5 참조). 악령들이 공동기도 때 우리가 기도하지 못하게 방해하려 한다는 사실이 우리에게 그러한 유익함을 말해 줍니다. 적대자에 대한 승리로 우리 안에서 무르익는 열매가 이 유익함을 알 수 있게 합니다. 시편 저자가 이렇게 노래하는 바와 같습니다. '당신께서는 원수가 저를 비웃지 못하게 하셨기에 당신께서 저를 얼마나 사랑하시는지 알았나이다. 저는 마음을 다해, 몸과 혼과 영으로 당신께 부르짖었나이다. 작은 이 가운데 둘이 모인 그곳에 하느님께서는 계시기 때문입니다.'[14]

모두가 육으로나 영으로나 같은 재능을 지닌 것은 아닙니다. 어떤 이에게는 짧은 기도가 좋고, 어떤 이에게는 긴 시편 기도가 좋습니다. 여전히 자기 육체의 포로라고 고백하는 이도 있고, 영의 무지로 싸우고 있다고 말하는 이도 있습니다. 하지만 그대가 사방에서 그대

---

14 참조: 시편 41,12; 119,145; 1테살 5,23; 마태 18,20.

를 공격하는 그분의 적들에 맞설 때 우리 임금께 기도하며 신뢰하십시오. 그대는 그들을 쫓아내는 데 크게 수고하지 않아도 됩니다. 그들 스스로 곧 물러갈 것입니다. 사실 사악한 자들은 그대가 기도를 통해 얻게 될 확실한 승리에 참여하고 싶지 않을 것입니다. 그들은 열심한 기도의 채찍으로 매 맞은 자처럼 달아날 것입니다. 그대의 온 힘을 모으십시오. 그러면 하느님께서 그대에게 기도하는 법을 가르쳐 주실 것입니다.[15]

우리는 같은 하느님을 스승으로 모시고 있는 기도의 학교가 아닌 다른 학교에서는 기도하는 법을 배울 수 없습니다. 말은 하지만 보지 못하는 입에다 호소한다고 볼 수 있는 것은 아닙니다.

'사람에게 지식을 가르치시는'(시편 94,10 참조) 하느님만이 기도를 가르치실 수 있습니다. 그분은 기도하는 사람에게 지식을 전하시며 의인의 날들을 축복하십니다.

---

15 참조: 루카 11,1; 요한 14,26; 16,13.

담화 29

아파테이아

하느님을 닮은 지상의 천국, 완전함과 보편적 부활에 앞선
영적 부활 아파테이아에 관하여

[아파테이아는 무엇인가?: PG 1148B-1148C]

194. 우리는 무지의 심연 속에 잠겨 있고, 육신 때문에 욕정의 어둠과 죽음의 그늘에 있습니다.[1] 이러한 우리가 지상에서 누릴 수 있는 천사의 기쁨이며, 별들이 수놓인 화려한 창공처럼 덕행으로 꾸며진 아파테이아를 이야기할 대단한 배짱을 지니고 있습니다. 내게 아파테이아는 영적 마음의 하늘입니다. 그 마음의 하늘에서 악마의 간계를 극복하는 것이 경기입니다. 육신으로 완전히 순수하게 된 사람, 창조된 본성을 넘어 영혼이 최고로 승화된 사람은 아파테이아의 참된 소유자입니다. 그는 실제로 감각을 정신에 예속시켰고, 주님 앞에 영혼을 복종시켰습니다. 그래서 전력을 다해 주님을 향합니다.
어떤 이는 아파테이아를 육신의 부활에 앞선 영혼의 부활로 정의

---

1 참조: 루카 1,79; 로마 7,24.

합니다. 또 어떤 이는 하느님에 대한 완전한 인식으로 그것을 능가하는 것은 천사들의 인식뿐이라고 정의합니다. 아파테이아를 맛본 어떤 이는 나에게 그것은 불완전한 완전성이라고 말했습니다. 아파테이아는 정신을 물질에서 떼어 내어 거룩하고 완전하게 합니다. 그래서 이 천상 항구에 들어간 사람은 대부분의 지상 생활 동안 이미 천국에 있는 사람처럼 황홀감을 느끼며, 하느님 관상으로 들어 높여집니다.[2] 이러한 경험이 있는 시편 저자는 그를 '지극히 높은 곳으로 올림 받은 이, 지상에서 하느님의 강한 자'(시편 47,10 참조)라고 말하며 이 상대에 관해 이야기합니다. 우리가 아는 이집트인은 보통 다른 이들과 함께 기도하는 동안 팔을 뻗은 채 오래 서 있었습니다.

[영혼의 아파테이아는 질병의 압박을 받는다: PG 1148D-1149C]

195. 아파테이아를 누리는 상태는 사람마다 다릅니다. 그것을 덜 누리는 이도 있고 더 누리는 이도 있습니다. 전자는 악을 증오하고, 후자는 덕에서, 특히 사랑에서 진보합니다. 그 사람 안에서 사랑은 아파테이아와 동의어가 됩니다. 사랑은 이승에서 부패할 이들 가운데 선택된 이가 저승에서 부패하지 않게 해 줄 마지막 부활의 전제입니다. '나는 주님의 마음을 지니고 있습니다'(1코린 2,16 참조)라고 말한 분은 아파테이아를 소유하고 있음을 보여 주었습니다. 더는 주님을 두려워하지 않는다고 공언했던 그 이집트인[3]이 아파테이아를 소

---

2 참조: 요한 17,3; 마태 5,48.

3 수도승과 관상가의 사부 성 안토니우스.

유하고 있음을 보여 주었습니다. 욕정들이 자기에게 되돌아오도록 기도한 사람⁴이 아파테이아를 소유하고 있음을 보여 주었습니다. 장차 다가올 영광 이전에 이 위대한 시리아 사람만큼 아파테이아에 합당하게 된 사람이 누구겠습니까? 사실 모두에게 알려진 예언자 다윗은 주님께 "제게 위로의 은혜를 베풀어 주십시오"라고 간청해야 했습니다. 하지만 하느님의 참된 경기자 에프렘은 이렇게 청했습니다. "폭풍우를 겪어야 하는 은혜를 제게 베풀어 주십시오."⁵

아파테이아의 은사에 합당하게 된 영혼은 욕정의 노예가 쾌락으로 경험한 바를 덕으로 경험합니다. 따라서 탐식의 절정이 목구멍의 자극을 느끼지 않는 것이듯, 절제의 정점은 욕심 많고 무책임한 본성을 다스리는 것입니다. 음욕의 절정이 동물이나 무생물에도 욕망을 느끼는 것이듯, 정결의 정점은 사람들 안에 더는 생명이 고동치지 않는 것처럼 모든 이에게 아무것도 느끼지 않는 것입니다. 탐욕의 절정이 절대 만족하지 않고 끝없이 쌓아올리는 것이듯, 가난의 정점은 육체의 어려움과 궁핍을 피하지 않는 것입니다. 아케디아의 절정이 완전히 평화롭게 살면서도 불안해하는 것이듯, 인내의 정점은 고난을 안락으로 생각하는 것입니다. 분노의 절정이 앞에 없는 이에게 분노하는 것이듯, 관대의 정점은 자신을 모욕하는 사람 앞에서 마치 그가 자기 앞에 없듯이 고요히 머무르는 것입니다. 헛된 영광의 절정은 아무도 우리를 칭찬하지 않는데도 칭찬한다고 상상하는 것이듯, 겸양의 정점은 누가 우리 앞에서 실제로 칭찬을 하더라

---

4 시리아의 성 에프렘.
5 에프렘은 고통을 갈망하는 아파테이아의 빛에 대해 가르쳤다.

도 신경을 쓰지 않는 것입니다. 파멸 혹은 교만의 절정이 초라한 수도복을 과시하는 것이듯, 겸손의 특징이자 유익한 표지는 훌륭한 공적과 탁월한 덕행에도 생각을 겸손하게 유지하는 것입니다. 저항 없이 악마의 온갖 유혹에 넘어가는 것은 욕정의 노예인 자를 드러내는 표지입니다. 아파테이아의 특징은 원수에 맞선 공격이나 승리는 무엇인지, 원수가 보통 어떤 방법으로 공격하는지, 또는 어째서 원수가 공격하고 어떻게 후퇴하는지 모르는 것 그리고 이 싸움에 무관심한 것이라고 생각합니다. 나는 이제와 영원히 하느님과 결합해 있기 때문입니다.

[하늘을 갈망하는 아파테이아: PG 1149C-1152C]

196. 그러한 상태에 합당하게 된 사람은 자기 안에 거주하시는 하느님을 소유합니다(로마 8,11 참조). 하느님께서는 그가 여전히 육체 속에 있더라도 말과 행위나 생각에서 항상 그를 인도하십니다. 따라서 그는 조명을 통해서 자기에게 드러나는 주님의 뜻을 내면의 소리처럼 듣습니다. 그렇게 해서 그는 인간의 가르침을 따르는 이들보다 더 높이 납니다(시편 119,98-100 참조). 나는 하느님 앞에 출두하고 싶어 견딜 수 없습니다. 그분께서 언제 나를 쳐다보실까요? 나는 열망합니다. 나는 이 갈망을 더는 견딜 수 없습니다. 나는 그분께서 흙으로 된 이 육신에 나를 맡기시기 전에 나에게 알려 주셨던 그 영원한 아름다움을 찾습니다(시편 42,3 참조).

더 무슨 말을 해야 하겠습니까? 아파테이아를 얻은 이는 더는 자기가 사는 것이 아니라고 말하는 것으로 충분합니다. 그 사람 안에 사는 것은 그리스도이십니다. 사도께서 자신은 훌륭히 싸웠고, 경기를 마쳤으며, 믿음을 충실히 지켰고, 하나의 보석으로만 만들어지지 않은 왕관을 얻었다고 말씀하신 바와 같습니다.[6] 그렇듯 어떤 덕이라도 하나를 소홀히 하면 아파테이아는 절대 완전하지 않을 것입니다. 아파테이아를 천상 임금의 궁전으로 생각하십시오. 임금은 거처할 곳이 많습니다(요한 14,2 참조). 하느님의 도성 예루살렘에는 거처할 곳이 많고, 그곳의 망루는 죄의 사함입니다. 형제들이여, 달려가 저 왕궁에 마련된 향연에 참여합시다(히브 4,11 참조). 불행히도 우리가 우리의 어떤 성향 때문에 방해를 받아 제때에 그곳에 도착하지 못했다면, 신방이 있는 궁전 근처의 집에 도달하려고 노력합시다. 너무 지쳐 주저앉고 싶다면 성벽 안에라도 들어가기 위해 최선을 다합시다.

죽기 전에 거기에 들어가지 못한 사람, 즉 그 성벽을 넘지 못한 이는 사막에 천막을 쳐야 합니다(마태 22,13 참조). 이것이 "나는 내 하느님의 도우심으로 성벽을 뛰어넘으리라"(시편 18,30 불가타 참조) 하고 말한 이가 한 기도의 의미입니다. 또한 하느님의 이름으로 외친 이가 한 말의 의미입니다. '너희와 나 사이에 벽을 놓은 것은 너희의 죄가 아니더냐?'(이사 59,2 참조). 그러므로 불순종의 죄로 인해 세워져 우리를 천상 예루살렘에서 갈라놓는 이 벽 한가운데 돌파구를 만들어야 합니다. 거기서 우리는 빚을 탕감받습니다. 우리는 분명 지옥에서 치료제를 발견할 수 없습니다. 형제들이여, 생명의 책에 우리를 기

---

6 참조: 갈라 2,20; 2티모 4,7.

록하는 저 열성으로 노력합시다(루카 10,20 참조). 우리의 타락한 상태, 좋은 때가 없음, 우리에게 커지는 부담 등을 늘어놓으며 구차하게 변명하지 맙시다. 주님께서는 세례로 다시 태어난 우리에게 하느님의 자녀가 되는 권한을 주셨습니다(요한 1,12 참조). 그분은 "너희는 멈추고 내가 하느님임을 알아라"(시편 46,11) 하고 말씀하셨습니다.

그분께 영광이 영원무궁하기를, 아멘. 거룩한 아파테이아는 우리 마음이 겸손할 때 우리를 땅에서 하늘로 들어 올릴 것입니다. 또 자신의 비참을 인정하는 자를 욕정의 오물에서 들어 올릴 것입니다(시편 113,7 참조). 하지만 그를 권품천사와 능품천사들과 함께, 그리고 이 세상에서 하느님 백성을 다스리는 군주들과 함께 앉게 하는 것은 온갖 찬사를 능가하는 애덕일 것입니다(시편 113,8 참조).

담화 30

애덕

세 가지 덕의 유대에 관하여

[사랑, 빛의 완전무결한 안정성: PG 1153D-1156A]

197. 이제 지금까지 말한 것에 모든 것을 포괄하는 세 가지 덕의 유대에 관해 덧붙여야 합니다. 이 세 덕은 믿음, 희망, 사랑입니다. 하지만 가장 중요한 것은 사랑입니다(1코린 13,13 참조). 사랑은 바로 하느님 자신의 이름이기 때문입니다(1요한 4,8 참조). 나에게 이 덕들은 하나는 광선으로, 하나는 충만한 빛으로 그리고 하나는 빛 에너지의 근원인 구체球體[1]로 보이며, 세 가지 모두 하나의 광채, 하나의 광휘로 보입니다. 믿음은 모든 것을 만들고 창조할 수 있고,[2] 하느님의 자비는 희망을 감싸고 혼란에서 지켜 줍니다(로마 5,5 참조). 사랑은 절대 넘어지지 않고, 그 길에서 절대 멈추지 않으며, 그 복된 황홀경에 의해 상처 입은 이에게 잠시라도 쉴 여지를 주지 않습니다.

---

1 교부들이 삼위일체를 표현하기 위해 일반적으로 사용하는 상징이다.

2 참조: 마르 9,22; 11,23.

하느님 사랑을 이야기하는 사람은 이미 하느님에 대해 말하는 것입니다. 하지만 하느님에 관해 말하는 사람은 불확실하고 위험한 용어들로 이야기합니다. 그리고 이때는 상당히 주의 깊게 말해야 합니다. 천사들이나 하느님에 관해 말할 수 있고, 그것도 하느님의 빛이 주신 능력에 따라 다릅니다. 사실 하느님은 사랑이시라고 기록되어 있지만(1요한 4,16 참조), 그분의 존재를 명확히 정의하려는 자는 바다의 모래를 세려는 소경과 같습니다.

[노예의 두려움을 몰아내는 사랑과 양자 결연: PG 1156B-1157B]

198. 사랑을 정의하자면, 인간의 능력에서 최대한 하느님과 비슷해지는 것입니다. 사랑은 영혼이 취한 것처럼 활동합니다. 사랑의 특징은 신앙의 원천, 관용의 심연, 겸손의 바다입니다. 사랑은 무엇보다도 선에 반대되는 어떤 계획도 거부하는 것입니다. 사랑은 악을 생각하지 않기 때문입니다(1코린 13,5 참조). 사랑, 아파테이아, 양자 결연은 이름만 다를 뿐 차이가 없습니다. 빛과 불과 불꽃이 합쳐져 하나의 활동을 이룹니다. 사랑, 아파테이아, 양자 결연도 그렇습니다. 사랑이 부족한 정도에 따라 두려움이 따라옵니다(1요한 4,18 참조). 두려움이 없는 사람은, 사랑으로 충만하거나 영적으로 죽은 사람입니다. 갈망과 두려움, 진지한 노력과 질투에까지 이르는 경쟁심, 거룩한 봉사와 우리를 하느님께 인도하는 사랑과 같이 고차원적인 실재들을 인간적으로 유추하는 것은 전혀 잘못된 것이 아닙니다.

연인과 미치도록 사랑에 빠진 사람과 비슷한 그런 하느님 사랑을 소유한 이는 복됩니다. 죄수가 심판관을 두려워하듯이 주님을 두려워하는 이는 행복합니다.[3] 아내를 질투하는 남편처럼 덕에 질투심 많은 이는 복됩니다. 임금 앞에 신하들이 서 있듯이 기도 중에 주님께 가까이 있는 이는 행복합니다. 다른 이들이 사람들의 환심을 사려고 하듯이 주님을 기쁘게 하려고 피곤해하지 않고 애쓰는 이는 복됩니다.

엄마의 젖꼭지에 달라붙어 있는 아기의 사랑은 주님께 진정으로 매달리는 이의 사랑을 능가할 수 없습니다. 사랑에 빠진 이는 매 순간 기쁜 마음으로 연인의 모습을 떠올리며 그 얼굴을 기억합니다. 잠자는 동안에도 그리움이 사라지지 않을뿐더러 자면서도 애인과 속삭입니다. 우리는 생리적으로 일어나는 일을 심리학적 영역에서 생각할 수 있습니다. 그러므로 "나는 잠들었지만 내 마음은 깨어 있었지요"(아가 5,2)라는 아가의 표현에 놀라지 맙시다. 말하는 이는 사랑에 상처받은 사람입니다. 그는 생리학적으로는 잠을 자고 있지만 엄청난 사랑으로 깨어 있는 자신에 대해서 말하고 있습니다.

하느님을 믿는 참된 신앙인인 그대는 형식에 머물지 말고 그 이면의 의미로 건너가야 합니다. 암사슴이 뱀을 삼켰듯이 영혼은 야수들을 죽인 후에야 자기 주님을 그리워합니다.[4] 불화살을 맞은 듯 상처입은 영혼은 그분께 대한 사랑으로 시들지 않습니다. 지옥 불을 갈증의 고통과 비교하는 것은 효과적입니다. 굶주림의 영향은 항상 분

---

3 『천국의 사다리』 27,185 참조.
4 암사슴은 동굴에 숨어 있는 뱀을 자기 입가로 유인한 후 삼킨다. 그러나 즉시 샘물로 달려가 자신을 정화한다(시편 42,2 참조).

명한 것은 아니지만, 갈증은 분명하고 명확한 증상을 나타냅니다. 따라서 하느님을 열망하는 이는 '제 영혼이 하느님을, 강하고 살아 계신 하느님을 목말라합니다'(시편 42,3 참조)라고 반복합니다. 사랑하는 이의 현존은 우리를 빛과 기쁨으로 충만하게 하고 온갖 근심에서 벗어나게 하며 내적으로 변화시킵니다. 하물며 순수한 영혼 안에 은밀히 현존하시는 주님의 얼굴은 우리에게 어떤 영향을 미치겠습니까? 마음속 깊이 느끼는 두려움이 온갖 허물을 없애 줍니다. 따라서 시편 저자는 '당신께 대한 두려움으로 제 살이 떨립니다'(시편 119,120 참조)라고 기도합니다. 하지만 거룩한 사랑은 더 나아갑니다. 거룩한 사랑은 "그대는 내 마음을 사로잡았소. … 내 마음을 사로잡았소"(아가 4,9)라는 사랑의 말을 하는 이들의 마음을 빼앗습니다. 그리고 시편 저자와 함께 다음과 같이 확언하는 이들을 비추어 기뻐 뛰게 합니다. '내 마음이 그분을 갈망했더니, 그분께서 나를 도우러 달려오시어 내 몸에 활기를 주셨네'(시편 28,7 참조). 사랑은 참으로 마음을 즐겁게 하고 화색이 돌게 합니다.

[두려움에서 죽음보다 강한 사랑으로: PG 1157B-1157C]

199. 인간이 하느님 사랑에 압도당해 완전히 사로잡히면, 그때 사랑은 육체라는 거울을 통해 영혼의 빛을 드러냅니다. 하느님의 얼굴을 본 관상가 모세에게 일어났듯이 말입니다(탈출 3,1-6 참조). 이런 천사의 상태에 도달한 사람은 종종 육신의 양식도 잊어버립니다. 그는 매우 오랫동안 음식에 대한 욕구를 느끼지 않는 것 같습니다. 이것

은 놀라운 일이 아닙니다. 다른 관심사에 집중하다 보면 식욕을 느끼지 못할 때가 있습니다. 그때 육체는 오로지 부패하지 않는 양식만을 갈망하게 됩니다. 어떤 의미에서 거룩해진 그 육체는 온갖 다른 불을 끄는 정결의 불을 통하여 부패하지 않게 되었기 때문입니다. 식물이 땅의 물로 자라듯이, 영혼은 천상의 불로 양육되었기에 음식을 먹지 않는 것으로 생각합니다.

두려움의 증가는 사랑의 시작입니다. 사랑의 완전함은 하느님 안에서 담화(신학)[5]를 나눌 수 있는 토대입니다. 감각을 포함한 모든 것에서 하느님께 달라붙어 있는 사람은 신비스러운 말씀을 경청할 때 그분에 의해서 그 말씀을 간파하기 시작합니다. 사실 그러한 접촉 없이 하느님에 관해 말하기는 매우 어려울 것입니다. 한편, 영혼 안에 현존하는 하느님 말씀은 순결을 완전하게 합니다. 하느님 말씀의 현존은 죽음의 종말이기 때문입니다(호세 13,14 참조). 죽음이 사라질 때, 하느님과 대화하는 사람은 하느님에 관해 명쾌하게 말하는 법을 배웁니다. 그분에게서 오는 말씀은 순결하며 영원히 지속하기 때문입니다.[6] 사실 이런 식으로 하느님을 알지 못하는 사람은 추측으로밖에는 그분에 관해 이야기할 수 없습니다. 순결만이 제자를 삼위일체 세 위격의 메시지를 간파할 수 있는 신학자로 만듭니다.

[하느님과 이웃 사랑, 그 토대인 희망: PG 1157C-1160A]

---

5 체험을 통한 하느님 인식.

6 참조: 시편 12,7; 117,2; 마태 24,25.

200. 하느님을 사랑하는 이는 형제를 사랑하기 시작합니다(1요한 4,20 참조). 하느님 사랑은 형제적 사랑으로 드러나기 때문입니다. 이웃을 사랑하는 것은 악담조차 견디는 것이 아니라 사랑 자체에 해로운 불같은 불평을 피하는 것을 의미합니다. 말로만 주님을 사랑하라 말하고 형제에게 화를 내는 자는(1요한 4,20 참조) 자면서 자기가 달리고 있다고 상상하는 몽상가임을 드러내는 것입니다. 하지만 사랑은 희망으로 유지됩니다. 희망은 사랑의 상급을 제시합니다. 이런 의미에서 희망은 겉으로 보여 주지는 않지만, 자체 안에 포함된 부를 보증하는 보물입니다(히브 11,1 참조). 다시 말하면, 즉시 값을 치르지 않고 큰 액수의 지급을 보증하는 수표 혹은 부담감을 덜어 주는 보증금과도 같습니다. 희망은 사랑으로 인도하고 온갖 종류의 낙담을 막아 주는 문, 아직 소유하지 않은 선을 암시해 주는 생생한 표상입니다. 희망이 없어지면 사랑도 사라집니다. 사실 우리의 수고는 희망에 근거를 두고 있습니다. 우리의 고생은 오직 희망 위에 놓여 있습니다. 희망은 하느님 자비를 품에 꼭 안고 있습니다.

[신비로운 사다리의 정점에 있는 사랑: PG 1160A-1160D]

201. 이런 희망에 의지하는 수도승은 복됩니다. 그는 검으로 위협하는 것만으로 아케디아를 죽이고 거기서 벗어납니다. 희망은 주님 체험을 통해 얻은 하느님의 선물입니다. 그러한 체험이 확신을 줍니다. 희망은 분노의 동요를 극복하게 해 줍니다. 희망은 결코 부끄럽게 하지 않는 온유의 어머니입니다. 반면 화를 잘 내는 자는 혼란스

러울 것입니다. 사랑은 예언과 기적의 은사를 얻습니다. 사랑은 신적 빛의 무궁무진한 원천이며, 천상 불의 근원으로서 우리 마음 안에 더 많이 퍼질수록 우리 마음을 태우고 소진합니다. 사랑은 천사의 상태이며, 영원으로 나아갑니다. 온갖 덕의 군주(사랑)의 빛을 받은 어린양들은 정상에 도달할 때까지 주리고 목마르지 않게 해 달라고, 또 이끌어 달라고 이렇게 청합니다. "그대가 어디서 양 떼를 방목하는지, 어디서 낮잠을 자는지 우리에게 알려 주십시오(아가 1,7 참조). 우리를 비추어 주십시오. 우리의 갈증을 풀어 주십시오. 우리를 이끌어 주십시오. 우리 손을 잡아 주십시오. 우리는 모든 덕 가운데 참된 군주이신 당신에게로 날아오르고 싶습니다."[7]

내 마음을 다치게 한 당신에 대한 사랑에 사로잡힌 나는 더는 당신의 불꽃을 수용할 수 없습니다. 바다의 엄청난 힘을 다스리고 파도가 솟구칠 때 잠잠하게 하시고, 모욕적인 오만한 생각을 뿌리 뽑아 겸손하게 하시고, 힘찬 팔로 당신 적들을 흩으며 당신이 사랑하는 이들을 무적이 되게 하는(시편 89,10 참조) 당신을 찬양하기 위해 내가 어디서부터 시작해야 합니까?

나는 이제 '그는 자기 마음으로 저 계단을 오르기로 하였다'[8]고 기록된 바에 따라 야곱은 어떻게 천사들이 땅에서 견고한 사다리를 오르는 것을 보았는지 알고 싶습니다. 그들이 사다리를 오르려는 갈망으로 밟아 올라갔던 저 단계들이 어떤 방식으로 놓였는지, 야곱이

---

7 참조: 1코린 13,1; 1요한 4,12; 1티모 1,5.
8 참조: 시편 84,6; 창세 28,12.

여, 내게 말해 주십시오. 당신을 찬미하는 모든 이가 나처럼 오르기를 갈망하며 그 단계가 몇 개인지, 그 단계를 다 거치려면 시간이 얼마나 걸리는지 물을 것입니다. 사실 당신의 싸움과 환시에 대해 들어 본 사람이[9] 누구를 따라야 하는지 우리에게 밝혀 주었습니다. 하지만 그는 더욱 고유한 용어를 사용하여 다른 것을 밝히고 싶지 않았거나 그럴 수 없었습니다. 하늘로부터 나에게 나타나신 이 여왕께서 내 귀에 그 비밀을 털어놓으며 나에게 그 신비를 밝혀 주셨습니다. "사랑에 빠진 영혼아, 네가 육체의 역겨움에서 벗어나지 않는다면, 너는 내가 얼마나 아름다운지 절대 알 수 없을 것이다. 이 사다리가 너에게 영적 진보의 구조를 알려 줄 수 있을 것이다. 나는 사다리의 꼭대기에 있다. 네가 거기서 나를 보도록 위대한 신비가가 너에게 이렇게 설명한다. '믿음, 희망, 사랑, 이 세 가지가 남아 있습니다. 그러나 그중에 가장 위대한 것은 사랑입니다'(1코린 13,13)".

---

9 참조: 창세 28,12; 32,24.

짧은 권고와 요약

[결구: PG 1161A]

202. 형제들이여, 올라가십시오. 열심히 올라가십시오. 형제들이여, 여러분의 마음 안에 언제나 오르려는 생생한 열망을 키우십시오.[1] 다음 성경 말씀을 경청하십시오. '오십시오. 주님의 산으로, 우리 하느님의 집으로 올라갑시다(이사 2,3 참조). 그분은 우리 발걸음을 사슴처럼 빠르게 하셨고, 목적지로 최상의 자리를 우리에게 주셨습니다. 우리가 당신의 길을 따르면서 승리자가 되게 하시려는 것이었습니다(시편 18,33 참조)'.

그러므로 "우리 모두가 하느님의 아드님에 대한 믿음과 지식에 일치하여, 완전한 사람이 되고 그리스도의 충만함의 완숙한 경지에 이르게"(에페 4,13) 되기까지 서두릅시다. 그분은 서른 살에 세례를 받

---

[1] 예수의 공생활 이전 삶을 모델로 모든 덕을 종합하면서 사랑에 초점을 둔 결구의 최종 연설이다.

으셨고(루카 3,23 참조), 이 영적 사다리의 서른 번째 단계에 오르셨습니다. 하느님은 사랑이시기 때문입니다. 그리스도께 영광과 권능과 권세가 있기를. 그분 홀로 모든 선의 근원이기 때문입니다. 그분은 항상 그렇게 계셨고 세세에 영원히 그렇게 계실 것입니다. 아멘.

스콜라 철학자 요한의 「목자를 위한 설교」

서언 [「목자를 위한 설교」를 『천국의 사다리』 부록에 배치한 이유: PG 1165A]

203. 공경하는 신부님, 앞의 책[1]에서 나는 기초를 이야기하면서 그대를 끝자리에 두었습니다. 하지만 정수를 이야기하는 이곳에서 나는 첫자리가 그대에게 어울린다고 확신합니다. 우리가 보기에 거룩한 규정에 따라 그대의 위치가 그러하기 때문입니다. 이는 겸손을 언급하며 다음과 같이 말씀하신 분에 따른 것입니다. '말째라고 여겨진 이가 영광 중에 첫째가 될 것이다.'[2]

1장 [수도원장은 목자, 키잡이, 의사, 스승이다: PG 1165B-1168B]

---

1 『천국의 사다리』 - 역자 주.

2 참조: 마태 20,16; 마르 10,31; 루카 13,30.

204. 참된 목자는 친절과 헌신으로, 또한 자기 기도로 잃어버린 양을 찾아 바로잡을 줄 아는 사람입니다(요한 10,10 참조). 영적 배의 키잡이는 하느님의 도우심과 자기 노력으로 폭풍우의 위험과 심지어 바다의 깊은 소용돌이에서 자기 배를 구하려는 생각으로 가득한 사람입니다.[3] 의사는 몸과 마음으로 거룩하여 다른 이의 고약이 필요 없는 사람입니다.[4] 참된 스승은 하느님 그분의 손가락으로부터 받은 책, 즉 그분의 빛으로 영적 식탁 위에 기록된 책 외에 다른 책이 필요 없는 사람입니다.[5]

모사만 하는 화가는 형편없듯이 근저에서 나오는 것을 위에서 퍼 올리지 않고 오로지 다른 이들이 쓴 것만을 가르치는 스승도 그러할 것입니다. 그대는 영적 개념들을 감각적인 형태로 번역해야 합니다. 게다가 특별한 가르침을 주는 것을 잊지 말아야 합니다.[6] 그 가르침은 사람에게서나 사람을 통해서 오지 않습니다. 육은 결코 영적인 것을 가르치는 데 도움이 되지 않습니다.

용감한 키잡이는 배를 안전하게 몰며, 착한 목자는 자기 영적 양 떼를 번성하게 하거나 치유합니다. 양 떼는 안내자를 부단히 따름으로써 진보할 것입니다. 안내자는 자기 양 떼에 대해 모두의 아버지께 해명해야 할 것입니다. 그래서 목자는 게으름이나 탐식으로 뒤처져 있는 양들에게 말로써 돌을 던집니다. 착한 목자의 특징은 눈은

---

3 참조: 마태 8,24; 마르 6,51; 집회 32,2.

4 참조: 마태 9,12; 루카 4,23; 5,31; 집회 38,2.

5 참조: 이사 50,4; 마태 23,8; 야고 3,1; 2티모 4,3.

6 참조: 갈라 1,1.12; 2코린 11,4.

하늘을 향해 있더라도, 양들이 더위로 인해 육체보다 영적으로 동요하기 시작할 때 양들을 지키느라 주의하는 것입니다. 이럴 때 목자가 특히 주의해야 합니다. 열기가 양들을 넘어뜨려 늑대의 희생양이 되게 하기 때문입니다. 실제 양들처럼 영적 양들도 혹서기에 세속적 즐거움에 넘어갑니다. 하지만 '하느님께서 부서지고 꺾인 마음을 업신여기지 않으시리라'[7]는 것을 우리는 잘 알고 있습니다. 따라서 양떼가 욕정의 짙은 어둠에 놀라면, 즉시 하느님의 이름으로 개를 내보내 밤새 양 떼를 지키게 하십시오. 그러면 그대는 이렇게 경계하는 것이 야수들을 쫓아내는 것과 같다고 생각할 것입니다.

2장 [영혼의 의사인 수도원장: PG 1168D-1169C]

205. 본성에 따른 그 소질은 좋으신 우리 하느님께서 주셨습니다. 이 때문에 환자는 의사 앞에서 실제로 자기에게 전혀 유익하지 않더라도 안도감을 느낍니다. 그러므로 훌륭한 목자인 그대 역시 회반죽과 긁개, 안약과 물약, 거즈와 항구토제, 외과용 린셋과 부식제, 연고와 마취제, 메스와 붕대로 무장하십시오. 우리에게 작업 도구가 없다면 우리 실력을 입증할 수 없을뿐더러 말이 아닌 행위에 대한 보수도 받지 못할 것이기 때문입니다.

회반죽은 외상, 즉 외적 욕정을 치료하는 데 도움이 됩니다. 내적 질병을 치료하기 위해서는 보이지 않는 부분을 해독하는 약을 지어

---

[7] 시편 51,19. 참조: 마태 25,19; 히브 13,17; 1베드 3,3.

야 합니다. 교만한 썩은 종양을 치료하기 위한 매몰찬 질책은 영적 긁어냄입니다. 영혼의 눈을 위한 안약은 정신을 흐리게 하는 분노의 움직임을 제거하려 자기 정신을 모으는 것입니다. 물약은 독설로 점차 낫게 하는 윤리적 모욕입니다. 외과용 린셋은 제대로 치료하기 위해 내부의 악성 염증을 말끔히 도려내 소독하는 것입니다. 정맥 절개 수술이나 다른 외과 수술 후에는 거즈가 필요할 것입니다. 즉, 영적 의사는 자신의 수술로 인해 불타는 고통을 덜어 줄 수 있는 온화하고 상냥하고 친절한 말을 찾을 것입니다. 부식 치료법은 일정 기간 양심적으로 수행할 참회를 위해 규정된 벌들입니다. 연고는 부식 치료법 후에 필요한 위로입니다. 말이나 단순한 몸짓으로 참회자를 위로할 수 있습니다. 수면제는 순종의 부담을 덜 수 있는 보상이며, 그가 자는 중에도 깨어 있게 해 주고 또 순종으로 행해진 공로를 보지 못하게 해 주는 일시 정지의 순간입니다. 영적 붕대는 자만과 자랑을 멈추지 못하는 자를 죽을 때까지 인내의 사슬로 묶어 그를 안정시켜 줍니다. 마지막 도구는 영적으로 죽었거나 부패한 지체를 절단하는 칼, 즉 확고한 결단으로 다른 지체들을 오염시키지 못하게 하는 처치입니다. 의사를 위한 항구토제는 아파테이아입니다. 악취 나는 상처 앞에서 구토하지 않도록 장상에게 필요한 약입니다. 그는 죽은 영혼을 소생시키려는 확고한 마음으로 그 상처를 치료했습니다. 이 때문에 장상은 각 사람의 필요를 위해 기도하게 되고, 실제로 그와 함께 기꺼이 아파하게 됩니다(2코린 11,29 참조). 야곱이 사랑하는 형과 그의 동료들을 화나게 하지 않으려고 주의하며 했던 것처럼 말입니다(창세 32,2-21 참조). 이는 환자가 자기 질병을 완전히 지배하지 못하고 또 선한 것과 악한 것이나 의로운 것을 분별하지 못할 때 장상에게 일어납니다.

3장 [수도원장은 하느님과 일치해야 한다: PG 1172B]

206. 장상이 자기가 소유하지 않은 은사를 제자가 받도록 하느님께 기도하는 것은 정말 부끄러운 일일 것입니다. 성인들은 왕 앞에 나와 그의 벗이 됩니다. 이 때문에 성인은 왕이 모르는 이나 심지어 왕의 적이라도 원한다면 왕의 영광을 누리도록 안내하는 사람처럼 행동해야 합니다. 비유적으로 하느님의 벗은[8] 가장 친밀하고 신심 깊은 이를 존경하여 그에게 순종하며 유순히 따릅니다.

벗을 사귀는 것은 좋은 일입니다. 영적 벗은 우리가 덕을 얻는 데 도움을 줄 수 있습니다. 하느님의 참된 벗이 내게 그것을 설명했습니다. 주님은 항상, 하지만 특히 당신께 봉헌된 기념 제사에서 당신 종들의 봉헌을 갚아 주신다[9]고 덧붙였습니다.

4장 [장상은 평정심을 지녀야 한다: PG 1173A]

207. 영적 의사는 악한 성향들을 벗어 버려야 합니다. 때때로 그가 어떤 악한 성향을 지녔다고 생각할 수 있는데, 특히 그가 화가 났을 경우입니다. 만일 그가 욕정을 끝까지 몰아내지 못한다면, 다른

---

8 참조: 요한 15,14; 지혜 7,27.
9 참조: 잠언 19,6; 집회 6,17; 35,13.

이들이 욕정에서 벗어나도록 도울 수 없을 것입니다(루카 4,23 참조).

　나는 언젠가 아직 길들지 않은 노새 한 마리가 고삐로 차분하게 제어되는 것을 보았습니다. 그런데 고삐가 풀리자마자 주인이 죽을 위험에 처하게 되었습니다. 나는 상반되는 두 악령에 대해서 말하려는 것입니다.[10] 그것들이 어떤 악령인지 암시한 것으로 충분합니다. 그 문제에 관심이 있고 그것을 해결하려 노력하는 이에게 그것을 추측하도록 맡기겠습니다.

5장 [본능적 능력과 카리스마적 헌신: PG 1177A-1177B]

208. 목자는 불치병으로 여겨지는 질병조차 성공적으로 치유할 때 하느님께 지혜를 얻은[11] 의사로 인정받을 것입니다. 거친 말을 끝까지 길들여서 칭찬받는 노련한 마부가 있습니다. 유능한 스승은 거칠고 무지한 제자를 지혜롭고 완전하게 하여 현명한 자가 되게 할 때 인정받습니다. 지혜로운 키잡이는 폭풍우를 예견하여 선원들을 거센 파도에서 보호합니다. 그렇지 않으면, 그는 유능한 조종사에게 의탁하듯 자신에게 의탁한 이들의 파멸에 책임지게 될 것입니다.

　나는 환자의 상태와 위험성을 알려 주지 않는 의사를 보았습니다. 그러면 환자와 의사 자신에게도 많은 고뇌가 따릅니다. 목자에게도 그러한 일이 일어날 수 있습니다. 목자의 보호 아래서 구원받고자 하는 어린양들은 목자 가까이에서 그에게 순종하고 목자가 멀리 있

10　헛된 영광의 악령과 탐식의 악령이다.

11　참조: 1열왕 2,6; 3,11; 지혜 7,21 등.

으면 그를 모방하고 신뢰하며 그를 바라봅니다. 모든 이가 목자의 행동과 말을 모범으로 바라봅니다. 목자는 이 사실을 늘 기억해야 합니다. 사람들은 그의 모든 행위를 삶의 규범이자 규칙으로 여깁니다. 최고의 목자를 십자가에 못 박히게 한 것은 바로 사랑이었습니다(요한 10,11 참조). 그 사랑을 드러내는 목자가 참된 목자입니다.

6장 [형제들을 바로잡아야 할 의무: PG 1177C-1180B]

209. 누구도 지나치게 존경하지 마십시오. 허물없이 대화하며 다른 이의 문제를 자신의 것으로 만드십시오. 그대의 불행한 침묵 때문에 만성질환자나 임종을 앞둔 환자를 더는 진찰할 필요가 없다고 진단하는 것은 일시적으로라도 슬프게 합니다(2코린 7,8 참조).

키잡이의 침묵은 많은 이로 하여금 암초에 부딪히는 순간까지 올바른 항로로 가고 있다고 믿게 합니다. 따라서 위대한 바오로는 "기회가 좋든지 나쁘든지 꿋꿋이 계속하시오"(2티모 4,2)라고 썼습니다. 집요함은 질책을 기꺼이 받아들이는 이에게는 적절할 것이고, 권고를 받자마자 불만을 품는 이에게는 부적절할 것입니다. 갈증을 풀어 줄 사람이 있든지 없든지 샘은 그 원천에 따라 분출합니다.

장상은 자기 권위를 행사할 때 겸손합니다. 그래서 종종 자기 말을 들어야 할 사람에게 해야 할 말을 하지 않는데, 이것은 자연스럽습니다. 하지만 적어도 통상 스승이 제자에게 하는 바를 그 형제에게 하십시오. 필요한 메시지를 서면으로 전달하기를 주저하지 마십시오. 같은 하느님께서 스승들에게 말씀하신 바를 경청합시다. '쓸모없이 땅을 차지하고 있는 그 나무를 잘라 버리시오. 여러분 가운데에서 그 악인을 쫓아 버리십시오. 이 백성을 위해 기도하지 마십시오."¹² 사실 하느님은 사울에게 그렇게 하셨습니다(1사무 16,1 참조). 목자는 자신이 개입하는 상황과 어떻게 행동하고 어디까지 개입해야 하는지 주의해야 하지만 훈계를 등한시할 수 없습니다. 목자는 하느님을 본보기로 삼아야 합니다. 누구도 그분보다 더 참될 수 없습니다.¹³ 사적으로 훈계를 받고서 부끄러워하지 않는 자는 공적으로 훈계를 받을 때도 웃을 것이라는 점을 생각하십시오. 그는 자기 구원을 소홀히 하는 데 완고하기 때문입니다.¹⁴

7장 [형제들을 각자의 성격대로 다룬다: PG 1181C-1184B]

210. 나는 많은 이가 종종 자기 질병을 치료하려는 선의로 고무된 환자처럼 행동한다는 것도 압니다. 사실 그들은 자신의 겁과 약함을 인정하며, 주저하는 의사에게 완력으로 자신을 묶어 치료해 달라고 간청합니다. 그들의 영은 정말 준비되어 있고 미래의 선에 대한 희망으로 온전히 펼쳐져 있습니다. 하지만 그들의 육은 연약합니다(마태 26,41 참조). 그들도 후천적 성향을 인식하기에 그것을 압니다. 나는 이에 대해 경험이 있습니다. 나는 의사들이 이런 경우에 적응할 것을 주장했습니다. 인도자는 들어가려는 이에게 좁고 힘든 길은

---

12 참조: 루카 13,7; 1코린 5,13; 예레 7,16.
13 참조: 집회 17,12; 잠언 13,24; 마태 18,15; 사도 20,28; 1코린 15,10; 2코린 5,14.
14 참조: 집회 32,6; 마태 18,17.

위험하다고 말해서는 안 되며,[15] 또 어떤 이에게는 멍에가 감미롭고 가볍다(마태 11,30 참조)는 것을 모호하게 말해서도 안 됩니다. 확실히 환자의 상태에 맞게 치료제를 써야 합니다. 중죄의 부담을 짊어지고 절망에 빠진 이는 두 번째 방식으로 다루어야 합니다. 하지만 교만의 열매인 허황한 생각을 하는 경향이 있는 자는 첫 번째 방식으로 다루어야 합니다.

먼 길을 가야 하는 어떤 이들이 그 길을 아는 사람에게 길을 물어보았는데, 그 길이 어떤 위험도 없이 곧고 쉽다는 대답을 들었습니다. 그들은 그의 말을 신뢰하며 열심히 그 길을 따라가다가 도중에 심각한 위험에 직면했습니다. 이 환난에 직면할 준비가 되어 있지 않았던 그들은 뒷걸음질 쳤습니다. 반대로 마음이 하느님 사랑의 불에 접촉할 준비가 되면 어떤 위협의 말도 그를 지배하지 못한다는 것을 아십시오. 혹은 종종 지옥의 두려움이 지배한다면 어떤 형벌도 견디도록 도와줍니다. 그리고 천국의 희망이 빛난다면 온갖 지상 재물을 경멸하도록 도와줍니다.

훌륭한 지휘관은 부하들을 잘 알고 있어 그들을 어떻게 배치할지 압니다. 어떤 이들은 군대 한가운데서 전우들을 방어하고 있고, 또 어떤 이들은 출전의 순간을 기다리며 다른 곳에서 백병전을 준비하고 있습니다. 선장은 선원들의 협력 없이 혼자 배를 구할 수 없습니다. 환자가 의사의 요구에 응하지 않고 온전한 신뢰로 의사에게 자신을 내어 맡기며 상처를 보여 주지 않는다면 의사도 그를 치료할

---

15 참조: 마태 7,13; 루카 13,24.

수 없을 것입니다. 의사를 두려워하는 사람은 자기 병을 악화시키기에 많은 이가 죽음을 자초하기도 합니다.

8장 [권고의 유익: PG 1184B-1184D]

211. 양치기는 피리 사용을 잊지 않으며, 영혼의 목자는 무엇보다도 자러 갈 시간이 되면 양들에게 말하고 권고하기를 소홀히 하지 않을 것입니다. 목자의 피리 소리만큼 늑대가 두려워하는 것은 없습니다. 목자는 양들이 투덜거리지 않게 하면서 그들에게 개입하기를 절대 주저해서는 안 됩니다. 또 바오로가 경고한 양극단을 피하며 양들을 절대 어리석은 교만으로 추켜세우지도 마십시오.

주님은 종종 아랫사람들이 장상의 결점을 보지 못하도록 그들의 눈을 멀게 하십니다. 장상이 결점을 드러내면 결국 불신을 자극하게 된다는 것 또한 사실입니다. 하지만 나는 유감스럽게도 자기 아들들과 지극히 겸손한 관계를 맺었던 아빠스뿐만 아니라 겸손하게 대화하지 않고 교만하고 우둔한 모습을 드러내며 자신의 현명함을 과시했던 장상도 주목해야 했습니다.[16] 드문 경우이기는 하지만 여전히 욕정의 지배를 받으면서 아파테이아에 도달한 사람들이 있습니다. 이런 자들을 아랫사람으로 두고 지도했던 장상들 또한 주목해야 했습니다. 그들은 그것이 너무도 부끄러운 나머지 욕정에서 벗어나려고 했고 거기서 점차 유익을 얻었습니다. 그들이 구원에 이를 수 있

---

16 참조: 잠언 10,18; 2코린 11,1.

었던 것은 그들을 인도해야 했던 장상들의 공로라고 나는 생각합니다. 그렇듯 우연히 욕정 때문에 시작된 행위가 아파테이아라는 거룩한 목적에 이르렀습니다.

9장 [헤시키아 속에 머무름: PG 1184D-1185A]

212. 항구에서 얻은 모든 것을 광활한 바다에서 잃지 않도록 주의해야 합니다. 제대로 훈련받지 않은 채 세상의 동요에 직면하는 이들은 내가 말하는 바를 이해할 수 있습니다. 참으로 열심하고 씩씩한 마음으로 고독 중에 사는 이는, 잔잔할 때 초조하여 물속에 뛰어들어 헤엄치는 부주의한 선원과는 달리 자기 암자(배) 밖에서 위로와 위안을 찾지 않고 불편을 견디며 관대한 모습을 보입니다.[17] 하지만 몸은 사람들 가운데 있더라도 마음은 하느님과 친밀히 결합하여 담대하고 초연하게 방탕 한복판에서 세속의 무질서를 두려워하지 않는 것은 비교할 바 없는 위대한 영혼의 표지일 것입니다.

10장 [금욕가가 되는 시험: PG 1185B-1185C]

213. 공경하는 벗이여, 세상에서 한 단체로 등록하는 것은 우리와 함께 살려는 이들을 어떻게 받아들여야 하는지 우리에게 실마리를 줄 수 있습니다. 우리는 그들이 유죄판결을 받은 죄인인지 아니면

---

17 참조: 『천국의 사다리』 4,28; 27,179.

오직 주님만을 섬기려는 무죄한 이인지 실제 법정에서처럼 엄격히 검증할 것입니다. 이것은 상반된 두 가지 수도원 입회 방식이며, 각각 다르게 다루어야 합니다.

잘못을 책임져야 하는 자에 대한 심문은 무엇보다도 비공개로 이루어지는데, 그가 어떤 죄를 얼마나 많이 지었는지에 관한 것입니다. 여기에는 두 가지 이유가 있습니다. 먼저 그가 탄식하는 마음으로 죄를 고백하며 항상 두려움을 갖게 하려는 것입니다. 또 그의 죄가 큼에도 불구하고 우리가 그를 받아들였다는 것을 알아 우리를 사랑하게 하려는 것입니다. 그 죄인이 어디서 어떻게 새 생명으로 부활할 수 있을지, 또 그가 약속한 관습에 관한 판단은 하느님께서 하신다는 점을 잊지 마십시오(마태 7,1 참조). 공경하는 신부님, 확실히 당신은 잊지 않을 것입니다. 참회자들의 경우는 그들의 행위만큼 매우 다르고 다양합니다. 종종 더 약한 영혼의 소유자가 마음으로 더 겸손한 모습을 드러낼 수 있습니다. 따라서 영적 심판관들은 그를 더욱 친절히 대해야 하며, 그 반대도 마찬가지입니다.

11장 [사자를 양 떼의 보호자로 두지 마라: PG 1185D-1188B]

214. 목장을 돌보는 데 사자를 두는 것은 옳지 않으며, 여전히 욕정의 지배를 받는 자를 수도원의 장상으로 두는 것도 옳지 않습니다. 확실히 가금을 보호하는 늑대는 전혀 어울리지 않는 광경입니다. 하지만 격정적인 수도원장을 보는 것은 더더욱 어울리지 않을 것입니다. 늑대는 암탉을 죽이고, 격정적인 수도원장은 이성적 영혼

들을 동요시키고 파괴합니다. 심판관이 되십시오. 하지만 엄격한 감찰관처럼 사소한 잘못을 심문하지는 마십시오. 그대가 정말로 주님을 본받고자 한다면 말입니다(루카 6,36 참조).

그대도 내적·외적 행동에서 하느님을 장상이자 안내자로 삼으십시오. 그분을 그대의 최고의 안내자가 되게 하십시오. 그분의 도우심으로 마치 스스로 바른 판단을 할 수 없는 자처럼 행동하면서 그대의 뜻을 포기하십시오. 이는 오로지 그분께서 그대에게 말씀하시는 바만 따르기 위함입니다. 다른 모든 이처럼 그대도 다음을 생각해야 합니다. 즉, 그분께서 우리와 관련하여 우리 성덕의 관점에서가 아니라 우리에게 다가오는 이들이 지닌 신앙의 관점에서 더욱 놀라운 일을 행하신다는 것입니다. 사실상 많은 이가 여전히 욕정의 지배를 받더라도 '주님, 주님, 저희가 당신 이름으로 예언을 하지 않았습니까?'(마태 7,22 참조)라고 기록된 바처럼 이런 식으로 기적을 행합니다. 이 말과 이어지는 말은 내가 그대에게 주장했던 바가 사실임을 보여 줍니다. 하느님께 순종하는 사람은 참으로 곤궁한 이웃에게 도움을 줄 수 있습니다. 비록 자신은 그것을 알아채지 못하더라도 말입니다. 오히려 그는 이중의 의미로 선을 행합니다. 쇠가 녹에서 보호되듯이 그는 영광의 함정에서 벗어나고 동시에 주님 은총의 대상자들이 오직 그분께만 감사드리도록 이끌기 때문입니다.

12장 [스승은 바로잡는 책임을 진다: PG 1189A-1192A]

215. 목자는 젊은이의 열정으로 완덕의 길을 달려가는 이에게 가장 좋고 단단한 음식을 주어야 합니다. 반면 내적·외적 생활에서 뒷걸음치는 이에게는 어린아이에게 하듯 우유를 주어야 합니다.[18] 모든 음식은 그에 맞는 때가 있습니다. 어떤 이에게 원기를 돋우는 음식이 다른 이에게는 힘을 앗아 갑니다. 파종할 때는 시간, 사람, 수량, 품질 등을 고려해야 합니다. 어떤 이들은 이런 고려 없이 책임을 맡습니다. 그래서 그들이 앞서 그렇듯 많은 영적 부를 얻었더라도 부유해질 가능성을 다른 이들에게, 곧 그들이 무분별하게 안내를 맡게 된 이들에게 내어 주며 결국 빈털터리가 되고 맙니다.

우리 영적 아들들은 실제로 재혼으로 태어난 이들처럼, 혹은 어려서부터 거부되었거나 노예로 태어난 이들처럼 행동할 수 있습니다. 그들을 얻거나 다룰 방법은 많습니다. 누군가를 참된 아들로 받아들일 때, 온갖 상황에서 영혼을 위해 기꺼이 목숨을 내어 주어야 합니다(요한 10,15 참조). 그는 죄를 지을 수 있을 것이기에 그가 죄를 지은 후에 받아들이십시오. 오직 이 이유로 그를 받아들이거나, 아니면 그가 우리 명령을 따를 수 있다고 여겨지면 그를 받아들이십시오. 하지만 그를 받아들이는 이유는 그가 스스로는 도저히 영적 에너지를 사용하여 아파테이아에 도달할 능력이 없기 때문이기도 합니다. 그를 받아들인 것이 전적으로 우리 의지에 따른 것은 아닐지라도 우리는 그 받아들임에 관해 해명하게 될 것입니다.[19]

진정한 아들은 영적 아버지가 없을 때 자신을 알게 될 것입니다.

---

[18] 참조: 1코린 3,2; 에페 5,12.

장상은 냉담한 이들과 남을 험담하는 이들에게 어떤 처분을 내릴지 알려야 합니다. 그는 장로들이 있는 데서 가장 가혹한 처벌로 그들을 견책하고 책벌해야 합니다. 그들이 질책을 통해 악습을 고치더라도 이런 공개적 견책은 다른 이들에게도 두려움을 불러일으킬 것입니다. 사실 한 사람만을 고통에서 구하기보다 모두의 교육에 공헌하는 것이 더 낫습니다. "더 큰 사랑은 아무도 지니지 못합니다 …"(요한 15,13)라는 표현을 기억하며 영적 사랑을 동력으로 삼아 자기 능력에서 벗어나 다른 사람의 짐을 짊어지는 이들이 있습니다. 하지만 하느님께서 특별히 환대의 은사를 주셨음에도 형제들의 구원과 관련된 책임을 기꺼이 받아들이지 않는 이들도 있습니다. 이들에게는 사랑이 없기에 나는 이들을 인정하지 않습니다. 나는 첫 번째 사람들에 대한 글을 어딘가에서 읽은 기억이 납니다. '저속한 말을 삼가고 값진 말을 하는 자는 내 입을 통해 말하리라'(예레 15,19 참조). '너는 네가 구한 것을 가지리라'(에제 7,27 참조).

그대에게 당부하건대, 장상이 심리적 차원에서 범한 잘못은 종종 아랫사람이 외적 행위로 범한 잘못보다 더 중대하다는 점에 주의하십시오. 병사의 잘못은 그것을 유발한 지휘관의 잘못보다는 가볍습니다. 정결을 거슬러 범한 죄들은 너무 세세히 언급되어서는 안 되

---

19 클리마쿠스가 사용한 본문의 문체가 의미를 모호하게 하고 있다. 하지만 그가 지원자들을 금욕생활로 받아들이는 직무를 맡은 영적 사부의 책임을 언급하고 있음이 분명하다. 그는 세상의 위험들을 피하려고 수도원에 들어오는 이와 죄를 많이 지은 후 참회의 삶을 살기를 바라는 이, 순종할 수 있는 이와 그러한 자질이 없는 이, 달리 욕정을 극복할 수 없을 것 같기에 수도원을 선택하는 이와 고독 중에 아파테이아와 완덕으로 도약하는 발판으로 순종을 받아들이는 이를 구분한다.

지만, 다른 죄들은 밤낮으로(시편 1,2 참조) 자세히 언급되어야 한다는 것을 그대에게 딸린 이들에게 알려 주십시오.

그들이 어쨌든 서로 진실해지는 데 익숙해지게 하고, 그들에게 모범이 되도록 노력하십시오. 무엇보다도 그들이 악령들의 간계를 알아차리게 하십시오. 이 늑대들은 열심한 이들을 태만하게 하려고 하기에 양들의 모든 행동은 그 반대 목표를 향해야 한다는 점을 명심하십시오. 따라서 기도 중에 게으른 자들을 위하여 하느님께 청하십시오. 하느님께서 그들에게 자비를 베푸시도록, 무엇보다도 그들이 나태에서 깨어나 정진할 수 있도록 말입니다. 게으른 자들의 협력 없이는 하느님의 자비가 그들에게는 소용이 없을 것입니다.

믿음이 약한 이들은(로마 14,1 참조) 무엇보다 교회법규가 규정하고 있듯이 이단자들과 함께 식탁에 앉아서는 안 됩니다. 반대로 (믿음이) 강한 이들은(1베드 5,9 참조) 이교도들이 요청할 경우 기꺼이 갈 수 있다면 신앙의 수호자로서 그렇게 할 수 있습니다. 주님의 영광을 위한다며 그대의 무지를 핑계 삼지 마십시오. 무지하다는 이유로 선을 행하지 않는 자는 배우지 않은 것과 결과적으로 행하지 않은 것에 대해 처벌받을 것입니다.

13장 [모두를 열심히 돌보다: *PG 1192D-1193C*]

216. 목자는 죽음을 두려워하는 것을 부끄러워해야 할 것입니다. 순종의 삶은 죽음을 용감히 직면하는 것을 전제합니다. 거룩한 이여, 그대에게 부족한 덕이 무엇이며, 주님을 뵐 수 있으려면(마태 5,8

참조) 부족해서는 안 되는 덕이 무엇인지 찾으십시오. 바로 그 덕을 강조하십시오. 그래서 그대의 아들들이 여성이나 선정적인 자를 보거나 사귈 모든 기회에서 완전히 벗어나 그 덕을 소유하게 하십시오. 주님 안에서 우리에게 예속된 이들은 모두 물리적 나이에 따라 서로 독립적으로 각자 자기 자리에 있어야 합니다. 아무도 항구에서 멀리 떨어져서는 안 된다는 것은 사실이며, 세상이 요구하는 선견에 따라 행동하는 것이 좋습니다.

누가 자기 의무를 충분히 인식하지 못하면 그에게 선뜻 안수하지 말아야 합니다(1티모 5,22 참조). 우리가 받아들이는 양들 가운데 어떤 양도 머무르는 지루함과 버거움을 의식하자마자 세상으로 되돌아가지 않게 하려는 것입니다. 이것은 하느님 앞에서 그에게 안수하는 이를 위험에 처하게 할 수 있습니다. 그러므로 주님의 지혜로운 관리자가 누구겠습니까?[20] 자신을 위해서 탄식의 눈물을 쏟을 필요가 없으며 다른 이들을 정화하려고 수고를 아끼지 않는 사람은 영적으로나 물리적으로 그들을 정화하기 위해 최선을 다합니다. 이는 그에게나 다른 이에게 맡겨진 영혼들을 위해 좋으신 주심主審(agonoteta)에게서 승리의 면류관을 얻기 위한 것입니다. 하지만 그대가 정말 그런 사람을 발견할 수 있을까요?

나는 믿음이 부족하여 무기력증에 빠진 이를 보았는데, 그는 무기력증에 빠진 또 다른 이를 그 질병에서 치료할 수 있었습니다. 그는 영혼을 위해 온갖 노력을 기울이며[21] 주님께서 보상해 주신 용기와

---

20 참조: 마태 20,12; 24,45.
21 참조: 요한 10,11; 14,13.

지극한 겸손으로 그 일을 했기 때문입니다. 그는 겸손으로 다른 이를 돌보고 자기 자신을 치료할 권한을 얻었습니다. 하지만 나는 교만으로 같은 행위를 하는 이를 보았습니다. 그는 "의사여, 네 자신부터 고쳐라"(루카 4,23)라는 말로 견책을 당했습니다. 더 큰 선을 위해 작은 선을 소홀히 하는 것도 이해할 수 있을 것입니다. 예를 들면, 비겁해서가 아니라 영혼들의 유익을 위해, 즉 영혼들을 구원하고 신앙의 빛으로 인도하기 위해 순교의 증거를 포기하는 것입니다. 다른 이들의 영예를 위해서 스스로 모욕을 당하는 이도 있습니다. 많은 이가 그를 변덕스러운 자로 생각할 것입니다. 그렇더라도 그의 기만은 진실을 담고 있습니다(2코린 6,8 참조).

[목자의 사명을 지탱하는 금욕수행에 전념하다: PG 1193C-1196A]

217. 유익한 말을 할 수 있는 이가 관대하게 그렇게 하지 않으면 처벌받을 것입니다. 벗이여, 합심하여 불행한 이를 도울 수 있는 자가 그와 더불어 노력하려 하지 않는다면 얼마나 많은 책임을 져야 하겠습니까! 그대는 하느님께 구원받았습니다. 그대도 구원하십시오. 구원받은 자가 구원해야 합니다. 그들처럼 구원받은 그대는 그리스도께서 속량하신 이들이 악령들에게 끌려가 죽게 하지 마십시오. 이것은 하느님께서 모든 영혼에 맡기신 임무입니다. 이 임무는 온갖 다른 위업보다 중요하며, 사멸하거나 불멸하는 존재들에 대한 관상보다 더 월등합니다. 이 임무는 또 하느님 앞에 흠 없는 선물을 간직한 순수한 사람으로 나서기 위하여 자기 허물을 씻으며 하느님

에 의해 정화되고자 하는 행위들을 통해서 정신적·영적 세력들과 함께하는 협력입니다. 이것은 오로지 영혼들을 하느님께 봉헌하기 위해 모두 그분 옥좌로 모이도록 부름을 받은 거룩한 전례의 임무입니다(시편 76,12 참조).

잃은 양을 찾기 위해 아흔아홉 마리를 남겨 두신 것만큼 우리를 향한 창조주의 호의와 선을 드러내는 것은 없습니다.[22] 나의 사랑스러운 이여, 그대 또한 안타깝게 낙오한 이와 많은 죄를 지은 이를 향해 그대의 열성과 사랑, 열정과 부지런함을 드러내려 노력하십시오(에페 5,2 참조). 병이 심하고 상처 치료가 어려운 바로 그곳에 분명 가장 큰 보상이 주어집니다. 눈을 뜨고 깨어 경계하며 일합시다.

[온화하고 강한 심판관으로서의 목자: PG 1196A-1197C]

218. 장상이 인간의 약함을 고려하지 않고 엄격하게 판단할 때 그것은 정의正義가 아닐 것입니다. 나는 올바른 정의의 잣대로 심판받은 두 사람을 보았습니다. 약했던 죄인은 의로운 이로, 열렬하고 관대했던 의인은 죄인으로 선언되었습니다. 이런 식으로 정의를 적용하여 다툼은 심해지지 않았습니다. 하지만 재판관은 특별히 이로 인한 낙담을 위로하려 각자에게 그렇게 판결한 이유를 말했습니다. 모든 양에게 적합한 목초지를 제공하는 것은 바람직하기 때문입니다.

하지만 이성적인 양들에게는 죽음에 대한 기억이라는 영적 가르

---

22 참조: 마태 18,12; 루카 15,4.

침, 온갖 질병을 치유할 수 있는 묵상을 목초지에 제공해 주는 것이 낫습니다. 관대한 이들을 경계하십시오. 그리고 그들을 약한 이들 앞에서 공개적으로 질책하여 그대의 말이 다른 이의 상처로 누군가의 상처를 치료하는 동종요법의 약이 되게 하십시오. 그렇게 그대는 약자들이 내성을 갖도록 가르치게 될 것입니다.

하느님은 고백을 들으시고 절대 그것을 다른 이들에게 공개하지 않으셨습니다. 이는 죄를 이기는 고백을 단념시키지 않게 하고 마침내 고백하는 자의 치유할 수 없는 상처들을 치료하기 위한 것이었습니다. 우리도 죄를 범한 자가 고백하기 전에 그의 죄를 알고 있더라도 그것을 발설하지 맙시다. 그의 죄를 공개함으로써 그가 별 유익을 얻지 못하리라는 것을 알고 조용히 고백으로 인도하려고 노력합시다. 고백 후에는 전보다도 더 그에게 존경과 애정을 보여 주어 더 큰 신뢰와 호의를 얻도록 합시다. 우리는 깊은 겸손의 모범을 보여 주어야 합니다. 동시에 그가 우리에게 경외심을 갖도록 행동해야 합니다. 그대의 겸손한 행동이 그대 자녀들의 머리 위에 숯불을 놓는 것으로 끝나지 않도록 주의하십시오.[23]

앞서 말한 불순종의 경우를 제외하고는 모든 면에서 인내해야 합니다. 그대 밭에 있는 식물들이 열매를 맺지 못한 채(루카 13,7 참조) 땅만 차지하고 있지 않도록 노력하십시오. 그것들은 아마도 다른 땅에서 열매를 맺을 수도 있을 것입니다. 따라서 항상 애정 어린 행동으로 또 깊이 숙고한 후에 그것들을 옮겨 심는 것을 주저하지 맙시다.

---

23 참조: 잠언 25,22; 로마 12,20.

다른 장상이 더 편하고 덜 고독한 장소에서 그를 위험에 빠지지 않게 하고 덕을 쌓게 할 수도 있습니다.

결론적으로 장상은 제자를 받아들이는 데 신중해야 합니다. 모든 거부나 거절이 주님을 불쾌하게 하는 것은 아니기 때문입니다. 만일 의사가 마음의 평화를 누린다면 치료를 위해 많은 수고를 할 필요가 없을 것입니다. 하지만 그가 천성적 헤시키아 소유자가 아니라면, 그는 불편할 것이고 영혼을 참회로 이끄는 선물을 하느님께 합당한 희생 제물로 확실히 봉헌할 수 없을 것입니다. 세상에 영혼만큼 가치 있는 것은 아무것도 없습니다. 세상은 지나가지만[24] 영혼은 부패하지 않기 때문입니다. 그러니 친애하는 이여, 그리스도께 물질적 재물을 봉헌하는 이가 아니라 영적 어린양들을 봉헌하는 이를 칭찬하십시오. 그대의 희생 제물은 순결해야 합니다. 그럴 때만이 그대는 거기서 영적 이득을 얻을 것입니다.

14장 [주의와 공정으로 행하는 구원의 직무: PG 1197C-1200D]

219. 사람의 아들은 당신을 넘겨준 자의 저주로 넘겨졌습니다.[25] 그렇듯 구원에 예정된 이들은 많지만 자기 공로로 주님께 협력한 이들만 구원될 것입니다. 친애하는 이여, 우리는 확실히 모든 것에 앞서 성령께 힘을 받아 우리 아들들을 어린아이처럼 손을 잡고 악한 생각의 동요에서 벗어나게 해야 합니다. 우리는 우선 그들에게 신비

---

24 참조: 마태 24,35; 마르 13,31; 루카 21,33; 1코린 7,31.
25 참조: 마태 26,24; 루카 22,22.

롭고 비밀스러운 성찬의 식탁에 감추어진 그리스도의 현존에 관해 알려 주는 것이 합당하다고 판단해야 합니다. 그러고 나서 그들이 죽은 후 하늘 입구에서 성인들에게 소개되는 순간까지 그들을 성인들의 거룩한 처소로 안내할 힘이 있어야 합니다. 그들이 구원을 방해하는 수많은 적에게 시달리고 압박당하고 있는 것을 볼 때 우리에게 그 힘이 필요합니다. 그들이 여전히 걸음을 걷지 못하는 연약한 아이라면, 그들이 좁은 길로 인도하는 입구를 넘어설 때까지 우리는 그들을 어깨에 메고 들어 올려야 합니다. 이때는 더욱 어렵고 위험한 순간이기 때문입니다. 시편 저자가 이에 대해 말했습니다. '이것은 하느님의 성소로 들어가기 전에 내가 직면해야 하는 노고다.'[26]

사부들의 사부시여, 나는 그것에 대해 이미 앞에서 말했습니다.[27] 거기서 나는 한 스승이자 이상적 사부의 모습을 묘사했습니다. 그는 천상 지혜를 얻었고, 가식이 없으며, 분별력과 완전한 빛과 열정으로 가득 차 있다는 점에서 다른 사부와 스승들을 능가합니다. 나는 자신의 완전함에 만족할 줄 모르고 더 열심한 사람을 보면 더 열심히 하려는 자극을 받았던 이[28]에 대해서 말했습니다. 또 자기 뜻과 본능에 너무 집착한 자들을 보면 그들이 특별히 좋아하는 물건을 빼앗아 그들을 욕정에서 벗어나게 할 기회로 삼았던 이에 대해서 말했습니다. 그래서 이와 관계된 사람이라면 나중에 그것을 아무에게도

---

26 참조: 시편 73,16-17 불가타; 마태 7,13; 시편 73,16.

27 『천국의 사다리』 15, 143-146 참조.

28 사막의 성 안토니우스. 『성 안토니우스의 생애』 3,4 참조. [아타나시우스 · 안토니우스 『사막의 안토니우스』 허성석 옮김 (분도출판사 2015) 60 참조 – 역자 주.]

드러내지 않도록 주의했습니다. 내가 앞에서 칭찬한 그 훌륭한 장상은 불순종한 수도승을 놔두기보다 그를 수도원에서 쫓아내는 것이 낫다고 거듭 강하게 말했습니다. 장상은 그 수도승을 쫓아내면서 그를 더 겸손하게 하고 자기 뜻을 포기할 수 있게 한다고 생각했습니다. 반면 그릇된 호의와 양보로 그를 구슬린다면, 죽음의 순간에 그를 잘못 인도하고 돕지 않은 것에 대해 그의 저주를 받을 것입니다. 그러므로 나는 저녁기도 후에 권좌에 앉아 있던 한 위대한 아빠스에 대해 이야기했습니다. 그 권좌는 겉보기에는 단순한 나무 의자였지만 실제론 영적 은사의 자리였습니다.

그들은 마치 왕 앞에 서 있듯 지혜로운 꿀벌의 거룩한 공동체 주위로 서 있었습니다. 마치 하느님 자신이 말씀하고 계신 듯이 그들이 해야 할 바가 무엇인지 경청하기 위해서였습니다. 잠자기 전에 시편 30~40편 또는 시편 100편을 암송하라는 명령을 받았던 이도 있었습니다. 앉아서 잠만 자야 했던 이도 있었습니다. 어떤 이에게는 독서하라는 명령이 주어졌고, 또 어떤 이에게는 그 시간에 서서 기도하라는 명령이 주어졌습니다. 장상은 형제 두 명을 파견해 감독하게 했습니다. 감독자들은 낮에는 다른 이들과 만나 호기심을 품거나 빈둥거리지 않는지, 밤에는 시간을 준수하고 철야를 하는지 감시했고, 기록할 가치가 없는 다른 것도 감시해야 했습니다.

감독자들은 특정 규정들뿐 아니라 영양과 관련된 모든 것도 규제했습니다. 장상은 모두를 생각했습니다. 식탁은 모두에게 같지 않았고 각 사람의 필요에 따라 정해졌습니다. 그는 좋은 아버지처럼 어떤 이에게는 많이, 어떤 이에게는 적게 주었습니다. 그리고 모든 것이 하느님의 입에서 나오는 명령처럼 어떻게 불평 없이 이루어졌는지 보는 것은 놀라운 일이었습니다. 최상의 생활 방식으로 영위했던 가장 완전한 은수생활, 즉 순종하며 고독 속에 살았던 한 라우라 역시 우리가 공경했던 사람에게 순종했습니다.

[단순한 이들의 신앙과 그들의 진보: PG 1200D-1201B]

220. 이런 주장을 용서하십시오. 그렇지만 가장 단순한 이들이 교묘하게 자신을 표현하려 한다는 점에 주의하십시오. 하지만 가능하다면 영리한 이들이 순진해지게 하십시오. 그대에게는 역설적으로 보이진 않을 것입니다. 완전한 아파테이아를 통해 정화의 정점에 도달하는 이는 완전무결한 하느님 눈으로 사물을 판단합니다. 반면 아파테이아가 부족하면 우리는 혼란한 마음으로 사물을 판단하고, 누가 자신의 결점을 고치려 개입하는 것을 허용하지 않습니다.

무엇보다 먼저 아파테이아에 대한 확고한 믿음과 완전한 정통 교리를 그대의 영적 자녀들에게 유산으로 남겨 주십시오(2티모 4,2 참조). 이렇게 그대는 진리의 길을 통해 그대의 자녀뿐 아니라 주님 안에서 다시 시작하게 될 이들도 인도할 수 있을 것입니다. 그대가 양성해야 할 젊은이들의 욕정을 끄고 다스리며 그들을 애지중지하지 마십시오. 그러면 그들이 죽음의 순간에 그대를 축복할 것입니다. 이 점에서도 위대한 현자 모세를 모범으로 삼으십시오. 그는 자기 백성이 반항적이지는 않았더라도 그들에게 누룩 없는 빵과 쓴 나물을 먹게 한 후에야[29] 비로소 그들을 파라오에게서 벗어나게 할 수 있었습니다. 누룩 없는 빵은 발효하지 않고 늘 겸손히 머물게 하기에 교만하고 반항적이며 이기적인 의도를 갖지 않는 정신을 뜻합니다. 쓴 나물은 계명 준수에 따르는 고통을 상징합니다. 계명 준수는 때론 그 자체로 때론 엄격한 단식과 연결되어 고통을 수반합니다.

사부들의 사부시여, 이 규정들을 그대에게 보내면서 나는 '다른 이들을 가르치면서 그대 자신은 가르치지 않는군요'(로마 2,21 참조)라고 말씀하신 분의 책망을 받을까 두렵습니다. 하지만 몇 마디만 더 하고 이야기를 마치겠습니다.

15장 [하느님 백성을 인도하는 목자 모세: PG 1201C-1204B]

221. 정화의 길을 통해 하느님과 일치된 영혼을 가르치는 데에는 여러 말이 필요 없습니다. 그 영혼은 복되게도 스승이며 인도자이자 빛이신 영원한 말씀을 자신 안에 소유하기 때문입니다. 나는 그대의 영혼이 가장 높고 거룩한 빛의 정점에 도달했음을 인정합니다. 나는 단순하고 피상적인 말을 통해서가 아니라 그대 영혼의 거룩한 결심에 대한 개인적 인식과 경험을 통해서 그것을 압니다. 그대의 영혼은 온유한 힘(마태 5,4 참조)과 깊은 겸손으로 빛납니다. 전자는 무엇보다도 괴수들을 전멸시키는 데서 드러나고, 후자는 최고 입법자(모세)를 본받는 데서 드러납니다. 참을성이 많은 목자시여, 그대는 참으로 모세의 발자취를 따라갑니다.

---

29 교리교육의 통상적인 절차.

정상에 이르려고 모세와 경쟁할 때 그대는 모세를 능가하기에 부족함이 없어 보입니다. 그대 안에는 찬란히 빛나는 공인된 순수의 광채와 그대가 획득한 정결의 전리품이 있기 때문입니다. 다른 덕보다도 이 덕들을 통해 우리는 완전히 순결하시며 완전한 아파테이아의 증여자이자 보호자이신 하느님께 더욱 다가갈 수 있습니다. 그분은 우리에게 아파테이아를 주시며 우리가 여전히 이 세상에 머물러 있더라도 우리를 지상에서 천국으로 건너가게 하십니다. 이 덕들을 통해서 그대는 불마차 위의 엘리야처럼(집회 48,9 참조) 빠른 걸음으로 정결의 덕과 동등한 사랑으로 높이 올라갔습니다. 그대는 그 전리품을 겸손의 모래 속에 묻으며 그 이집트인을 죽였을 뿐 아니라 모세와 함께 산에 올라 거기서 힘든 금욕생활의 가시덤불 사이에서 하느님을 보았습니다. 그리고 그 광채를 즐기며 목소리를 들었습니다. 죽음의 신발을 해체하면서 그대는 치명적 계획 끝에 천사에서 악령으로 전락한 자를 가장 깊은 심연의 동굴 안에서 꼬리를 잡아 항복시켜 사로잡았습니다. 그대는 이집트를 깊은 어둠 속에 잠기게 하여 오만한 파라오를 쳐부수었고, 다른 이들보다 더 큰 전리품인 이집트 장자들을 죽이며 이집트인들을 쳤습니다.

그러므로 주님께서 마치 무적의 지휘관에게 맡기듯이 그대에게 형제들을 안내하도록 맡기셨습니다. 인도자 가운데 대담한 인도자인 그대는 그들을 파라오 아래서 벽돌을 만드는 부당한 노역에서 벗어나게 해 주었습니다. 그대는 그들에게 그대가 체험한 환시, 하느님의 불꽃, 그리고 온갖 불의 순결한 구름을 체험하게 했습니다. 이뿐만이 아니라 그대는 홍해의 뜨거운 물을 갈랐습니다. 우리는 많은 위험을 무릅쓰고 그 위를 달려갑니다. 그대는 그대의 사목적 지식의 지팡이로 그대 자녀들을 승리로 이끌었고, 마침내 뒤쫓던 모든 추격자를 물에 빠뜨렸습니다.

[공동체를 책임지는 자의 기쁨과 고통: PG 1204B-1204D]

222. 그대는 바다에서 그대들이 승리한 후 그대들에게 맞섰던 교만의 아말렉 또한 물리쳤습니다. 그대는 활동과 관상 사이에서 움직임 없이 팔을 뻗어 그를 이겼습니다. 또 하느님이 그대에게 맡기셨고 그대를 통해 빛을 비추어 주신 백성의 선을 위해 나라들을 물리쳤습니다. 그대는 백성을 아파테이아의 산으로 데려갔습니다. 그들을 사제가 되게 하여 그들에게 할례를 위임했는데, 오직 할례를 통해서만 우리는 자신을 정화할 수 있고 하느님을 뵐 수 있기 때문입니다. 가시덤불은 하느님의 목소리를 듣고 관상하고 예언하기에 합당한 곳이었습니다. 그대는 그 가시덤불의 빛보다 더 신성하고 신비롭고 고귀한 빛으로, 무지를 표현하는 짙은 안개와 폭풍우와 어둠이라는 세 가지 암흑을 쳐부수기 위해 높은 곳으로 올라갔습니다. 그대는 거기서 그대가 기다렸던 미래, 완전한 지식의 종말론적 빛을 볼 수 있었을 것이며, '사람은 나를 보지 못할 것이다'(탈출 33,20 참조)라는 저 음성을 들을 수 있었을 것입니다. 따라서 거기서 하느님을 뵌 후라도 겸손의 가장 깊은 계곡 호렙으로 내려오면서 그대는 영혼과 육체를 표현하는, 영광으로 빛나는 지식의 판과 높은 곳으로 오르는 방법이 적힌 판을 아래로 가져왔습니다(탈출 34,29 참조).

만일 내 공동체가 손으로 만든 송아지의 숭배자가 된다면 얼마나 슬픈 광경이겠습니까! 모세는 그것 때문에 석판을 부수었습니다. 무엇이 뒤따르겠습니까? 그대는 그대 백성의 손을 잡고 이 사막을 건넜습니다. 아마도 그대 백성도 지상 불의 화염으로 탔고 그대는 회초리로 그들을 때리면서, 즉 육신을 욕정과 욕망과 함께 십자가에 못 박으면서(갈라 5,24 참조) 그들을 눈물 흘리게 했을 것입니다. 이제 그대를 공격하는 민족들과 싸워 주님께서 그대 안에 붙여 주시는 불로 그들을 파괴하십시오. 요르단강으로 나아가십시오. 그리고 여호수아의 말을 따라 한마디 말로 요르단 강물을 저지하십시오. 그대 백성에게서 죽음을 쫓아 버리려 그대가 아래로 흐르게 하는 사해의 물에서 요르단 강물을 가르면서 말입니다. 우리 눈앞에서 사랑의 물 위에 있는 또 다른 바다로 그들이 나아가게 하십시오.

[라이투의 요한은 사다리의 정상에 도달했다: PG 1205A-1205C]

223. 그런 다음 열두 명에게 명령해서 사도들의 수만큼 돌을 가져와 그 돌들로 이방인들의 여덟 가지 악습에 승리한 교회, 다른 모든 덕의 근원인 사추덕으로 풍요로운 교회를 세우게 하십시오. 적의 도시[30]로 들어가기 위해 죽음과 불모의 바다를 신비로운 언어로 남겨 두십시오. 그 도시 앞에서 기도 중에 일곱 번 나팔 소리를 내고, 일곱 번째 그 도시를 무너뜨려 승리한 후 영적인 적 앞에서 노래를

---

30 예리코는 헛된 영광과 달처럼 변하는 어리석음을 상징한다.

부르십시오. '내 원수의 검이 더는 나를 위협하지 못합니다. 당신께서 내 안에서 악습의 도시를 파괴하셨기 때문입니다'(시편 9,7 참조).

이제 나는 더 중요한 논점으로, 훨씬 더 높은 주제로 나아가려 합니다. 그대는 이미 완전한 영적 평화에 대한 환시를 뜻하는 예루살렘에 올랐습니다.[31] 그대는 이미 그리스도, 평화의 하느님을 관상합니다. 그대가 훌륭한 병사로서 그분의 고통에 참여했고, 그대의 육신과 그 욕정과 갈망을 십자가에 못 박았기 때문입니다(갈라 5,24 참조). 일단 그대가 그리스도와 함께 묻혀 저승으로 내려갔다면, 그대도 파라오와 그의 적대적인 군대를 통하여 하나의 신이 되어 그리스도와 함께 저승으로, 즉 형언할 수 없는 신학적 신비들의 심연으로 내려갔으며, 가장 친밀히 결합한 덕들을 통하여 기름 부음을 받고 향기를 내었습니다. 하지만 그 이상의 것이 있습니다. 내가 그것을 말하지 못할 이유가 무엇이겠습니까? 강도가 그랬듯이, 그대가 하늘에 올라 그리스도와 함께 오른편에 앉는다면 그분과 함께 사흘 만에 부활해야 하고, 먼저 육체와 영혼과 정신을 억압하는 세 가지 악덕의 사악한 지옥을 물리쳐야 합니다. 먼저 그대의 영혼은 욕망부, 정념부, 이성부의 삼중 죄에서 정화됩니다. 그래서 이미 그대는 올리브산에 오르기 시작했습니다.[32]

하지만 이제 결론을 내려야 합니다. 인간의 지혜를 뛰어넘는 담화를 너무 길게 끌 필요는 없습니다. 내가 지혜가 충만한 누군가와 특

---

[31] 참조: 에제 13,16; 로마 15,33; 8,17; 2티모 2,3.

[32] 『천국의 사다리』의 금욕적·신비적 교리를 가르치기 위한 세례 교리의 요소들이다. 즉, 무덤에 묻힘과 고성소로 내려감부터 부활과 올리브산에서의 승천까지를 말한다.

히 내가 공경하는 이, 모든 지식에서 우리 모두를 능가하는 이, 산으로 오르는 훌륭한 주자에 관해 성경의 다음 말씀을 적용할 수 있는 이와 담화를 나누더라도 말입니다. '높은 산들은 사슴들을 위해 만들어지네.'[33] 사슴은 야수를 사냥하는 영혼입니다. 따라서 그대는 저 날랜 주자와 함께 야수들을 쫓으십시오. 그리고 하늘을 바라보며 발자취를 따라가십시오.

[사다리에 대한 담화는 그 정점에 있는 사랑처럼 끝이 없다: *PG 1205C-1208A*]

224. 비유적 언어에서 원래 언어로 넘어갑시다. 그대는 평소 그대 제자와 함께하듯이 나에게 아름다운 말을 했습니다. 그래서 나는 하느님의 은총으로 그대에게 덕행의 사다리를 제시하며 응했습니다. 그 사다리는 높은 곳을 향해 뻗어 있었고 땅에 굳게 놓여 있었습니다. 나는 그것을 설계하였고, 실제 기초를 놓고 무엇보다도 그 위에 지붕을 놓은 지혜로운 건축가로서(1코린 3,10 참조) 그대에게 이 사다리를 제공합니다. 그대가 그대 양 떼의 선익을 위해 비천하고 보잘것없는 나에게 강하게 제안했기 때문입니다. 전혀 놀랍지 않습니다. 그대의 예표인 모세조차도 말을 더듬으며 이야기를 나눴기 때문입니다. 하지만 그는 쉽고 해박한 말로써 아론에게서 그 인격을 발견했습니다. 반면 사부요 사제인 그대는 이집트의 개구리들로 가득한,

---

[33] 클리마쿠스의 영적 해석의 근원이다(시편 104,18 참조).

아니 온통 상처로 덮인 마른 샘터로 발길을 돌렸습니다.[34]

천상 주자여, 내 뜻에 반하여 그대가 나에게 시작하게 했던 담화를 중간에 끊는 것은 옳지 않지만 나는 그대와 함께 성덕을 찬양하며 담화를 마치기 위해 다시 돌아올 것입니다.

그대는 거룩한 산(2베드 1,18 참조)에 다가가 시선을 저 위 하늘에 고정합니다. 그대는 언제나 더 높이 내달렸던 그곳에 이미 발을 디뎠습니다. 그대는 적을 물리치고 길을 표시하여 다른 이들의 발걸음을 인도한 후, 언제나 기뻐 춤춰 용약하며 케루빔의 덕들로 올라섰습니다. 그대는 나도 이것을 했다고 믿었고, 항상 그대의 사랑에 결합한 거룩한 사다리 꼭대기까지 오를 수 있게 하려고 계속해서 내 모든 발걸음을 인도할 것입니다.

[*결구: PG 1208A*]

225. 하느님은 사랑이십니다(1요한 4,8 참조). 그분께 영광과 권능(1베드 4,11 참조), 영예와 찬미가(묵시 5,13 참조) 영원 무궁히, 아멘.

---

34 참조: 탈출 8,13; 지혜 19,10; 묵시 16,13.

| 인명 · 지명 색인 |

그레고리우스 팔라마스 16 21 380

노아 200 280
논누스(주교) 216
니케타스 펙토라투스 149
니트리아 144

다니엘 13
다윗 88 123 152 159 185 218
　271 290
디아도쿠스 20 39 60 139 191
　215 241 274-5 292-3 367 373
　380

라우라 77 108 110 139 422
라우렌티우스 77
라이투 13 19 29 31 280 293 295
　329 331 361 426
레오 295
레온티우스 128
롯 51 55 105 163 200

마르쿠스(은수자) 20 139
마케도니우스 76 82-3
메토디우스(올림푸스) 223
멘나 84-5
모세 14 30-1 35 55 82 98-9 116
　120 138 199 224 317 392 422-
　6 428

바르사누피우스 93
바리사이 101 181 258
바빌로니아 200
바실리우스 14 20 149 373
베네딕도 40 93
빌라도 183

사라 140
사바(대大라우라의 창설자) 108
사해 426
성지 108 127
스케티스 144 355 363
시나이 7 13-4 21 29 82 144 224

색인　431

시리아 128 385

아가톤 149
아고노테타(=아틀로테타) 34
아담 24 156 200 271
아르세니우스 128 362-3
아브라함 58
아타나시우스 355 420
안토니우스(아빠스) 20 144 208-9 239 384 420
안티오쿠스 110-2
야곱 14 18 39 90 174 395 402
에바그리우스 64 195 320 355 359 373 375
에사우 200
에프렘(시리아) 149 385
엘리 200
엘리야(예언자) 82 107 158 424
엘리파즈 245
예루살렘 30 55 200 387
예리코 426
오리게네스 20 138-9 223
올리브산 427
요한(사바의) 108 110
요한(세례자) 97 120
욥 103 138 151 231 351
유다 179
유스티아누스 139
이레네 하우저 89

이스라엘 127 200 224 280 301
이시도루스 75-6 78
이집트 13 20 30-1 35 38 55 90 128 138 143-4 198 211 272 301 332 384 424 428

카시아누스 20 64 100 106 190 247 302 359 373
카인 130
카파도키아 64 111 295
클레멘스(알렉산드리아) 49

타벤니시 355
테바이드 355
토마스 아퀴나스 167 191

파라오 31 35 138 199 422 424 427
파코미우스 355
팔라디우스 286
팔레스티나 108 139
펠라기아 216
플라톤 30

하와 54
호렙 144 425
홍해 280 424
히에로니무스 64 223 286